国家卫生健康委员会
"十四五"规划新形态教材

全国高等学校教材

供护理学类专业高等学历继续教育

护理管理学

第 4 版

主　　编	许红梅　陈翠萍	
副 主 编	陈丽萍　胡丽茎	
数字负责人	陈翠萍	同济大学医学院护理学院
编　　者	王　娟	山西医科大学汾阳学院
(以姓氏笔画为序)	王丽芳	广州医科大学护理学院
	孔繁莹	哈尔滨医科大学护理学院
	卢玉林	昆明医科大学护理学院
	朱　颖	华北理工大学护理与康复学院
	刘　凯	济宁医学院附属医院
	许红梅	滨州医学院护理学院
	牟旭红	同济大学附属第十人民医院
	张　瑜	滨州医学院护理学院
	张媛媛	大连医科大学公共卫生学院
	陈　静	郑州大学护理与健康学院
	陈丽萍	广州医科大学附属第三医院
	陈翠萍	同济大学医学院护理学院
	胡丽茎	中山大学附属第一医院
	谢宝缘	福建医科大学附属第二医院
编 写 秘 书	张　瑜	滨州医学院护理学院
数 字 秘 书	牟旭红	同济大学附属第十人民医院

人民卫生出版社
·北 京·

图书在版编目（CIP）数据

护理管理学 / 许红梅，陈翠萍主编. -- 4 版 . -- 北
京: 人民卫生出版社，2024. 10
全国高等学历继续教育"十四五"规划教材
ISBN 978-7-117-36341-9

I. ①护… Ⅱ. ①许… ②陈… Ⅲ. ①护理学－管理
学－成人高等教育－教材　Ⅳ. ①R47

中国国家版本馆 CIP 数据核字（2024）第 095594 号

护理管理学
Huli Guanlixue
第 4 版

主　　编	许红梅　陈翠萍	
出版发行	人民卫生出版社（中继线 010-59780011）	
地　　址	北京市朝阳区潘家园南里 19 号	
邮　　编	100021	
E－mail	pmph @ pmph.com	
购书热线	010-59787592　010-59787584　010-65264830	
印　　刷	北京市艺辉印刷有限公司	
经　　销	新华书店	
开　　本	787×1092　1/16　印张: 22	
字　　数	517 千字	
版　　次	2009 年 3 月第 1 版　2024 年 10 月第 4 版	
印　　次	2024 年 11 月第 1 次印刷	
标准书号	ISBN 978-7-117-36341-9	
定　　价	69.00 元	

打击盗版举报电话	010-59787491	E－mail	WQ @ pmph.com
质量问题联系电话	010-59787234	E－mail	zhiliang @ pmph.com
数字融合服务电话	4001118166	E－mail	zengzhi @ pmph.com

出版说明

为了深入贯彻党的二十大和二十届三中全会精神，实施科教兴国战略、人才强国战略、创新驱动发展战略，落实《教育部办公厅关于加强高等学历继续教育教材建设与管理的通知》《教育部关于推进新时代普通高等学校学历继续教育改革的实施意见》等相关文件精神，充分发挥教育、科技、人才在推进中国式现代化中的基础性、战略性支撑作用，加强系列化、多样化和立体化教材建设，在对上版教材深入调研和充分论证的基础上，人民卫生出版社组织全国相关领域专家对"全国高等学历继续教育规划教材"进行第五轮修订，包含临床医学专业和护理学专业（专科起点升本科）。

本套教材自1999年出版以来，为促进高等教育大众化、普及化和教育公平，推动经济社会发展和学习型社会建设作出了重要贡献。根据国家教材委员会发布的《关于首届全国教材建设奖奖励的决定》，教材在第四轮修订中有12种获得"职业教育与继续教育类"教材建设奖（1种荣获"全国优秀教材特等奖"，3种荣获"全国优秀教材一等奖"，8种荣获"全国优秀教材二等奖"），从众多参评教材中脱颖而出，得到了专家的广泛认可。

本轮修订和编写的特点如下：

1. 坚持国家级规划教材顶层设计、全程规划、全程质控和"三基、五性、三特定"的编写原则。

2. 教材体现了高等学历继续教育的专业培养目标和专业特点。坚持了高等学历继续教育的非零起点性、学历需求性、职业需求性、模式多样性的特点，贴近了高等学历继续教育的教学实际，适应了高等学历继续教育的社会需要，满足了高等学历继续教育的岗位胜任力需求，达到了教师好教、学生好学、实践好用的"三好"教材目标。

3. 贯彻落实教育部提出的以"课程思政"为目标的课堂教学改革号召，结合各学科专业的特色和优势，生动有效地融入相应思政元素，把思想政治教育贯穿人才培养体系。

4. 将"学习目标"分类细化，学习重点更加明确；章末新增"选择题"，与本章重点难点高度契合，引导读者与时俱进，不断提升个人技能，助力通过结业考试。

5. 服务教育强国建设，贯彻教育数字化的精神，落实教育部新形态教材建设的要求，配备在线课程等数字内容。以实用性、应用型课程为主，支持自学自测、随学随练，满足交互式学习需求，服务多种教学模式。同时，为提高移动阅读体验，特赠阅电子教材。

本轮修订是在构建服务全民终身学习教育体系、培养和建设一支满足人民群众健康需求和适应新时代医疗要求的医护队伍的背景下组织编写的，力求把握新发展阶段，贯彻新发展理念，服务构建新发展格局，为党育人，为国育才，落实立德树人根本任务，遵循医学继续教育规律，适应在职学习特点，推动高等学历医学继续教育规范、有序、健康发展，为促进经济社会发展和人的全面发展提供有力支撑。

新形态教材简介

　　本套教材是利用现代信息技术及二维码，将纸书内容与数字资源进行深度融合的新形态教材，每本教材均配有数字资源和电子教材，读者可以扫描书中二维码获取。

　　1. 数字资源包含但不限于 PPT 课件、在线课程、自测题等。

　　2. 电子教材是纸质教材的电子阅读版本，其内容及排版与纸质教材保持一致，支持多终端浏览，具有目录导航、全文检索功能，方便与纸质教材配合使用，可实现随时随地阅读。

获取数字资源与电子教材的步骤

❶ 扫描封底**红标**二维码，获取图书"使用说明"。

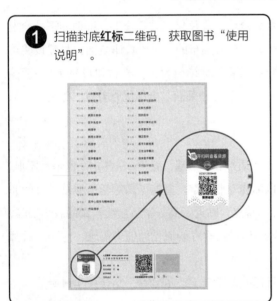

❷ 揭开红标，扫描**绿标**激活码，注册／登录人卫账号获取数字资源与电子教材。

❸ 扫描书内二维码或封底绿标激活码随时查看数字资源和电子教材。

数字资源　　电子教材

电子教材操作演示

❹ 登录 zengzhi.ipmph.com 或下载应用体验更多功能和服务。

扫描下载应用

客户服务热线 400-111-8166

前　言

护理管理是医疗机构管理的重要组成部分，对于提高医疗机构的护理质量及运行效率具有重要的意义。护理专业的学生及临床护理人员学习管理知识和理论，掌握管理方法和技巧，对于提升护理服务、强化护理质量、保障患者安全至关重要。

根据国家卫生健康委员会"十四五"规划新形态教材的编写要求，在第3版教材的基础上，本教材汲取精华，结合护理学、管理学的发展以及高等学历继续教育的特点进行修订工作。与第3版教材相比，本版教材具有如下特点。

1. 结构合理、内容丰富，落实立德树人，彰显与时俱进。本教材以管理职能为主线展开，设置绪论、管理理论与原理、计划、组织、领导、激励、控制、护理人力资源管理、护理质量管理、护理风险管理与危机管理、护理经济管理、护理信息管理、护理管理与医疗卫生法律法规共十三章内容。秉承立德树人的宗旨，在上版教材的基础上，从知识、能力、素质三个层面设定学习目标，并以知识链接、知识拓展和案例分析等形式在部分章节添加思政育人内容。整合管理原理与原则，增加护理管理、护理经济管理的发展趋势等内容，使教材整体架构更加简洁、合理，内容与时俱进。

2. 形式多样、重点突出，引导自主学习，促进理实转化。在每章首设置导入情境与思考，章尾附导入情境分析，引导学生带着问题进行理论学习，培养学生分析问题和解决问题的能力。每章设置知识链接、知识拓展等模块，提升学生的学习兴趣。与上版不同，将学习小结改用知识点的形式列出，有利于学生把握学习重点。丰富复习参考题的题型，在上版简答题的基础上，增加选择题（A2型题为主）和案例分析题（附案例分析提示），便于学生系统地检测学习效果，促进理论知识向实践能力的转化，以实现学以致用、用以促学、学用相长的目的。

3. 顺应时代、纸数融合，增强主观能动性，实现个性化学习。本教材配套数字化资源，旨在进一步丰富纸质教材的内容。首先，学生通过扫描纸质教材中的二维码链接到数字平台，可以随时、随地访问和学习数字资源、完成章节同步练习、查阅纸质教材章后复习参考题的答案解析等，有利于增强学生学习的主观能动性。其次，数据可视化将帮助学生更好地理解护理管理的概念和原则等内容，提升学生的学习参与度和学习效果，有效实现个性化学习。

本教材主要供护理学专业高等学历继续教育专升本层次使用，也可供各级医疗机构护理管理人员培训及临床护理人员自学使用，并可作为护理管理学教师的参考用书。

在教材编写过程中，编委们付出了辛勤劳动，编委所在单位给予了大力支持。在此，编写团队对所有关心和支持本教材编写的单位、专家和同行们表示衷心的感谢！同时，本教材在编写过程中参考和引用了国内外相关著作和文献资料，在此谨向有关作者致以诚挚的谢意！

尽管我们在编写过程中投入了极大的热情和精力，但由于编者水平和编写时间所限，书中难免有不妥之处，敬请广大读者批评指正。

许红梅　陈翠萍

2024 年 9 月

目　录

第一章

绪论

学习目标

知识目标	1. 掌握　管理、管理学、护理管理学的相关概念；管理、护理管理的职能和对象。 2. 熟悉　管理学的研究内容和方法。 3. 了解　护理管理面临的挑战及发展趋势。
能力目标	能根据管理的职能和特性，结合临床实际，对临床护理管理工作进行分析和评价。
素质目标	具有运用管理学的基本概念和方法指导护理工作的管理意识。

导入情境与思考

某三甲医院急诊科的护士长发现，由于急诊患者病情较为危重，患者及家属负面情绪较多，科室护士通常承担着比普通病房护士更重的工作压力和心理压力，以往的常规护理管理措施无法适应现阶段护士职业发展要求。于是借鉴其他医院先进的护理管理经验，在科室内推行"柔性管理"护理管理理念。"柔性管理"是强调以护士为中心的管理方法，尊重护士，了解护士的需求，通过教育引导解决护士的思想认识问题，设立奖励机制激发护士的工作积极性，树立团队精神，有效增强科室护理团队的凝聚力，提高护理质量。

请思考：

1. 急诊科护士长推行"柔性管理"护理管理理念运用了哪些护理管理的基本方法？
2. 护士长实行"柔性管理"的举措，符合哪项护理管理的发展趋势？

管理活动源远流长，伴随着人类分工而产生，并随着社会的发展而发展，进而产生了管理思想。在长期的管理实践中，由于社会化生产发展的需要，管理思想逐渐形成为系统的管理理论。随着人们对管理规律性认识的加深，开始把管理理论应用于不同的管理实践，便诞生出许多应用性管理学科。在临床工作中，将管理学的基本理论、技能和方法应用于护理实践，从而形成了护理管理学。

第一节　管理与管理学

一、管理概述

（一）管理的概念

管理是人类各种组织活动中普通且重要的一种活动。管理活动始于人类共同劳动，历史悠久。但对于什么是管理，中外管理学家各抒己见，基于各自所处的历史时期，从不同的视角出发，对管理给出了不同的定义。"科学管理之父"弗雷德里克·温斯洛·泰勒（Frederick Winslow Taylor）认为，"管理就是确切地了解你希望工人干些什么，然后设法使他们用最好、最节约的方法完成"；"管理过程之父"亨利·法约尔（Henri Fayol）提出，"管理活动，是指计划、组织、指挥、协调、控制"；被誉为"管理理论之母"的管理理论大师玛丽·帕克·福莱特（Mary Parker Follett）把管理描述为"通过其他人来完成工作的艺术"；美国著名管理学家、决策科学的创始人之一——赫伯特·亚历山大·西蒙（Herbert Alexander Simon）则认为，"管理就是决策"；我国学者周三多等认为，"管理是指组织中的活动或过程：通过信息获取、决策、计划、组织、领导、控制和创新等职能的发挥来分配、协调包括人力资源在内的一切可以利用的资源，以实现个人无法实现的目标"。

> **知识链接 | 管理的其他定义**
>
> 沃伦·普伦基特（Warren Plunkett）和雷蒙德·阿特纳（Raymond Attner）认为，管理者就是"对资源的使用进行分配和监督的人员"，而管理就是"一个或多个管理者单独或集体通过行使相关职能和利用各种资源来制订并达到目标的活动。"
>
> 管理学教授斯蒂芬·P.罗宾斯（Stephen P. Robbins）等人对管理的定义是，"所谓管理，就是通过与其他人的共同努力，既有效率又有效果地把事情做好的过程。"
>
> 美国现代管理大师哈罗德·孔茨（Harold Koontz）认为，"管理就是设计并保持良好的环境，使人在群体里高效率地完成既定目标的活动。"
>
> "现代管理学之父"彼得·德鲁克（Peter F.Drucker）认为，"管理就是界定企业的使命，并激励和组织人力资源去实现这个使命。界定使命是企业家的任务，而激励与组织人力资源是领导力的范畴，二者的结合就是管理。"

上述观点均是从不同的角度去认识管理，意思相同表达各异，或解释方式不同，各自强调了管理的不同侧面。综合上述观点，管理（management）是管理者通过计划、组织、人力资源管理、领导、控制等各项职能工作，合理分配、协调组织内部一切可利用资源，与被管理者共同实现组织目标，并获得最大组织效益的动态过程（图1-1）。

（二）管理的对象

管理的对象即管理的客体，是指管理者实施管理活动的对象。管理的对象主要包括人、财、物、时间、信息、技术、空间等要素，其中人是管理活动中最重要的管理对象，信息是管理的核心要素，时间具有不可逆性，是最稀有珍贵、最特殊的资源。

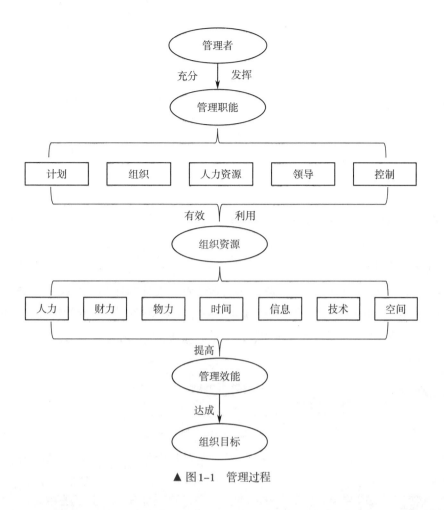

▲ 图1-1 管理过程

1. 人 人是保持组织有效运作的首要资源，具体是指被管理的生产人员、技术人员及下属管理人员。对人的管理主要涉及如何选人、用人、育人、留人，利用竞争机制、激励机制和约束机制调动人的积极性，充分发挥人的潜能，使人尽其才，才尽其用，用人所长。

2. 财 包括经济和财务，是一个组织在一定时期内所掌握和支配的货币数量和物质资料的价值表现。对财应该按经济规律进行科学管理，使用有限的财力，创造更大的经济效益和社会效益，确保组织目标顺利完成。

3. 物 是指组织所掌握和支配的有形资产和无形资产，包括设备、仪器、材料、能源、产品及各类物资的总称。高效能的管理应该使物尽其用，提高各类物资的利用率和产出率，开源节流，提高其在单位时间内创造价值的能力，并尽量降低物资消耗。

4. 时间 是物质存在的一种客观形式，是不可再生的特殊资源。由于时间具有单向性、不可储存性等特点，因此对时间的有效利用和管理就显得尤为重要。高效能的管理应该努力在尽可能短的时间内做出更多有价值的业绩。

5. 信息 指音讯、消息、通信系统传输和处理的对象，泛指人类社会传播的一切内容。在任何管理过程中，信息是不可缺少的要素，是进行正确决策、提高管理效率的基本前提和重要依据。在知识经济时代，信息已成为支撑社会经济发展的、继物质和能量之后的重要资源，它正在改变着社会资源的配置方式，改变着人们的价值观念及工作与生活方式，信息资源对于管理活动意义重大。

6. 技术 指人类利用自然改造自然的方法、技能和手段的总和。技术管理包括新技术和新方法的研发、引进、保管和使用，以及各种技术标准、使用方法的制订与执行等。在知识经济高速发展的社会，技术管理在一定程度上决定了一个组织的核心竞争力，对组织的兴衰成败有直接影响。

7. 空间 从资源角度来说，空间资源包括高度资源、环境资源和物质资源。空间是运动的存在和表现形式。管理者要重视空间资源的研究对象、范围、内容及与其他学科之间的联系，进行空间控制，节省空间成本，有效利用空间，提高管理效率。

（三）管理的职能

管理职能（management function）是管理或管理者应发挥的作用或承担的任务，是管理活动内容的理论概括。20世纪50年代中期，美国管理学家哈罗德·孔茨和西里尔·奥唐奈（Cyril O'Donnell）提出管理职能包括计划、组织、人力资源管理、领导和控制五个方面。

知识链接 | **管理职能**

1. 计划 在管理学中计划有两个方面的含义：一是指基于组织的现状和管理者的理念和期望，为组织的未来发展设置方向、确定目标、选择方案、制订策略的谋划活动；二是指对组织的未来发展所作出的规划和安排，也就是通过上述谋划活动所形成的结果。

2. 组织 在管理学中组织也有两个方面的含义：从静态方面来说，组织是指相关人员为了完成预定目标而组成的机构；从动态方面来说，组织是指为了实现预定目标对组织所占有的各类资源进行利用、开发、整合的活动和过程。

3. 人力资源管理 人力资源管理是管理的核心职能，是指管理者根据组织管理内部的人力资源需要情况进行合理的选人、育人、用人、评人和留人。目的是确保组织任务的顺利完成。这一职能已经发展成为一门独立的管理学科分支。

4. 领导 领导是指管理者利用组织赋予的权力和自身的影响力，指挥、指导、协调下属及相关人员为实现组织目标而进行的管理活动。

5. 控制 控制是指为了确保组织目标的实现，根据原有计划和标准对计划实施状况进行监督、检查和调整的管理活动。

有学者认为，管理除了具有上述诸项职能以外，还具有信息获取、决策、创新等职能。

五项职能之间相互联系、相互影响、互为条件，共同发挥作用。计划是前提，组织、领导是保证，人力资源管理是关键，控制是手段。

（四）管理的基本特性

1. 管理的二重性 即自然属性和社会属性。管理的自然属性是指与生产力、社会化大生产相联系的属性；管理的社会属性是指与生产关系、社会制度相联系的属性。

管理的自然属性和社会属性相互联系、相互制约。一方面，管理的自然属性不可能孤立存在，总是存在于一定的社会制度和生产关系中；同时，管理的社会属性也不可能脱离管理的自然属性而存在，否则，它就成为没有内容的形式。另一方面，管理的自然属性要求具有一定社会属性的组织形式和生产关系与其相适应；同时，管理的社会属性也必然对管理的方法和技术产生不同程度的影响。

2. 管理的普遍性与目的性 管理的普遍性可以从两个方面理解：其一，自从有人类分工，人类活动的一切领域都普遍存在着管理活动；其二，管理的基本原理和原则在人类活动的任何领域都普遍适用，即各种不同的管理活动具有共同的规律性。管理的目的性是指管理同其他社会实践活动一样都是有意识、有目的的活动。管理的一切活动都要为实现组织目标服务。

3. 管理的科学性与艺术性 管理的科学性是指管理原理、原则和基本方法是人们在实践基础上认识，并经过实践验证的理性认识。同时，人们还可以利用这些原理、原则和基本方法来指导下一步的管理实践，无论是什么性质的管理都必须遵循各种客观规律。管理的艺术性是指管理者能够灵活、富有创造性地运用管理原理、原则和方法来达到管理目的的才能和技巧。管理是一种随机性很强的创造性工作，必须在客观规律的指导下实施随机应变的管理。

管理的科学性和艺术性相互依赖、相辅相成。管理的科学性揭示了管理活动的规律，反映了管理的共性。管理的艺术性则强调了管理方式和方法的丰富多彩，反映了管理的个性。管理的科学性是管理艺术性的前提与基础，管理的艺术性则是管理的科学性在具体管理实践中的应用和表现。最有效的管理是将管理的科学性与艺术性有机结合起来。

> **管理箴言**
>
> 卓有成效的管理者善于用人之长。
> 用人不在于如何减少人的短处，而在于如何发挥人的长处。
>
> ——彼得·杜拉克

二、管理者

（一）管理者的概念

管理者（manager）是指在组织中行使管理职能，承担管理责任，指挥协调他人活动，与他人一起或者通过他人实现组织目标的人，其工作绩效将直接关系到组织的兴衰成败。管理者是管理活动的主体，在管理中起主导作用。管理者具有三个基本特征：① 拥有制度规定的权力；② 拥有必要的管理职能；③ 既是一定职位的代表，又是本组织权力和利益的化身。

（二）管理者的分类

根据在组织中所处的位置不同，管理者可以分为基层管理者、中层管理者和高层管理者3个层次。基层管理者的主要职责是直接指挥和监督现场作业人员，保证完成上级下达的各项计划和指令，侧重于作业计划的制订与实施；中层管理者承上启下，主要职责是正确领会高层的指示精神，创造性地结合本部门的工作实际，有效指挥各基层管理者开展工作，侧重于中期计划、内部管理性计划的制订与实施，同时指挥、监督基层管理者的管理工作；高层管理者负责确定组织的发展方向和发展战略，侧重于沟通组织与外部的联系，决定组织的大政方针，同时指挥、监督中层管理者的管理工作，考核他们的工作业绩。

（三）管理者应具备的技能

美国著名管理学家罗伯特·卡茨（Robert Katz）于1955年在《高效管理者的三大技能》一文中提出，不同层次的管理者必须具备与之相应的技术技能、人际技能和概念技能。

1. 技术技能　指使用某一专业领域内有关的工作程序、技术和知识来完成组织任务的能力。例如管理工程师、会计师、医生等专业人员的管理者必须掌握相应的技术技能，强调内行领导。技术技能可以通过接受正规教育获得，也可以从工作实践中获得。

2. 人际技能　指与人共事、理解他人、激励他人、处理人际关系的能力。任何管理者都必须与人打交道，都必须具备一定的人际技能，要善于沟通，并能及时避免或化解冲突。

3. 概念技能　指能够洞察组织与环境相互影响的复杂性，对各种信息进行分析、判断、抽象、概括，并迅速作出决断的能力。概念技能具体包括分析综合能力、识别能力、创新能力、抽象思维能力、战略思考及执行能力等。

不同管理层次对三种技能的要求不同（图1-2）。对于需要直接指导、检查作业人员的基层管理者来说，技术技能非常重要。对于需要把握组织方向、制订组织发展战略、

▲ 图1-2　各种管理层次所需要的管理技能比较

进行重大决策的高层管理者来说，概念技能最为重要。随着管理层次的上升，对技术技能的要求逐渐减弱，而对概念技能的要求逐渐增强。无论是哪个层级的管理者都需要一定的人际技能，但管理者的层级不同，人际技能的侧重点有所不同。基层管理者主要是取得作业小组成员的合作，中层管理者侧重于部门内外的联系与沟通，高层管理者则侧重于组织内外和组织内部门之间人员的沟通与联络。

知识拓展 | 管理者的技能——管理活动与时间分配

美国管理学家弗雷德·卢桑斯（Fred Luthans）和他的同事对数百名管理者的管理活动进行研究，将管理者的一般管理活动分为四大类：① 传统管理，即从事计划、组织、决策和控制方面的活动；② 人际沟通活动，即处理内部人际关系，进行内部信息沟通；③ 人力资源管理，即对组织内部人员进行激励、训练和安置等；④ 社交联络活动，即与组织外部相关人员的社会交往，参与包括政治活动在内的社会活动。同时，卢桑斯把管理者分为3类，即成功的管理者、有效的管理者和一般的管理者。成功的管理者是指在组织中职位晋升较快的管理者；有效的管理者是指工作业绩好，且受下属赞同和支持的管理者；既不是成功的管理者，又不是有效的管理者，则称为一般的管理者。研究结果发现，3种类型的管理者平均花在传统管理、人际沟通活动、人力资源管理和社交联络活动4项活动中的时间不同，成功的管理者与有效的管理者所关注的工作重点差异也很大（表1-1）。

▼ 表1-1　管理者的活动时间分配

单位：%

活动	成功的管理者	有效的管理者	一般的管理者
传统管理	13	19	32
人际沟通活动	28	44	29
人力资源管理	11	26	20
社交联络活动	48	11	19

可见，社交联络活动对成功管理者的贡献最大，人力资源管理贡献最小，说明社交技能对于管理者谋求职位晋升起着重要作用；人际沟通活动对有效的管理者贡献最大，社交联络活动贡献最小，说明若想在工作中卓有成效，管理者就必须培养自己的人际交往能力，使自己成为一名开放型的管理者。

三、管理学概述

（一）管理学的概念

管理学（science of management）是由社会科学、自然科学和其他学科相互渗透、融合、交叉产生的一门综合性应用科学，主要研究管理活动的基本规律与方法，具有综合性和实践性的特点。管理学综合运用了多学科的研究成果和方法，以多个领域的管理实践为基础，具有广泛的综合性特点。管理学的理论来源于对多个领域无数管理实践的总结，并在应用过程中不断得以检验、丰富和发展，从而进一步指导管理实践，具有典型的实践性特点。

（二）管理学的诞生与发展

管理学作为一门学科，形成于20世纪初，20世纪30年代以后逐渐完善，近几十年进入了快速发展期。

1. 管理学的诞生　19世纪末到20世纪初，美国机械工程师泰勒开始研究如何提高员工的工作效率，并于1911年出版了《科学管理原理》一书，标志着管理学学科的正式诞生。同时，亨利·法约尔也在研究组织管理活动的普遍性和规律性，并于1916年出版了论著《工业管理和一般管理》，形成了较为系统的管理理论。这一时期的管理理论被称为古典管理理论。

2. 管理学的发展　20世纪20年代中期以后，美国哈佛大学教授乔治·艾顿·梅奥（George Elton Mayo）通过"霍桑实验"提出了著名的人际关系学说，从而奠定了行为科学理论的基础。1954年，彼得·德鲁克首次提出了"管理学"概念。随着科学技术的迅猛发展，科技新成果层出不穷，许多学科也得以快速发展，不少学者从不同角度审视古典管理理论，并于20世纪60年代形成了现代管理的众多派别，哈罗德·孔茨将这种现象称为"管理理论丛林"。20世纪80年代以后，随着社会、经济、文化的迅速发展，特别是信息技术的广泛应用和知识经济的出现，世界形势发生了深刻变化。信息化、全球化、经济一体化等新的形势，以及企业之间竞争的日益加剧，都为管理学理论的发展提供了新的契机，形成了诸如战略管理、企业再造、学习型组织、文化管理等管理理论。

管理学经历了古典管理阶段、行为科学管理阶段、现代管理阶段以后，又进入到一个新的发展阶段。

（三）管理学的研究对象和研究内容

1. 管理学的研究对象　管理学的研究对象是管理学研究的客体，包括管理活动、管理过程和管理规律。管理活动是指管理者通过对组织拥有的各种资源的合理利用，带领被管理者共同完成组织目标的活动。管理过程是指管理者通过计划、组织、领导、控制等管理职能，实施管理活动的过程。管理规律是管理活动和管理过程本身所固有的、本质的、必然的联系，是人类在管理过程中获得的真理性认识。

2. 管理学的研究内容　任何管理活动都离不开一定的社会生产方式，而生产方式与生产力、生产关系及建立在生产关系之上的上层建筑密不可分，所以，管理学的研究内容可以从生产力、生产关系和上层建筑三个方面来概括。

（1）生产力方面：管理学主要研究生产力的合理组织问题，即研究管理者如何根据组织目标和社会需要，合理地使用和协调组织内的人、财、物等各种资源来取得最佳的经济效益和社会效益，以达到管理目的。

（2）生产关系方面：管理学主要研究如何正确处理管理系统内部人与人的关系（包括领导和员工的关系、员工之间的关系等），如何建立和完善组织机构，如何调动各方面的积极性和创造性，达到最大的工作效益等。

（3）上层建筑方面：管理学主要研究组织的管理体制、规章制度的建立和完善、组织的意识形态（价值观、经营哲学、理念等）等内部环境与社会的政治、法律、道德等外部环境相适应，组织文化的塑造和落实，组织的社会责任和伦理道德，以维持组织内正常的生产关系，适应和促进组织生产力的发展。

（四）管理学的基本研究方法

1. 观察总结法　观察总结法也叫归纳法，是指通过观察管理实践，总结管理经验，并进行归纳概括和理性思考，使其上升为管理理论的方法。在人们丰富的管理实践，特别是众多优秀管理者的管理实践中，总是蕴藏着深刻的管理哲理，表现出相同或类似的基本管理原则和方法。人们通过观察、总结、归纳、抽象等方法，形成了系统的管理理论，进而用理论指导管理实践。

2. 比较研究法　世界各国的管理学者从不同的视角对管理学进行了深入研究，形成了各有特色的管理理论。在研究管理学时，要通过比较分辨出哪些是一般性的原理、原则和基本方法，哪些是特殊性的具体方式、方法和手段。各国应从其国情出发，在考虑到社会制度、生产力发展水平、自然条件、民族习惯和传统文化等方面差异的基础上，积极吸收他人先进的研究成果和实践经验，建立具有本国特色的管理科学体系。

3. 历史研究法　历史研究法是指要考察管理活动、管理思想、管理理论的起源和历史演变，寻求具有普遍意义的管理原理、管理原则、管理方式和管理方法，从中发现并揭示管理规律。历史研究法的一个重要内容是通过文化典籍研究重大历史事件中蕴含的管理思想，从管理角度分析其兴衰成败的原因，总结其经验教训。

4. 实验研究法　实验研究法是指通过有目的地设定环境，改变实验条件，反复观察研究对象的行为特征，从而揭示出管理的一般规律、原则和艺术的方法。在管理学发展史上，泰勒的"时间-动作"研究、梅奥的"霍桑实验"就是运用实验研究法研究管理学的典范。通过实验性研究，分别提出了著名的科学管理理论和人际关系学说。

5. 案例分析法　案例分析法是指通过典型案例分析，发现该案例中可借鉴的管理经验、管理方式和方法，或汲取失败案例的教训，从而加强对管理理论的正确理解和对管理方法的具体运用。案例分析法是发达国家在管理学教学和研究中广为使用的方法，效果良好。如哈佛商学院因其成功的案例教学，培养出了大批优秀的企业家。

第二节　护理管理与护理管理学

一、护理管理概述

（一）护理管理的概念

护理管理（nursing management）是指在护理工作中以提高护理质量和工作效率为主要目的的管理活动。世界卫生组织（WHO）对护理管理的定义：护理管理是为了提高人们的健康水平，系统地利用护士的潜在能力和其他相关人员、设备、环境和社会活动的过程。科学的护理管理是促进护理学科发展，提高护理质量的保证。

护理管理有4个特点：① 广泛性，主要体现在管理范围广泛、参与管理的人员众多；② 综合性，护理管理是对管理理论和护理实践综合应用的过程；③ 实践性，护理管理的目的是运用科学的管理方法来解决实际的临床护理管理问题；④ 专业性，护理管理要适应护理工作科学性、技术性、安全性的特点。

（二）护理管理的职能

1. 计划　护理管理中的计划职能是指在护理工作中为实现组织管理目标而对未来行动方案作出选择和安排的工作过程。

2. 组织　护理管理中的组织职能是指在护理工作中按照护理计划安排、设计、维持及优化组织结构及职责范围的过程。

3. 人力资源管理　护理管理中的人力资源管理职能是指护理管理者为实现组织目标，对组织内部的所有岗位进行恰当有效的人员选拔、培训、使用和评价的活动过程。

4. 领导　护理管理中的领导职能是指管理者通过影响被管理者，达到同心协力实现组织目标的行为过程。领导工作成功的关键在于其在护理管理实践中充分发挥领导职能，有效调动护理人员的工作积极性，为实现组织目标共同努力。

5. 控制　护理管理中的控制职能是指通过对护理活动的有效监督，及时发现并纠正工作偏差，以确保顺利实施工作计划，实现工作目标的护理管理活动。

（三）护理管理的对象

1. 护理人力资源　护理人力资源是医院人力资源的重要组成部分，是确保护理质量的基础，是构成医院核心竞争力的关键元素之一。护理人力资源包括护士的数量和质量两大类因素。

2. 护理财力资源　护理财力资源主要是指在医院内发生的与护理工作有关的经济资源的总称。

3. 护理物力资源　护理物力资源是医疗卫生工作开展必不可少的物质基础，加强护理物力资源的管理可以有效地避免积压，减少浪费，使有限的资源发挥最大的效能。护理物力资源主要包括各种与护理工作相关的设施、设备、仪器、消耗品及文件材料等。

4. 护理时间资源　护理时间资源主要是指护理工作所涉及的一种客观的、抽象的、特殊的、有价值的无形资源。

5. 护理信息资源　护理信息资源主要包括护理科技、护理业务、护理教育及护理管理等方面的信息。护理管理者一方面要及时捕捉护理信息，促进护理队伍内部信息共享与更新；另一方面要掌握一定的信息管理技术，促进护理信息高效利用。

6. 护理技术资源　护理技术资源是指护理工作中的新技术和新方法，具体包括三方面内容：一是新技术和新方法所蕴含的知识性资源，二是新技术和新方法所依托的物质性资源，三是掌握新技术和新方法的人才资源。尽管人才资源属于人力资源范畴，但由于这类人才掌握了核心的技术与方法，因而也属于技术资源的一部分。

（四）护理管理的基本方法

1. 行政方法　行政方法是最基本、最传统的管理方法。护理行政管理是依靠护理组织或领导者的权力与权威，采用命令、指示、规定、规章制度等行政手段对护士发生影响和进行控制的管理方法。行政管理具有强制性、直接性、无偿性、时效性等特点。

2. 思想教育方法 思想教育方法是护理人力资源管理的基本方法。护理是关注人类健康的专业，护理专业思想的基本要求是热爱护理事业、有崇高的护理道德和奉献精神、树立救死扶伤的伦理观等。护理管理者可通过认知教育和行为规范教育引导护士树立正确的人生观、世界观和价值观。思想教育方法具有隐蔽性、渗透性、层次性、连续性、实践性与社会性等特点。

3. 社会心理方法 社会心理方法是指运用社会学、心理学知识，按照群体和个人的社会心理活动特点及其规律进行管理的方法。例如在护理管理中恰当地运用需要层次理论、授权管理理论、组织承诺理论，健全激励机制，落实激励政策，充分调动护士的工作积极性，提高护理质量，促进护理工作持续改进和不断创新。

4. 法律方法 依照相关法律法规实施护理管理，可以显著提高护士的法律意识和规范化意识。我国护理相关法律法规主要包括《医疗机构管理条例》《护士条例》《医疗事故处理办法》等。例如依据《护士条例》制定护士职业标准和护理行为规范，依据《中华人民共和国母婴保健法》实施围生期保健等护理工作，依据《医疗事故处理办法》界定护理事故，规范护士行为等。

5. 经济方法 经济方法是指护理管理者运用经济手段，对护理的经济活动进行计划、组织、实施、指导与监督，合理使用人、财、物等资源，力求以最小的劳动消耗，取得最大的效益。具体包括护理成本、护理效益、护理价格、护理市场、护理供给、护理消费及护理人力资源的开发和利用等。

6. 数量分析法 数量分析法是指在一定的理论指导下，遵照数学和统计学原理，对有关数据进行数量关系、数量特征和数量界限研究、分析和决策的量化管理方法。该方法主要包括工作效率法、业务分析法、预算控制法、行业比例法及标杆对照法。在临床护理工作中常用于护理资源的需求预测和评估、年度工作质量分析、护理质量评价指标体系的构建等。

7. 人本方法 人本方法是一种在深刻认识到人在社会经济活动中的重要作用的基础上，突出人在管理中的地位，实现以人为中心、以谋求人的全面自由发展为终极目的的管理方法。在临床护理管理工作中，应尊重护士，树立团队精神，激发护士的责任感，注意个人需求与集体需要的统一。

二、护理管理学概述

（一）护理管理学的概念

护理管理学（science of nursing management）是管理科学在护理管理工作中的具体应用，是在结合护理工作特点的基础上研究护理管理活动的普遍规律、基本原理与方法的一门科学。它既属于专业领域管理学，是卫生事业管理中的分支学科，又是现代护理学的一个分支。

（二）护理管理学的起源与发展

1. 护理管理学理论基础的逐步建立 弗洛伦斯·南丁格尔（Florence Nightingale）被誉为近代护理学的创始人，她于克里米亚战争（1854—1856年）期间，通过科学护理和科学管理，极大地提高了护理质量，使伤员死亡率从50%下降到2.2%。在她撰写的《医院札记》和《护理札记》

中提出了"环境理论"，即护理工作中生物、社会和精神等因素对身体的影响，并提出了人、环境、护理和健康4个要素之间的关系，成为现代护理管理理论的基础。

20世纪60年代，美国护理理论家约瑟芬·帕特森（Josephine Paterson）和洛丽塔·兹拉德（Loretta Zillard）对共同关注的护理问题进行了深入研究，提出并发展了人性化护理理论，并将这些理论应用于护理管理实践中。当护士在工作、生活及心理方面遇到难以解决的问题时，护理管理者帮助进行心理调适。人性化护理理论在护理管理中的应用有助于为护士创造良好的职业环境，提供更人性化的管理策略。

随着护理学和管理学的不断发展与融合，各种管理理论在护理管理工作中得到了充分的应用和验证。亨利·法约尔和马克斯·韦伯（Max Weber）的古典组织理论使医院护理组织管理得到迅速发展；梅奥的人际关系理论注重组织文化建设，可以激发组织的强大凝聚力；美国管理学家哈罗德·孔茨提出的现代管理学派林立，其中的创新理论、效率理论等为护理绩效管理工作提供了借鉴。因此，管理学理论的发展对护理管理理论的形成和发展产生了深远的影响。

2. 护理管理学科的形成与发展　1946年，美国波士顿大学护理系开设了护理管理课程，培养护士的行政管理能力。此后，许多国家医学院、护理学院相继开设了该课程，专门培养护理管理人才。1969年，美国护理学会规定，护理管理者最低为学士学位，此举进一步促进了护理管理学科的发展。

1946年，国内革命形势促使战地医院成立了护士办公室，标志着我国护理管理工作逐步趋于规范化。1981年，由梅祖懿和林菊英主编的《医院护理管理》出版，标志着国内护理管理学理论体系的初步形成。之后，我国护理高等院校逐步开设了护理管理学课程，国内护理管理类专著与教材也随之大量出版。同时，护理管理者针对管理中的各项问题进行了大量实证研究，并发表了许多相关论文，充实和完善了护理管理理论和方法。这些都反映了护理管理学作为一门新兴学科，在逐步发展和完善。

知识拓展 ｜ 　　　　宋代医疗慈善机构中的护理工作

　　　　安济坊：由政府找地方、官绅出资建设病坊，收容穷困无靠的患者给予医疗照顾，初现"医院"雏形。安济坊中设有专门从事护理工作的人员，辅助医生工作。

　　养济院：由地方官绅创立，容留疾病无依之人，设有专职护理人员。

　　居养院：收养鳏寡孤独困苦不能自存者，月给口粮，病者给医药。其中所谈及的"乳母""女使""火头"分别担任儿科护理员、生活护理员和饮食护理员，由政府出资雇佣。尤其是"女使"是中国记载最早的专职医院护理人员。

　　慈幼局：由政府建立，收养被遗弃的新生儿。其中的乳母是早期专职儿科护理人员。

　　保寿粹和馆：掖庭宫人养病之处。属于皇家内部的养老居所，由宫廷医生和宫中侍女承担护理工作，尤其是相互之间的照护为主要的护理工作方式。

（三）护理管理学的研究内容

在美国护理专家巴伯拉·史蒂文斯（Barbara Stevens）博士提出的护理管理模型中，护理教育、护理科研、护理理论及护理实践部分都属于护理管理学的研究内容。现代护理管理学研究的内容具体包括护理工作中的人员、资金、设备、物资、技术以及与护理工作有关的法律、法规、政策、方针及环境等相关要素。例如护理人力资源的合理配置、护理管理组织及体制模式的优化、护理质量管理方法与护理质量持续改进、护理质量管理效果评价、护理经济管理、护理信息管理、护理文化管理以及护理管理学科自身的发展史、发展趋势、护患关系、病房陈设与空间管理等，都应该是护理管理学研究的内容和范畴。

（四）护理管理学的研究方法

护理管理学的研究方法主要采用管理学常用的基本研究方法，并根据护理管理的特点，借助流行病学的方法，运用卫生统计学技术及有关社会科学理论进行研究。

1. 定量研究　定量研究又称为量化研究，是采用数据来研究现象间的因果关系，主要包括观察性研究、实验性研究和理论性研究3种类型。其中观察性研究包括描述性研究和分析性研究，描述性研究中以横断面调查研究为主，多采用问卷调查法，主要为描述某一种现象或研究对象某一方面的资料状况；分析性研究包括探究变量之间关系、影响因素分析及队列研究等。实验性研究是指研究者采用随机分组、设立对照及控制或干预某些因素的研究方法。理论性研究是指采用某种"数学模型方法"描述事物特征和规律。

2. 定性研究　定性研究又称为质性研究或者质的研究，是以研究者本人为工具，资料收集多通过访谈和观察。定性研究的主要研究工具包括现象学研究法、扎根理论法、人种学方法、历史研究法和行动研究法等，其共同目的都是为了探索事物的实质和意义。这一过程可帮助护理管理者了解事情本质，有助于构建护理管理知识体系和发展护理管理理论。

3. 定量研究与定性研究相结合　在护理管理领域，许多管理现象和行为需要采用定量和定性相结合的方法进行研究。同一研究中使用不同的研究方法，有助于研究者从不同侧面、不同角度来认识同一问题，促使研究结论更具全面性、精确性。定量研究可用于验证定性研究结果，而定性研究有助于解释定量研究。

知识链接 ｜ 　　　　　　　　　**护理管理相关研究举例**

　　　　1. 定量研究　① 描述性研究及分析性研究：例如，《护理人员组织公平感与工作满意度的相关性研究》，该研究属于描述性研究，横断面调查了护理人员的组织公平感和工作满意度的状况，并分析了两者的相关性；② 实验性研究：例如，《护士职业获益感的认知干预研究》，该研究通过实验性研究探讨了认知干预方案对护士职业获益感及职业倦怠的影响。

　　　　2. 定性研究　① 现象学分析法：例如，《急诊护士遭受工作场所暴力后的应对方式与心理体验的质性研究》，该研究采用现象学研究方法对选取的调查对象进行访谈并提炼主题，分析急诊护士遭受工作场所暴力后常见的应对方式和心理体验；② 扎根理论法：例如，《患者参与患者安全的感知及理论框架的扎根理论研究》，该研究采用格拉泽传统扎根理论法原则，构建了患者参与患者安全的理论框架。

3. 定量研究与定性研究方法相结合　例如，《护士对患者安全文化感知现状及影响因素研究》，该研究首先采用量化研究方法，横断面调查了护士对患者安全文化的感知现状，分析了人口学资料、护理实践环境和不良事件上报对患者安全文化感知的影响；之后采用质性研究方法，通过半结构访谈，进一步挖掘患者安全文化内涵及影响护士对患者安全文化感知的深层次原因，以期为管理者客观、准确测评及改善护士的患者安全文化感知提供参考。

第三节　护理管理面临的挑战及发展趋势

一、护理管理面临的挑战

尽管护理管理具有自身的规律性，但任何时期的护理管理都要受当时的社会物质基础、经济基础、社会环境、卫生政策、疾病谱、科技发展等因素的影响。近年来，资源配置方式的转变、医学和护理模式的转变、科学技术日新月异的发展、疾病谱和人口结构的变化、护理学科的发展等因素，使得护理管理面临一系列的挑战。

（一）医药卫生体制改革对护理管理的挑战

随着医学模式的转变，护理服务模式也由以疾病为中心逐渐转变到以患者为中心，进而转变到以人的健康为中心。由患者上门求医的被动服务模式向面向市场出门找服务对象的主动服务转变。患者需要护理人员为其提供整体性、连续性、协调性、个体性的护理服务。护理服务的领域也随时代发展逐步向家庭、社区延伸，在老年护理、慢性病护理、临终关怀等方面发挥积极作用。

相比广大人民群众日益提高的健康服务需求以及国家对医疗卫生服务体系的要求，我国的护理人力资源仍处于相对缺乏的状况，不仅表现在护士整体数量不足，高素质护理人才尤其是护理学科带头人也存在严重不足。此外，由于目前我国护理管理者大多来自基层护士，缺乏专门系统的管理培训，经验式管理模式较为普遍，与发达国家科学化、专业化的护理管理队伍相比，仍存在较大差距。

市场经济不仅给护理管理带来了新的资源配置方式，同时也使人们的价值观念和利益主体产生了多元性特征。护理管理不仅涉及护士与患者，还涉及政府、医保部门、保险公司、药品和医疗器械制造商以及各种流通环节等许多利益相关者。这些因素会对医院的护理组织和护士产生不同程度的影响。市场经济强调交换原则，而奉献精神则不以任何回报为前提。两者的矛盾无论是对护理组织，还是对护士都会产生冲击。如何在两者之间做好平衡，处理好社会效益与经济效益的关系、物质回报与精神追求的关系，是当前护理管理者面临的重大问题。

（二）科技发展对护理管理的挑战

随着信息化水平的不断提高，物联网、互联网、人工智能、大数据等高科技手段不仅方便了人们的日常生活，在医疗卫生行业也逐渐普及应用，很大程度上满足了人们的就医需求。科学技术的发展将对护理管理模式改变产生重大而深远的影响，获益的同时也给护理管理工作带来一定的挑战。

随着信息化的普及，单纯技术主义的意识和思维方式逐渐强化。护士可能会一味追求技术的成功，从而过分依赖仪器、设备，造成了护患关系的物化倾向。通过视、触、叩、听等手段获得患者资料和疾病相关信息的传统逐步被淡化甚至遗弃，弱化了对患者心理变化的关注和对患者情感的慰藉，忽视患者的众多社会需求，加大了护患之间的信息不对称程度，继而导致护理成本增加，患者经济负担加重。在此情况下，护士更加关注患者客观的躯体和生理问题，忽视患者的主诉、情感、感受等主观问题。护患关系由"人（护）–人（患）"模式向"人（护）–机–人（患）"模式转变，人际关系被人机关系阻隔或替代，导致护患关系疏远，自然给护理管理带来新的挑战。

21世纪是生命科学的世纪。人类基因组计划的顺利实施，干细胞研究与应用的巨大进展，纳米技术、计算机和数码技术、光学纤维技术等大量高新技术成果应用于医学领域，大大促进了医学科学和诊疗技术的发展，提高了护理工作的科技含量，对护理人员的专业知识、技术水平和能力提出了更高要求。护士不但要掌握医学、护理学的基础知识、基本理论和技术，还必须及时学习并掌握计算机应用、网络及程序应用、新业务和新技术的原理和方法。但我国目前的护理教育在这些方面都有不同程度的欠缺，这就给护理管理者在护理队伍素质管理方面提出了一大挑战。

（三）疾病谱和人口结构变化对护理管理的挑战

根据第七次人口普查数据显示，我国距离深度老龄化（指65岁以上人口占总人口的比例为14%）的指标仅一步之遥。预计到2050年，中国老龄化将达到高峰，65岁及以上人口将占总人口的27.9%。随着人口老龄化的逐渐深化，社会的进步和人民群众生活水平的不断提高，与生活方式、心理、社会因素关系密切的慢性非传染性疾病的发病率明显增高，心脏病、卒中、癌症、慢性呼吸系统疾病和糖尿病等慢性病成为迄今世界上最主要的死因，占所有死因的63%，成为影响人民群众健康和生命质量的重大公共卫生问题，疾病谱和人口结构的变化给护理管理带来了严峻的挑战。

随着三孩生育政策的实施，新增出生人口也将逐渐增加，对妇产、儿童、生殖健康等护理服务亦提出了更高的要求。因此，制订与社会及群众需求相适应的护理战略目标，发展适合我国国情的护理服务和管理模式迫在眉睫。

（四）经济全球化对护理管理的挑战

经济全球化改变了护理工作模式、卫生保健服务形式以及护理教育的环境和方式。随着国际医疗市场对护理人才需求量的激增和国内劳务输出政策的宽松，越来越多的优秀护理人才流向国外医疗和护理机构，护理领域的国际交流与合作日益扩大。工作环境、编制、身份、待遇、社会地位及自身价值观念等因素是造成护理人才流动的主要原因。护理人才流动有两个去向：一是在护理行业范围内不同的护理组织之间流动；二是护士流向其他行业，即"转行"。对于每个护理组织来说，两者都对护理队伍的稳定性带来了挑战。

（五）学科发展对护理管理的挑战

2011年2月，国务院学位委员会修订学科目录，新增护理学为一级学科，更加注重以实践和社会需求为导向的人才培养目标，强调发展具有护理专业特色的学科和教育模式，以培养科研和专业能力并重的实用型护理人才为目标。这为护理学科的发展提供了更广阔的空间，同时也向护理管理提出了新的挑战。首先，在护理教育方面，护理管理者应改变以往"医学+护理"的两段式课程模式，致力于护理学科体系构建的研究，在规范护理学科建制、设计学科体系结构、确定学科理论基础、解决学科发展实际问题等方面深入探讨。按照一级学科的培养目标，发展具有护理专业特色的教育模式，促进护理事业的不断发展。其次，在临床护理实践方面，随着护理学科范围扩展及专业方向的细化，临床护理工作内容及形式也逐渐多样化和专业化，临床护理工作日益向专科化方向发展，对专科护士的需求越来越多。近些年来，专科护士的培养和使用已成为护理管理者关注的重要议题。

（六）循证护理对护理管理的挑战

循证护理也称实证护理，是指护士在临床护理过程中审慎、明确、明智地将科研结论与护士临床经验和技能、患者愿望相结合进行临床护理决策的护理实践模式。循证护理是以证据为核心同时将证据、护理技能及患者的价值意愿相结合的护理新模式，是在循证医学理论基础上发展起来的护理新理论，也是护理科学发展的必然趋势，它克服了传统护理的弊端，为患者提供最可靠、高质量、有价值的护理服务，对护理业务决策和护理管理决策都产生重大影响。

循证护理重视科学依据和辩证思维，包括三个方面的具体要求：一是可利用的、可信的、有价值的、最适宜的护理研究证据；二是护士的个人技能和临床经验；三是患者的实际情况、愿望和价值观。即强调护理证据、结合个人经验、参照患者愿望进行护理决策。这种要求显然是对传统的以经验和直觉为主进行护理决策的习惯和行为的挑战。

传统的护理管理重经验、重直觉，往往是"前辈怎么管我就怎么管，别人怎么做我就怎么做，政策怎么要求我就怎么要求"，很容易忽视护理组织的个性特征。而循证护理理念下的护理管理则强调重视决策证据和组织的个性特征，将科学、技术与经验有机结合起来进行决策与管理，具有远见和批判性思维能力，善于认识下属、激励下属，知人善用，重视成本与效益观念和风险意识。这无疑对护理管理者提出了更高的要求，是对习惯于传统管理模式的管理者提出的挑战。

二、护理管理的发展趋势

随着社会经济的发展和广大人民群众对健康需求的不断提高，传统的"以患者为中心"的护理理念在"生物-心理-社会"的新型医学模式影响下，发生巨大的改变，从而对护理管理工作提出了新的要求，如何以实际的需求为基准，用有限的时间创造出无限的服务价值是护理管理未来的发展方向。

（一）管理方法科学化

为了适应日益变革的护理管理体制和履行多元的护理管理者角色，护理管理者需要从经验型管理转向科学型管理，科学化是临床护理管理的重要趋势和基本特点。目前，国际护理管理发展已经达到较高的层次水平，我国的护理管理水平想要持续进步，仅仅依靠自身钻研尚且不够，同时需要吸纳国外科学、先进的经验，注重国内外先进理论或模式的学习和应用，创新管理理念，推动多学科知识的交叉以及跨学科的团队合作。

（二）管理队伍专业化

管理专业化是现代管理的一个重要标志，也是护理管理一个重要的发展趋势。在依法执业的基础上，提高护理队伍的专业化水平。一方面，根据不同专科特点和护理要求，将护理人员进行专业化培养，专科护士培养是未来护理教育发展的重点，有助于提高工作效率与工作质量。另一方面，培养专业化的护理管理人才。临床出身的护理管理人员，不仅要拥有丰富的护理专业知识，更需要具备一定的管理知识与管理能力。打造一支政策水平高、管理能力强、综合素质优的护理管理专业化队伍，以护理管理职能为导向，建立完善的权责统一、职责明确、精简高效、领导有力的护理管理体制及运行机制。

（三）管理方式人性化

以人为本是科学发展观的核心。对护理人员进行思想上的教育和引导，激发护理人员自身的责任心、成就感，通过对护理人员的引导激发护理工作者主观能动性，改变护理工作者的工作方式和工作态度，从而提高其工作效率和工作质量，不仅能够提高患者的满意度，而且可以提高护士自身的满意度，最大限度地发挥管理效益。

（四）管理手段信息化

信息化是一场管理手段的改革。将信息化手段全面应用于临床护理及护理管理工作，能够优化护士的工作流程，保证护理安全，提高工作效率。目前，多数医院正在大力推进护理信息系统的建设发展，信息化逐渐改变了以往的护理工作模式，并在护理质量管理、人力资源管理、物力资源管理、护士教育培训以及患者安全管理等方面发挥着重要的作用。未来的护理管理将在信息系统支撑下，依托大数据资源，构建系统化、多功能、广覆盖的数字化信息网络平台。利用科学技术节约管理成本，提高管理效率。

（五）人才培养国际化

随着我国经济的发展，医学人才的培养逐渐与世界接轨。在一些比较前沿的教育培训机构中，国外的霍尔模式、纳德勒模式和我国的集群模块式课程开发模式影响较大、流行较广，也取得了良好的效果。随着经济全球化，人口资源跨国流动引起病源和医疗服务国际化，迫切需要不同国家之间护理管理理念和方法相互借鉴、护士相互交流、护理科研相互合作，以推动护理事业的持续发展。

导入情境分析

对本章的导入情境进行分析，急诊科护士长根据科室特点，借鉴其他医院先进护理管理经验，引入"柔性管理"护理管理理念。"柔性管理"是强调以护士为中心的管理方法，在管理过程中，运用了人本方法、思想教育方法和社会心理方法等护理管理基本方法对护士进行科学管理，取得了良好效果。护士长实行"柔性管理"的举措，符合管理方式人性化和管理方法科学化的护理管理发展趋势。

学习小结

管理的对象包括人、财、物、时间、信息、技术、空间等要素。

● 管理职能包括计划、组织、人力资源管理、领导和控制五个方面。

● 管理的基本特性包括管理的二重性，即自然属性和社会属性；管理的普遍性与目的性；管理的科学性与艺术性。

● 护理管理的基本方法包括行政方法、思想教育方法、社会心理方法、法律方法、经济方法、数量分析法、人本方法。

● 护理管理面临的挑战包括医药卫生体制改革、科技发展、疾病谱和人口结构变化、经济全球化、学科发展和循证护理对护理管理的挑战。

● 护理管理的发展趋势包括管理方法科学化、管理队伍专业化、管理方式人性化、管理手段信息化、人才培养国际化。

（朱　颖）

复习参考题

一、选择题

1.【A1】管理的研究对象不包括（　）

  A. 制度

  B. 人力

  C. 财力

  D. 物力

  E. 空间

2.【A1】下列对护理管理学的理解不恰当的是（　）

  A. 主要研究护理管理活动的基本规律及其应用

  B. 是一门对护理管理实践具有实际指导意义的应用学科

  C. 既是卫生事业管理的分支学科，也是现代护理的分支学科

  D. 其目的是提高护理管理的水平和质量

  E. 不属于自然科学范畴，只属于社会科学范畴

3.【A2】张护士长是肿瘤科护士长，经外周静脉穿刺的中心静脉导管（peripherally inserted central venous catheter, PICC）置管水平很高，科室有需要留置PICC导管进行化疗的患者，只要穿刺困难，就都会请张护士长帮忙，这体现了护士长的（　　）

A. 技术技能

B. 人际技能

C. 概念技能

D. 领导技能

E. 计划技能

4.【A2】某科护士长对迟到早退的护士，扣发当月的考勤绩效，护理长采用的管理方法是（　　）

A. 行政方法

B. 经济方法

C. 教育方法

D. 法律方法

E. 人本方法

5.【A2】某三甲医院护理部近年来日益扩大国际交流与合作，为专业发展提供了机遇，但同时也出现护理人才流失的现象，成为护理管理面临的挑战。带来挑战的影响因素是（　　）

A. 人口结构变化的影响

B. 疾病谱变化的影响

C. 经济全球化的影响

D. 信息化时代的影响

E. 管理经验模式的影响

二、简答题

1. 护理管理有哪些基本职能？

2. 护理管理学有哪些研究方法？

3. 当今社会环境下，护理管理的发展面临哪些挑战？

三、案例分析题

治疗室专项护理质量提升项目的开展

某三甲医院在全院范围内开展治疗室专项护理质量提升项目。为了顺利完成此项目，护理部主任针对目前治疗室管理中存在的问题进行分析，制订治疗室专项护理质量提升项目计划，组织内外科所有临床科室按照计划开展本科室治疗室专项护理质量提升，在项目进行过程中，组织科护士长和相关科室骨干护士长组成督导检查小组，深入到各科室检查指导项目落实，并邀请省内知名专家来院为全院护士长做专题培训，提高护士长的管理水平。在护理部的积极推动下全院各科室治疗室专项护理质量提升项目进展顺利，有效提高了各科室治疗室规范管理水平。

请思考：

1. 该案例中护理部主任运用了哪些具体的管理职能？

2. 结合此案例分析护理部主任运用的管理职能的具体体现？

（选择题、案例分析题的答案解析见数字内容）

第二章

管理理论与原理

学习目标

知识目标	1. 掌握　管理的基本原理和原则。 2. 熟悉　古典管理理论和行为科学理论的主要观点。 3. 了解　现代管理理论的主要观点。
能力目标	能结合管理的基本原理和原则，分析护理管理实践中遇到的问题。
素质目标	培养客观评价管理理论的批判性思维能力和增强主动运用管理理论指导实践的管理意识。

导入情境与思考

消化内科一病区护士小李，本科毕业，工作8年，由于工作表现突出被提拔为护士长，成为医院最年轻的护士长之一。上任之后，她经常加班加点，最忙最累的活都抢在前面。由于工作年资低，她在高年资护士面前缺乏自信，即便自己的决定是对的，如果与高年资护士意见相左，也不能从全局出发坚持自己的观点。个别高年资护士将脏活累活全都交给年轻护士，使年轻护士感觉很不公平，而护士长又不能主持公道。于是，一些年轻护士也开始对工作懈怠。李护士长因此承担了很多其他护士"不想干、不会干"的活儿，这让她没有精力思考病区的管理和发展，如此恶性循环，导致她的思想压力很大。

护理部多方面了解情况后，分析了病区出现这种局面的原因，帮助李护士长从自身找不足，讨论改进方案。但由于李护士长心理压力巨大，护理部决定将李护士长调岗到另外一个病区，给消化内科一病区换来一位高年资、管理经验丰富的赵护士长。

赵护士长结合医院整体要求，同病区的护士们讨论并梳理了各项工作流程和要求。个别高年资护士试探赵护士长，对工作要求提出疑问："我们之前是这样的……"赵护士长态度坚定地说："现在我们的要求是这样的，这是大家共同讨论过的，请按照工作要求执行。不过您年资高，工作经验丰富，您可以多提问题和建议，我会认真考虑，并组织大家讨论决定是否采纳您的建议。"赵护士长的回答鼓励了高年资护士参与病房管理，高年资护士们也感到得到了尊重和认可，更加愿意为病房管理出谋划策。很快，消化内科一病区的面貌焕然一新。

请思考：

1. 护理部在调整病区护士长岗位的过程中体现了什么管理原理和原则？

2. 年轻的护士长如何尽快成长为一名优秀的护理管理者？

管理活动源远流长。自从有了人类社会就有了管理实践，也就萌发了管理思想，进而产生了管理理论。管理思想源于人类的实践活动，是管理经验的概括和总结。管理理论是对管理经验的提炼和总结，是对管理活动系统化的认识。管理理论反过来又对管理实践活动起到指导和推动作用。

管理思想经历了两个阶段，即早期管理实践与管理思想阶段（从出现人类集体劳动到18世纪）和管理理论产生的萌芽阶段（从18世纪到19世纪末）。19世纪末20世纪初，管理成为一门独立的学科之后，管理理论的发展经历了三个阶段，即古典管理理论阶段、行为科学管理理论阶段和现代管理理论阶段。

第一节　古典管理理论

古典管理理论形成于20世纪初期的美国，在这一时期，工业革命使得大规模机器生产代替了手工劳动，伴随而来的是社会分工和协作的日益复杂与深入。面对这一局面，人们逐渐认识到凭借个人经验和习惯的管理模式已经不能适应工业化生产的要求，并开始探索新的管理方式。

一、泰勒的科学管理理论

弗雷德里克·温斯洛·泰勒（Frederick Winslow Taylor，1856—1915）是美国古典管理学家，科学管理理论的创始人。在米德维尔工厂，从学徒工到管理者的经历使泰勒认识到，缺乏有效的管理方法与手段是制约生产效率提高的重要因素。为此，泰勒开始探索科学的管理方法，并在1911年出版的《科学管理原理》一书中提出了科学管理理论，标志着管理学科的正式诞生。科学管理理论（scientific management theory）的基本出发点是通过对工作方法的科学研究来提高劳动生产效率，其重要手段是运用科学化、标准化的管理方法代替昔日的经验管理。

> **知识拓展**　｜　　　　　　　　　**泰勒的科学实验**
>
> 1898年，泰勒受雇于伯利恒钢铁公司期间，进行了著名的"搬运生铁块试验"和"铁锹试验"。"搬运生铁块试验"在75名搬运工人中开展，主要研究了工人的行走速度、持握位置、搬运角度以及工作时间和休息时间的协调等多种因素对日生产率的影响。"铁锹试验"系统地研究了铲上负载、各种材料能够达到标准负载的形状和规格，以及各种原料装锹的最好方法等问题。同时，泰勒还对每一套动作的精确时间做了研究，得出一个"一流工人"每日应该完成的工作量。研究结果使堆料场的劳动力由原来的400~600人减少到140人，平均每人每日的工作量从16吨提高到59吨，每个工人的日工资从1.15美元提高到1.88美元。此外，泰勒还开展了长达26年的"金属切削试验"，期间进行的各项试验超过3万次，80万磅的钢铁被试验工具削成铁屑，总共耗资约15万美元。试验结果发现了能大大提高金属切削机工产量的高速工具钢，并取得了各种机床适当的转速和进刀量以及切削用量标准等资料。

（一）科学管理理论的主要内容

泰勒认为，科学管理的根本目的是谋求最佳的劳动生产率，这是雇主和雇员达到共同富裕的基础。而达到最佳生产效率的重要手段是用科学化、标准化的管理方法代替经验管理。科学管理理论具体包括：

1. 效率至上　通过对工人工时和动作的分析制订科学的工作定额，谋求最高的工作效率。

2. 精心挑选工人　根据岗位要求挑选最适合该工作的一流人员，并依据科学的培训方案对工人进行培训。

3. 标准化原理　要使工人掌握标准化的操作方法，使用标准化的工具、机器和材料，并使作业环境标准化，从而提高生产效率。

4. 实行"差别工资制"　按照工人完成的定额和实际表现，实行刺激性的计件工资制度，由此调动工人的积极性，提高生产效率。

5. 劳资双方共同协作　认识到提高效率对双方都有利，劳资双方应为实现目标而共同努力。

6. 计划职能同执行职能分开　计划部门制订计划，对工人发布命令；工人则严格按照计划规定的标准，履行执行职能。

7. 实行"职能工长制"　将管理工作予以细分，使所有的基层管理者只承担一种管理职能。

8. 实行例外原则　高层管理者把例行事务授权给下级管理者处理，自己只保留对例外事务的决定权和监督权。

（二）科学管理理论的贡献和局限性

1. 贡献　科学管理理论开创了管理理论的新纪元，对管理实践具有重大积极影响。

（1）开辟了科学管理的新时代：科学管理理论挣脱了传统、落后的经验管理方法的束缚，将科学管理引进管理领域，用精确的调查研究和分析方法将其形成观点和理念，以此代替个人的判断、意见和经验，开创了实证式管理研究的先河，使管理从经验管理迈进了科学管理的新时代。

（2）提出了工作标准化思想：依靠科学的管理方法和操作程序，使各项工作标准化，有效地提高了生产效率，适应了当时社会经济发展的需要。

（3）实现了管理专业化：科学管理理论将管理职能与执行职能分离，将管理者和被管理者的权责分开，为管理理论的实践、验证和发展奠定了基础。

（4）鼓励劳资双方合作：科学管理理论在劳资双方中掀起了一场精神革命，劳资双方把注意力从如何进行盈余分配转移到如何增加盈余、提高生产率上，鼓励劳资双方合作，追求共赢。

（5）"职能工长制"使管理更加精细化：精心挑选出来的职能工长对某项具体工作更加精通，在管理中能更好地发挥指导作用，进而提高工作效率。

2. 局限性　尽管科学管理理论对工作效率的提高发挥了重大作用，但由于该理论是基于"经济人"假设而提出的，因而仍具有不少局限性。

（1）缺乏人性化：把工人视为机器，使工人的体力和技能受到最大限度的挑战。同时，以身体最强壮、技术最熟练的工人以及最紧张的劳动状态为依据制订标准，使得大多数工人无法达到标准。

（2）忽视了人的多种需求：把人看成是单纯的"经济人"，忽视了工人的情感、职业安全、个人发展等需求，以及这些因素对生产效率的影响。

（3）管理视角狭窄：科学管理理论仅解决了个别具体工作的作业效率问题，而没有解决企业作为一个整体如何经营和管理的问题。

（三）科学管理理论在护理管理中的应用

科学管理理论的核心是提高生产效率，通过改良生产中的各环节和要素来实现这一目的。临床护理实践亦可视为一种生产活动，同样可以依据泰勒的理论对其进行优化。

1. 科学制订护理流程标准与操作规范　为提高护士工作效率，必须科学制订各项护理工作的流程标准及各种操作规范，使工作有据可依，减少工作的盲目性。例如，对住院患者采用临床护理路径的护理模式，针对特定的患者群体，以时间为"横轴"，以入院指导、各项检查指导、用药指导、治疗配合、饮食活动指导、健康教育、出院计划等标准护理措施为"纵轴"，制订日程计划，详细描述并记录护理过程。

2. 科学制订岗位职责　根据各护理单元的具体工作内容，科学设定工作岗位，明确岗位职责。依据护士自身特点，结合岗位需求合理分配工作，并对其进行规范化培训。例如，手术室护士长可根据敷料间的工作内容设置敷料间组长，明确岗位职责，挑选细心、认真、责任心强的护士担任组长，并对该组长进行针对性培训，进而提高工作效率。

3. 合理制订奖惩制度　各护理单元应根据自身工作特点，制订切合实际的薪酬分配制度，实现多劳多得、少劳少得，避免平均主义和"大锅饭"现象。

4. 鼓励护士参与制订工作目标　护理管理者在制订工作目标时应注意倾听广大护士的意见和建议，让大家认识到提高工作效率对组织和个人的意义，使个人目标与组织目标相统一。

二、法约尔的一般管理理论

亨利·法约尔（以下简称法约尔）（Henry Fayol，1841—1925）是法国20世纪早期的科学管理专家、古典管理理论的杰出代表。法约尔早期就参与企业管理工作，并长期担任企业高级领导职务，他的代表作《工业管理和一般管理》对古典管理理论的发展具有重大的影响，标志着一般管理理论（general management theory）的形成。法约尔的一般管理理论从管理实际出发探讨管理原则，建立了一套管理理论，作为管理者的行为准则。

（一）一般管理理论的主要内容

1. 区别经营活动和管理活动　法约尔认为，经营和管理是两个不同的概念，管理活动是经营活动的一部分。他将企业全部经营活动分为六种，即技术活动、商业活动、财务活动、安全活动、会计活动和管理活动。其中管理活动处于核心地位，是其他活动能否顺利进行的关键。

2. 提出管理的基本职能　法约尔认为，管理活动可以划分为不同的职能性活动，这些活动概括起来可分为五类，即计划、组织、指挥、协调和控制。

3. 倡导管理教育　法约尔认为，管理能力可以通过教育来获得，因此应该在学校设置管理课程，并在社会各个领域普及、传授管理知识。

4. 归纳十四项管理原则

（1）劳动分工：法约尔认为，劳动分工属于自然规律。劳动分工不只适用于技术工作，也适用于管理工作。应该通过分工来提高管理工作的效率。

（2）权力与责任对等：责任是权力的孪生物，凡行使职权的地方就应当建立责任制。

（3）严明的纪律：法约尔认为，纪律是一个企业兴旺发达的关键，没有纪律，任何一个企业都不能兴旺繁荣。

（4）统一指挥：每一个下属应当只接受来自一个上级的指令。

（5）统一领导：同一目标的组织活动应当在一位管理者和一个计划的指导下进行。

（6）个人利益服从整体利益：组织内部任何个人或群体的利益不应当置于组织的整体利益之上。

（7）个人报酬公平合理：对下属的劳动必须支付公平合理的酬劳。

（8）集权与分权相适应：集权是指下属参与决策的程度。集权或分权需要考虑适度原则，管理者的任务是找到各种情况下最适合于企业的集权或分权程度。

（9）明确的等级制度：法约尔提出，从组织的最高层管理到最低层管理之间的直线职权代表了一个等级链，信息应当按等级链传递。如果遵循等级链传递会导致信息传递的延迟时，则允许信息的横向交流。

知识链接 ｜ "法约尔跳板"原理

在贯彻等级制度原则时，为了使组织既能坚持统一指挥原则，又能缩短信息传递的路线，法约尔提出可以在需要进行沟通的两个部门之间建立联系的渠道，即"法约尔跳板"。它可以使需要进行联系的两个部门尽快取得联系，从而缩短相互之间信息传递的时间，有利于组织迅速决策。

如图2-1所示，A代表这个组织的最高领导，按照组织系统，F与L之间发生了必须两者协议才能解决的问题，F必须将问题向E报告，E再报告D，如此由下而上，再由上而下到达L，然后L将研讨意见层层上报到A，再由上而下回到F。这样往返一趟，既费时又误事。遵循"法约尔跳板"，F与L之间可以直接商议解决问题，再分头上报。

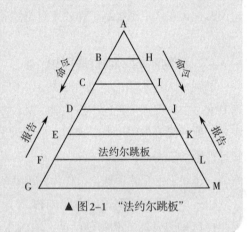

▲ 图2-1 "法约尔跳板"

（10）良好的工作秩序：包括人的秩序和物的秩序，即人员和物品应当在恰当的时候处于恰当的位置上。

（11）公平公正的领导方法：管理者应做到公平公正地对待下属。

（12）人员保持稳定：员工的高流动性会降低组织效率。管理者应当采取措施平衡人员的稳定和流动，制订有规则的人事计划，保证有合适的人选接替职务的空缺。

（13）首创精神：鼓励和允许下属制订并实施计划，以调动下属的工作热情。

（14）团结精神：鼓励团队合作，构建和谐团队。

（二）一般管理理论的贡献和局限性

1. 贡献　法约尔的一般管理理论对管理学理论体系的形成和发展做出了重大贡献，具体体现在以下两个方面。

（1）提出了管理的普遍性和一般性：法约尔指出，管理在所有机构的运行中都发挥着重要作用。管理理论具有普遍性的特点，适用于各种行业和部门。同时，该理论具有概括性，是普遍条件下有关管理的一般理论，因此，被称为"一般管理理论"。

（2）为管理过程学派奠定了理论基础：一般管理理论最先归纳了管理的五大职能，是管理学史上一个重要的里程碑，为管理科学提供了一套科学的理论构架，成为管理过程学派的理论基础。法约尔因此也被称为"管理过程之父"。

2. 局限性　一般管理理论最大的局限性在于有些管理原则划分过细、过于僵硬，缺乏弹性，甚至存在矛盾，以至于管理者无法完全遵守。例如，劳动分工原则倡导通过分工来提高管理工作的效率，而统一指导原则规定一个下属只接受来自一个上级的指令。根据劳动分工原则，同一员工可能承担不同的工作任务，分属两个或多个上级领导，而这却是统一指挥原则所不允许的。

（三）一般管理理论在护理管理中的应用

1. 遵循管理原则，保障护理实践工作的有序进行　法约尔提出的十四条管理原则中的多数原则对护理人力资源管理有很大的指导作用，主要表现在以下几个方面。

（1）人尽其才与能级对应：根据劳动分工原则，在护士选择和岗位安排上应充分考虑到"人"和"工作"的特点，做到人尽其才、才尽其用。例如，护士甲本科毕业并在临床工作多年，有丰富的临床经验，工作作风严谨，护士长可安排她为科室总带教老师；护士乙硕士刚毕业，科研意识和科研能力强，但缺乏临床工作经验，护理部及其所在科室则应给予机会，除了完成正常的临床工作之外，鼓励其利用自身优势，发展和带动护理科研工作。

（2）分级管理与权责对应：根据集权与分权相适应原则和等级制度原则，确定每个护理管理者的权限，有利于对护理系统进行有序的分级管理。坚持统一指挥和统一领导原则，实行医院护理系统的垂直管理，可避免因多头领导而导致的无效管理。坚持权力与责任对等原则，在赋予权利的同时授予相应的责任，可避免一味谋求权力而不愿承担责任、工作推诿等不良现象的发生。

（3）岗位稳定与人员稳定：人力资源管理过程中应保持护士及护理岗位的相对稳定，以实现护理工作的连续性和有序性。例如，手术室护士长在分配工作时，应尽量安排由相对固定的护士负责器械管理和特殊药品管理，避免因人员不固定、业务不熟练而导致的效率低下、时间浪费和安全隐患。

（4）公正平等：护理管理者要在不违背原则的情况下，努力做到公平公正地对待每一位护士，提高护士的公平感，进而提高护士工作的主动性和积极性，增强护士的责任心和职业荣誉感。

（5）鼓励创新：护理管理者要注重护士创新能力的培养，给护士提供更多进修学习机会，鼓励护士用批判性思维的方式主动发现、分析、解决工作中的问题，并进行临床科学研究。

2. 重视护理管理活动与培养管理者管理能力　护理管理活动是保证临床护理质量和护理组织有序运行的必要条件。有效的管理能最大限度地发挥护理组织的功能，有助于实现组织目标。因此，护理管理者应高度重视管理活动的作用与意义。而要想提高管理效能，管理者就必须强化管理意识，主动学习管理知识，积极寻求有效的管理方法，提高自身的管理能力。

3. 重视过程管理　护理管理者应对护理工作的每个过程进行质量控制，督促护士严格执行各项操作规范，进而实现全面质量管理，确保护理工作的整体质量。例如，在护理操作中严格执行查对制度，不仅能降低护理差错的发生率，也有助于护理计划的落实。

三、韦伯的行政组织理论

马克斯·韦伯（Max Weber，1864—1920），德国著名的社会学家。1910年，韦伯撰写的《社会和经济组织理论》一书出版，书中提出的"理想的行政组织体系"对后来的管理学发展影响深远。韦伯也因此被誉为"行政组织理论之父"。韦伯的行政组织理论（theories of bureaucracy）从行政管理的角度深入研究了管理的组织结构体系，解决了管理的组织优化问题，创立了全新的组织理论。

（一）行政组织理论的主要内容

1. "理想的行政组织体系"的特征　韦伯认为，企业应建立一种高度结构化的、正式的、非人格化的"行政组织体系"。该体系具有以下特征：① 明确的分工；② 自上而下的等级系统；③ 合理任用人员；④ 管理队伍的职业化制度与晋升制度；⑤ 严格的、不受各种因素影响的规则和制度；⑥ 理性化的行动准则。

2. 权力是组织形成的基础　韦伯认为，组织中的权力分为三种：① 传统的权力，由传统惯例或世袭得来，服从者基于对神圣习惯的认同和尊重而服从；② 超凡的权力，来源于对管理者超凡魅力或模范品格的崇拜和信任；③ 法定的权力，指依法任命，并赋予行政命令的权力。管理者依据制度规定而暂时拥有法定的权力，但追随者服从的是制度而非个人。

韦伯认为，理想的行政组织是最符合理性原则的，其效率是最高的，在精确性、稳定性、纪律性和可靠性方面都优于其他组织。

（二）行政组织理论的贡献和局限性

1. 贡献　韦伯的行政组织理论对后来行政组织体系的构建产生了重要影响。

（1）提出了理想的行政组织体系：韦伯以合理合法的权力作为行政组织的基础，设计出了具有明确的分工、清晰的等级关系、周密详尽的规章制度的理想的行政组织体系。在该体系中强调规则而非个人意志，强调能力而非偏爱，摆脱了传统组织随机、主观、偏见的不足。

（2）重视知识和技术的作用：在理想的行政组织体系中，成员的任用和升迁均以成员知识和技能水平为准则，促进了实证科学在行政管理中的应用和发展。

（3）重视管理队伍的职业化和专业化：在理想的行政组织体系中，管理者由接受过管理知识和技能培训的专职人员担任，强调管理队伍的稳定性和专业性，使管理行为更加切实有效、组织结构更加科学合理。

（4）重视制度建设和制度管理：组织中规章制度的建立和执行不应受个人感情的影响。应建立完善的组织制度，加强制度管理。应对每个成员的职权和协作范围作出明确规定，使其能正确地行使职权。人员的一切活动都必须遵守一定的程序和规则，从而减少内部冲突和矛盾，实现管理目标。

2. 局限性　韦伯对组织的分析偏于静态研究，过分强调组织的严密性、科学性和纪律性，忽视了组织成员的心理需求及人性发展；过分强调专业分工、职权划分和上下等级秩序，容易影响成员间的协作性和下级成员工作主动性、积极性的发挥。

（三）行政组织理论在护理管理中的应用

行政组织理论强调合理的劳动分工、有明确意义的等级、详细的规则制度和非个人关系的组织模式，这些观点在护理管理实践中值得借鉴。

1. 实现分级管理　目前我国医院的护理组织结构有三级管理模式（即护理部主任、科护士长、护士长）和二级管理模式（即总护士长、护士长）两种，体现了分级管理思想。同时还应根据护士的工作能力、技术水平、工作年限、职称等级等因素，以能级对应为原则对护士进行分层管理。

2. 明确岗位职责　明确各级管理者的权利和责任。如护理部主任的工作职责包括全面负责医院护理工作，拟定全院护理工作计划，与人力管理部门共同负责护理人力资源战略规划的制订，定期检查护理质量和各项计划落实情况，具体负责院内护士的调配，提出护士升、调、奖、惩等意见。

3. 完善规章制度　建立健全各项护理规章制度和操作规范，完善护士各项行为准则，并督促护士落实。

4. 重视管理队伍　重视护理管理人才的选拔和培养，加强护理管理队伍建设，为护理管理者设计合理的、切合个人实际的职业发展路径。

第二节　行为科学管理理论

在1929—1933年爆发的全球性经济危机中，各国资产阶级为了保护自身利益，不断加重对工人的剥削，激起了工人阶级的强烈反抗。在日益加剧的劳资冲突中，不少管理学者意识到古典管理理论的不足和缺陷，开始重视对人和人的行为的研究，并形成了许多新的管理理论，其中最具代表性的是行为科学管理理论。

知识链接 ｜ 　　　　　　　　　　　　　　**行为科学**

行为科学管理理论是始于20世纪20~30年代美国哈佛大学行为科学家、心理学家梅奥的"霍桑实验"，并由该实验而建立的人际关系理论。1949年，在美

国芝加哥大学召开的跨学科会议首先提出"行为科学理论"的概念。1953年，正式把这门综合性学科定名为"行为科学"。该理论重点研究人的行为及其产生的原因，行为科学管理学派由此诞生。该学派的管理理论包含了人际关系学说和之后产生的各种有关人的行为研究方面的理论和学说，主要包括个体行为研究、群体行为研究和组织行为研究。由此而产生的代表理论有早期的人际关系理论，人类需要层次理论，人性管理理论，群体行为理论和领导行为理论等。

一、梅奥的人际关系学说

乔治·埃尔顿·梅奥（George Elton Mayo，1880—1949），美国行为科学家，人际关系学说的创始人。1927年，他在美国哈佛大学工商管理学院从事工业管理研究时，应邀到美国西方电气公司霍桑工厂，主持组织管理与生产效率之间关系的实验，即著名的"霍桑实验"。在此基础上，梅奥撰写的《工业文明的人类问题》和《工业文明的社会问题》两本著作在1933年和1945年相继出版，提出了著名的人际关系学说（human relation theory）。

（一）人际关系学说的主要内容

依据"霍桑实验"的结果，梅奥提出了以下观点。

1. 人是"社会人"，而不是"经济人"　梅奥认为，人们的行为不仅仅出自对金钱的追求，还深受社会及其心理需要的影响，且后者更为重要。因此，要调动工人的积极性、提高生产效率，不能单纯从技术和物质条件入手，而必须尽可能满足工人在社会、心理方面的需求。

2. 正式组织中存在着非正式组织　正式组织是指为了实现组织目标而明确规定各成员相互关系和职责范围的组织管理体系，其特点是有明确的目标、任务、结构，相应的机构、职能，成员的权责关系以及成员活动的规范。非正式组织是人们以感情、喜好等情绪为基础自然形成的、松散的、没有正式约束力的群体。这些群体不受正式组织的行政部门和管理层次的限制，也没有明确规定的正式结构，但在其内部也会自然形成一些特定的关系结构和群众领袖，以及某些不成文的行为准则和规范。非正式组织能够影响正式组织的劳动效率和目标的实现。因此，管理者必须正视非正式组织的存在及其作用，发现并利用非正式组织为正式组织服务，而不是无视或取缔非正式组织。

3. 新型领导重视提高工人的满意度　在决定劳动生产率的诸因素中，处于首位的是工人的满意度，而生产条件、工资报酬占第二位。员工的满意度越高，其士气就越高，生产效率也会相应提高。

（二）人际关系学说的贡献和局限性

1. 贡献　人际关系学说是对古典管理理论的重大发展，在某些方面具有颠覆性意义，其贡献主要表现在以下三个方面。

（1）为行为科学的诞生奠定了理论基础：人际关系学说弥补了古典管理理论忽视人的因素的缺陷，不仅为管理理论的发展开辟了新的领域，也为行为科学的发展奠定了基础。

（2）重视人的因素："霍桑效应"发现，员工可能因为被夸奖等额外被关注而提高绩效，这提示管理者在管理中应选择适当的管理方法和手段。此外，梅奥通过实验揭示了人的需要、思想感情、行为方式对提高生产效率有重要影响。这是第一次把管理研究的重点从物的因素转到人的因素上来，使人们对组织中的人有了新的认识。

> **知识链接** | **"霍桑效应"及其应用**
>
> 个人或组织由于受到额外的关注而引起绩效上升或努力工作的现象称为"霍桑效应"。在"霍桑实验"中，被选定的工人意识到自己是特殊的群体，是专家关心的对象。这种受关注的感觉使他们加倍努力工作，以证明自己是优秀的，从而使生产效率提高。例如，某学校在新生入学时对每个人进行智力测验，并据此结果将学生分为"优秀班"和"普通班"。学校故意将智力高的孩子分在"普通班"，而将智力一般的孩子分在"优秀班"。一年后测验时发现，"优秀班"的测验结果确实优于"普通班"的测验结果。原本普通的孩子被当作优等生关注，他们也就认为自己是优秀的，额外的关注加上心理暗示使得"丑小鸭"变成了"白天鹅"。"霍桑效应"的心理暗示还可以治疗抑郁、自卑、紧张等各种心理疾病。实践证明，"霍桑效应"在企业管理和领导行为改善方面也卓有成效。

（3）重视非正式组织与组织文化的作用：人际关系学说的重要贡献之一就是发现了非正式组织。管理者应该重视非正式组织对员工的影响，培养组织共同的价值观，营造积极向上的组织文化，协调个人与组织的利益关系，以增强组织的凝聚力。

2. 局限性 人际关系学说偏重心理-社会关系，忽略了组织结构和技术因素的影响。具体体现在：① 过度强调非正式组织的作用；② 过度强调感情的作用；③ 忽视经济报酬、工作条件、外部监督、作业标准对员工工作积极性的影响。

（三）人际关系学说在护理管理中的应用

1. 重视"霍桑效应" "霍桑效应"启示护理管理者，护士的工作积极性和工作效率会因为在工作中得到足够的关注而大幅度提高，尤其是在进行创新或者改革时，可以通过"树立典型-局部试点-全面推广"的模式保障工作的顺利进行。

2. 重视非正式组织的作用 护理管理者应正视护士自发形成的"小圈子"，并对其进行正确的引导，使这些非正式组织中成员的个人目标和护理组织的目标尽可能一致，以求得更融洽的人际关系和更高的工作效率，从而有助于护理工作任务的圆满完成。

3. 重视护理组织文化的建设 护理管理者要在组织中营造和谐向上的文化氛围。例如，在制订计划时要倾听护士的意见，充分发扬民主作风，给予护士足够的尊重，使其对组织有安全感和归属感，以改善护理系统上下级的关系。护理管理者应尽量满足护士的各种合理需求，协调好各方面的利益关系，提高护士士气，激发组织成员的积极性和凝聚力，以保障组织目标的实现。

二、麦格雷戈的X理论和Y理论

道格拉斯·麦格雷戈（Douglas McGregor，1906—1964），美国著名的行为科学家。1957年，麦格雷戈在美国《管理评论》杂志上发表的《企业的人性面》一文中提出了两类人性观，即著名的X理论和Y理论。他认为，管理者应从两种不同的角度看待员工，并相应地采取不同的管理方式。

（一）X理论和Y理论的主要内容

1. **X理论**　麦格雷戈把传统的管理理论称为X理论，其特点是管理人员对人性做出的性本恶假设。其主要观点包括：① 大多数人是懒惰的，他们尽可能地逃避工作；② 大多数人都缺乏雄心壮志，也不喜欢承担责任，宁可让别人领导；③ 大多数人的个人目标与组织目标是矛盾的，为了实现组织目标必须靠外力严加管制；④ 大多数人都缺乏理智，容易受别人影响或安于现状；⑤ 大多数人工作的目的只是为了满足基本的生理需要和安全需要。因而，管理过程中，一方面要采取严密的控制和惩罚措施迫使员工努力工作，另一方面应以金钱为主要手段激励员工的积极性。

2. **Y理论**　麦格雷戈基于对传统的管理理论的否定，以性本善为假设，提出了Y理论。其主要观点包括：① 一般人并非天性懒惰，要求工作是一种本能；② 人们愿意实行自我管理和自我控制来完成应当完成的目标；③ 人的自我实现的需要与组织要求的行为之间没必然的矛盾，如果给人提供适当的机会，就能将个人目标和组织目标统一起来；④ 一般人在适当条件下，不仅会接受职责，而且会谋求职责；⑤ 大多数人在解决组织的困难问题时，都能发挥较高的想象力、聪明才智和创造性；⑥ 现代条件下，一般人的智慧潜能只是部分得到了发挥。因而，管理者应创造良好的工作环境，给予员工更大的自主空间，充分发挥其潜力。

（二）X理论和Y理论的贡献和局限性

1. **贡献**　① 阐述了人性假设与管理理论的内在关系，提出了"管理理论都是以人性假设为前提"的重要观点；② Y理论提出了在管理活动中要充分调动人的积极性、主动性和创造性，实现个人目标与组织目标相统一等思想，以及员工参与管理、丰富工作内容等方法，对现代管理理论的发展和管理水平的提高有重要的借鉴意义。

2. **局限性**　由于两类理论的出发点均来自对人性善恶的简单假设，因而具有一定的局限性：① X理论把人视为机器，没有外力的作用就不会产生动力，机械地、静止地看待人，忽视了人的能动性；② Y理论尽管把人视为一个有机的系统，但它把人完全理性化和理想化，忽视了人对物质利益的基本需求，过于强调人的责任心和主观能动性，在商品经济条件下并不完全符合事实。

（三）X理论和Y理论在护理管理中的应用

由于人的本性难以简单定性为善或恶，因而在管理实践中，X理论和Y理论都难以完全适用，但也都有一定的适用空间。正确的方法应该因人而异、分别对待，而不是单纯采用某一种理论来指导管理实践。

1. **严明制度与严格管理**　市场经济条件下，严明的管理制度和措施、明确的操作规范和行为规范，以及严格的管理是确保护理工作顺利开展的必要条件。例如，护理部依据医院规定定期抽查各科室护士对核心制度、无菌操作技术的掌握情况，并依据考核结果予以物质或精神的奖励或惩罚，这是确保护理质量的重要管理手段。

2. **发扬民主与正向激励**　护理管理者应为护士提供宽松的工作环境，发扬民主作风，适当授权，鼓励护士献计献策、大胆创新，充分发挥每位护士的主观能动性。根据护士不同时期的需求，使用多种方法激励护士，尽力将护士的个人目标与护理组织目标相统一。

第三节　现代管理理论

20世纪80年代，随着社会、经济、文化的迅速发展，特别是信息技术的发展与知识经济的出现，世界形势发生了巨大变化。面对信息化、全球化、经济一体化等新的形势，企业之间竞争加剧、联系增强，管理模式也发生了巨大的变化，呈现出新的发展趋势。

一、创新理论与可持续发展理论

当今经济发展局势瞬息万变，任何组织都受到前所未有的挑战。要想在竞争中生存，就必须打破固有的思维定势，勇于变革，将创新意识融入组织发展中，激发员工的积极性，提高创新能力。同时，在当今生态环境持续破坏、资源紧张的背景下，社会及其组织在自身发展过程中，必须顾及可持续发展的大方向，以保证组织能够获得长久、持续、健康的发展。

（一）创新理论

1912年，奥地利经济学家约瑟夫·熊彼特（Joseph Schumpeter，1883—1950）撰写的《经济发展理论》出版，开创性地提出了以技术创新为基础的经济创新理论。后来又对该理论不断完善，形成了创新理论（innovation theory）。

1. 创新理论的内容　创新就是实现生产要素和生产条件的一种从未有过的新结合，并将其引入生产体系，一般包括产品创新、技术创新、市场创新、管理与组织创新、资源创新等。创新理论的基本观点主要包括：① 创新是生产过程中内生的；② 创新是一种"革命性变化"；③ 创新同时意味着毁灭，在竞争性的经济生活中，新组合意味着通过竞争将旧组织消灭，尽管消灭的方式不同；④ 创新必须能够创造出新的价值；⑤ 创新是经济发展的本质特征；⑥ 创新的主体是"企业家"。

2. 创新理论在护理管理中的应用

（1）自主创新：护理组织通过自身的努力和探索产生技术和方法的突破，并在此基础上依靠自身的能力系统推进创新的后续环节，从而实现创新成果的社会效益和经济效益。护理组织要实现自主创新除了要有坚定的决心、完善的政策和制度支持之外，还要有深厚的知识积累和一定人、财、物等资源的投入。自主创新需要护士在临床工作中善于运用批判性思维方式，及时发现问题，并能从问题出发进行研究，提出新理论、使用新技术或发明新产品。

（2）模拟创新：护理组织通过学习和模仿其他创新者的创新思路和行为，吸取其成功经验和失败教训，引进其核心技术，并在此基础上加以改进和进一步开发。模拟创新是当前护理创新中比较普遍的方式，因为这种方式将有限的资源集中在创新链的中下游环节，既可节约大量研发及市场培育费用，降低投资风险，又容易获得满意的创新效率。模拟创新要求护士敢于向常规挑战，勇于自我挑战，不断探索与超越。

（3）合作创新：合作创新通常以合作伙伴的共同利益为基础，以资源共享或优势互补为前提。例如，护理组织之间，或者护理组织与教学科研院所之间，通过明确的合作目标、合作期限和合作规则进行合作创新。合作各方在技术创新的全过程或某些环节共同投入、共同参与、共享成果、共担风险。

（二）可持续发展理论

1987年，时任世界环境与发展委员会主席的挪威首相格罗·布伦特兰（Gro Brundtland，）在《我们共同的未来》中第一次提出"可持续发展（sustainable development）"的概念，既满足当代人的需要，又不对后代人满足其需要的能力构成危害的发展。目前，可持续发展理论（sustainable development theory）已成为全世界公认的社会与经济发展理论。

1. 可持续发展理论的内容　其主要内容体现在三个方面：① 公平性，即本代人之间和代与代之间要公平利用自然资源；② 持续性，即人类的经济建设和社会发展不能超越自然资源和生态环境的承载能力；③ 共同性，即要实现可持续发展的总目标，就必须采取全球共同的联合行动。

2. 可持续发展理论在护理管理中的应用

（1）护理事业应全面和协调发展：护理事业的发展既受到众多因素的制约，也对社会和经济发展产生重要影响。因此，护理管理既要做到内部的全面协调，又要与社会、经济、教育、科技、文化及生活方式相适应。

（2）护理管理应强调持续和人本发展：可持续发展的中心思想就是以发展的眼光看问题，从子孙后代的长远利益考虑问题。因而，在护理管理中应做到如下几点。① 必须加强人才队伍的建设，培养后备力量，使不同年龄的护理人才形成梯队，以保障护理专业发展的持续性；② 加大科研力度，不断推出新理论、新技术、新方法，并将其用于临床护理实践，为护理工作带来新的发展动力；③ 强调以人为本，公平对待每一位护士，尊重每个护士的实际需要，保障护士身心健康，为护士的个人发展提供尽可能多的机会。

二、效率理论与绩效管理理论

当今社会，由于市场竞争的加剧和资源消耗的急速增加，人们在尽力提高科技水平获取更多劳动成果的同时，更加关注劳动效率和劳动效果。效率理论和绩效管理理论便应运而生。

（一）效率理论

1. 效率理论（efficiency theory）的内容

（1）效率优先是提高效率的思想保证：要树立"效率就是生命，效率就是竞争力"的观念。任何组织如果瞻前顾后、犹豫不决就必然会耽误时间，影响效率，阻碍发展。

（2）正确方向是提高效率的战略保证：高效率的组织在战略取向方面有3个特征，一是接近服务对象，即视顾客为最重要的利益相关者，并尽力满足其需求；二是快速反应，即对机遇和问题能作出迅速的反应；三是焦点清晰，高效率的组织必须有明确的重点和目标，不能左右摇摆。

（3）队伍建设是提高效率的组织保证：一个组织能否保证高效率，员工队伍建设是关键。选拔和培养专业技术人员和管理者，建立各级各类人员的奖惩、考核、监督、轮岗、淘汰等制度，有利于提高组织的运作效率。

（4）体制改革是提高效率的制度保证：高效率的组织应当机构精简、人员精干，克服官僚作风。在管理上应松紧适度，适当授权、权责清晰，进一步建立健全岗位责任制和目标责任制。

（5）雷厉风行是提高效率的作风保证：一要端正会风，确保有效沟通和提高效率；二要端正学风，做到学用一致，保证学习的有效性；三要端正政风，办事要雷厉风行，实事求是。

（6）改进技术是提高效率的方法保证：随着科学技术日新月异和知识信息激增，传统的工具和方法已不能满足现实的需要，在管理中必须采用先进技术和设备，以提高管理效率。

2. 效率理论在护理管理的应用 随着护理组织系统不断扩大，护理分工和专业化程度不断提高，提高效率、加快发展在护理管理实践中势在必行。

（1）建立和完善评估系统：① 提高护理管理效率首先需要有一个先进的评估系统，及时收集护士、管理者和相关部门的反馈意见或评价；② 及时发现难办、棘手的问题，及早妥善安排解决；③ 主动帮助护士及时完成工作计划。

（2）确定明确的目标：① 护理管理应从医院内部视角逐步扩展到医院外部的市场和消费者选择视角上；② 努力、及时满足患者的正当需求；③ 建立优质、高效的护理队伍；④ 使用适宜的先进技术。

（二）绩效管理理论

1. 绩效管理理论（performance management theory）的内容 绩效管理（performance management）是指各级管理者和员工为了达到组织目标，共同参与绩效计划制订、绩效辅导、绩效考核、绩效反馈、绩效应用、绩效激励等活动的持续循环过程。绩效管理的核心目的是通过提高员工的绩效水平提高组织或团队的整体绩效。相对于组织的终极目标来说，绩效管理不是目的，而是实现组织战略目标、增强核心竞争力的重要手段。

2. 绩效管理理论在护理管理中的应用 绩效管理的过程通常被看作一个循环，该循环的周期包含四个步骤，护理绩效管理亦是如此。

（1）绩效计划：绩效计划是绩效管理流程中的第一个环节，是绩效管理的基础。在绩效计划阶段，管理者和被管理者之间需要对被管理者的绩效状况达成共识。被管理者对自己完成工作的目标作出承诺。在护理管理中，护理管理者应根据医院的战略目标，围绕护理服务质量和数量的提高、经营收入的增长、护理成本的降低、资产利用率的提高等内容来制订绩效目标，进而将这些目标逐级分解到各护理单元。

（2）绩效实施：在绩效实施的过程中，管理者要对被管理者的工作进行指导和监督，发现问题及时解决，并对不适当的绩效计划进行调整。在此护理工作中，护理管理者要不断地对护士进行指导与反馈，要持续、及时地与护士分享、交流绩效信息，根据实际情况随时调整具体措施、提供帮助与辅导，记录并统计科室、护士的绩效表现，做到上情下达，下情上传，信息通畅，动态管理。

（3）绩效考核：① 管理者可根据情况对被管理者进行月考核、季考核、半年考核、年度考核或不定期考核；② 绩效考核的过程中应坚持公开、公正、客观、统一的原则，从医院、科室、个人、患者等多个层面进行全面考核；③ 依据在制订绩效计划时与被管理者达成的意见，以及在绩效实施和管理过程中收集到的各类信息，实施绩效考核；④ 考核结果要及时反馈给被管理者，双方就绩效考核的结果进行讨论，发现问题，找出原因，共同改进计划。

（4）绩效激励：绩效激励是绩效考核结果的应用。① 医院、科室可将绩效考核结果与奖金分配、评优评先、晋升发展等挂钩；② 分析导致绩效欠佳的原因，进行差别性管理，包括在岗培训、岗位调动、适度处罚等。

三、文化管理理论与知识管理理论

在人类历史的不同发展阶段，人们对"人性"的假设各有不同。奴隶制社会中，奴隶主视奴隶为"财产和工具"，此时期的人是"工具人"；英国经济学家亚当·斯密（Adam Smith，1723—1790）认为，人的行为动机根源于经济诱因，因而提出了"经济人"假设；后来梅奥等管理学家开始关注人的心理-社会需求，提出了"社会人"假设；随着人们对自身价值的重视，以美国社会心理学家亚伯拉罕·马斯洛（Abraham Maslow）为代表的学者们又提出了"自我实现人"的假设；20世纪70年代后，美国"企业文化理论之父"艾德佳·沙因（Edgar Schein，1928—2023）对上述观点进行了深入研究，并提出了"复杂人"假设。人性假设理论的发展，必然对管理学提出新的挑战，进而诞生了新的管理学理论。

（一）文化管理理论

20世纪70年代，日本经济的飞速发展引起了日裔美籍管理学家威廉·大内（William Ouchi）的关注，他选择了日、美两国的一些典型企业进行研究。大内发现，日本企业之所以取得成功，与他们独特的管理方式密不可分，他把这种管理方式归结为Z型管理方式，并在《Z理论——美国企业界怎样迎接日本的挑战》一书中提出企业文化概念。

1. 文化管理理论（cultural management theory）的内容　① 文化管理的本质是以人为本，将管理中心由物转向人，以人的全面发展为目标，通过共同价值观的培育，在组织内部形成共同的价值取向，并营造一种健康和谐的文化氛围，使全体成员的身心能够融入组织中来；② 以企业价值观为导向，建立共同的行为准则，形成自我约束和自我激励的力量，变被动管理为自我约束；③ 强调人才培养和人力资源的管理，在实现社会价值最大化的同时实现个人价值的最大化。

2. 文化管理理论在护理管理中的应用　护理文化即护理组织及成员在特定的护理环境下逐渐形成的共同价值观、基本信念、行为准则、自身形象以及与之相对应的制度载体的总和。

（1）导向作用：良好的精神文化氛围可以陶冶护士的情操，使护士的个人目标与组织的总体目标保持一致，有利于组织目标的实现。

（2）凝聚作用：共同的价值观念和行为准则可以使护士之间形成良好的合作关系，增强团队的凝聚力。

（3）激励作用：良好的护理文化有助于调动护士的积极性和创造性，发挥激励作用。

（4）约束作用：护理文化作为一种软性控制，可以通过人们普遍接受的价值观念潜移默化地约束护士的行为。

（二）知识管理理论

在20世纪60年代初，彼得·德鲁克（Peter F. Drucker，1909—2005）首先提出了知识工作者和知识管理的概念，指出人类正在进入知识社会，在这个社会中最基本的经济资源不再是资本、自然资源和劳动力，而是知识和知识工作者。后来很多学者对该理论进一步完善，知识管理日渐成为学者们研究的热点。

1. 知识管理理论（knowledge management theory）的主要内容　知识管理是指在组织中构建一个量化与质化的知识系统，以人为中心，以信息知识为基础，以创造、分享、整合、创新等为手段，将个人知识整合为组织智慧，并不断对人和信息资源进行动态管理的过程。知识管理主要包含两方面的内容：一是管理知识本身，即对显性知识、隐性知识及其相互作用的管理；二是管理与知识相关的各种资源和无形资产，即对知识组织、知识人员、知识设施、知识资产、知识活动的管理。

2. 知识管理理论在护理管理中的应用

（1）构建知识库：即形成知识体系，收集整理个人信息资源，分类管理，形成集体智慧，实现显性知识和隐性知识的综合化。例如，通过对护理学科现有的知识内容进行重组、提炼，产生新的、更专业的学科分支，如护理信息学、护理伦理学、护理管理学等；护理管理部门总结过去护理工作中的经验和教训，完善规章制度，形成新的工作思路、模式。

（2）实践与应用：利用整合而成的知识去解决实际问题。护士把显性知识运用到护理实践中，在解决问题的同时获得新的体会和经验。这个过程体现了显性知识的内化和隐性知识的储备和扩展。

（3）交流与传递：组织知识来自个人知识的整合，而个人知识的整合则是依靠知识交流、信息传递完成的。因此，护理管理者应给护士提供多途径的交流机会，如通过组织学习班、研讨会、网络交流、书信交流等活动加速知识在护理组织内的传递。

（4）发展与创新：知识管理的核心目的是实现知识的发展与创新，扩大组织的整体知识储备，不断派生出新知识、新理念、新思想、新体系，实现人和信息的动态管理，如护理工具的新发明、护理模式的创新、护理技术的创新等。

第四节　管理的基本原理和原则

管理的基本原理是从管理实践中抽象出来的，对管理活动的本质及其运动规律的普遍反映和基本表述。学习和掌握管理的基本原理，对于管理者更好地总结把握管理实践，坚持从一般到个别的思维方式具有普遍的指导意义。管理原则是管理原理在实际管理中的体现，是要求人们在管理活动中共同遵守的行为规范。管理者要做好管理工作，必须结合工作实际，将抽象的管理原理展开并细化、具体化为管理工作中可以遵循的若干原则。学习和掌握管理原则，有助于管理者更好地把握管理原理，将理论与实践更好地结合，增强管理的具体性和针对性。

本章重点介绍四个最为常用的管理学基本原理，包括系统原理、人本原理、动态原理、效益原理，及其相应对的管理原则。

一、系统原理

系统（system）是指由相互作用和相互依赖的若干组成部分或要素结合而成的、具有特定功能的有机整体。系统的构成须满足3个条件：① 要有两个或两个以上的要素；② 要素之间要有一定的联系；③ 要素之间的联系必须产生一定的功能。

明确系统的特征是认识系统的关键，系统具有4个特征：① 目的性，每个系统都有其明确的目的，不同的系统具有不同的目的。系统根据其目的和功能需要设置有若干子系统，子系统的目的须服从系统的目的。② 整体性，系统的整体性是指系统由相互作用和相互依赖的若干组成部分或要素结合而成，这些组成部分或要素按照一定的方式和目的有序地排列，围绕共同目标组成不可分割的整体。系统的功效大于各组成部分或要素的功效之和。③ 层次性，一方面是指系统内各组成部分或要素构成多层次递阶结构，这种结构通常呈金字塔形；另一方面是指系统内部各组成部分或要素的排列组合也是按照一定的层次进行的，处于不同层次的系统要素，其功能和作用也不一样。④ 环境适应性，环境适应性是指系统随环境的改变而改变其结构和功能的能力。系统要不断调整自身以适应环境的变化，系统对环境的适应能力影响着系统的生存和发展。

> **知识链接** | **贝塔朗菲与系统论**
>
> 系统论是美籍奥地利生物学家路德维希·冯·贝塔朗菲（Ludwig Von Bertalanffy，1901—1972）创立的。在《理论生物学》中，贝塔朗菲首次用"开放系统"的概念来描述生命体，其哲学观点的核心内容是"有机体并不是被动地对刺激作出反应，而是一个在本质上能自主活动的系统"。只有首先意识到这一事实，才能理解人类关系的各个领域。他站在人文系统观的立场上，强调人类所创造的社会系统必须服务于人类目标，而不是相反。人类必须与这些系统相处，但绝不是为这些系统而活，这就是人类社会和昆虫社会的本质区别。人类具有不可剥夺的权利和尊严，这是一般系统论所要达到的最高目的。

（一）系统原理的主要内容

系统原理（principles of system）是指人们在从事管理工作时，运用系统的观点、理论和方法对管理要素进行充分分析，以达到管理效果的最优化，即从系统论的角度来认识和处理管理中出现的问题。

系统原理认为，任何管理对象都是一个整体系统，而不是孤立分割的部分。系统原理强调从整体看待部分，使部分服从整体，统筹考虑，各方协调，以达到整体的最优化。同时，还需要认识到管理对象作为一个整体系统，还是更大系统的一个组成部分，应当从更大的全局考虑，摆好自身位置，使之为更大系统的全局服务。

（二）系统原理的相应原则

在管理实践中，系统原理可具体化为若干管理原则。整分合原则和相对封闭原则是与系统原理相对应的两大原则。

1. 整分合原则 整分合原则是系统原理在管理实践中的具体化，即对某项管理工作进行整体把握、科学分解、组织综合。

（1）整体把握：是整分合原则的首要环节，包括两层含义。一是把握系统要素：管理者首先要对管理对象及系统要素的整体情况有全面而深入的了解，对系统本身属性进行认真分析，包括对管理组织中存在多少构成要素或子系统，各要素或子系统的结构、功能如何，各要素或子系统之间的关系及相互作用状况如何等问题的分析。二是把握系统环境：根据系统原理，管理组织是一开放性系统，与外部环境密切相关。系统环境对系统本身具有一定的影响和制约作用。因此，在设计系统结构、确定系统整体目标时，必须充分了解和分析系统环境的状况以及可能对系统产生的影响，尽可能适应环境的要求。

（2）科学分解：科学分解是把管理职能和任务划分为若干部分，并确定各部分之间的联系，是整分合原则的关键环节。

科学分解需遵循五个要求：① 分解要适度，分工不够或分工过细都会降低系统效益；② 分解要安全，分解时不能出现"空白"或"断口"，分解后各部分功能必须能有机地整合为系统整体功能；③ 分解不能出现多余部分和环节；④ 分解后各部分的比例要合理；⑤ 分解后要配套，分解后的部门要委以一定的职责，同时要赋予相应的权利，做到责、权、利相一致。

（3）组织综合：为了避免系统分解后出现各部门各行其是、部门之间利益冲突、横向协调难等问题，需要在系统内按照系统的内在联系把各部门有机地结合起来，协调他们之间的关系，使各部门相互支持、相互配合。

2. 相对封闭原则 相对封闭原则是指系统内部的各个环节必须首尾相接，形成环路，使各个环节都能充分发挥其功能作用；而对于系统外部，任何闭合系统又必须具有开放性，与其他相关系统保持输入和输出关系。管理分为对外管理和对内管理：对外管理，即任何系统应是开放的，以保证与相关系统的输入、输出关系；对内管理，即其内部要素的结构，须环环相扣、首尾相接，以形成环节畅通的闭合回路。如图2-2所示，在管理系统中，决策机构、执行机构、监督机构和反馈机构并存。执行机构要坚定迅速、准确无误地贯彻决策机构的指令；监督机构监督检查执行机构是否严格执行决策部门的指令；反馈机构则搜集外界信息，了解决策通过执行产生的实

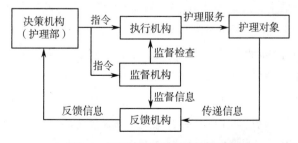

▲ 图2-2 护理管理系统封闭回路示意图

际效果，并及时将反馈信息和修正意见传递到决策机构。这样才能保证决策更加符合客观实际，取得成效。

（三）系统原理在护理管理中的应用

1. 树立全局观念　树立全局观念是充分发挥护理管理系统整体功能、实现整体效应的前提条件。护理管理者要用系统原理分析实际问题，正确处理护理系统内部、护理系统与其他系统、局部与全局、眼前利益与长远利益的关系。例如，护理部在制订年度护理管理计划时，既要考虑护理部及各护理单元的管理目标，更要考虑护理管理目标与医院整体目标相吻合，同时还要考虑与相关科室目标相呼应。

2. 分析系统结构，把握系统功能　护理系统是由不同层次的护理部门分工合作而形成的。护理管理者应认真分析护理系统的内部结构，包括护理系统内部各要素相互作用方式、护理系统与各子系统及子系统之间的关系，明确管理层次，做到责权分明、权责对应、分级管理，才能确保护理系统的高效运转。同时，护理系统还是医院大系统中的一个子系统，护理部门的各项工作应与医院目标一致，并与其他相关部门协调一致，不能过分强调护理的独立性。只有与其他相关部门协调发展、通力合作，才能更好地实现医院目标。

二、人本原理

人本（humanity）即以人为本。人本论认为，人就是世界，人就是一切，人不仅为现实世界之本，世界也体现着人的本质。人本论以实现人的价值和尊严为目的，而非把人当作实现外在性目的的手段。以人为本绝不局限于现实的功利目的，它还包含着崇高的境界，对人的全面发展寄予高远情怀。

（一）人本原理的主要内容

人本原理（principles of humanity）是以人为中心的管理思想，强调在管理过程中人的核心地位及其重要性，要求一切管理应以调动人的积极性、做好人的工作为本质工作。人本原理能够有效地调动人的积极性、主动性和创造性，为管理系统高效运作和功能优化提供动力基础和保证。具体包括以下几项内容。

1. 树立依靠人的管理理念　人是社会经济活动的主体，是一切资源中最重要的资源。因而必须树立依靠人的管理理念，认识到员工是组织主体，只有通过全体员工的共同努力，才能创造组织的辉煌业绩。

2. 开发人的潜能是最主要的管理任务　管理的任务在于如何最大限度地调动员工的积极性，释放其潜能，让员工以极大的热情和创造力投身于事业之中。

3. 凝聚人的合力是组织有效运营的重要保证　管理不仅要研究每一成员的积极性、创造力和素质，还要研究整个组织的凝聚力与向心力，从而形成整体的强大合力。

4. 塑造高素质的员工队伍是组织成功的基础　组织的成功有赖于高素质的员工队伍，尤其是在急剧变化的现代，技术生命周期不断缩短，知识更新速度不断加快，每个人、每个组织都必须不断学习，才能适应环境的变化并重新塑造自己。

5. 员工参与是有效管理的关键 很多人认为，尊严高于生命。一个有尊严的人，他会对自己有严格的要求，当他的工作被充分肯定和尊重并给予参与管理的机会时，他会尽最大努力去完成自己应尽的责任。

6. 服务于人是管理的根本目的 "服务于人"包括两层含义，其一是管理者要树立服务于管理对象的理念；其二是组织运行的目的是服务于消费者。前者是手段，后者是根本。

7. 人的全面发展是管理的终极目标 人的自由而全面地发展，是人类社会进步的标志，是社会经济发展的最高目标，也是管理所要达到的终极目标。

（二）人本原理的相应原则

人本原理的相应原则包括能级原则、动力原则和行为原则。

1. 能级原则 能级原则是指按照不同的能级建立层次分明的管理机构和规范标准，安排与职位能级要求相适应的人承担管理任务，并给予不同的权力和酬劳，使管理活动有序、有效进行，实现管理优化。运用能级原则应注意：

（1）按层次进行能级管理：现代管理中的"级"不是随便分设的，各级之间也不是随意组合的。管理工作中稳定的组织结构应当是正三角形，即上尖底宽，称为理想的"管理三角"。

（2）坚持责、权、利相统一：职责、权力、物质利益和精神荣誉是能级的一种外在体现。管理不是拉平或消灭这种职、权、利上的差别，而是对合理的能级给予相应的待遇，使各能级的责、权、利相统一。

（3）各类能级必须动态对应：人有不同的能力和特长，各种管理序列有不同的能级。同时，个人能力和管理环境也在不断发生变化，这就要求人员与能级之间必须保持动态对应，做到人尽其才、才尽其用、各尽所能。这样才能形成稳定的结构，才能持续而高效地运转。

2. 动力原则 动力原则是指正确、综合地运用管理动力，激发组织成员的行为向组织整体目标努力。管理活动中存在三种动力：

（1）物质动力：是指直接给予适当的物质刺激，如奖金、奖品等，来调动员工的积极性所引发的对实现组织目标的推动力。物质动力是基本动力，也是组织行为的首要动力。但是，物质动力会随着物质需求的满足而趋于平缓或消失。

（2）精神动力：是指通过精神刺激，如组织文化教育、表扬、荣誉、先进称号、授权等来激发员工忠诚于组织及努力工作的动力。精神动力是实现人类高层次需要的源泉，它能补偿物质动力的缺陷而成为决定性的动力。

（3）信息动力：是指通过文字、数据、图像、观念、情报等信息的交换或传递使员工产生的动力。信息动力往往对人们是否行动或如何行动起决定性作用，为人们在组织中的适应性发展和职业生涯规划提供前提条件。

3. 行为原则 行为原则是指管理者要深入认识管理对象的行为规律，从而进行科学分析和有效管理。需要注意两个方面：① 通过激发管理对象积极、健康的行为动机，了解并满足其合理需求，充分调动管理对象的积极性；② 注意管理对象的个性差异，积极创造良好的工作和生活环境，以促进良好个性的形成和发展。同时，用人之所长，避人之所短，科学地使用人才，从而提高管理效果。

（三）人本原理在护理管理中的应用

人是最重要的管理对象，是生产力中最活跃的因素。护理管理首先是对人的管理。护理管理者必须充分掌握和善于运用人本原理来指导护理管理实践活动，充分发挥护士的工作积极性，才能创造性地完成工作任务。

1. 重视对护士和患者的人文关怀 在护理管理实践中，护理管理者既要重视对护士的人文关怀，又要重视对患者的人文关怀。后者是护理服务的根本目的，前者既是实现根本目的的手段和保障，又是人本管理的重要内容之一。① 对护士的人文关怀：虽然严格的管理程序、完善的管理制度是必不可少的管理要素，但是，在人文精神指导下对护士的人文关怀则是不可缺少的核心内容。护理管理者应该关心护士、尊重护士，努力满足护士的合理需求，运用有效手段开发、培育护理人力潜能，使人力价值最大化，同时重视护士的个性发展。如果护士不能从管理者那里感觉到对自己的人文关怀，要想让护士对患者有更多的人文关怀显然是不现实的。② 对患者的人文关怀：以患者为中心，关心、爱护患者，从生理、心理等多方面满足患者的合理需求，突显护理职业的人道性。例如，对于疾病恢复期的患者，在保证治疗和护理的同时，安排一些患者能够参与的活动，可以更好地体现护士对患者的人文关怀，将有利于患者的康复和改善护患关系。

2. 建立适度的制度约束和行为激励机制 为了更好地体现对护士和对患者的人文关怀，适度的制度约束与激励是必不可少的管理手段。① 制度约束机制：首先要求护理管理者个人必须树立制度观念，坚持原则和实事求是的作风。建立制度约束机制还要兼顾公平，制度面前人人平等是组织形成积极向上、奋发图强、相互尊重的良好氛围的基础。② 行为激励机制：护理管理者应通过物质激励与精神激励相结合的方式，激励护士的工作积极性和创造性。其中，为护士提供更多的参与管理的机会是行为激励的重要手段。

3. 护士的使用和培养并重 管理者应认识到，护士的合理分工和适时为护士提供培训机会是调动工作积极性、满足患者护理需求和实现组织目标的保证。因此，护理管理者必须合理甄选、录用和编配护士，严格遵守各级护士的岗位责任制，按岗设人，科学排班。同时，应根据护理工作需要，准确把握护士在职教育和培训的需求，有针对性地制订和实施在职教育与培训计划，并加强培训后的效果评价，使护士在知识水平、工作能力等方面不断得到提高和发展，保证护士队伍质量，确保护理安全，并为护士实现个人价值与人生目标提供更多机会。

4. 建立公平公正的工作环境 公平公正是指每个护士在工作与成长机会、绩效考核、薪金报酬等各方面都能得到平等公正的待遇。① 成长机会的公平：在护士的晋升、选拔、任用方面，应做到文凭和水平兼顾、专业和专长兼顾、现有能力与潜在能力兼顾。既能使优秀人才脱颖而出又能为其他护士提供成长和发展的机会。公平公正既是"人本"的内在要求，也可以大大提高护士的满意度，激发他们的工作热情。② 绩效考核的公平：运用科学的考核标准和方法，对护士的绩效进行定期考评。制订科学合理的绩效考核办法和考核标准，对护士的实际工作进行定性考核和定量测定相结合，并做到真实具体；建立各种监督机制，保证考核工作的公正和公开。③ 报酬系统的公平：制订有利于调动和保护大多数护士积极性的政策，充分体现按劳分配为主，效率优先、兼顾公平的分配原则，突出投入产出的效率原则。同时，多使用正激励手段，奖罚分明。

护士小张，硕士研究生学历，工作5年，通过竞聘被提拔为心内科二病区护士长。为营造安全优质的科室环境，张护士长采取的管理措施如下：① 不断完善患者管理制度和流程，根据患者建议持续改进病区环境；② 广泛征求护士意见和建议，鼓励护士提出新思路、新方法，挖掘护士潜能；③ 根据护士自身特点和工作优势进行分组管理，结合患者情况实施弹性排班；④ 按时巡视与查房，对重点时段和重点人员加强监管，减少护理差错的发生；⑤ 定期组织开展护理专业讲座与培训，积极创设培训与交流机会，培养护士的职业道德和专业素养；⑥ 奖惩分明，有效激励；⑦ 丰富业余时间的活动，增强团体凝聚力和协作能力。

新的管理措施推行1年后，有效调动了病区护士的工作积极性，护士工作热情高涨，精神面貌焕然一新。

请思考：

1. 案例中张护士长的管理措施体现了什么管理原理？

2. 在护理管理过程中，护士长应如何运用该管理原理提高护理管理质量？

案例分析提示：

结合人本原理的主要内容与相应原则，分析上述案例中的问题。

三、动态原理

（一）动态原理的主要内容

动态原理（principles of dynamic）是指管理者在管理活动中注重把握管理对象运动、变化的情况及与外界环境的交流关系，不断调整各个环节，以实现整体管理目标。动态原理的内容主要包括以下两个方面：

1. **世界是运动的**　① 世界上一切事物都处于运动状态，处于发展变化的过程中。管理对象既是事物，也是一个系统。而任何系统的正常运动不仅受着本身条件的制约，还受到有关系统的影响。② 所有管理的要素都处在一定的时间和空间之中，并随着时空的运动而发展、变化。③ 管理的目标也需要随着管理要素的变化而不断调整。管理的实质就是及时正确地把握管理对象的运动、变化情况，适时适度地调整管理目标，并最终实现管理目标。

2. **管理是动态的**　由于管理的内、外环境总是在不断变化，这就要求管理的方式、方法和手段也应随机制宜，灵活调整。特别是在当今知识"大爆炸"、高度信息化的社会环境中，组织要生存和发展，就必须不断创新，不断调整发展策略，把握"物竞天择，适者生存"的生存规律。

（二）动态原理的相应原则

1. **反馈原则**　反馈是控制论中一个极为重要的基本概念。所谓反馈，就是控制系统把信息输送出去，又把其作用结果输送回来，并对信息的再输出产生影响，起到控制作用，以达到预定的目的。反馈包括正反馈和负反馈两类：正反馈是指反馈信息使控制系统的输入对输出的影响增大，导致对象系统偏离目标的运动加剧发散，使其不稳定程度增加；负反馈是指反馈信息使控制系统的输入对输出的影响减小，使对象系统偏离目标的运动加剧收敛。

反馈原则是指管理者及时了解发布指令后的反馈信息，迅速作出必要的反应，并提出相应建议，以确保管理目标的实现。应用反馈原则时应坚持三个基本要求：① 灵敏，要做到反馈灵敏，首先要有收集处理反馈信息的机构，其次要有善于捕捉反馈信息的人员；② 准确，要做到反馈准确，首先收集的原始信息要准确，其次对反馈信息的加工处理要准确；③ 有力，反馈有力是指应把反馈信息转化为指挥中心强有力的行动。

2. 弹性原则 管理的弹性原则是指管理必须要有很强的适应性和灵活性，用以适应系统外部环境和内部条件千变万化的形势，实现灵活管理。由于管理所面临的问题是多因素的，这些因素既存在复杂联系又是经常变化的，事先很难做到精确估计，因此，管理的计划方案及管理的方法都应当有一定弹性。弹性原则分为整体弹性和局部弹性。整体弹性是指对各个层次的管理系统都应具有适应情况变化的应变能力；局部弹性是指在重要的关键环节上要保持足够的余地。例如，在抢救患者过程中，要考虑到疾病变化随时可能出现的多种情况和风险因素，多准备几套抢救备用方案，一旦发生紧急状态，就能主动应对，积极挽救患者生命。

（三）动态原理在护理管理中的应用

随着现代护理模式的发展和新的政策、制度及管理方法的出现，护士的思想观念、行为方式及知识结构也在不断变化，社会对护理服务的要求也在不断提高，这就要求护理管理者注重以下几个问题：

1. 分析影响管理的因素，随机制宜运用管理手段 管理实践中影响管理手段选择的因素很多，如外部环境的复杂性、多变性和不可预测性，组织任务的多样性和规范性，员工的素质、管理者的能力和经验等。护理管理者要认真分析这些因素对组织目标的影响程度和结果，结合自身的实际，选择合适的管理手段。

2. 保持管理职能的适度弹性 为保证组织活动的正常进行，计划、组织、领导、控制等管理职能以及各类管理方式、方法和手段都必须相对稳定。但为了适应组织内外环境的变化，又必须保持适度的弹性。例如，随着客观环境的不断变化，护理管理者要有敏锐的观察和分析能力，及时调整护理年度工作计划，根据不断变化的新形势及时调整具体工作目标。

3. 注重管理能力的提高 护理管理者既要注重管理新理论和新知识的学习，理论结合实际，大胆创新，又要注重通过实践提高自身的管理能力和素质；既要认真总结和学习我国护理管理的成功经验，又要不断吸收和借鉴国外护理管理有益的经验和技巧。只有与时俱进，不断提高自身的素质和能力，才能适应现代护理管理工作的需要。

四、效益原理

（一）效益原理的主要内容

效益是有效产出与其投入之间的一种比例关系，包括经济效益和社会效益。经济效益指管理系统所表现出来的内在价值，在形式上比较直观，可以直接用经济指标来计算和考核，是效益的核心内容；社会效益指管理系统对环境的价值，包括政治、经济、法律、伦理、生态等方面的价值，具有间接性、难以量化的特点。管理效益实际上是经济效益和社会效益两者的有机统一。

效益原理（principles of benefit）是指组织的各项管理活动都要以实现有效性、追求高效益作为目标，一切管理应服从经济规律，用最少的投入获得最多的产出，以最小的消耗换取最大的回报。效益原理要求管理者建立正确的效益观，处理好工作中的效率、效果、效益三者之间的关系。在管理工作中，效率是指单位时间内所取得的成果的数量，体现了输入与输出之间的关系；效果是指经过投入转换得到的有用成果，体现了对组织目标与任务的完成情况；效益是指生产成品中，为社会所接受的成果。管理者在管理活动过程中，要尽量避免有效率、有效果而无效益的情况发生。

（二）效益原理的相应原则

与效益原理相对应的原则是价值原则。

价值是衡量事物有益程度的尺度，是功能与费用的综合反映。价值取决于功能和成本之比，其公式为：价值（V）=功能（F）/成本（C）。其中，功能（F）是指管理工作完成任务的效率，是管理活动的整体效能；成本（C）包括人力、物力、财力、智力、时间等的消费，是各种资源的综合支出。

价值原则是指组织在管理工作中通过不断完善自己的结构、组织与目标，科学、有效地使用人力、物力、财力、智力和时间等资源，为创造更大的经济效益和社会效益而尽心工作。

（三）效益原理在护理管理中的应用

效益是管理的根本目的，管理是对效益的不断追求。在护理管理中运用效益原理必须抓好以下几方面的工作：

1. **确立管理的效益观** 树立效益观念是护理管理者必备的素质要求。护理管理者必须学会自觉运用价值规律，随时掌握医疗市场情况，快速地适应复杂多变的竞争环境，制订灵活的护理服务措施，从而获得理想的经济效益和社会效益。

2. **提高管理的有效性** 彼得·德鲁克认为："作为管理者，不论职位高低，都必须力求有效。"护理管理的有效性应是管理的效率、效果和效益的统一，其实现的重要途径是要确立有效管理的评价体系。例如，为了建立符合护士工作实际的绩效考核机制，充分调动护士工作积极性，管理者在制订绩效考核评价方案时必须体现护理岗位责任、风险、劳动强度、技术含量等价值要素，形成以绩效考核为核心导向的护理质量管理机制。

3. **坚持局部效益和全局效益相协调** 局部效益和全局效益既统一又矛盾，局部效益是全局效益的基础，全局效益又直接影响到局部效益。因而当科室效益与医院效益发生冲突时，必须把医院效益放在首位，做到局部服从整体。

4. **追求组织长期稳定的高效益** 护理管理者要追求长期稳定的高效益，不仅要"正确地做事"，更重要的是要"做正确的事"。同时，护理管理者应善于把长远目标与当前任务相结合，增强工作的预见性，减少盲目性、随意性，以便获取长期稳定的高效益。

导入情境分析

对本章的导入情境进行分析：① 护理部在调整病区护士长的过程中体现了动态管理原理和弹性原则。② 结合本章所学管理学理论与原理，讨论并回答年轻的护士长如何尽快成长为一名优秀的护理管理者。

学习小结

管理理论的发展经历了三个阶段，即古典管理理论阶段、行为管理理论阶段和现代管理理论阶段。

- 古典管理理论主要有泰勒的科学管理理论、法约尔的一般管理理论和韦伯的行政组织理论；行为科学理论主要有梅奥的人际关系学说和麦格雷戈的X理论和Y理论。
- 管理的基本原理包括系统原理、人本原理、动态原理和效益原理。
- 系统原理相应的原则是整分合原则和相对封闭原则；人本原理的对应原则是能级原则、动力原则和行为原则；动态原理的对应原则是反馈原则和弹性原则；效益原理的对应原则是价值原则。

（张　瑜）

复习参考题

一、选择题

1.【A1】属于科学管理理论主要观点的是（　　）

　A. 权利与权威是组织形式的基础

　B. 组织中存在非正式组织

　C. 人并非天生懒惰

　D. 计划职能同执行职能分开

　E. 明确提出了管理的五大职能

2.【A1】效益原理相对应的原则是（　　）

　A. 弹性原则

　B. 反馈原则

　C. 行为原则

　D. 价值原则

　E. 动力原则

3.【A2】某医院护理部王主任在制订护理部年度工作目标时，既考虑了医院护理工作的实际情况，也关注了国家、社会对于护理工作的要求，并且做到了与医院整体发展目标一致。该工作思路依据的管理原理是（　　）

　A. 系统原理

　B. 人本原理

　C. 动态原理

　D. 效益原理

　E. 绩效原理

4.【A2】"用人之所长，避人之所短，科学地使用人才"遵循的管理原理是（　　）

　A. 系统原理

B. 人本原理

C. 动态原理

D. 效益原理

E. 效率原理

5.【A2】某医院护理部依据年度工作计划开展工作，但也会随着外部环境的变化不断调整自身发展方向，改变工作重心以应对环境变化。这种工作思路遵循的管理原则是（　）

A. 反馈原则

B. 能级原则

C. 弹性原则

D. 行为原则

E. 动力原则

二、简答题

1. 简述古典管理理论和行为科学理论的贡献和局限性。

2. 如何将创新理论和知识管理理论应用于护理管理实践？

3. 简述管理的基本原理及其内容、基本原则及其内容。

三、案例分析题

《护理管理学》第一次实践课上，消化内科临床带教张老师要求同学们分成3组，进入病房观察和了解护士老师们的工作。

（30分钟后，消化内科示教室）

1组代表："我们组观察到护士老师们的分工比较明确。例如，护士站有一位老师专门负责为新入院患者建立住院病历和处理医嘱。另外两位老师推着配制好的药物到病房给患者输液。护士长则统筹管理，病区工作非常有序。"

2组代表："我们组向一位刚工作的学姐了解了工资待遇的问题。学姐告诉我们，能够独立值班、独立上夜班以后，奖金就比以前高了。"

3组代表："我们组跟着老师去病房观摩护理操作，这位老师护理技术操作非常熟练，对待患者和家属的态度非常好。老师告诉我们，她在上岗前接受过系统训练，学会了一整套标准化的护理操作流程。她就是因为各项护理技术操作娴熟而被优先录取的。"

请思考：

1. 上述情景案例可以用什么管理理论进行分析？

2. 案例中3个小组代表的汇报内容分别对应了该管理理论的什么观点？

（选择题、案例分析题的答案解析见数字内容）

第三章　计划

学习目标

知识目标	1. 掌握　计划的概念、类型及表现形式；目标管理的概念、程序及特点；时间管理的概念、过程与有效时间管理的方法；预测的概念与基本步骤；决策的概念与过程。 2. 熟悉　计划、时间管理、预测与决策的作用；决策的基本原则及影响管理决策的因素。 3. 了解　目标管理的性质、特点；时间管理的重要性。
能力目标	1. 能运用计划的步骤，合理规划自身生活、学习、工作。 2. 能运用时间管理的方法，提升自身生活、学习、工作效率。
素质目标	具备统筹规划、正确决策、高效落实的护理管理专业精神。

导入情境与思考

某病区新任护士长李某每日都忙碌在病房的各个角落，参与床边交接班、晨午间护理、处理患者及家属的问题、迎接各部门检查、参加各种会议、提交各类报表等。虽然兢兢业业、不辞辛苦，但第一季度病区仍然接到回访投诉3例、发生院内跌倒1例、针刺伤2例、护理部月查质量分排名倒数。护士们也纷纷表示护士长没有制订明确的病区发展规划，她们找不到努力的方向，积极性越来越差。李护士长也感到非常苦恼，自己的努力得不到大家的认可，想卸任护士长职务。

请思考：

李护士长目前工作中存在什么问题，她应如何解决？

　　古人云"凡事预则立，不预则废"，这里的"预"就是指计划。计划是人们对未来的筹划和安排。计划工作既包括制订组织和部门的目标，又包括实现这些目标的途径与方法。正如哈罗德·孔茨所言："虽然计划不能完全准确地预测将来，但如果没有计划，组织的工作往往陷入盲目，或者碰运气"。

第一节 计划概述

计划是管理工作中最基本的职能，管理的过程是从计划开始的。所有的管理者都在某种程度上参与计划工作。计划工作既关系到管理活动的结果（做什么），也关系到管理活动的手段（怎么做）。护理管理者应高度重视计划工作，以便使管理活动有条不紊、井然有序，达到事半功倍之效。

一、计划及其影响因素

（一）计划的概念

计划（plan）有两种不同的含义。作为动词，计划是指在预见未来的基础上对组织活动的目标和实现目标的途径作出筹划和安排；作为名词，计划是指用文字和指标等形式所表述的，组织及其不同部门和不同成员，在未来一定时期内关于行动方向、内容和方式安排的管理文件。

计划又有广义与狭义之分。狭义的计划仅指制订计划的活动过程；广义的计划是指包括制订计划、执行计划和检查评价计划三个阶段的工作过程，贯穿管理工作的始终。例如，全院护理工作年度计划包括护理部制订全院护理工作年度计划的"计划制订"过程，护理部、科护士长和护士长组织逐级落实的"计划实施"过程，以及通过三级护理质量监控体系进行定期检查的"评价计划"过程。

（二）影响计划的因素

1. 组织的规模和管理层次 一般情况下，大规模组织所需计划的种类比小规模组织所需计划的种类要多，而且计划相对复杂。此外，高层管理者需要制订指导性的战略计划，而中层管理者一般需要制订战术计划，基层管理者只需要研究具体的作业计划。

2. 组织的生命周期 一般将组织的生命周期分为形成期、成长期、成熟期和衰退期四个阶段。组织处于不同的生命周期，其计划的内容和重点也不一样。当组织处于形成期时，由于面临的不确定性因素较多，只能制订指导性计划；处于成长期时，一般制订短期具体性计划；处于成熟期时，可以制订长期战略性计划；处于衰退期时，只能制订短期具体性计划。

3. 环境的不确定性 环境的不确定性直接影响到计划制订的难度和可靠性。一般来讲，若组织面临的是简单稳定的环境，则应制订长期战略性计划；若组织面临的是复杂动态的环境，则只能制订短期具体性计划。

4. 未来的许诺 许诺原理是指任何一项计划都是对完成某项工作所作出的许诺。许诺越大，所需的时间越长，因而实现目标的可能性就越小。计划工作期限的长短需要根据所承担任务的多少、难易而定。一般来说，承担的任务越多、越难，计划工作的期限就越长，反之期限就会缩短。

二、计划的类型和表现形式

（一）计划的类型

计划是将决策实施所需要完成的任务进行时间和空间上的分解，以便将这些活动任务具体地落实到组织中的不同部门和个人。从不同的角度对计划进行划分会得出不同的分类（表3-1）。

分类标准	作用时间	规模	覆盖面	约束程度	层次
类型	长期计划	战略性计划	整体计划	指令性计划	高层管理计划
	中期计划	战术性计划	局部计划	指导性计划	中层管理计划
	短期计划				基层管理计划

1. 按计划的作用时间分类

（1）长期计划（long-term plan）：长期计划一般是指5年以上的计划，由高层管理者制订。用以解决带有全局性、长远性、开拓性，对组织发展至关重要的问题，具有战略性、纲领性的指导意义。例如，《全国护理事业发展规划（2021—2025年）》。

（2）中期计划（middle-term plan）：中期计划一般是指2~4年的计划，由高层或中层管理者制订。其目的是根据组织的总体目标，抓住该阶段的主要矛盾和关键问题，以保证总体目标的实现。例如，《新入职护士培训大纲（试行）》的培训时间为24个月。

（3）短期计划（short-term plan）：短期计划一般是指1年或1年以内的计划，由高层、中层或基层管理者制订，是对未来较短时间内的工作安排及一些短期内需完成的具体工作部署，具有战术性，用以保证中长期计划的按时完成。例如，护士年度个人工作计划。

2. 按计划的规模分类

（1）战略性计划（strategic plan）：战略性计划是指决定整个组织的目标和发展方向、具有全局性的计划。该计划由组织的决策层制订，并应用于整个组织，包括组织长远目标及达到目标的基本方法、手段、资源分配等，一旦确定，无特殊原因，不宜更改。例如，医院护理人才队伍建设规划。

（2）战术性计划（tactical plan）：战术性计划是指为实现战略性计划而采取的手段，是战略性计划的一部分。例如，病区护理业务学习计划。

3. 按计划的约束程度分类

（1）指令性计划（mandatory plan）：指令性计划是以指令形式下达给执行单位，规定了计划的方法和步骤，要求严格遵照执行的计划。指令性计划易于执行、考核及控制，但缺少灵活性。例如，护理部年度绩效考核计划。

（2）指导性计划（guidance plan）：指导性计划是由上级主管部门下达给执行单位，按照计划完成任务、目标和指标，对完成计划的具体方法不做强制性规定。例如，《关于促进护理服务业改革与发展的指导意见》。

4. 按计划的覆盖面分类

（1）整体计划：整体计划是指一个组织或系统对所有工作的总体规划。整体计划的范围随该组织或系统所从事工作的广度、深度及涉及的项目数量不同而有所不同。例如，医院年度工作计划。

（2）局部计划：局部计划是指为完成某个局部领域或某项具体工作而制订的计划，是整体计划的子计划。例如，医院某种疾病的研究计划。

5. 按计划的层次分类

（1）高层管理计划：高层管理计划是指由组织高层管理者根据行业最高行政部门的发展纲领及本机构的总体工作目标制订的长远计划、总体工作方针政策以及提高质量的总体规划。例如，护理部管理计划。

（2）中层管理计划：中层管理计划是指由组织的中层管理者根据上级行政部门的要求以及本部门的实际情况制订的本部门的管理计划，大多涉及一些具体工作程序及相关制度的制订。例如，科护士长管理计划。

（3）基层管理计划：基层管理计划是指由组织的基层管理者制订的具体工作安排，多为执行性计划和内部工作计划。例如，科室创建优质护理服务示范病区计划。

（二）计划的表现形式

计划的表现形式多种多样。美国管理学家哈罗德·孔茨和海因·韦里克从抽象到具体，把计划划分为目的/使命、目标、战略、政策、程序、规则、方案或规划、预算等。

1. 目的/使命（aim/mission） 它指明一定的组织机构在社会上应发挥的作用、所处的地位，是社会赋予一个组织机构的基本职能，它决定组织间的区别。目的/使命使一个组织的活动具有意义。例如，世界卫生组织提出护士的职责任务是"保持健康、预防疾病、减轻痛苦、促进健康"。

2. 目标（objective） 是在抽象和原则化的目的或使命基础上，进一步具体化、可测量的成果，目标不仅是计划工作的终点，也是组织全体成员共同努力所要达到的结果。例如，本年度的护理质量目标是全院护士护理技术考核合格率≥95%。

3. 战略（strategy） 是为了实现组织总目标而采取的行动和利用资源的总计划，指出工作的重点和顺序，以及人力、物力、财力、时间、信息等资源的分配原则，是实现目标的指导和行动方针。例如，《全国护理事业发展规划（2021—2025年）》中提出要充分借助云计算、大数据、物联网、区块链和移动互联网等信息化技术，结合发展智慧护理医院和"互联网+医疗健康"等要求，着力加强护理信息化建设。

4. 政策（policy） 是组织为了达到目标而制订的一种限定活动范围的规定，它规定了组织成员行动的方向和界限。政策一般比较稳定，由组织高层管理者确定。政策能帮助组织事先决定问题的处理方法，比目标更具体、操作性更强。例如，医院护士休假政策。

5. 程序（procedure） 是根据时间顺序而确定的一系列互相关联的活动，规定了处理问题的例行方法与步骤。例如，完成护理计划的过程，就是运用护理程序，详细规定护理工作中处理问题的方法和步骤。

6. 规则（rule） 是根据具体情况对是否采取某种特定行为所作出的规定。例如，各类护理常规。

7. 方案/规划（plan/programme） 是一个综合的计划，包括目标、政策、程序、规则、任务分配、步骤、资源分配以及为完成既定行动方案所需的其他因素。例如，护理部制订的全院护士分层培养方案中，不同职称、岗位的护士应制订不同的培养方案。

8. 预算（budget） 是一份用数字表示预期结果的报表与规划。例如，护理部制订的在职护士继续教育项目经费预算。

三、计划的作用

从逻辑上来讲，管理始于计划活动，没有计划就谈不上管理。计划工作对组织的活动具有直接的指导作用，科学、准确的计划可以使工作事半功倍；反之，将事倍功半，甚至一事无成。计划的作用包括以下几个方面：

1. 计划是管理者进行指挥与协调的依据　有效的计划有助于把人们的活动统一到共同的目标上。计划工作可以使不同层级的管理者就组织的目标、当前的现状以及实现目标的途径作出事先安排，使工作有序进行，有利于组织目标的实现。

2. 计划是降低风险、掌握主动的手段　当今社会处在快速变化的时代，变化就意味着有风险，风险的存在就有可能使组织的经营活动遭受挫折甚至失败。计划工作可以让组织通过周密细致地预见变化，预测环境的潜在风险，考虑变化的冲击，从而制订适当的对策，降低变化带来的冲击和风险。

3. 计划是减少浪费、提高效益的方法　计划的本质是合理配置和利用组织资源，以最小的投入求得最大的产出。计划为部属提供了工作的目标及达成目标的途径，可以避免不协调的行为发生，减少人、财、物的重复投入，能最大限度地减少资源浪费，从而提高管理效益和经济效益。

4. 计划是管理者进行控制和实现组织目标的基础　计划的重要内容是组织目标，而组织目标是制订控制标准的重要依据。有了控制标准才能衡量计划活动实施的实际效果，发现偏差，及时纠正，保证组织活动朝向管理者所期望的方向发展。所以，计划是控制工作的依据，也是组织目标实现的基础。

知识拓展 ｜　　　　　　　　**计划的内容**

国外管理学家归纳了5个W和1个H来展示计划活动的内容：

What——决定做什么：明确计划的中心任务与工作重点。

Why——为什么做：明确计划的宗旨、目标和战略，并论证可行性。

When——何时做：规定计划中各项工作的开始和执行进度，以实施有效的控制和对资源进行合理分配。

Where——在何地实施计划：规定计划实施的地点或场所，并了解环境条件和限制，合理安排空间组织和布局。

Who——由谁做：明确规定每个计划阶段的主要责任部门及负责人。

How——如何做：说明利用已有资源及各种派生资源实现计划的具体措施。

四、计划的步骤

科学的计划活动需要经历一个连续不断的程序和逻辑步骤。了解计划的步骤有助于管理者掌据管理计划职能的内容构成。计划的步骤一般分为七个阶段。

1. **分析形势** 计划工作的第一步对组织现存形势进行分析评估，可以采用SWOT分析法。S（strength）指组织内部的优势；W（weakness）指组织内部的劣势；O（opportunity）指来源于组织外部可能存在的机遇；T（threat）指来源于组织外部可能的威胁或不利影响。通过分析评估组织现存形势和资源，外部条件和内部条件，组织自身优势和劣势等，预测未来可能出现的变化，认识到组织发展的机会，组织利用机会的能力，以及不确定因素对组织可能发生的影响等，由此作出科学决策。

2. **确定计划目标** 在认识机会的基础上，为整个组织、所属的下级单位及个人确定目标。计划的主要任务是将组织目标进行层层分解，以便落实到各个部门、各个活动环节，形成组织的目标结构，为组织整体、各部门和各成员指明方向，通过目标进行层层控制，作为标准可用来衡量实际的绩效。

3. **拟定备选方案** 在完成上述步骤的基础上，针对提出的目标要尽可能多地拟定各种备选方案，也就是实现目标的各种途径。途径越多，选择余地越大，越有利于选择出最优的途径。拟定备选方案应考虑到：① 方案与组织目标的相关程度；② 可预测到的投入与效益之比；③ 公众的接受程度；④ 下属的接受程度；⑤ 时间因素。

4. **比较备选方案** 根据一定的评定准则对已拟定的备选方案进行分析和评价，从中选出最适宜的方案。评定准则是用来判断方案适宜程度的依据，例如，成本、速度、顾客满意度、技术的可行性、价格等因素，根据这些因素来判断一个计划方案是否为最适宜的方案。

5. **选定最优方案** 这是计划工作的关键。在对各种备选方案进行评估的基础上，可以根据评定准则选出一个相对而言最适宜的方案。论证的内容包括：计划的可靠性、科学性、时间性和可行性，经费预算的合理性，效益的显著性等。

6. **制订辅助计划** 选定方案后，一定要有派生计划以辅助和扶持该方案的落实，即在总计划下的分计划。例如，医院引进一项新技术，相应的辅助计划包括采购计划、设备安装计划、设备维修计划、人员培训计划等。

7. **编制预算** 计划的最后一个步骤是将之前已选定的最终方案和与之配套的辅助性计划落实到数字上，这种将计划方案数字化的过程称为预算。编制预算实际上是资源的分配计划，包括人员、设备、经费、时间等方面的内容。

五、计划在护理管理中的应用
（一）护理管理工作中的计划
护理管理工作中的计划一般包括三个方面：

1. **护理服务计划** 如护理质量提升计划、物资请领计划、患者及陪护人员管理计划等。

2. **护理人员计划** 首先根据组织目标确定所需护理人员的数量及类型，然后评估现有的护理人力资源状况，制订出满足未来人力资源需求的人员计划。具体包括护理人员招聘计划、培养计划、聘用与晋升计划、考评与奖惩计划。

3. 护理预算 包括护理人力预算、物资预算以及日常护理的运转预算等。

（二）计划在护理管理中应用的注意事项

作为具体的管理实践，护理管理具有条理性强、质量要求高、任务随机性大等特点。因而在实施计划职能时，护理管理者应遵循相关原则和程序，使计划职能在护理管理中发挥出最佳的管理效能，特别应注意以下几点：

1. 护理计划应服从于医院总体计划 护理计划属于医院总体计划中的子计划，必须根据医院总体规划和总目标来制订。否则，护理计划与医院整体计划不协调，甚至在方向、时间、具体目标等方面相抵触，必然导致护理计划无法实施，也就失去了计划的意义。

2. 把握适宜的计划周期 在制订护理计划过程中，管理者应根据各自医院和护理单元护理工作的内容、性质、难度、数量等具体情况，确定适宜的计划周期，即安排长期计划、中期计划和短期计划，使自己的工作始终有方向、有目标、有重点、有计划。

3. 充分考虑内外环境因素 内外环境既是组织发展的基础，又是制约组织发展的因素。护理管理者应善于使用SWOT分析法对本护理组织的内外环境进行深入分析，并根据分析结果，充分利用自身优势，有效规避自身劣势，适时抓住发展机遇，尽力消除外在威胁，制订能够使自己快速、健康、持续发展的规划。

4. 制订适宜的目标体系 护理计划中的目标是由各护理单元目标、各护理管理层次目标、各护理项目目标等相关目标构成的一个完整的目标体系。在这一目标体系中，各目标之间应相互联系、相互衔接、相互协调、相互补充，避免具体目标之间的矛盾与冲突。

5. 高度重视质量管理计划 质量管理是护理管理的重点，是护理工作体现"以患者为中心"的关键点。周详而科学的质量管理计划有助于管理者和护士有章可循、依章办事，确保为患者提供高质量的护理服务。

6. 有条不紊地安排各项活动 护理实践中各项活动繁多，如技能竞赛、知识竞赛、业务培训、学术报告、实践教学等。安排这些活动时，一是要合理安排相关人员，不能因为活动而影响了临床工作；二是要合理安排时间，不要让相关活动发生冲突，同时还要避开医院的重大活动，与医院的总体安排相协调。

第二节 目标管理与时间管理

在现代管理实践中，目标管理和时间管理是两种常用的管理方法和管理艺术。恰当、有效地实施目标管理和时间管理，不仅能使管理者与被管理者共同参与管理，增强全体员工的管理意识和自我管理能力，而且能大大提高管理效率和管理业绩。

一、目标与目标管理

目标是管理的出发点，是组织内部各项管理活动的依据，是组织中各种活动的指南，同时又是管理活动的终点，是判断一个组织管理合理性和有效性的标准。目标管理意味着带领他人去实现目标。没有明确的目标，目标管理就无从谈起。

（一）目标

1. 目标的概念 目标（objective）是在目的和任务指导下，组织要达到的可测量的、最终的具体成果。

2. 目标的性质

（1）层次性：组织目标是从高到低、从大到小、从抽象到具体的不同层次目标构成的目标体系。这个体系的顶层是组织的愿景和使命，第二层次是组织的任务。在任何情况下，组织的使命和任务必须转化为组织的总目标和战略。总目标和战略更多地指向组织较远的未来，并且为组织的未来提供行动框架。这些行动框架必须进一步地细化为更多的具体行动目标和行动方案。这样，在目标体系的层次中有组织总体的目标、部门和单位的目标、个人目标等。例如，医院的护理目标，就可以分为护理部、科室、病区、护士几个层次。在这个层次体系中，从上到下，组织目标的范围越来越小，越来越具体、明确。组织目标的层次数量取决于组织的规模、管理层次和复杂程度。

（2）网络性：网络性表示组织各类目标之间的相互关系，组织中各类、各级目标并不是相互孤立的，而是相互联系、相互支持的。因此，组织成员在实现目标时，不仅要考虑本部门的利益，还要考虑整个组织的利益。例如，医院的目标是由不同职能部门和临床科室、不同层级、不同维度的目标形成的一个具有网络性的目标体系。

（3）多样性：组织的目标通常是多种多样的。从医院管理的角度来看，医院的目标至少要关注患者、医院职工、社会公众、政府等多元化利益主体的需求，因而目标也会涵盖从经济效益目标到社会效益目标等多个维度，包括质量目标、安全目标、业务目标等。具体到护理专业上，护理工作的目标通常包括管理目标、服务目标、质量与安全目标、护士培训目标等。同时，由于各职能部门与临床科室的工作重点和利益的差异性，每个层次的具体目标也可能是多种多样的，如同样是患者安全管理的目标，在医务部、护理部、后勤部等部门中的具体目标则会有所不同。应该注意的是，目标并非越多越好，过多的目标会使管理者应接不暇而顾此失彼。因此，应尽可能减少目标的数量，尽量突出主要的、关键的目标，从而使管理者的工作重点突出，集中资源实现核心目标。

（4）可考核性：目标考核的前提是将目标量化。目标的量化主要体现在目标设计中应遵循SMART原则，S（specific）——明确性，目标要清晰、明确，让考核者与被考核者能够准确地理解目标；M（measurable）——可衡量性，目标要量化，考核时可以采用相同的标准准确衡量；A（attainable）——可实现性，目标在付出努力的情况下可以实现，避免设立过高或过低的目标；R（relevant）——相关性，目标要和被考核者的本职工作有相关性；T（time-bound）——时限性，目标有特定时限，要在规定的时间内完成，时间一到，就要看结果。

3. 目标的作用 组织目标对于组织的存在、发展及组织活动都起着非常重要的作用。

（1）主导作用：目标是活动的预期目的及预期结果的设想，帮助引导组织成员形成统一的行动，为全体人员指明共同努力实现的方向，并通过实践活动实现目标。

（2）激励作用：只有在员工明确了行动目标后，才能调动其潜力，使其尽力而为，创造最佳成绩。员工也只有在达到了目标后，才会产生成就感和满足感。

（3）凝聚作用：目标明确了组织内部各成员的具体任务及工作范围，使组织成员间思想和行为更加统一，有利于激发组织成员的工作热情、责任感，有助于相互配合提高工作绩效。

（4）标准作用：目标可以成为衡量工作成效的尺度，用可观察、可测量的工作结果作为衡量组织成员工作绩效的标准。例如，"抢救物品100%完好率"就是科室在抢救物资管理方面的一个目标和评价标准。

（二）目标管理

1. 目标管理的概念　目标管理（management by objectives，MBO）也称"成果管理""责任制管理"，是以目标为导向，以人为中心，以成果为标准，而使组织和个人均能取得理想业绩的管理方法。在实施目标管理时，"目标"应由组织中的管理者和被管理者共同参与制订，双方通过自我管理与自我控制完成工作目标。彼得·德鲁克曾说："目标管理改变了经理人过去监督部署工作的传统方式，取而代之的是主管与部属协商具体的工作目标，事先设立绩效衡量标准，并且放手让部属努力去达成既定目标。此种双方协商一个彼此认可的绩效衡量标准的模式，自然会形成目标管理与自我控制。"

知识拓展 | 目标管理产生的背景

目标管理理论在20世纪50年代中期产生于美国。1954年，彼得·德鲁克在《管理的实践》一书中首先提出了"目标管理和自我控制"的主张。他认为，并不是有了工作才有目标，而是相反，有了目标才能确定每个人的工作，因此管理者应该根据目标的完成情况对下级进行考核、评价和奖惩。目标管理一经提出，便在美国迅速流传。时值第二次世界大战后西方经济由恢复转向迅速发展的时期，企业急需采用新的方法调动员工积极性以提高竞争能力，目标管理理论可谓应运而生，因此被广泛应用，并很快被日本、西欧国家的企业仿效，在世界管理界大放异彩。

中国企业在20世纪80年代初引入目标管理方法，后来很快被各行业所采纳。目前采用干部任期目标制、企业承包制、管理责任制等，都是目标管理方法的具体运用。

2. 目标管理的原则　目标管理是比较先进和实用的管理方式之一。但由于医院管理的显著特性，如法规性、功能性、实效性、安全性、时间性、经济性、适宜性、可追溯性、伦理性等，客观上为目标管理带来了一定的难度。因此，在目标管理过程中应遵循以下原则。

（1）全过程原则：每项目标都反映某个过程的控制要求，必须随时跟踪目标的进展，发现问题及时纠正，不能仅限于终末质量控制，还需重视医院环节质量、基础质量，摆脱传统的结果质控，体现预防为主的管理原则。

（2）全方位原则：不仅要识别医疗技术指标的要求，还要将与医疗服务技术相关的基础设施、环境管理、安全保障、后勤支持等相关部门的目标，一并纳入考核体系。

（3）结合实际原则：医院目标的识别和确定，应结合医院自身实际，选择可操作性的目标，以确保目标的执行。

（4）分层管理原则：医院的目标是个人、群体或整个组织的期望成果，属于医院管理系统层面中的目标要求。医院目标的实现必须在医院内部建立满足医院总目标要求的分层次目标，并进行综合评价和考核，才能使医院内部各部门、各岗位的人员都处于目标管理的状态之中，为实现目标竭尽全力，确保医院总目标的实现。

3. 目标管理的特点　相对于其他管理方法，目标管理具有以下突出特点。

（1）员工参与管理：目标管理是员工参与管理的一种形式，由上下级协商，依次确定各种目标。

（2）以自我管理为中心：目标管理的基本精神是以自我管理为中心。目标的实现由目标责任者自我实施，通过自身监督与衡量，不断修正自己的行为，以实现目标。

（3）强调自我评价：目标管理强调各自依据之前设定的目标，对工作中的成绩、不足、错误进行对照总结，经常自检自查，不断提高业绩。

（4）重视成果：目标管理将评价重点放在工作成效上，按员工的实际贡献大小如实地评价部门或个人，使评价更具有针对性。

（三）目标管理的程序

目标管理分为制订目标、实施目标、评价目标三个阶段。这三个阶段周而复始呈螺旋式上升，使组织不断达到更高的目标。

1. 制订目标　目标管理能不能产生理想的效果、取得预期的成效，首先取决于目标的制订，科学合理的目标是目标管理的前提和基础。目标的制订要符合SMART原则，其中目标的分解尤为重要。目标分解就是将总体目标在纵向或横向上分解到各层次、部门以及个人，形成目标体系的过程。目标分解是明确目标责任的前提，是总体目标实现的基础。目标分解时要注意以下问题：① 目标分解应按整分合原则进行，也就是将总体目标分解为不同层次、不同部门的分目标，各个分目标综合在一起应能体现总体目标；② 分目标要保持与总体目标方向一致，内容上下贯通，保证总体目标的实现；③ 要注意到各分目标所需要的条件及其限制因素，如人力、物力、财力、协作条件及技术保障等；④ 各分目标在内容与时间上要协调、平衡，并同步发展，不影响总体目标的实现；⑤ 各分目标的表达要简明、准确、明确，有具体的目标值和完成时限要求。

2. 实施目标　目标管理强调执行者自主、自治、自觉地采用自我管理的方法，按照总体目标要求，调动各种积极因素，发挥自己的聪明才智，确保实现目标。在实现目标过程中，管理者要充分运用授权的技巧，鼓励下级自我控制，采取走动式管理，随时、随地辅导和激励下属。首先，管理者必须随时跟踪每一个目标的进展，利用双方经常接触的机会和信息反馈渠道自然地进行指导；其次，要告知下级目标进度，便于互相协调；最后，要帮助下级解决工作中出现的困难问题。当出现意外事件而严重影响组织目标实现时，也可以通过一定的程序，修改原定的目标，及时总结，不断改进。目标监控应贯穿目标管理的始终。同时，在督促检查的过程当中，必须对运行成本做严格控制，既要保证目标的顺利实现，又要把成本控制在合理范围内。

3. 评价目标　达到预定的期限后，下级首先进行自我评估，提交书面报告；然后上下级一起考核目标完成情况，决定奖惩；同时讨论下一阶段目标，开始新循环。目标的考核评估必须执行到位，任何目标的达成和项目的完成，都必须严格按照目标管理方案或项目管理目标进行考核、评估及验收，逐项考核并提出结论。对保质保量达成目标，特别是成效显著、成绩突出的部门或个人进行奖励。如果目标没有完成，应分析原因，总结教训，切忌相互指责，以保持组织成员之间的相互信任。对失误多、成本高、影响整体工作的部门或个人按规章制度处理。

（四）目标管理的优点

1. 目标管理具有激励作用　当宏观目标成为组织的各层次、各部门和各成员的工作目的，且实现目标的可能性相当大时，目标就成为组织及其成员的内在激励。特别是当这种预期结果实现以后，组织还有相应的奖励时，目标的激励效用就更大。

2. 目标管理有助于完善组织结构和职责分工　目标管理过程中，当组织的具体目标和责任明确下达至各部门和成员时，较容易出现授权不足与职责不清等缺陷，管理者可以据此对组织结构进行变革和完善，并改进职责与分工。

3. 目标管理有助于提升组织成员的自我管理能力　在实施目标管理过程中，组织成员不再只是执行指示或等待指导和决策，他们有明确规定的目标。组织成员在努力实现工作目标的过程中，由自己实施控制，并决定如何实现目标，因此有助于提升组织成员的自我管理能力。

4. 目标管理有助于实现有效控制　目标管理方式本身也是一种控制的方式，即通过各个分目标的实现最终保证组织总目标的实现。目标管理并不是目标分解后便结束，组织高层需在目标管理过程中经常检查，对比目标进行评价，发现偏差及时纠正。另外，一套明确、可考核的目标体系是管理者进行监督控制的最好依据。

（五）目标管理的局限性

1. 目标制订有难度　组织内的许多目标难以定量化、具体化，特别是医疗行业，许多工作是由团队合作完成的，技术上也不好分解。同时，组织环境的可变因素越来越多，变化越来越快，内部活动日益复杂，使组织活动的不确定性越来越大，这些都给组织制订数量化目标带来一定的困难。

2. 强调短期目标　大多数目标管理中的目标是一些短期目标，如年度、季度、月度等目标。一方面短期目标比较具体，易于分解，而长期目标则比较抽象难以分解；另一方面，短期目标易迅速见效，长期目标则不然。所以，在目标管理的实施中，部分组织常过于强调短期目标而忽视了长期目标。

3. 目标协商可能增加管理成本　目标协商要通过上下沟通、统一思想，时间成本很可能提高；各部门、个人都会关注自身目标的制订和完成，可能会忽略相互协作和组织目标的实现，导致急功近利倾向。

4. 缺乏灵活性　目标管理执行过程中，目标一旦确定就不能轻易修改，因为目标的改变可能会导致整个目标体系的改变。这就使得组织运作缺乏一定的弹性，在一定程度上限制了管理艺术的作用。

尽管目标管理有一定的局限性，但是目标管理仍不失为一种功效很强、使用价值很高的管理方法。只要管理者能够娴熟应用该方法，善于从庞杂的管理事务中发现规律，量化管理内容，充分调动员工的积极性和主动性，就能创造出理想的工作业绩。

（六）目标管理在护理管理中的应用

1. 护理管理中的目标管理　在护理管理过程中，目标管理可以应用于很多方面，如护理质量管理、护理安全管理、护理教学与科研管理等。护理管理中应用目标管理的过程就是配合医院总体目标，将护理部的总目标按护理组织的层级进行层层分解，形成各级分目标，构成一个目标体系，最后落实行动。

2. 目标管理在护理管理中应用的注意事项　目标管理作为一种以目标为导向的现代管理方法，对引导护理组织和护士个人取得理想的业绩，最终实现组织和个人目标均能发挥重要作用。在护理管理中应用目标管理时应注意如下事项：

（1）目标制订和实施前应该对各级护士进行有关目标管理方法的培训，提高护士的自我管理能力。在确定目标的过程中，应由护士亲自参与，使目标既切合实际，又具有挑战性。

（2）护理部和每个护理单元应让下属充分了解护理的任务、内容、工作标准、资源及限制。

（3）各科、病区分目标的制订应围绕护理部总目标进行，在充分调研、讨论分析的基础上进行，目标应具体，选择要恰当。

（4）护理管理者要努力寻求组织目标和个人目标之间的结合点，并创造机会使护士在完成组织目标的同时实现个人目标。例如护理部在制订医院护理品牌、专科发展、科研项目、护理效益等方面的目标时，要尽力为护士提供条件，使其实现职位升迁、工资增加、环境改善、专业成熟、抱负实现等个人目标，实现组织与个人的双赢局面。

知识链接 ｜　　　　　　　　　　　　　中国速度

新冠肺炎疫情初期，武汉市面临患者数量激增与床位资源严重不足的突出矛盾，建设专门医院收治患者迫在眉睫。建设火神山医院和雷神山医院，彰显了党中央、国务院对人民负责、对生命负责的鲜明态度，体现了党和国家战胜疫情的坚定决心，寄托了武汉人民、湖北人民乃至全国人民对挽救生命的期盼和信心。

"早一分钟建成，就能早一分钟收治患者"。建设工期从正常情况下的至少两年时间分别压缩到了10日和12日。为了实现这一目标，所有参建单位、广大建设者与时间赛跑，与死神竞速，千方百计克服一切困难，竭尽全力完成每一项任务，快点、更快点，用最快的速度高质量建成医院，在最短时间让患者得到救治。10日建成武汉火神山医院、12日建成雷神山医院，堪称"世界奇迹"，他们共同创造出了新的中国速度，弘扬了以伟大创造精神、伟大奋斗精神、伟大团结精神、伟大梦想精神为内涵的伟大民族精神。

二、时间与时间管理

时间是世界上最充分、分配最公平的资源，任何人都不需要付出任何代价就可以拥有与他人相同的时间资源；时间又是世界上最稀缺、最珍贵的资源，任何人都不可能获取比他人更多的时间资源。时间是管理者要考虑的重要资源，需要合理安排和使用。

（一）时间的概念与特征

1. 时间的概念　马克思主义时空观认为："时间是运动着的物质的存在形式。"美国著名科学家本杰明·富兰克林（Benjamin Franklin，1706—1790）认为："时间是生命的本质。"因而，时间是一种珍贵的、有价值的资源，时间对于每一个人都是固定而有限的。

2. 时间的特征　时间具有如下特征：① 供给无弹性，时间的供给量是固定不变的，在任何情况下既不会增加，也不会减少，即无法"开源"；② 单向性，时间的流逝具有单向性，一旦过去，将无法挽回，即无法"节流"；③ 不可取代性，时间是任何活动都不可缺少的基本资源，没有任何东西可以取代时间；④ 无储存性，时间虽然是资源，但是无法储存。无论是否利用，时间总是在消耗和流失。

知识拓展 | **时间的不同范畴**

时间可被定义为一种变化，这种变化可以从四个范畴来进行理解：

（1）哲学与人类学范畴的时间：这一时间范畴是个复杂微妙的存在，是神圣的、形而上学意义上的时间。

（2）自然范畴的时间：从科学观、全宇宙观的角度去认识时间，例如当你距离地球渐远，逐渐离开引力的作用时，时间也在加速；而你的速度越快，时间就会过得越慢。

（3）生理学范畴的时间：这个范畴的时间指的是生命的时间，如人们年龄的变化以及人类的进化。正如法国的阿克塞尔·卡恩（Axel Kahn）教授所说："高级生物就像个生物钟，它的发条已经设定，控制着时间的流逝，从一个胚胎的内部开始发育到它的老化直至死亡。"

（4）个体范畴的心理时间：即个体对自己时间的认识和责任，在这个时间范畴里，个体可以做自己愿意做的任何事情，但也要对时间消耗的行为负责任。

本节所阐述的时间属于最后一个范畴，即每个个体的心理时间。

（二）时间管理的概念与意义

"时光飞逝""弥补失去的时间""浪费时间""节约时间"……这些常用语恰恰表明了时间管理的重要性。

1. 时间管理的概念　时间管理（time management）是指在时间消耗相等的情况下，为提高时间利用率和有效性而进行的一系列活动，包括对时间进行的计划和分配，以保证重要工作的顺利完成，并留出足够的空余时间处理突发事件或紧急变化。

2. 时间管理的意义　彼得·德鲁克说："不能管理时间，就什么也不能管理。"从管理的角度看，时间是分配各种活动过程所需要的周期及其起点和终点，规定各种活动衔接和循环的连续性。时间管理的意义有：

（1）有利于提高工作效率：通过研究时间消耗的规律，认识时间的特征，探索科学安排和合理使用时间的方法，有利于提高工作效率。时间管理可使管理者对时间资源进行合理分配，自行控制时间而不是被时间控制，控制自己的工作而不被工作左右。

（2）有利于激励员工的事业心：时间管理是发展生产力的客观需要，也是实现个人价值，以及对社会作贡献和成就事业的需要。有效利用时间可以使员工获得更多的成功和业绩，从而激发成就感和事业心，满足自我实现的需要。

（3）有利于减轻管理者压力：在管理实践中，要面对的事情是多方面的，管理者往往会因为事情没有完成而感到压力重重。通过时间管理，管理者将所有需要完成的事项都罗列出来，然后进行分类，安排好完成这些事项的工作计划，并予以落实，避免顾此失彼，这样就可以有效地减轻心理压力。

（三）时间管理的过程

时间管理并不是要把所有事情做完，而是更有效地利用时间。时间管理的目的除了要决定该做些什么事情，还要决定不应该做什么事情。时间管理的程序见图3-1。

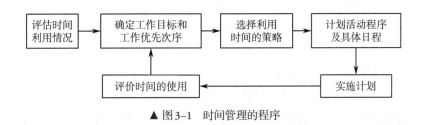

▲ 图3-1　时间管理的程序

1. 评估时间使用情况　了解自己过去和现在对时间的利用情况是有效时间管理的第一步。管理者可按时间顺序记录所从事的活动及时间的消耗状况，分析时间安排的依据是什么，时间处理方法是什么，紧急事务是什么，并找出自己效率最高和最低的工作时段。如果分析结果显示时间分配不合理，则管理者必须重新修正工作方案或时间分配计划，以提高管理效率，并保证重要事项有足够的时间去完成。

2. 了解个人时间浪费的原因　不少人都有浪费时间的习惯，或存在时间利用效率不高的现象。造成时间浪费的原因有主观因素和客观因素两个方面（表3-2）。

▼ 表3-2　造成时间浪费的主观因素和客观因素

主观因素	客观因素
1. 缺乏有效使用时间的意识	1. 计划外的来访、电话、会议等打扰
2. 主次不分、计划不周或无计划	2. 过多的社交活动
3. 未制订明确目标和优先次序	3. 会议过多或不精，耗时低效
4. 授权不足而忙碌被动	4. 工作疲于应付

主观因素	客观因素
5. 不善于拒绝	5. 沟通不畅，导致误解、推诿
6. 处理问题犹豫不决，缺乏果断性	6. 协作者能力不足
7. 缺乏决策力	7. 突发事件干扰
8. 文件、物品管理无序	8. 工作程序要求不清晰
9. 目标不清，盲目决策或缺乏决策能力	9. 政策、程序、要求不清
10. 个人不良习惯延误	10. 文书档案繁杂

3. 确认个人最佳工作时间段 充分认识个人最佳工作时间段是提高时间利用效率的基础。评估时间的利用情况包括：认识自己在每日、每周、每月、每年不同的身体功能的周期性，充分了解自己精力最旺盛和处于低潮的时间段，然后依据个人内在生理时钟来安排工作内容。从生理学角度讲，25~50岁是最佳工作年龄，作为管理者一般35~55岁是最佳工作年龄。而每个个体在不同时间段的体力和精力也存在不同的节律。因此，个体充分利用时间表现为在感觉精神和体力最好的时间段安排从事需集中精力及创造性的管理活动，而在精神体力较差的时段可从事团体活动，以通过人际关系中的互动作用，提高时间利用率。

4. 实施时间管理 其实时间管理的真正对象并不是时间，而是人的价值观、个人状态和行为习惯及具体事务。时间管理需要注意以下几个问题：① 明确目标。通过明确的目标来激发人的潜能。② 正确分解目标并实施工作。把目标正确地分解成若干子目标，通过采取适当的步骤和方法，最终达成有效的结果。③ 分清工作的轻重缓急。根据事情的"重要程度"决定处理事情的优先次序。所谓"重要程度"，即指对实现目标的贡献大小。④ 合理地分配时间。要根据工作内容安排、个人的工作最佳时段等因素，合理地分配完成工作的时间。⑤ 与相关工作人员的时间协调一致。组织中的成员毫无疑问地要与周边部门或人发生必然的联系，需要互相尊重对方的时间安排，在时间上与别人取得协作。⑥ 遵守时间规则。工作中要谨记各项任务的截止时间，确保按时完成任务；即使没有规定截止的日期，自己也要有时间观念，所谓"赶早不赶晚"。

（四）常用的有效时间管理方法

常用的有效时间管理的方法包括：ABC时间管理法、四象限时间管理法、时间管理统计法及每日工作清单法。

1. ABC时间管理法 美国著名管理学家莱金（Lakein）建议，为了有效地管理及利用时间，每个人都需要将自己的目标分为三个阶段，即今后5年内欲达到的目标（长期目标），今后半年要实现的目标（中期目标），以及现阶段要达到的目标（短期目标）。各个阶段的目标分为ABC三个等级：A级为非常重要、必须完成的事情，属于最优先目标；B级为重要性一般、应该要完成的事情，属于很想完成的目标；C级为不重要或不太重要、可以授权或者删减的事情，属于可暂时搁置的目标。

（1）ABC时间管理法的核心：抓住主要矛盾，解决主要问题，保证重点工作的同时兼顾一般工作，以达到有效利用时间，提高工作效率的目的。ABC时间管理法的应用思路见图3-2，各类工作占总工作量的比例以及建议时间分配情况见表3-3。

（2）ABC时间管理法的步骤：① 列出工作清单；② 进行工作分类；③ 按重要程度和紧急状况进行工作排序；④ 确定时间安排，并依据ABC顺序和内容画出分类表；⑤ 组织实施上述计划；⑥ 每日、每项目、每阶段对自己的时间利用情况进行评估总结。

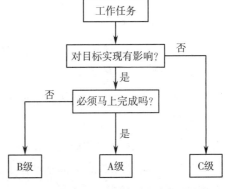

▲ 图3-2　ABC时间管理法的应用思路

▼ 表3-3　ABC事件特征与时间管理要点

分类	特征	管理要点	占总工作量的比例	时间分配比例
A类	最重要 最紧急 后果影响大	必须立刻解决 亲自解决	20%~30%	60%~80%
B类	较重要 较紧急 后果影响较大	最好自己去做	30%~40%	20%~40%
C类	不重要 不紧急 后果影响小	主要以授权为主	40%~50%	0

2. 四象限时间管理法　由著名管理学家斯蒂芬·科维（Stephen R. Covey）提出。把工作按照重要和紧急两个不同的程度进行划分，可以分为四个象限：

第Ⅰ象限：重要且紧急的事情。"紧急"意味着必须立即着手去做，"重要"则意味着对个人或团队有重大影响。这一象限会涉及很多事情，例如，急需提交的报告、患者打来的投诉电话、患者在病房突发意外等。这一象限的事情又紧急又重要，必须放下其他所有事情，立即把全部精力投入这些事情中。如果一再拖延，只会让事情变得越来越急，甚至让人陷入被动和焦虑。因此，这一象限的工作一定要紧紧抓住，只有这些问题解决了，其他事情才能顺利进行。

第Ⅱ象限：重要但不紧急的事情。这一象限中的事情虽不如第一象限那么紧急，但它关系到个人和组织的长期发展，例如，护士临床护理技能的提升、工作习惯的养成等。这些事情虽然意义重大，但通常都会有充足的时间去完成，因此可以在一定时间内进行变通。但是如果个体每日被琐碎而不重要的事情缠住，就会没有时间精力做这些重要的事情，一再拖延，到了某一时刻，这一象限的事情就被迫从第二象限转入第一象限，让人措手不及、压力剧增，因此对这一象限的问题也要充分重视，切不可因"不紧急"而放松对这一象限的警惕。如何对待重要但却并不急迫的事情，这是个体需要考量的问题，也反映出个体对工作目标和进程的判断能力。

第Ⅲ象限：不重要但紧急的事情。这样的情形为数众多，经常发生在我们的工作和生活中，破坏正常的工作和生活节律。例如，本来你在安静地读书或休息，为来日紧张的工作储备精力，但突然一个电话不期而至或者收到朋友的盛情邀请，于是，你很无奈地去应酬。这类事情的出现使得该做的事情不能圆满完成，而不该做的事情却占用了大量宝贵的时间和精力。这就要求我们学会正确安排事情的次序，避免把第三象限中的事情错误地归入第一象限，进而花费大量的时间。

第Ⅳ象限：不重要也不紧急的事情。这一象限中的事情可做可不做，这类事情或许可以调剂生活，但是却不值得沉迷其中，占用大量时间和精力。例如，有些人习惯饭后蜷缩在沙发上翻来覆去刷短视频、微信朋友圈，时间就这样一点点地被蚕食掉了，等到惊觉时，几个小时的时间已经过去，而重要的事情可能还没做。

使用四象限时间管理法时可以把日常事务和花费时间的状况标记在四象限坐标中（图3-3），观察时间的使用情况是否合理。

重要又紧急	重要但不紧急
危机 急迫的问题 有期限压力的工作	防患未然 改进管理规则 建立人际关系 研究新机遇 规划、健康
不重要但紧急	不重要又不紧急
不速之客 某些电话 某些信件与报告 某些会议 必要而不重要的问题 受欢迎的活动	某些信件 某些电话 浪费时间之事 有趣的活动

▲ 图3-3 事件重要程度四象限

3. 时间管理统计法 时间管理统计法也叫时间规划法，其程序是：① 列出待办事项清单，包括每日、每周或每月计划、当日未完成的和明日要做的工作、日常工作、会议、约会等；② 决定事项的优先顺序，并决定是否删减或授权；③ 估计工作需要的时间，限定自己必须在规定时间内必须完成的重要工作，全心投入，排除干扰；④ 预留一定时间处理突发事件；⑤ 进行每日、每阶段、每项目检查总结。

4. 每日工作清单法 每日工作清单法即细心并且有顺序地列出每日工作任务和工作目标，排列优先顺序，注明需要完成每项工作的时间，然后把最重要的工作安排放在第一时间处理。每日工作清单是帮助人们将精力集中于重要工作的工具，能够让人们在完成重要工作的同时还能对全盘工作加以控制。但是每日工作清单法并不是万能的，特别是待做事项越多，任务清单就会越混乱，处理过程也会越复杂。

（五）时间管理在护理管理中的应用

1. 护理管理中的时间管理 每个人的时间都是固定、均等的，管理者也不例外。但护理管理者每日要处理的问题往往千头万绪，因此面临各项工作时，管理者要有所取舍，做到有所为，有所不为。在日常工作中护理管理者应讲求节约时间和工作效率，同时应努力养成以下良好的工作习惯：

（1）减少电话的干扰：首先打电话时要尽量抓住重点，电话旁边放好纸笔，便于记录重要事项；避免打社交性电话，以减少不必要的干扰。

（2）尽量在办公室外的走廊或过道站立谈话，以节约时间，如谈话内容重要，再请来访者到办公室细谈。

（3）控制谈话时间，如交谈中觉察内容不重要，可采取合适的提醒技巧，或直接礼貌地解释手中正在处理一件紧急文件，尽快结束谈话。

（4）鼓励护理人员预约谈话，谈话时间可安排在每日工作不忙的时间段。

（5）对护理相关档案资料要进行分类管理，按重要程度或使用频繁程度分类放置，便于及时处理、阅读，抓住要领。

（6）尽量减少会议次数，缩短会议时间，提高会议效果，做到不开无准备的会议，不开无主题的会议。

2. 护理管理中应用时间管理的注意事项 为提高时间的利用率和有效率，护理管理者在应用时间管理时应注意以下几点：

（1）应树立极强的时间观念，提高自身定量控制有限时间的能力：管理者应自觉认识到时间是最宝贵的财富，具有强烈的管理时间资源的自觉性和提高效率的意识。

（2）培养时间成本效益观念与时效观念：时间成本效益即支出的单位时间所获得的"目标效果"，一般用在规定时间内完成任务、获得成果的多少来衡量，力争使用最少时间去获得最大成果。时效观念即不要错过时机，如失去时机成功的可能性就会大大减少，因此护理管理者要能敏锐地抓住成功的机遇。

（3）应熟练运用提高工作效率的技巧，以及节约与灵活运用时间的技巧：提高工作效率的技能依靠人的综合能力，如规划能力、说服力、记忆力、想象力、洞察力、毅力、信息收集与处理能力、目标制订能力等。提高这些能力有助于提高管理者的工作效率，同时管理者还应学习和掌握各种节约与灵活运用时间的技巧，从而提高时间的利用率和有效性。

（4）要有正确设置目标和实现目标的能力：管理者应及时为自己及所管理的部门设定工作目标，并将实现目标所必须完成的具体活动进行优先次序的排序。再按照事件的优先顺序列出活动日程，并制订每日工作计划，以实现目标。

知识拓展 | 时间管理的技巧

1. 事先规划好的行动，用清单明确具体目标。

2. 培养专注力 先做重要的、最有价值的工作；将工作一气呵成；不要试图将不重要的事情做得完美；重要的工作需要连续的工时来处理。

3. 设定时间期限与奖励。

4. 工时记录 记录自己做每件事的时间，知道自己的时间用到了哪里。如果不是把时间用在最重要的事情上，就要调整。

5. 学会授权 凡不是自己必须做的事情就交给别人去做，同时授予别人完成任务所必需的权利。

6. 分批作业 学习曲线表明，反复做类似工作效率更高。同一时间只做相同或相似的事情。

7. 学会拒绝 对干扰A级目标或与自己人生目标无关的事情学会说"不"。但拒绝时应注意运用一定的技巧和语言艺术，避免因为拒绝别人而伤了和气，或影响今后的工作。

8. 学会利用零碎时间 如利用上下班交通时间、饭前饭后时间、会前会后时间等。

9. 准时 要拥有自己的准时特质。准时给人自信、可靠、可信等感觉，既有利于按时完成工作，又有利于别人给予配合。

10. 简化工作 找寻更好更简单的方法，改进工作流程。

第三节 预测与决策

预测是管理活动中极为重要的一个环节，是科学决策的前提。决策是人们站在当前，对未来行动所进行的设计。如果能在当前对事物的未来发展作出准确预测，就能为人们作出正确的决策提供依据，使决策不犯错误或少犯错误，从而提高决策质量。

预测、决策与计划密切相关，但又不同于计划。从流程上讲，先对未来的各方面状况作出预测，根据预测情况作出决策，确定目标，然后针对目标作出明确的计划。预测是决策的基础，计划是保证决策实施的措施。

一、预测

亨利·法约尔曾指出：管理即意味着展望未来，预见是管理的一个基本因素。

（一）预测概述

1. 预测的概念　预测（prediction）是根据事物过去和现在的有关资料，通过一定的科学方法，对事物的发展变化和未来趋势作出分析和主观判断。这种主观判断，就其方法与结果而言，有科学与不科学之分。能够用于进行科学预测的规律称为预测方法。将预测科学的规律转化为预测研究的手段称为预测技术。

知识拓展 | **预测的历史与发展**

预测是一个古老的话题，自人类诞生以来预测活动就已经存在了。人类的祖先由于不能理解诸如风雨雷电、陨石流星、潮汐海啸等自然现象，因此赋予它们神秘的气息。历代占卜士、星相家、能人志士们都力图对未来作出预测。远古时代，人们利用龟甲、兽骨等去占卜（预测）战争的胜负、年成的好坏。随着人类社会和科学技术的发展，预测科学在20世纪40年代进入萌芽时期。至20世纪60年代，预测研究开始从初期的纯理论研究发展到应用研究阶段。预测研究的领域日益扩大，研究方法也在不断完善。发展至今，预测科学已经成为发展迅速、应用广泛的一门新学科。

---

2. 影响预测结果准确度的因素　影响预测准确性的因素很多，概括起来，主要有以下几个方面：① 人对客观事物认识的程度；② 客观事物随机性的状况；③ 预测理论与方法选择是否合适；④ 信息的准确性、全面性；⑤ 预测期限的长短；⑥ 社会因素；⑦ 预测人员的智能结构。

3. 预测的分类　人类社会的各个领域都涉及预测问题，从不同的角度出发，预测有如下分类方法：① 按预测的范围可分为宏观预测与微观预测；② 按预测的方法可分为定性预测与定量预测；③ 按预测的职能可分为社会预测、科学预测、技术预测、经济预测、军事预测；④ 按预测的期限可分为近期预测、短期预测、中期预测、长期预测；⑤ 按预测的性质可分为直观型预测、探索型预测、规范型预测、反馈型预测。

（二）预测的基本原理

1. 系统性原理 即预测必须坚持以系统观点为指导，采用系统分析的方法，实现预测的目标。系统都有结构性和层次性。预测工作中主要通过以下两方面体现系统的本质特性：一是要全面、整体地看问题，而不能片面、局部地看问题。例如，在预测中，必须全面准确分析各变量之间的相互关联，从整体出发系统性地建立变量之间的联系与模型。二是联系、连贯地看问题，而不可孤立、分割地看问题。在预测中，必须关注预测对象各层次之间、预测对象与环境之间、预测对象内部与外部各要素之间以及预测对象各发展阶段之间的联系等。通过对内在结构与外在条件的分析，较好地认识和把握预测对象的运行规律，进而根据这种规律对预测对象系统的未来状态和趋势作出尽可能科学的推测与判断。

2. 连贯性原理 事物未来的发展变化与其过去总有或多或少的联系，过去的行为影响现在，也影响未来，这种现象称为"连贯现象"。这种连贯性的强弱取决于事物本身的发展动力和外界影响因素的强度。连贯性越强，越不易受外界因素的影响，其延续性就越强。连贯性原理要求在研究对象的过去和现在的基础上，依据其惯性，预测其未来状态。在预测中运用连贯性原理时，应注意以下两方面问题：一是连贯性的形成需要有足够长的时间，且历史数据所显示的变动趋势具有一定的规律性；二是对预测对象演变规律起作用的客观条件必须保持在一定的变动范围之内，否则一旦该规律的作用随条件变化而中断，连贯性也将失效。

3. 类推原理 特性相近的客观事物，其变化亦有相似之处。通过寻找并分析类似事物发展变化的相似规律，再根据已知某事物的发展变化特征，推断与其具有相似特性的预测对象的未来状态，这就是类推原理。也就是说，类推是从已知领域过渡到未知领域的探索的一种创造性方法。例如，根据国外护理发展变化的情况，预测我国未来护理事业发展可能的变化趋势。应用类推原理进行预测时，首要条件是两事物之间的发展变化规律具有类似性，否则就不能进行类推。但类似并不等于相同，两事物在时间、地点、范围以及其他许多条件上都不可能完全相同，这可能会使两事物的发展变化产生较大的差距。例如，根据国外护理发展变化的情况，预测我国未来护理事业发展可能的变化趋势时，就必须考虑到不同国家的护理事业发展会受到社会制度、经济基础、消费习惯、文化风俗等一系列因素的影响，因此首先应判断在这些因素影响下，类推原则是否适用，并估计、修正因素不同带来的偏差。类推原理不仅适用于预测，同样也适用于决策。

4. 相关性原理 任何事物的发展变化都与其他事物的发展变化相互联系、相互影响，都不是孤立的。例如，护理事业的发展必然与社会的整体进步和国民经济的发展密切相关。这种事物发展变化过程中的相互联系就是相关性。相关性原理就是研究预测对象与其相关事物间的依存关系和影响程度，利用相关事物的特性来判断预测对象的未来状况。根据时间关系可以将相关事物的联系分为同步相关和异步相关两类。同步相关的典型事例，例如，呼吸系统疾病的发病率与气候变化有关，两者之间的相互影响即时可见；先导事件与预测事件的关系表现为异步相关，例如，全面二孩政策出台后会使产科的护理服务需求量大大增加，因此根据先导事件的信息，可以有效地预测异步相关的预测事件的未来状态。

5. 概率推断原理 受社会、经济、科技等因素的影响，预测对象的未来状态可能带有随机性。预测对象的未来状态实际上是一个随机事件，可以用概率来显示这一事件发生的可能性大小。在预测中，常采用概率统计方法计算出随机事件发生各种状态的概率，然后根据概率推断原理去预测对象的未来状态。所谓概率推断原理，就是当被推断的预测结果能以较大概率出现时，则认为该结果成立。然而，随机事件的发生是无规律的，可能发生，也可能不发生，即使概率大也仅能说明该事件发生的概率比较大，并不代表一定会发生，因此预测结果具有一定的不确定性。

（三）常用的预测方法

1. 定性预测法 常用的定性预测法包括专家预测法、德尔菲法、头脑风暴法、主观概率预测法等。

（1）专家预测法：专家预测法是利用专家所具有的经验和知识，对过去和现在发生的问题进行综合分析，从中找出规律，而得出对未来的预测结果，包括专家个人判断和组织专家会议进行集体判断两种形式。

（2）德尔菲法：德尔菲法指采用背对背的函询方式征询专家小组成员的预测意见，经过几轮征询，使专家小组预测意见趋于集中，最后作出符合事物未来发展趋势的预测结论的方法。相对于专家会议法，德尔菲法可以避免其他成员间不同意见的相互干扰，专家能够独立而无顾虑地发表自己的见解。

（3）头脑风暴法：头脑风暴法也叫思维共振法，即通过会议形式，使有关专家之间的信息充分交流，引起思维共振，发表创造性意见，专家在完全无约束的条件下敞开思路，畅所欲言。此法主要用于制订可行方案，寻求多种决策思路。

（4）主观概率预测法：主观概率预测法是由不同预测者对同一预测事件发生的概率作出主观估计，然后计算平均值，以此作为预测结论的一种定性预测法。主观概率是个人的主观估计，反映个人对事件的信念程度。由于每个人的认知能力不同，对同一事件在相同条件下出现概率的判断也可能不同，所以对预测者的专业素质和态度要求较高。主观概率法一般与其他经验判断法结合运用。

2. 定量预测法 定量预测法是统计学经常使用的方法，一般分为两类，即时间序列预测法、因果分析预测法等。

（1）时间序列预测法：时间序列预测法也称简单外延方法，是将系统中某一变量的观测值按时间顺序（时间间隔相同）排列成一个数值序列，展示研究对象在一定时期内的变动过程，从中寻找和分析事物的变化特征、发展趋势和规律的预测方法。使用该方法的前提是假定事物的过去会同样延续到未来，即把未来作为历史的延伸。因而，该方法的短期预测效果要比长期预测效果更好。

（2）因果分析预测法：因果分析预测法是在分析某种现象原因和结果关系的基础上，找出其中的逻辑关系，从而对未来进行预测的方法。该方法包括一元回归法、多元回归法和投入产出法。回归预测法是从一个指标与其他指标的历史和现实变化的相互关系中，探索其规律性联系，作为预测未来的依据。投入产出法是把组织在一定时期内的投入来源与产出去向排成一张纵横交叉的投入产出表，根据此表建立数学模型，计算消耗系数，从而对未来进行分析和预测。

（四）预测的基本步骤

1. 明确预测目的 一般来说，预测目的取决于决策工作的需要，是为决策工作服务的。因此首先要根据决策的需要来确定预测的内容及目标、时间期限和结果的精度。

2. 收集和筛选资料 预测是根据历史资料来预测未来，因此资料是预测的基础。预测中需要收集的资料通常包括以下3项：① 预测对象发展的历史资料；② 对预测对象发展变化有影响的相关因素的历史资料与现况资料；③ 上述资料形成的历史背景，影响因素在预测期间可能的变化情况。预估偶然事件收集资料时要注意其可靠性、及时性、完整性和代表性，并对收集到的资料还要进行分析、加工和整理，判别资料的真实度和可用度，去掉不够真实的、无用的资料，去伪存真。

3. 选择适当的预测途径与方法 选择预测途径与方法时应考虑预测对象的性质、预测时间的长短、对预测精度的要求等因素。预测的方法很多，不同的方法有各自不同的适用范围、前提条件与要求。为提高预测的准确性，常常是几种预测方法综合运用，相互补充、验证。

4. 选择预测模型 预测模型是对被预测事物过去、现在发展的规律性描述，是根据预测对象发展变化的客观规律所进行的近似模拟。选择预测模型是预测活动的核心。预测的模型和方法选择得当，可以提高预测质量，减少工作量，取得良好的预测效果。如采用数学模型，要计算出其模型形式和参数值；如采用趋势外推法，则要计算出反映预测对象发展趋势的公式；如要采用类推法，则要找到与预测对象发展类似的事物在历史上所呈现的发展规律等。

5. 评价预测模型 预测结果是否有效取决于模型与预测对象未来发展规律的近似程度。因此，在进行科学而严谨的预测时，模型建立后需分析模型内部因素及其影响，分析模型外部因素及关联情景，并估计未知参数。评价预测模型就是评价所选择的模型能否真实地反映预测对象未来的发展变化规律，预测对象是否会产生突变，是否按照原来的趋势继续发展下去。如果发现模型不能真实反映预测对象的未来趋势，就要及时修正，甚至重建模型；如果能反映预测对象的未来趋势，则可进入下一步。

6. 利用模型进行预测 将已经收集的资料和数据输入合适的数字模型，经过科学分析，即可得到预测结果。

7. 评价和修正预测结果 由于未来的不确定性以及事物发生发展的随机性，所建立的模型是对实际情况的近似模拟，因此利用模型所得到的预测结果有时并不一定与事物发展的实际结果相符，可能会发生偏差。得到预测结果后应对结果加以分析和评价。一般可以根据常识和经验，检查和判断预测结果是否合理，与实际结果之间是否存在较大偏差，以及未来的条件变化可能对实际结果产生多大的影响等。一般来说，误差小了，可能无关大碍，但误差太大就失去了预测的意义。这时就有必要对预测结果加以修正，使其更接近于实际。

（五）预测在护理管理中的应用

1. 护理管理中的预测 护理管理者要制订出科学的决策和计划，实现最佳的管理效能，必须学习并运用预测的相关理论和技术。预测理论和技术可以广泛应用于护理不良事件预测、护理危机事件预测、护理人力预测、护理服务需求预测、护理成本预测、护理质量预测等方面。例如，护理管理者经常会遇到护理投诉或纠纷等危机事件，如果能建立护理危机预测和应对计划，在计划中充分预测可能发生的危机，做到心中有数，当危机发生时就不至于手足无措，无从应对。在应用预测时，护理管理者应重视以下几个方面：

（1）重视收集相关资料：任何预测都是建立在对既往资料的复习与回顾的基础上，掌握全面、真实、准确的资料是科学决策的前提。因此，护理管理者应要求自己和护士重视收集当前的资料、保存好历史资料，并尽量分门别类地予以汇总，以备预测时使用。

（2）重视预测方法的选择：不同的预测方法可以实现不同的预测目的，选择正确的预测方法是提高预测效果准确性的前提之一。同时，护理管理者还要注意，为了提高预测结果的准确性，往往既要进行定性预测，也要进行定量预测，要使用两种甚至多种预测方法，以避免单一预测方法出现较大的偏差而导致决策错误。

（3）重视不同预测结果的比较：护理管理者要对不同预测方法得出的预测结果进行比对。若预测结果相同或相近，结果的准确性一般会比较高。若预测结果不同甚至相反，管理者就要对这些结果进行认真分析，查找原因，纠正误差资料和数据，并进行再次预测。

（4）善于总结：护理管理者要在管理实践和临床实践中善于总结以提高预测结果的准确性。如果发现预测结果与事实悬殊甚至完全不符合，就要总结教训，从预测资料和数据、预测方法和程序、预测人员等方面查找问题的原因，以便今后预测时引以为戒。

2. 预测在护理管理中应用的注意事项　为了使预测更好地成为管理依据，为管理决策服务，护理管理者除了学习并运用预测的相关理论和技术，审慎全面地收集信息，准确进行信息量化，正确选择预测技术，严格按程序办事外，还应考虑到任何预测都存在偏差。因为预测所依赖的是历史数据资料，而历史不能完全代表未来，它只是护理管理动态变化过程中的一个近似反映。因此，为了减弱预测的偏差，在护理管理中管理者还必须辅以微观调控，以宏观预测为管理导向，以微观调控为管理手段，以达到最佳的管理效果。

二、决策

我国古汉语中，"决"的本义为决定、决断，《三国志·吴书·孙权传》中"吾计决矣"即表示决定已经作出。"策"的本义则为计谋、策划，代表计划和打算。由此可见，决策的本义是决定策略或方法。赫伯特·亚历山大·西蒙认为，"管理就是决策"，一个完整的决策过程就是全部的管理过程。科学的决策起着避免盲目和减少风险的作用。因此，管理者必须充分认识决策的重要性，掌握科学的决策程序和方法，以便正确地作出决策。

知识拓展 ｜ 决策的历史与发展

　　作为领导科学和管理科学中一个极为重要的概念，决策一词最早出现于美国。20世纪30年代，美国学者切斯特·巴纳德（Chester I. Barnard，1886—1961）最早将"决策"这一概念引入管理学领域。他认为：决策对组织系统具有直接的指导性，它由组织中的管理者、领导者制订。1947年，赫伯特·亚历山大·西蒙第一次系统地提出了行政管理学中的决策理论。他认为，决策是一个系统、完整、动态的过程，有自己独特的基本属性，这一基本属性就是决策所界定的自我规定性。之后，经过日本、德国、前苏联等各国学者的不断发展，决策在理论、方法和实践等方面均得到逐步丰富和完善，深入到管理活动，甚至是人类生活与社会发展的各个方面。

（一）决策概述

1. 决策的概念　决策（decision-making）是人们为了实现一定的目标，运用科学的理论和方法，系统地分清主、客观条件，提出各种可行方案，从中选择最佳方案的过程。这一定义中，决策的主体是管理者；决策的本质是一个选择的过程；决策的目的是解决问题或利用机会。

2. 决策的特征　科学的决策应具有以下特征：① 目标性，任何决策都有明确的目标，决策目标就是决策所需要解决的问题；② 可行性，决策方案应切实可行；③ 选择性，决策必须具有两个以上的备选方案，通过比较来进行选择；④ 超前性，任何决策都是针对未来的，是为了解决将来可能会出现的问题；⑤ 过程性，决策是一个多阶段、多步骤的分析判断过程；⑥ 科学性，决策者要能透过现象看到事物的本质，把握事物发展变化的规律，作出符合事物发展规律的决策。

3. 决策的地位　决策是决定组织管理工作成败的关键。组织管理工作的成效大小，首先取决于决策的正确与否。决策正确，可以提高组织的管理效率和经济效益，使组织兴旺发达；决策失误，则一切工作都会徒劳无功，甚至会给组织带来灾难性的损失。因此，对每个决策者来说，不光是需要作出决策的问题，还要使决策做得更好、更合理、更有效率。

4. 决策的作用　决策是实施各项管理职能的保证。决策贯穿于组织各个管理职能之中，每个管理职能要发挥作用，都离不开决策。没有正确的决策，管理的各项职能就难以充分发挥作用。

（二）决策的类型

按照不同的分类方法，决策可以分为多种类型。认识不同类型决策的特点，有助于研究决策活动的规律，并采用适宜的技术方法进行处理。

1. 根据决策所涉及的问题划分　可分为程序化决策与非程序化决策。程序化决策又称常规决策，是针对日常业务活动和管理工作中经常、反复出现的常规性实践和问题作出的决策，可形成一套常规的处理办法和程序，不必每次重复决策。非程序化决策又称非常规决策，是针对非重复性的新事件或新问题所作出的决策。通常是过去未发生过、无先例可循、无经验可参考、无程序可依的决策，一般与战略决策有关。管理的层次越高，非程序化决策越多。

2. 根据环境因素的可控程度划分　可分为确定型决策、风险型决策及不确定型决策。确定型决策是决策方案所需条件和结果都准确知道的决策，决策者确知需要解决的问题、环境条件、决策过程及未来的结果。风险型决策指决策的每一种方案有两种或两种以上的可能结果，而且知道每一种结果发生的可能性，决策者不能预先确知环境条件决策问题存在多种自然状态，采用哪一种方案都有风险性，要对多种风险进行应对以防不测。不确定型决策指决策问题的各种可能的结果和出现的概率均不知道的决策，决策者不能预先确知环境条件，方案的最终结果也不可确定。

3. 根据决策的主体划分 可分为集体决策与个人决策。集体决策是由管理者组织集体商讨后作出的决策。个人决策适用于日常事务性决策及程序性决策，但当遇到紧急事务需要决策时管理者个人也要进行果断反应。

4. 根据决策的重要性划分 可分为战略决策和战术决策。战略决策指与确定组织发展方向和长远目标有关的重大问题的决策，具有战略性、长期性、规划性和全局性。战术决策是为了完成决策所提出的目标，制订未来短时间内要实施的具体行动方案。

（三）决策的基本原则

决策的基本原则是指所有决策者都必须遵循的指导原理与一般原则，是科学决策思想的反映，也是决策经验的概括。按照这些原则决策，可以大大减少决策失误。决策的基本原则主要包括：

1. 经济性原则 经济性原则有两个方面的含义：一是指决策成本的经济性，二是指决策结果的经济性。前者是指在整个决策过程应该尽量降低决策成本，包括费用成本、人力成本、时间成本等；后者是指决策的结果应符合以最小投入取得最大产出的要求，能够以较小的劳动消耗和物资消耗取得最大的成果，并且要把经济效益同社会效益结合起来。

2. 可行性原则 可行性原则的基本要求是决策者要努力寻找能够达到决策目标的一切方案，并分析这些方案的利弊，以便最后抉择。可行性分析是可行性原则的外在表现，是决策活动的重要环节。只有经过可行性分析后选定的决策方案，才是有较大把握实现的方案。

3. 民主性原则 民主性原则是指决策者要充分发扬民主作风，调动决策参与者甚至包括决策执行者的积极性和创造性，共同参与决策活动，并善于集中和依靠集体的智慧与力量进行决策。

4. 整体性原则 整体性原则也称为系统性原则，它要求把决策对象视为一个整体或系统，以整体或系统目标的优化为准绳，协调整体或系统中各部分或分系统的相互关系，使整体或系统完整和平衡。因此，在决策时，应该将各个部分或子系统的特性放到整体或大系统中去权衡，以整体或系统的总目标来协调各个部分或子系统的目标。

5. 预测性原则 预测是决策的前提和依据，是决策过程必不可少的环节。科学决策必须用科学的预见来克服没有科学根据的主观臆测，防止盲目决策。决策结果的正确与否，取决于对未来后果判断的正确程度。如果不能预测行动后果如何，常常会造成决策失误。

6. 科学性原则 科学性原则是一系列决策原则的综合体现。现代化大生产和现代化科学技术，特别是信息论、系统论、控制论的兴起，为决策从经验到科学创造了条件。决策科学性的基本要求是决策思想科学化、决策体制科学化、决策程序科学化、决策方法科学化。这几个方面是互相联系、不可分割、缺一不可的。只有树立科学的决策思想，建立科学的决策体制，遵循科学的决策程序，运用科学的决策方法，整个决策才可能是科学的。否则，就不能称为科学决策。

以上基本原则在决策活动中紧密联系、相互渗透、不可分割，任何决策过程都应该遵循这些原则。但在不同领域、不同事件的决策过程中，决策者可以在遵循上述基本原则的基础上灵活采用一些具体原则，以便更具针对性地作出决策。

（四）影响决策的因素

1. 环境因素 任何一项决策都是在一定时期内和特定的环境下作出的，必然受到该时期的客观环境影响。影响决策的宏观环境是指对本组织发展具有影响，但组织无控制力的客观环境，包括政治法律环境、经济环境、社会文化环境、自然环境以及技术环境等；微观环境是指与本组织的产、供、销、人、财、物、信息、技术等直接发生关系的客观环境，包括服务对象、竞争者、政府和公众等方面。

2. 组织自身的因素 组织自身的因素对决策的影响表现在三个方面：① 组织文化，在保守型组织文化中，员工对任何带来巨大变化的行动方案都会产生抵触情绪，并以实际行动抵制；而在进取型组织文化中，员工则勇于创新和宽容失败。② 组织的信息化程度，信息化程度对决策的影响主要体现在其对决策效率的影响上。③ 组织对环境的应变模式，如果组织对环境的应变模式趋于稳定，形成特定的应变模式，变革型的决策方案则不容易推行。

3. 决策问题的因素 决策问题的性质主要与两个方面有关：① 问题的紧迫性，如果决策涉及的问题对组织来讲非常紧迫，急需处理，这样的决策则被称为时间敏感型决策；相反，如果决策涉及的问题对组织来讲不紧迫，组织有足够的时间从容应对，这样的决策则被称为知识敏感型决策。② 问题的重要性，越重要的决策可能越容易引起高层管理者的重视，越重要的问题越需要决策者慎重决策。

4. 决策主体因素 决策主体对决策的影响体现在四个方面：① 决策主体对待风险的态度；② 决策主体的个人能力；③ 决策主体的个人价值观；④ 决策群体的关系融洽程度。

5. 以往决策因素 多数情况，组织决策都不是"零起点"决策，而是对以往决策的完善、调整和改革。过去的决策是目前决策的起点，过去决策的正确与否直接影响着当前决策者的心理和决策过程，优秀的决策者会从过去的决策中吸取经验和教训。同时，当前决策者与过去决策者的关系密切程度也直接影响着目前的决策过程和决策结果。

（五）决策方法的选择

美国著名护理专家吉利斯（Donald A. Gillies）指出，决策是所有管理的核心，因为管理者或其下属所进行的任何有意义的活动都必须经过决策。决策是计划的关键步骤，为了尽可能达到决策的最优化，实际工作中我们可以使用不同的决策方法。决策方法的选择既有赖于客观条件，也取决于决策者的能力。常用的方法主要有定性决策法和定量决策法两大类。定性决策法也被称为决策软技术，侧重于确定决策的方向，能够充分发挥人的潜在能力和创造力，例如，在预测一节中所提到的头脑风暴法、德尔菲法等。定量决策法也被称为决策硬技术，常用于数量化决策，应用数学模型和公式来反映各种因素及其关系，并通过计算和求解，选择出最佳决策方案。常用的定量决策方法如线性加权法、分层序列法、决策树法、模糊决策方法、马尔可夫决策法等。

知识拓展 | **常用的决策方法**

　　1. 定性决策方法 指采取某种有效的组织形式，利用人的知识、经验和能力，在管理决策中根据已知情况和现有资料，定性的提出决策目标和方案，并进行相应评价和作出选择的方法。广泛应用的定性决策方法有小组法、头脑风暴法和德尔菲法等。

2. 定量决策方法　根据不同的决策类型，主要有以下三种。

（1）确定型决策方法。该类型的决策方法具有如下特征：① 只有一个自然状态；② 有一个明确的决策目标；③ 有两个以上的备选方案可供选择；④ 不同方案的结果是可以预测的。

（2）风险型决策方法

1）期望值法：是为了减少决策结果的不可靠性而采取的一种方法，即决策者分别对一个方案可能出现的正反两种结果进行考量，估计其得失值，再对其可能实现的概率进行加权，求得两项乘积的正负差额，最后再把各个方案的这一差额进行比较，进而作出决定。

2）最大可能准则法：该方法以自然状态下事件发生的最大概率为基础，再将在这种情况下收益值最大的方案作为最优方案。

（3）不确定型决策方法

1）乐观准则法（即"大中取大"准则）：其特点是对客观情况总是持乐观态度。具体做法是首先找出各个方案的最大收益值，然后将这些最大收益值中最大者所代表的方案作为最优方案。

2）悲观准则法（即"小中取大"准则）：其是对客观情况总是持悲观态度，设想最坏的情况并为这种情况找出一个最好的方案。具体做法是首先找出各个方案的最小收益值，然后将这些最小收益值中最大的方案作为最优方案。

3）后悔值准则法（即"大中取小"准则）：后悔值是指在某种自然状态下，由于未采用相对最优的方案而造成的损失值。具体做法是首先计算出各个方案在各种自然状态下的后悔值，并从中找出每个方案的最大后悔值，然后将这些最大后悔值中最小的方案作为最优方案。

4）等可能准则法（即等概率准则）：又称"拉普拉斯准则（Laplace准则）"，是指在由于缺乏资料或其他原因使得难以确定各自然状态发生的概率时，所采取的平均主义办法。即假设各个自然状态发生的概率相等，此时如果有n种自然状态，则每种自然状态发生的概率都为$1/n$。这种假设当然是没有充分理由的，因此又称为"理由不充分准则"。

（六）决策的过程

不管是哪一种类型的决策，都要经历一个复杂的过程，都是一个发现问题、分析问题、解决问题的系统分析判断过程。决策过程通常包括以下步骤：

1. 诊断问题或识别机会　决策者首先要密切关注其责任范围内的相关数据和信息，判断实际状况与预期状况的差异，以发现潜在的机会或问题。

2. 明确决策目标　目标体现的是组织希望获得的结果。目标的衡量方法有很多种，有定性的目标，也有定量的目标；有长期目标、中期目标，也有短期目标。没有正确的决策目标，决策活动就失去了方向。

3. 拟定备选方案　决策者要借助其个人经验、经历和对有关信息的把握来提出方案，这一步骤需要创造力和想象力。为了提出更多、更好的方案，需要从多种角度审视问题，并掌握科学的预测方法。

4. 评估备选方案并选定决策方案　这一步关键是确定所拟定的各种方案的价值或恰当性，并确定最满意的方案。筛选方案其实是很困难的环节，是决策过程中的艰难决策。需要注意的是，绝大多数情况下，十全十美的方案并不存在，所以方案只有满意与不满意，合适与不合适之分，不能苛求完美。

5. 执行决策方案 方案的执行需要足够的资源作为保障，而且在执行过程中将不可避免地对利益各方造成不同程度的影响，一些人的既得利益可能会受到损害。因而，管理者要善于适时恰当地协调利益各方的关系。

6. 评估决策执行效果 对方案执行效果的评估是将方案实际的执行结果与管理者当初所设立的目标进行对比，平衡偏差并找出偏差的原因。同时，管理者要与相关人员进行信息反馈和沟通，对方案进行适应性调整。

（七）决策在护理管理中的应用

1. 护理管理中的决策 护理管理过程中的决策是护理工作的关键因素，任何护理管理工作自始至终都包含有决策。护理管理决策贯穿于护理长期规划、年度计划、人员管理、护理质量控制、财务管理等各个方面和各个环节。护理管理者随时随地都要决策，所有管理功能都离不开决策：计划时需要决策，控制时需要决策，组织时也需要决策。因此，护理管理者必须在充分利用已有知识的基础上，有效运用决策的一般理论与方法，按照决策程序进行护理管理决策。

护理管理工作具有多层次、多角度的特点，为使护理管理决策更科学、更准确，近年来有医院应用决策支持系统（decision support system，DSS）来辅助护理管理决策。DSS 是在管理信息系统和运筹学的基础上发展起来的计算机应用系统，用以辅助管理者规划和制订各种行动方案。目前 DSS 在护理管理中的应用主要集中在护理质量管理、人力资源管理、卫生经济管理、物资管理等方面，在临床工作中主要应用于对患者进行评估及疾病筛查等。

2. 决策在护理管理中应用的注意事项 护理决策是护理行政管理的核心。决策是行为的选择，行为是决策的执行，正确的行为源于正确的决策。为保证决策科学化，使护理管理决策正确、合理、有效，护理管理者在高度重视决策重要意义的同时，还应注意以下问题：

（1）部门决策应与医院宏观决策相适应：护理管理决策应在医院宏观决策的基础上制订，并成为与之协调的有机组成部分。如果护理管理决策与医院宏观决策不相适应，甚至与之相悖，必然导致部门决策无法实施，或者实施结果违背医院的总体部署。

（2）谨慎制订风险型决策和不确定型决策：护士的行为直接关系着患者的安全，错误的行为可能导致无法挽回的后果和损失，而决策则决定着护士的行为。因而，科学的决策对护理管理极为重要。但是，在特殊环境下，护理管理者却必须进行风险型决策或不确定型决策。这时，决策者就必须尽可能地掌握全面而准确的信息，使用科学的决策方法和恰当的决策程序进行决策，以提高决策结果的准确性。

（3）恰当使用程序化决策与非程序化决策：一般来说，护理管理中进行程序化决策时应尽量采用群体决策的方式，尽量给管理人员及临床护士提供更多参与决策的机会，发挥群策群力的积极作用，提高决策质量。而在遇见突发事件、紧急救治等紧急情况时，往往采取非程序化决策或个人决策。

（4）遵守决策的基本原则：决策的基本原则是在决策过程中具有指导性的一般原则，且几个基本原则之间相互联系、互为补充，共同为确保决策质量提供支持和保障。因此，护理管理者应主动运用这些基本原则，避免由于忽视基本原则而导致的决策失误。

（5）主动提高自身的决策素质：影响决策质量高低的重要因素之一是决策者的决策素质，包括决策者的知识、经验、态度、价值观等。护理管理者一般是从优秀护士中产生的，护理知识和临床经验比较丰富，但对决策本身的知识未必了解多少。这就需要决策者主动地学习相关知识，并以正确的态度和价值观参与决策活动，以确保护理决策质量。

导入情境分析

对本章的导入情境进行分析，新任护士长李某每日忙忙碌碌，得不到大家的认可，关键的问题是工作缺少计划，落实目标责任时职责不清，不善于时间管理，同时，李护士长不会运用预测的相关知识建立护理危机预测和应对计划，从而导致病区不良事件频发。本章计划、目标管理部分介绍病区制订计划时，应根据上级要求制订明确工作目标，细化分解目标任务，使每一位护士明确自身承担的任务、要求和努力的方向。在时间管理部分，介绍了时间管理的方法，如何抓住工作重点，有效使用时间。在预测与决策部分，介绍了预测理论在护理管理中的具体应用。

学习小结

- 计划是计划工作的结果和产物，是组织、个体或群体在工作或行动之前事先拟订的方案，包括工作要实现的具体目标、内容、方法和步骤等，是对未来的人、财、物、时间等资源的统筹设计。
- 计划是管理的重要职能，是实现组织目标的基础。
- 计划的表现形式具有多样性，其中目标计划的表现形式之一，是一个计划或方案所要实现的最终的、具体的、可测量的预期结果。
- 目标管理则是在组织内由管理人员和工作人员共同参与目标的制订，在工作中实现自我控制并努力完成工作目标的管理方法。而无论多么完美的计划，多么伟大的目标，都需要管理者合理安排和使用时间，在实际工作中进行有效的时间管理，提高时间的利用率和有效率才能实现。
- 预测和决策与计划密切相关，从流程上讲，首先应对未来的状况作出预测，根据预测情况作出决策，再确定目标，然后针对目标作出明确的计划。也就是说，预测是决策的基础，计划是保证决策实施的措施。

（刘　凯）

复习参考题

一、选择题

1.【A1】目标管理的创始人是（　　）
   A. 弗雷德里克·泰勒
   B. 亨利·法约尔
   C. 阿兰·拉金
   D. 彼得·德鲁克
   E. 阿克塞尔·卡恩

2.【A1】管理职能中最基本的职能是（　　）
   A. 人员管理
   B. 控制
   C. 计划
   D. 领导
   E. 组织

3.【A2】护士小王结合本科室整体发展目标及个人工作实际制订了本年度专业理论及实践技能学习计划，该计划属于（　　）
   A. 临时计划
   B. 短期计划
   C. 中期计划
   D. 长期计划
   E. 远期计划

4.【A2】为确保科室护理人员熟悉掌握护理专业理论知识，王护士长制订了本科室护理人员"三基三严"考核合格率100%的目标，这一决策体现了目标的（　　）
   A. 主体作用
   B. 激励作用
   C. 凝聚作用
   D. 标准作用
   E. 主导作用

5.【A2】护士小张在测量所分管患者血压时，一位甲状腺术后第二日的患者告诉她自己咽喉疼得厉害，呼吸困难；随后又有一个患者跑过来问她明日手术的注意事项，同时一个患者的液体滴完了让她换液体，还有一个患者等待检测随机血糖。按照ABC时间管理法，小张首先处理的A类工作应为（　　）
   A. 测量血压
   B. 处理咽喉疼患者
   C. 讲解术前注意事项
   D. 更换液体
   E. 测血糖

二、简答题

1. 计划对组织管理活动有哪些作用？
2. 时间管理的基本方法有哪些？
3. 护理管理中进行科学决策时应该注意哪些问题？

三、案例分析题

李主任是某三甲医院护理部副主任，主要分管护理人力资源管理工作，近期由于医院床位数增加，出现护理人力不足的状况。护理部采取动态调整人力、科室采取弹性排班等手段，仍无法解决人力资源短缺的问题。为此，李主任组织护理科研小组成员调研全院护理人力资源现状，通过对从事护理管理工作20年以上的护士长进行质性访谈，最终决定设立"兼职护士"岗位，在全院护士完成本岗位工作的基础上，护士自愿报名，通过护理部考核，利用个人非工作日的时间到某科室某个岗位进行兼职，获得相应的报酬。这一方案的提出既能解决科室护理人力短缺的问题，也使护士的价值得到肯定，获得护士的响应，得到了医院的支持。随后，李主任第一时间建立了兼职护士库，确定使用兼职护士的岗位及数量，不断完善兼职护士的准入条件、薪酬待遇及管理要求等，缓解了护理人力资源的不足。

请思考：

李主任的决策思路是如何形成的？

（选择题、案例分析题的答案解析见数字内容）

第四章　组织

导入情境与思考

组织既有人的因素也有资源的因素，但能够把人们联结在一个系统中的关键因素却是目标。有些人认为组织中人们之所以集合在一起是因为利益，也有些人认为人们集合在一起是因为共同的理念，也许这两个因素都成立，但这不是真正集合人群的因素，只有共同的目标追求，才会把人们联结在一起。不同的目标设计就会导致不同的人群聚集在一起，也决定了人们不同的行为选择和价值判断，因此目标决定组织存在的意义。

请思考：

您认为团体是不是组织，为什么？

　　组织的存在是为了实现目标，组织管理的存在是为了提升效率。组织作为管理的基本职能之一，是管理者按照组织目标设计出合理、高效、能顺利实现组织目标的结构和体制，对内部的各种资源合理配置，确保组织目标的顺利实现。此外组织也是指按照一定的宗旨和目标而形成的群体，是社会化大生产和专业化分工的产物，如工厂、机关、学校、医院，各级政府部门、各个层次的经济实体、各个党派和政治团体等。

第一节　组织概述

组织职能是人力资源管理、领导、控制等管理职能开展的前提。组织结构、组织设计、组织文化建设等是组织管理的重要内容，是做好各项护理管理工作的基础。

一、组织的概念及基本要素

（一）组织的概念

组织（organization）一词有名词和动词两种词性。名词性组织是指为了实现既定目标，按一定规则和程序设计的多层次、多岗位并有相应人员形成隶属关系的责权机构。在现代社会生活中，人们已普遍认识到组织不仅是社会的细胞、社会的基本单元，而且可以说是社会的基础，如医院、学校、工厂等。动词性组织是一种工作过程，是对组织内部资源如人力、财力、物力、信息、技术等进行有效组合，为实现目标而进行的活动。组织的概念具有以下几方面的含义：

1. **组织具有明确的目标**　任何组织都是为目标而存在的，这个目标是组织活动所要达到的目的，它是组织存在的前提。

2. **组织是一个人为的系统**　组织不是自然形成的，管理学上的组织是为了实现既定目标，由两个或两个以上的人组成的集合，进行分工合作，建立某种责权关系。它是实现目标的工具，是人为的结果。

3. **组织是不同层次的分工与协作**　组织的目标是单独的个体所无法达到的，组织的效率也是单独的个体所无法比拟的。组织为了达到其目标和效率，就必须分工与协作。

4. **组织有不同层次的权力和责任制度**　这是由于分工之后，就要赋予每个部门以及每个人相应的权力和责任，以利于实现组织的目标。

5. **组织可以不断变化和发展**　组织不是自然形成的产物，而是为了实现某个目标而进行分工合作，建立某种权责关系而形成的。当目标变动时，组织也相应随之调整，才能发挥组织的最大功能。

（二）组织的要素

组织的基本要素是每个组织结构、组织活动以及组织的生存和发展最基本的条件，包括以下内容：

1. **有形要素**

（1）人力：是组织有形要素中的最主要因素，人力资源是其他资源不可替代及转换的。因此，合理的人才结构及人力资源是组织生存发展的基本条件及保证。

（2）财力：即一个组织的资金情况。它是组织占据重要市场地位的必要条件，是推动组织各项活动的动力之一。一般情况下，财力及物力可以根据市场的供求情况进行互换。

（3）物力：是指实施组织活动的基本物质条件，包括活动场所、土地、房屋、机器、设备、原材料等。一个组织要正常运作，必须有及时稳定的物资供应。

（4）信息：信息化的今日，信息在组织中的作用越来越重要，也成为组织必不可少的要素之一。有时一条有用的信息可以使企业迅速发展壮大，而一条错误的信息可能会毁了一个组织。

（5）技术：技术也是组织实现自身目标、满足社会需要的根本保证，良好的技术力量，为组织的发展提供了技术保证。

2. 无形要素

（1）组织目标与任务：组织是为了实现一定的目标而存在的。目标是组织自我设计和自我维持的依据。组织的目标必须与社会需求相适应，组织才具有生命力。任务是组织实现自己的使命，履行社会责任的基础。组织目标建立后，接下来的就是确定为实现目标必须进行的工作任务。组织工作就是分配任务的过程。

（2）组织精神：是组织内成员的职责、权力、工作规范、生活准则、服务精神、认同感和归属感等，如医院的院训、学校的校训、服务宗旨、护理哲理、护理团队文化等。

（3）职权与责任：职权是指被组织正式承认的权力，是履行岗位责任的重要手段之一。组织根据各成员所承担责任的大小，赋予其相应的职位权力，使各级管理人员能够采取一系列有效行动完成本部门的工作任务，最终实现组织目标。

（4）适应和变化：组织的内外环境总是处于不断变化的过程中，组织必须根据环境变化做出适应性改变，才能在市场竞争中求得生存和发展。

二、组织及组织结构的基本类型

（一）组织的基本类型

组织按不同标准可以进行多种分类。根据组织的性质，可分为经济组织、政治组织、文化组织、群众组织、宗教组织；根据组织的规模大小，可分为小型组织、中型组织和大型组织；根据组织的目标，可分为经营组织、服务组织、互益组织、公益组织；根据个人与组织的关系，可分为功利性组织、规范性组织、强制性组织；根据组织形成方式分类，可分为正式组织和非正式组织；根据组织存在形态分类，可分为实体组织和虚拟组织。本节重点介绍正式组织和非正式组织（表4-1）。

1. 正式组织（formal organization） 指为了有效地实现组织目标，而明确规定组织成员之间的职责范围和相互关系的一种结构，其组织制度和规范对成员具有正式的约束力。正式组织一般有组织系统图、组织章程、职位及工作标准说明书等正式文件。正式组织内的每个成员均可在组织系统图中表现出明确的职能关系，成员的活动要服从所属机构的规章制度和组织纪律。正式组织的实质就是组织成员有自觉的共同活动的目标，如医院及医院内各部门，如人力资源部、医务部、护理部、党支部等均是正式组织。

正式组织一般具有以下特点：① 共同的目标；② 明确的信息沟通系统；③ 协作的意愿，即人们在组织内积极协作，服从组织目标；④ 讲究效率；⑤ 分工专业化但强调协调配合；⑥ 建立职权，权力由组织赋予，下级必须服从上级；⑦ 不强调工作人员工作的独特性，组织成员的工作及职位可以相互替换。

2. 非正式组织（informal organization） 非正式组织是指没有自觉的共同目标的人们根据个人

需要自发地形成的非正式关系体系。组织管理是针对正式组织而言，着重研究组织结构、章程、规范等，在"霍桑实验"中发现非正式组织的存在，对管理工作起着不可忽视的作用，对正式组织有相当的影响力。如护理队伍中的登山爱好者团队、同乡会、校友会等均为非正式组织。

非正式组织具有以下特点：① 由成员间共同的思想和兴趣相互吸引而自发形成，不一定有明确的规章制度；② 有较强的内聚力和行为一致性，成员间自觉进行互相帮助；③ 具有一定的行为规范控制成员的活动，有不成文的奖惩办法；④ 组织的领袖不一定具有较高的地位和权力，但一定具有较强的影响力。

▼ 表4-1　正式组织与非正式组织特点比较

特点	正式组织	非正式组织
产生方式	共同的目标	自发形成，彼此具有情感心理的需要
责权利关系	权力由组织赋予，下级必须服从上级	无法定权利、义务和隶属关系，组织内成员一般都有自己的领袖人物，虽然不一定具有较高的地位和权力，但具有较强的实际影响力
分工协作	分工专业化，成员服从组织目标，在组织内积极协作	有不成文的无形规范制约成员的行为、调整内部关系
沟通方法	有明确的信息沟通渠道	组织内部信息交流带有感情色彩，沟通渠道流畅，信息传递快
工作效率	讲究效率	不确定
凝聚力	强调群体或团队，不强调成员的独特性，组织成员的工作及职位可以相互替换	有较强的凝聚力和行为一致性，成员之间自觉进行相互帮助，但容易出现"抱团"现象

3. 非正式组织对正式组织的影响　非正式组织对正式组织的影响具有两面性：一方面非正式组织可能对正式组织产生正面的、积极的影响；另一方面也可能带来负面的、消极的影响。一般认为，非正式组织与正式组织在领导、成员、目标、价值取向等方面一致或接近时，前者对后者的影响是积极的、有益的；反之，则是消极的、有害的。

非正式组织的存在及其产生的作用是一个客观现实，所以每一个管理者都应当承认这个现实，正确对待非正式组织。首先是对非正式组织性质、作用、形成原因、成员构成、"领袖"人物、发展趋势等有正确的分析和认识，尽量设法运用其正面作用，减弱其反面作用，发挥其积极作用。

（二）组织结构的基本类型

组织结构（organizational structure）是对组织各部门整合，实现组织成员责、权、利相互关系协调的一种有序安排，表现了组织各部分排列顺序、空间位置、聚集状态、联系方式，以及各要素之间相互关系的一种模式，是执行管理任务的结构。

组织结构在管理系统中起到"框架"作用，它使组织中的人流、物流、财流、信息流保持正常流通，使组织目标的实现成为可能。组织能否顺利达到目标和促进个人在实现目标过程中作出贡献，在很大程度上取决于组织结构的完善程度。

组织结构是随着生产力和社会的发展而不断发展的，组织结构可用组织图或组织树来描述，表明组织整体结构、各个部门职权关系及主要职能。纵向形态显示权力与责任的关系，水平形态表示部门划分与分工的情况。从组织图可了解纵向的各部门或各职位之间的指导、指挥、管辖等关系；也可以了解横向的各部门或各职位的分工和任务，人、财、物的流向；还可以了解组织的规模、集中与分散状况及管理的功能与范围。常见的组织结构类型有：直线型、职能型、直线-职能型、矩阵型、事业部型和委员会等。在实际工作中，大部分组织并不是单一的类型，而是多种类型的综合体。

1. 直线型组织结构（pure line organizational structure） 是最早使用也是最简单的一种结构，是一种集权式的组织结构形式，又称军队式结构。直线型组织结构有一个纵向的权力线从最高领导逐步到基层一线管理者，其领导关系按垂直系统建立，不设专门的职能机构，自上而下形同直线，结构简单而权力明显（图4-1）。

直线型结构的优点：组织结构设置简单，指挥系统清晰、统一；权责关系明确；横向联系少，内部协调容易；信息沟通迅速，解决问题及时，管理效率比较高。缺点：缺乏横向的协调关系，没有职能机构当领导的助手，缺乏专业化的管理分工，经营管理事务依赖少数几个人。一旦组织规模扩大，管理工作复杂化，领导者势必因经验、精力不及而顾此失彼，难以进行有效的管理。因此，直线型的适用范围是有限的，它只适用于那些规模较小或业务活动简单、稳定的企业。

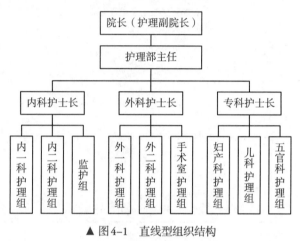

▲ 图4-1 直线型组织结构

2. 职能型结构（functional organizational structure） 又称"U形结构"，是以工作方法和技能作为部门划分的依据，各职能部门在分管业务范围内直接指挥下属（图4-2）。职能制结构最早由美国学者古典管理学家泰勒提出，并曾在米德维尔钢铁公司以职能工长制的形式加以试行。但由于职能工长制妨碍了统一指挥的原则，以后未被推广。职能制组织结构通常在只有单一类型产品或少数几类产品面临相对稳定的市场环境的企业采用。

职能型结构的优点：能够适应现代组织技术比较复杂和管理分工较细的结构，职能部门任务专业化，可以避免人力和物质资源的重复配置，能够发挥职能机构的专业管理作用，减轻上级主管人员的负担。缺点：各种职能部门各自为政，难以实现横向协调，不利于培养全面型的管理人才；特别是妨碍了组织必要的集中领导和统一指挥，形成了多头领导、多头指挥，使下级无所适从，不利于明确划分直线人员和职能科室的职责权限，容易造成管理混乱。

3. 直线-职能型结构（line and functional structure） 是一种以直线型结构为基础，在各级行政负责人之下设置相应的职能部门，分别从事专业管理，作为该级领导者的参谋，实现主管统一指挥与职能部门参谋、指导相结合的组织结构（图4-3）。直线-职能型结构既保持了直线的集中统一指挥的优点，又吸收了职能制发挥专业管理的长处，从而提高了管理工作的效率。我国目前大多数企业、学校、医院等都采用直线-职能型结构。

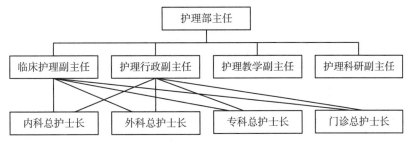

▲ 图4-2　职能型组织结构

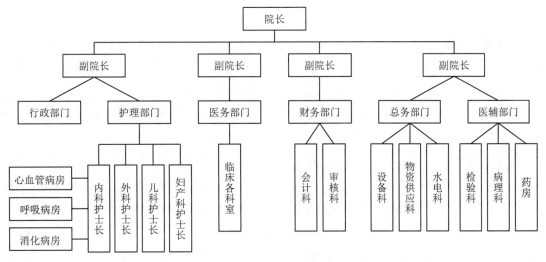

▲ 图4-3　直线-职能型组织结构

直线-职能型的优点：职能机构和人员按管理业务的性质分工，分别从事专业管理。既可统一指挥、严格责任制，又可依分工不同和授权程度的不同，发挥职能人员的作用。不足之处：权力集中于最高管理层，下级缺乏必要的自主权；各职能部门之间的横向联系较差，容易产生脱节与矛盾；各参谋部门和指挥部门之间的目标不统一，容易产生矛盾；信息传递路线较长，反馈较慢，适应环境变化较难。

4. 矩阵型结构（matrix organizational structure）　是指由纵横两套管理系统组成的组织结构，一套是纵向的职能领导系统，另一套是为完成某一任务而组成的横向项目系统。结构既保留了直线职能结构的形式，又设立了按项目划分的横向领导系统，即按组织目标管理与专业分工管理相结合的组织结构（图4-4）。有的组织同时有几个项目需要完成，每个项目需要配备不同专长的技术人员或其他资源，组织内横向成立项目管理协调小组就十分必要。如创建等级医院、开展器官移植和技术革新等，需多个职能部门派出有关人员形成矩阵型组织结构。矩阵型组织结构适用于需要对环境作出迅速、一致反应的组织。

矩阵型结构的优点：加强各职能部门的横向联系，具有较大的机动性和适用性，实行集权与分权优化结合；有利于发挥专业人士的潜力，攻克技术难题；有利于培养和使用人才。缺点：实行纵向、横向的双重管理，容易出现分歧和矛盾；组织关系、资源管理复杂，权责不清，稳定性差。

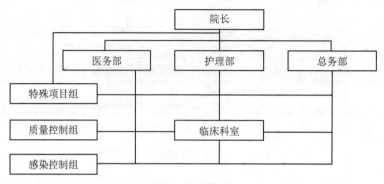

▲ 图4-4 矩阵型组织结构

5. **事业部型组织结构**（divisional organizational structure） 事业部型组织是以产生目标和结果为基准来进行部门的划分和组合，在集权领导下实行分权管理。优点：提高了管理的灵活性和适应性；有利于组织最高管理层摆脱日常行政事务，集中精力做好战略决策和长远规划；有利于组织专业化生产。缺点：增加了管理层次、管理人员和管理费用；各事业部之间横向联系和协调性较差；分权不当容易导致各事业部的本位主义，损害组织的整体利益。

6. **委员会型结构**（committee organizational structure） 委员会型结构是组织结构中的一种特殊形式，是一种以集体活动为主要特征的组织形式。一个结构，尤其是处在发展中的机构，有许多重要的专业计划很难指派组织中的某个单位独立负责时，多会以委员会的形式与上述的组织机构相结合，发挥咨询、合作、协调作用，由来自不同单位的专业人员、专家等组成，共同研究各种管理问题，便于沟通，以弥补正式组织中一些管理上的功能，如由护理专家、护理行政领导者组成的护理职称评审委员会、各种护理学科委员会等（图4-5）。

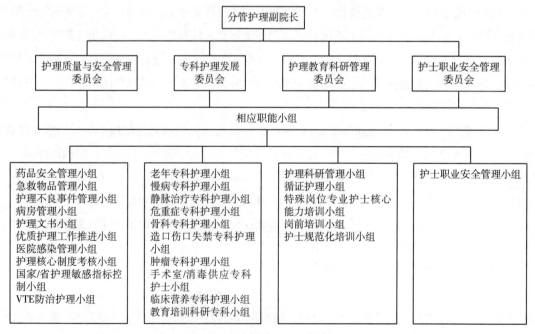

▲ 图4-5 委员会型组织结构

委员会型结构的优点：集思广益；防止个人滥用职权；决策时会充分考虑各方面的利益，有利于实现组织整体上的统一及团结；具有一定权威性；委员会的设置调动了人员参与管理的积极性，有利于动员更多的人来关心组织的发展，促进管理人员成长。缺点：责任分散，职责分离，决策成本高，易形成少数人专制等。

第二节　组织设计

组织设计是以组织结构安排为核心的组织系统的整体设计工作，是一项操作性很强的工作，它是在组织理论的指导下进行的。哈罗德·孔茨提出：组织结构的设计应该明确谁去做什么，谁要对什么结果负责，并且消除由于分工含糊不清造成的执行障碍，还要提供能反映和支持企业目标的决策和沟通网络。

一、组织设计的概念

组织设计（organization design）是指设计一套符合组织需要，能够客观反映组织运行规律，适应市场竞争需求，保障组织内部有序运转，有效发挥整体机能的组织结构体系。组织设计建立在分工与协调的基础上，涉及组织内部的财产关系、利益分配关系、领导关系、组织规模等。

二、组织设计的任务

组织设计的任务是设计清晰的组织结构，规划和设计组织中各部门的职能和职权，确定组织中直线职权、职能职权、参谋职权的活动范围并编制职务说明书。组织设计的最终结果是组织系统图、职务说明书和组织手册。组织系统图是用图形的方式表示组织内的职权关系和主要职能，其垂直形态显示权力和责任的关联体系，水平形态显示分工与部门化的结果。职务说明书主要是说明职位的名称、主要的职能、职责、履行职责的相应职权，以及与组织其他职位的关系。组织手册通常是职务说明书与组织系统图的综合。

三、组织设计的原则

1. 目标统一原则　指在建立组织结构时，要有明确的目标，并使各部门员工的目标与组织的总体目标相一致。一方面，一个组织要有明确的目标体系，这一目标体系是在对组织总目标分解的基础上建立的；另一方面，组织结构的总体框架应该建立在这一目标体系的基础之上，包括组织内部管理层次的划分，部门结构的确立，员工职责权力以及工作任务的确立等，都要服从于组织的总目标。

2. 专业化分工与协作原则　专业化分工是组织结构设计的基本原则。根据泰勒的观点，专业化分工的原则不仅适用于生产领域，而且也适用于管理活动领域。组织结构设计应贯彻专业分工和协调配合的原则。一方面要合理划分组织内部各职能部门的工作范围，分工应适应组织内外部环境的变化，切实反映组织活动的客观需求和现有条件；另一方面要明确专业分工之间的相互关系，明确上下管理层、左右管理部门之间的协调方式和控制手段，这样才有利于从组织上保证目标的实现。

3. 有效管理幅度原则　管理幅度又称管理宽度（span of management），指一个主管人员直接有效地监督、指挥、管辖其下属人员数量的限度。管理幅度原则是指组织中的主管人员直接管辖的下属人数是适当的，才能保证组织的有效运行。由于一个人的精力是有限的，也就决定了管理者管理的人数是有限的，如果超过了一定的限度，管理效率就会降低（表4-2）。一般高层管理者从事组织的战略决策与管理工作，管理幅度应小一些，管理者与被管理者之比为1:4~1:8；中层和基层管理者从事执行性管理职能较多，管理幅度可大一些，为1:8~1:15。幅度过小，会导致机构臃肿，人浮于事，造成人力资源的浪费；管理幅度过大，会造成管理者的工作量过多，容易导致工作的失控，如一个护士长能有效管理15个护士，让她管理25个护士，就会有力不从心的感觉。

▼ 表4-2　管理幅度的宽与窄的优缺点比较

优缺点	窄管理幅度	宽管理幅度
优点	严密的监控	迫使上级授权
	上下级间联络迅速	必须制订明确的政策
缺点	上级往往过多地参与下级的工作	上级负担过重
	管理的多层次	容易成为决策的"瓶颈"
	多层次引起的高费用	上级有失控的危险
	最低层与最高层间的距离过长	要求管理人员具备特殊的素质

4. 最少层次原则　管理层次（hierarchy of management）是指组织结构中纵向管理系统所划分的等级数量。每个组织都有层次结构，组织中管理层次的多少，应根据组织的任务量与组织规模的大小而定。在保证组织合理有效运转的前提下，应尽量减少管理层次。组织结构中管理层次与管理幅度成反比。一般情况下，组织越大层次越多，但从高层领导到基层领导以2~4个层次为宜。组织层次中的指令和情报必须逐层下达和上报，若层次过多，对上报和下达情况的沟通效果都是不利的。另外，层次过多，管理成本也会增加。因此，一般情况下，组织中的层次越少越好，命令路线越短越好。

5. 责权一致的原则　职权是管理职位范围内的权力。职责是担任某一职位时应履行的责任。职权是行使职责的工具，职责是岗位任务的具体化。责权一致原则是指为保证组织结构的完善和组织工作的有效进行，在组织结构的设计过程中，职位的职权和职责要对等一致。首先，要做到因事设岗、因职设岗，并明确规定每个职位、每个岗位成员的工作任务和相应的责任，以增强人们的责任感；其次，要对负有责任的组织成员授予明确的权力，做到责任到人，权力到人；最后，要使权力和责任相适应，有权无责或权大责小常会导致滥用权力，出现盲目指挥和官僚主义，权力过小会使组织成员无法尽职尽责。

6. 集权与分权相结合原则　集权是指把组织结构中的权力较多地集中在组织的较高管理层；

分权是指把组织结构中的权力适当分散到较低管理层。集权与分权相结合原则是指在组织工作中必须正确处理好集权与分权的关系，这样才能保证组织的有效运行。一方面，应认识到集权与分权是管理活动必不可少的手段，集权有利于统一指挥，提高绩效；分权有利于调动各级人员的积极性。另一方面，应认识到集权与分权是相对的。集权过度会妨碍组织成员工作的正常开展，制约人们发挥积极性；分权过度，乱派权力，则会导致管理上的失控，造成组织的混乱。因此，应把握好集权与分权的程度，集权应以不妨碍下属履行职责，有利于调动积极性为准；分权则应充分考虑下属的能力，以下级能够正常履行职责，上级对下级的管理不致失控为准。

7. 稳定性与适应性相结合原则　指要保证组织的正常运行，就必须在组织结构的稳定性与适应性之间取得平衡。组织结构若一成不变，就不能适应环境的变化；相反，经常调整组织结构，又会影响组织的正常秩序。管理者必须在稳定与动态变化之间寻求一种平衡，既保证组织结构有一定的稳定性，又使组织有一定的发展弹性和适应性。

四、组织设计的基本内容

根据组织设计要达到的目的，组织设计的基本内容包括工作设计、部门设计、层次设计、责权分配和整体协调五个部分。

1. 工作设计　工作设计就是规定组织内各个成员的工作范围，明确其工作内容和工作责权。工作设计可以通过编制职务说明书的具体形式来实现，职务说明书用文字或者表格具体说明每一个工作职务的工作任务、职责与权限，尤其是与其他部门、其他职务的关系。其基本内容包括工作描述和任职说明。工作描述一般用来表达工作内容、任务、职责、环境等；任职说明则用来表达任职者所需的资格要求，如技能、学历、训练、经验、体能等。随着组织规模的不断扩大，工作专业化成为工作设计的一个主要趋势，这就意味着原来由一个人完成的工作，可能细分为由多个人分工完成其中的一部分。工作专业化易于提高人们的工作熟练程度，大幅度地提高劳动生产率；但过细的工作专业化也使人逐渐减少工作热情，进而产生厌烦情绪。因此，工作设计在考虑工作专业化时必须适度，才既能发挥专业分工的优势，又尽可能避免其不足。

2. 部门设计　在选择和设计好整个组织活动过程的各种工作岗位的基础上，就需要将这些工作岗位构成相应的工作单位和部门。部门设计就是根据组织职能相似、活动相似和关系紧密的原则，按各个工作岗位的特征对它们进行分类，然后将相应职务的人员聚集在一个部门内，从而构成组织的各个内部机构，以便进行有效管理。这个过程也称为组织的部门化。部门设计的基本方式包括：① 产品部门化，即按照产品或服务的要求对企业的活动进行分组；② 顾客部门化，即根据目标顾客的不同利益需求来划分组织的业务活动；③ 地理位置部门化，即按照地理位置的分散程度划分企业的业务活动，继而设置管理部门管理其业务活动；④ 职能部门化，是一种传统而基本的组织形式，它是以同类性质业务为划分基础的，在组织中广为采用；⑤ 生产过程部门化，即根据流程划分，多见于加工流程型的生产组织，这种划分所形成的部门专业程度高，生产效率也高，常用于组织大批产品的加工制造；⑥ 混合部门化，是综合以上各种划分方法而成的一种划分方法，一般被用于大规模的企业组织中。

3. 层次设计 在岗位设计和划分部门的基础上，必须根据组织内外部能够获取的人力资源状况，对各个职务和部门进行综合平衡，同时要根据每项工作的性质和内容，确定管理层次和管理幅度，使组织形成一个严密有序的系统。一个组织中，其管理层次的多少，一般是根据组织工作量的大小和组织规模的大小来确定的，同时与管理幅度密切相关。管理幅度越宽，层次越少，其管理组织结构的形式呈扁平形。相反，管理幅度越窄，管理层次就越多，其管理组织结构的形式呈高层形。工作量较大且组织规模较大的组织，其管理层次可多些。一般来说，管理层次可分为上层、中层和下层三个层次。上层的主要职能是从整体利益出发，对组织实行统一指挥和综合管理，制订组织目标、大政方针和实施目标的计划。中层的主要职能是制订并实施各部门具体的管理目标，拟定和选择计划的实施方案、步骤和程序，按部门分配资源，协调各部门之间的关系，评价生产经营成果和制订纠正偏离目标的措施等。下层的主要职能是按照规定的计划和程序，协调基层组织的各项工作和实施生产作业。

4. 责权分配 责权分配就是通过有效的方式将职责与职权分配到各个层次、各个部门和各个岗位，使整个组织形成一个责任与权力有机统一的整体。责权分配的关键问题是通过规范组织中的授权程序，正确处理集权与分权的关系，既保证部门有充分的权力，又尽可能避免权力被滥用或越权行事。职权是指由组织制度正式确定的，与一定管理职位相联系的决策、指挥、分配资源和进行奖惩的权力。职责则是指与职权相应的完成工作所承担的责任。组织中任何一个职位都必须权责相连，拥有职权但不承担责任是产生"瞎指挥"的根源。集权与分权是组织设计中的两种相反方向的权力分配方式。集权是指决策权在组织系统中较高层次的一定程度的集中；与此相对应，分权是指决策权在组织系统中较低管理层次一定程度上的分散。集权和分权只是相对的概念，在现实社会中，不同的组织可能是集权的成分多一点，也可能是分权的成分多一点，绝对的集权和绝对的分权实际上是不存在的。

5. 整体协调 层次设计和责权分配确定了组织内部各个部门之间的从上到下的纵向关系，但作为一个整体，组织要实现其既定目标，必须要求各部门在工作过程中形成共同协作的横向关系。这就需要在组织设计时必须考虑如何通过一定的方式，形成一种有效的组织内部协调机制，使各部门的工作能够达到整体化与同步化的要求。

五、组织设计的程序

1. 确立组织目标 组织目标是组织设计的基本出发点，因此，组织设计的第一步，就是要在综合分析组织外部环境和内部条件的基础上，合理确定组织的总目标及各种具体的派生目标。通过收集及分析资料，进行设计前的评估，以确定组织目标。资料包括：① 同类组织的结构形式、经营管理思想和人员配备等方面的资料，如护理组织设计时，学习、借鉴同类医院的护理组织结构形式、管理思想和人员配备等资料；② 外部环境的各种资料；③ 组织内部状况，如现有组织资源、规模、形式、运行状况及存在的问题。通过资料的收集及分析，以确定组织的发展趋向及基本组织结构框架。

2. 确定业务内容 根据组织目标的要求来确定为实现这些目标所必须进行的业务管理项目，

并按照项目的性质进行适当的分类。例如，医院护理任务可按一级学科（内、外、妇、儿等）及二级学科（心血管、消化、呼吸、内分泌等）划分成不同病区，护理工作依次分派到群体或个人。

3. 确定组织结构 要根据业务工作量的范围来确定组织的规模、组织的部门设置、组织的层次结构等。例如，护理组织结构设计时可根据医院规模大小，设立护理部主任、科护士长、护士长三级管理体制或总护士长、护士长二级管理体制。

4. 配备职务人员 根据业务工作的要求与所设置的组织机构，挑选与配备称职的人员及其行政负责人，并明确其职务与职称。

5. 规定职责权限 根据组织目标的要求，明确规定各层次、各部门以及每一职位对工作应负的责任及评价工作成绩的标准。同时，还要根据工作的实际需要，授予各单位和部门及其负责人适当的权利。

6. 联成一体 这是组织设计的最后一步，即通过明确规定各单位、各部门之间的相互关系，以及它们之间的信息沟通和相互协调方面的原则和方法，把各组织实体上下左右连接起来，形成一个能够协调运作、有效地实现组织目标的管理组织系统。

第三节　医疗卫生组织

我国的医疗卫生组织是贯彻实施国家的卫生工作方针政策，领导全国和地方卫生工作，制定具体政策，组织卫生专业人员，运用医药卫生科学技术，推行卫生工作的专业组织。是实现卫生工作目标的组织保证。

一、卫生组织的分类和功能

（一）卫生组织的分类

我国卫生组织系统是以行政体制建立为基础，在不同行政地区设置不同层次规模、大小不一的卫生组织（图4-6）。每个层次的卫生组织都是按医疗、预防、保健、教育和科研等主要职能配置的。按其性质和职能大致可分为三类：卫生行政组织、卫生事业组织和群众性卫生组织。

1. 卫生行政组织 从中央、省（自治区、直辖市）、省辖市、县（市、省辖市所辖区）直到乡镇各级人民政府均设有卫生行政机构。中央、省、市、自治区、直辖市设有各级卫生健康委员会，县、区设卫生局（科），在乡或城市街道办事处设卫生专职干部，负责所辖地区的卫生工作。

2. 卫生事业组织 卫生事业组织是具体开展卫生业务工作的专业机构。按照工作性质可以分为医疗预防机构，卫生防疫机构，妇幼保健机构；有关药品、生物制品、卫生材料的生产、供销及管理、检测机构，医学教育机构和医学研究机构。

3. 群众性卫生组织 群众性卫生组织是由专业或非专业人员在行政部门的领导下，按照不同任务所设置的机构。可以分为由国家机关和人民团体的代表组成的群众卫生组织、由卫生专业人员组成的学术性团体、由广大群众卫生积极分子组成的基层群众卫生组织三类。

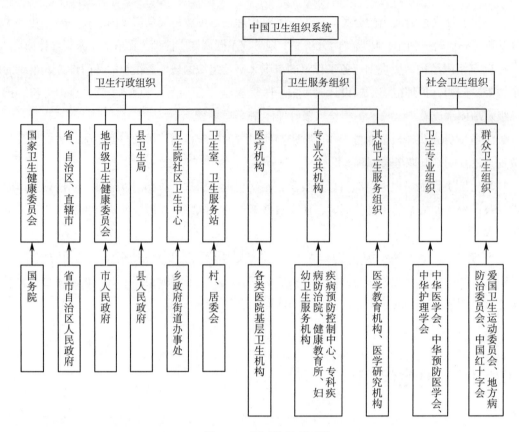

▲ 图4-6　卫生部门组织系统

（二）卫生组织的功能

1. 卫生行政组织　是贯彻执行党和政府的卫生工作方针政策，领导全国和地方卫生工作，制订卫生事业发展规划，制定医药卫生法规和督促检查的机构系统。

2. 卫生事业组织

（1）医疗预防机构：医疗预防机构是以承担治疗疾病任务为主的业务组织，是分布最广、任务最重、卫生人员最多的卫生组织。包括综合医院、专科医院、医疗保健所、门诊部、疗养院等。

（2）卫生防疫机构：卫生防疫机构是承担预防疾病任务为主的业务组织，防治疾病，并对危害人群健康的影响因素进行监测、监督。包括各级疾病与预防控制中心，寄生虫病、地方病、职业病防治机构及国家卫生检疫机构。

（3）妇幼保健机构：妇幼保健机构承担保护妇女儿童健康的任务，包括妇幼保健院（站、所）、产科医院、儿童医院等。

（4）有关药品、生物制品、卫生材料的生产、供销及管理、检测机构：主要承担并保证国家用药任务和用药安全。

（5）医学教育机构：医学教育机构由高等医学院校、中等卫生学校及卫生进修学院（校）等组成，是培养和输送各级、各类卫生人员，对在职人员进行专业培训的专业组织。

（6）医学研究机构：这类组织的主要任务是推动医学科学和人民卫生事业的发展，为我国的医学科学的发展奠定基础，包括中国医学科学院、中国预防医学科学院等。此外，各省、市、自治区、直辖市有医学科学院的分院及各种研究所，医学院校及其他卫生机构也有附属医学研究所（室）。

3. 群众性卫生组织

（1）由国家机关和人民团体的代表组成的团体。主要任务是协调有关方面的力量，推进卫生防病的群众性卫生组织，如爱国卫生运动委员会。

（2）由卫生专业人员组成的学术性团体，包括中华医学会、中华护理学会等。这类组织的主要任务是组织会员学习，开展学术活动，提高医药卫生技术，交流工作经验，对提高学术水平尤为重要。

（3）由广大群众卫生积极分子组成的基层群众卫生组织，主要任务是发动群众开展卫生工作，宣传卫生知识，组织自救互救活动，开展社会服务活动和福利救济工作等为主要活动内容。

二、我国医院组织系统

国务院办公厅于2015年3月颁发的《全国医疗卫生服务体系规划纲要（2015—2020年）》提出，我国医疗卫生服务体系机构设置主要包括医院、基层医疗卫生机构和专业公共卫生机构等（图4-7）。

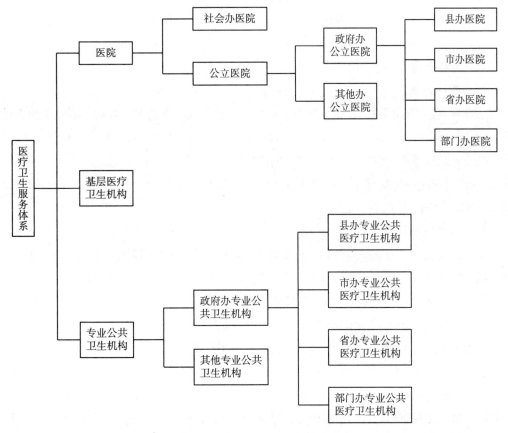

▲ 图4-7　医疗卫生服务体系

医院分为公立医院和社会办医院。其中，公立医院分为政府办医院（根据功能定位主要划分为县办医院、市办医院、省办医院、部门办医院）和其他公立医院（主要包括军队医院、国有和集体企事业单位等举办的医院）。县级以下为基层医疗卫生机构，分为公立和社会办两类。专业公共卫生机构分为政府办专业公共卫生机构和其他专业公共卫生机构（主要包括国有和集体企事业单位等举办的专业公共卫生机构）。根据属地层级的不同，政府办专业公共卫生机构划分为县办、市办、省办及部门办四类。

医院是对个人或特定人群进行防病治病的场所，备有一定数量的病床设施、医疗设备和医务人员等，是运用医学科学理论和技术，通过医务人员的集体协作，对住院或门诊患者实施诊治与护理的医疗事业机构。国家卫生健康委员会颁发的《全国医院工作条例》指出：医院是治病防病、保障人民健康的社会主义卫生事业单位，必须贯彻党和国家的卫生工作方针政策，遵守政府法令，为社会主义现代化建设服务。医院属于第三产业，是公益的福利事业。

（一）医院的分类

根据不同划分标准，可将医院划分为不同类型。

1. 按收治范围划分

（1）综合医院：是指设有一定数量的病床，分内、外、妇产、儿等各专科及药剂、检验、影像等医技部门和相应人员、设备的医疗服务机构。

（2）专科医院：是指为防治专科疾病而设置的医院。如传染病医院、结核病医院、精神卫生中心、肿瘤医院、口腔医院等。设置专科医院有利于集中人力、物力、财力，充分发挥技术设备优势，开展专科疾病的预防、治疗、护理。

2. 按经营目的划分

（1）非营利性医疗机构：是指为社会公众利益而设立和运营的医疗机构，不以营利为目的，其收入用于弥补医疗服务成本，实际运营中的收支结余不能用于投资者的回报，只能用于自身的发展，如改善医疗条件、引进技术、开展新的医疗服务项目等。

（2）营利性医疗机构：是指医疗服务所得收益可用于投资者经济回报的医疗机构。其医疗服务项目和价格依法由市场进行调节。

3. 按分级管理划分

（1）一级医院：是指直接向具有一定人口（≤10万）的社区提供医疗、护理、预防保健和康复服务的基层医疗卫生机构，其中又分为甲、乙、丙三等。一级医院是提供初级卫生保健的主要机构，如乡镇卫生院、地市级的区医院和某些企事业单位的职工医院。

（2）二级医院：是指向多个社区（人口在10万以上）提供连续的医疗、护理、预防保健和康复服务的卫生机构，能与医疗相结合开展教学科研工作及指导基层卫生机构开展工作，其中又分为甲、乙、丙三等，如一般的市、县医院和直辖市的区医院。

（3）三级医院：是指国家高层次的医疗卫生服务机构，是省（自治区、直辖市）或全国的医疗、预防、教学和科研相结合的技术中心，提供全面连续的医疗、护理、预防保健、康复服务和高水平的专科服务，并指导一、二级医院的业务工作和相互合作，其中又分为特、甲、乙、丙四等。如省、市级大医院和医学院校的附属医院。

（二）医院的组织机构

医院的组织机构分为医院的行政管理组织机构和医院的业务组织机构两大类。一级医院（图4-8）、二级医院（图4-9）和三级医院（图4-10）在机构设置的规模上有所不同。根据医院各组织中的不同职能作用，医院的组织系统分为：

1. **党群组织系统**　包括党组织书记、党委办公室、工会、共青团、妇女、宣传、统战、纪检、监察等部门。

2. **行政管理组织系统**　包括院长、院长办公室、医务、科教、人事、护理、设备、信息、财务、总务、基建、门诊等部门。

3. **临床业务组织系统**　包括内、外、妇、儿、口腔、皮肤、麻醉、中医、传染等临床业务科室。

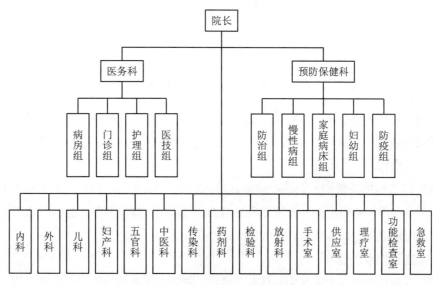

▲ 图4-8　一级医院的业务组织机构

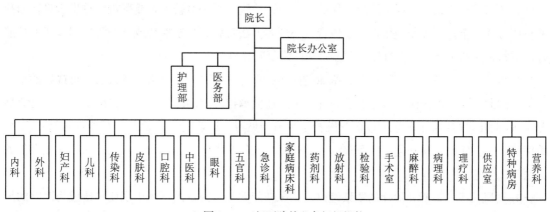

▲ 图4-9　二级医院的业务组织机构

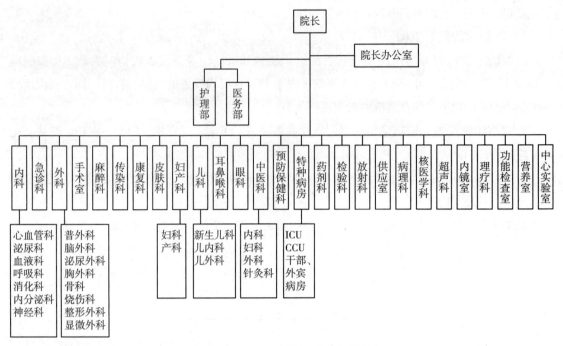

▲ 图4-10 三级医院的业务组织结构

4. 护理组织系统 包括病房、急诊、供应室、手术室及有关医技科室的护理岗位。

5. 医技组织系统 包括药剂、检验、放射、病理、理疗、超声、心电图、同位素、中心实验室等部门。

在大型医院的组织系统中，为进一步做好协调和联系各部门的工作，也可增设某些管理系统，如专家委员会等智囊团组织，为领导决策提供参谋作用，或协调各职能部门的工作。这些组织机构可采取兼职或相应机构兼容，以达到精简增效的原则。

（三）医院的基本功能

1. 医疗 是医院的主要功能和中心任务。诊疗、护理两大业务为医疗工作的主体，并和医院的医技及其他辅助科室协作配合形成医疗整体。医院医疗一般分为门诊医疗、住院医疗、康复医疗和急救医疗。门诊、急诊是医疗工作的第一线，住院医疗是对较复杂或疑难危重患者进行诊疗的重要方式。康复医疗是利用理疗或体育、心理等方法对患者由于疾病或外伤等原因造成的功能障碍进行诊治和调节，以促进体能和器官功能恢复到良好状态。

2. 教学 临床医学是实践医学，临床技能实践训练是培养一个合格医务人员不可或缺的重要环节。因此，除了承担医疗服务的任务外，医院还应承担一定的教学任务。按医学教育的对象划分，医院的医学教育可分为：① 医学院校学生临床见习与毕业实习；② 毕业后继续教育；③ 继续医学教育。任何层次和类型的医院，医学教育均是其基本任务之一，但各医院的医学教育任务占医院工作的比重不同。

3. 科研 疾病诊断和治疗的复杂性以及临床新问题、新困难的不断出现使科研成为医院的另一项重要任务。医学的许多课题，首先是在临床实践中提出，又通过临床观察和实践得以完成，并以此来实现医疗质量的提高和医疗技术的发展。

4. 预防和社区卫生服务 随着医学模式的转变，加强预防保健功能和社区卫生服务工作已成为医院发展的新方向。医院应进一步扩大工作的内涵和外延，在指导基层开展医疗工作的同时，向社区提供全面的医疗卫生保健服务，积极开展健康教育、疾病普查、妇幼保健指导等工作。

三、我国护理组织系统

（一）各级卫生行政组织中的护理管理机构

我国主管全国卫生工作的行政组织是中华人民共和国国家卫生健康委员会，该组织是国务院组成部门，贯彻落实党中央关于卫生健康工作的方针政策和决策部署，在履行职责过程中坚持和加强党对卫生健康工作的集中统一领导。国家卫生健康委员会内设21个机构，其中医政司下设护理与康复处，是国家卫生健康委员会主管护理工作的职能机构，负责为全国城乡医疗机构制定有关护理工作的政策法规、人员编制、规划、管理条例、工作制度、职责和技术质量标准等；配合教育人事部门对护理教育、人事等进行管理。

各省、市、自治区、直辖市政府卫生健康委员会均有一名厅长分管医疗和护理工作。除个别省（市）外，地（市）以上卫生健康委员会普遍在医政处（科）配备一名主管护师或以上技术职称人员全面负责本地区的护理管理工作（图4-11）。

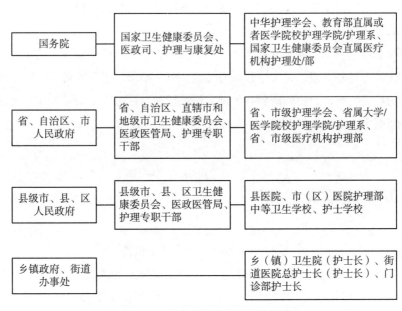

▲ 图4-11　我国护理管理组织结构模式

（二）医院护理管理组织系统

目前，我国医院均建有独立完善的护理管理体系，卫生部于1986年发布的《关于加强护理工作领导，理顺管理体制的意见》中提出：县和县以上医院都要设护理部，实行院长领导下的护理部主任负责制。护理管理层级设置主要有以下两种：三级医院实行院长（副院长）领导下的护理部主任-科护士长-病房护士长三级负责制。二级医院可实行三级负责制，或在医疗院长（副院长）领导下的护理部主任（总护士长）-病房护士长二级负责制。

护理部主任或总护士长由院长聘任，副主任由主任提名，院长聘任。护理部的职权范围是负责全院护理人员的培训、院内调配、考核、奖惩等。护士的调出、调入、晋升、提级、任免及护校毕业生的院内分配，均由护理部提出意见，会同人事部门决定。科护士长由护理部主任聘任，在护理部主任领导和科主任业务指导与配合下全面负责本科的护理管理，有权在本科范围内调配护理人员。病房护士长由护理部主任聘任，在科护士长领导下，和病房主治医师共同配合做好病房管理工作。

（三）医院护理部的作用

护理管理是提高医院医疗质量和实现医疗工作目标的关键之一。护理部发挥作用主要体现在以下几个方面：

1. 护理部在医院管理中的作用　护理部是医院管理中的职能部门，与行政、医务、教学、科研、后勤管理等职能部门并列，相互配合，共同完成医院各项任务。护理部应加强对与护理工作相关的人力、财力、物力、技术、信息等资源的管理，保障完成护理工作任务，不断提高护理质量，协调护理工作和医院其他工作。

2. 护理部在护理工作中的作用　护理部制订与医院发展目标相符合的护理工作制度和标准，通过护理服务及管理的制度化、标准化、规范化、程序化、系统化建设，保障配合医生完成诊疗任务，同时完成对患者的整体护理。

3. 护理部在教学、科研、预防保健工作中的作用　护理部负责护理专业的本科、大专、中专护理学生的临床实习计划、组织、实施和检查考核。引领临床护士开展科学研究，通过科研促进临床护理质量的提高。此外，护理部领导护理人员积极参与社区卫生服务工作，为社区人群提供预防、保健护理服务，拓展医院护理的工作领域。

第四节　护理组织文化

知识链接 ┃ 　　　　　　**发扬南山风格，传承抗疫精神**

　　　　己亥岁末，庚子年初，新冠肺炎突袭大江南北。中华大地上一场没有硝烟的战"疫"悄然打响。武汉告急！湖北告急！中国告急！"生命重于泰山。疫情就是命令，防控就是责任。"在以习近平同志为核心的党中央坚强领导下，举国上下同时间赛跑、与病魔较量，一场力度空前的疫情防控阻击战全面打响。广州医科大学附属第一医院，作为一家有着红色基因的百年老院，始终坚守着"全心全意为人民健康服务"的初心，在钟南山院士的带领下，奔赴国内外多个战场。在武汉封城的76日、1 800个小时中，他们先后派出三支医疗队共16人驰援武汉；在广州大本营，他们主动参战，先后派出两批共31名医护人员组成"尖刀连"支援市第八医院；在本院主战场，3 000余名职工放弃休假，坚守岗位，连续奋战125日，直到最后一位新冠肺炎危重症患者顺利"脱冠"。

一如17年前抗击严重呼吸综合征（SARS）那样，他们再次担负起救治最危重患者的责任，冲锋在前，啃硬骨、打硬仗，充分发扬"奉献、开拓、钻研、合群"的南山风格，传承"临危不惧，实事求是，无私奉献"的精神，用实际行动将"仁爱为本，精诚为强"的医院精神书写在抗疫的"战场"上。

广州医科大学附属第一医院作为一家百年老院，注重医院文化建设，通过设置战"疫"主题展馆、抗疫墙等，贯彻落实全心全意为人民健康服务的宗旨，把临危不惧、实事求是、无私奉献的精神一代代传承下去。

组织文化是组织的自我意识所构成的精神文化体系。组织文化是整个社会文化的重要组成部分，既具有社会文化和民族文化的共同属性，也具有组织的不同特点。组织文化的核心是组织价值观，组织文化的中心是以人为主体的人本文化。

一、组织文化概述

虽然文化研究在人类学中有着悠久的历史，但组织文化这一概念的出现却并不久远。并且，这一概念最先产生于企业管理中，由于它在企业管理中的效果显著，后来才逐步被其他社会组织所借鉴。组织文化建设是现代组织管理的重要内容。

（一）组织文化的概念

组织文化（organizational culture）是组织在长期的运营过程中所形成的价值观、群体意识、工作作风和行为准则的总和。组织文化强烈地影响组织成员的态度和行为，也影响到计划、组织、用人、领导和控制等各个管理职能的实施方式。组织文化使组织独具特色，区别于其他组织，在较长的一段时间里处于比较稳定的状态。

组织文化有广义和狭义之分，广义的组织文化包括物质文化和精神文化，也可称为硬文化和软文化。硬文化的主体是物，是指组织的物质状态、技术水平和效益水平等。软文化的主体是人，是组织在其发展过程中形成的具有自身特色的思想、意识、观念等意识形态和行为模式，以及与之相适应的组织结构和制度。狭义的组织文化是指组织所创造的精神财富，包括传统、价值观、习惯、作风、精神、道德规范、行为准则等。它反映和代表了该组织成员的整体精神、共同的价值标准、合乎时代要求的道德规范和追求发展的文化素质。

（二）组织文化的功能

组织文化不仅强化了传统管理的一些功能，而且增加了很多传统管理不能完全替代的功能。

1. 导向功能　组织文化的导向功能主要表现为组织价值观念对组织主体行为即对组织领导人和广大员工行为的引导。由于组织价值观是组织多数人的"共识"，能够引导和塑造员工的态度和行为，规范成员的日常生活与群体目标行为一致。通过"文化优势"创建一些群体规范或行为准则，组织文化把整体及每个员工的价值观和行为引向组织目标。

2. 约束功能　组织文化的约束功能表现在组织文化对每个员工的思想、心理和行为具有约束和规范的作用。组织中的组织文化氛围、群体行为准则和道德规范要求组织成员不仅注重自我利益、个人目标，更要考虑到组织利益、群体目标，组织文化利用人们的从众和服从心理促进成员的自我控制。

3. 凝聚功能　组织文化的凝聚功能表现在组织文化所体现的"群体意识"，能把员工的追求和组织的追求紧紧联系在一起。组织文化表达了成员对组织的认同感，是群体共同的价值体系，有助于提高成员的吸引力和向心力，对成员有内聚作用，保证组织的稳定性。因此，组织文化比组织外在的硬性管理方法本能地具有一种内在凝聚力和感召力，使每个员工产生浓厚的归属感、荣誉感和目标服从感。

4. 激励功能　组织文化的激励功能主要表现在组织文化强调信任、尊重、理解每一个人，能够最大限度地激发员工的积极性和首创精神。积极的组织文化强调尊重每一个人、相信每一个人，人的自身价值受到重视，人格得到组织尊重和信任，就会激发工作的热情，激励成员自信自强、团结进取，调动成员的积极性、创造性，提高工作效率。

5. 辐射功能　组织文化的辐射功能主要表现在组织文化一旦形成较为固定的模式，不仅对本组织员工产生影响，也会通过多种渠道对社会产生影响。组织文化的传播有助于组织在社会公众中塑造良好的形象，提高组织的知名度和声誉，引发全社会的尊重与支持，发挥组织文化的社会影响作用。

（三）组织文化的分类

目前，理论界根据不同的标准和用途，对组织文化有着不同的划分方法，最常见的划分方法有以下几种：

（1）按照组织文化的内在特征，分为学院型、俱乐部型、棒球队型和堡垒型四种类型。

（2）按照组织文化所涵盖的范围，分为主文化和亚文化两种。

（3）按照组织文化对其成员影响力的大小，分为强文化和弱文化两种。

（4）根据组织文化与战略和环境之间的匹配，分为适应型文化、使命型文化、小团体式文化和官僚制文化等。

（四）组织文化的结构

文化是各种行为方式和思考方式的整体，包括物质文化、社会文化和精神文化。组织文化也是一种文化，有其特有的结构。当前组织文化的结构划分有多种观点，这里把组织文化划分为3个层次，即表层文化、中层文化、深层文化。

1. 表层文化　这是组织中的物化文化，是现代组织文化结构中最表层的部分，人们可以直接感知和把握从中折射出来的精神、价值观念、思想意识。表层文化主要有组织的工作场所、办公设备、建筑设计、布局造型、社区环境以及生活环境等。

2. 中层文化　这是由组织制度文化、管理文化和生活文化组成的。制度文化又表现为组织的规章制度、组织机构以及在运行过程中的交往方式、行为准则等。管理文化表现为组织的管理机制、管理手段和管理风格与特色。生活文化表现为组织成员的娱乐活动及成员的各种教育培训。可以说中层文化是组织及其成员的一切行为方式所表现出来的精神状态和思想意识。

3. 深层文化　这是一种观念文化，是全体组织成员共同信守的基本信念、价值标准、道德规范等的总和。深层文化是组织文化的核心和灵魂。

二、护理组织文化概述

从弗洛伦斯·南丁格尔创建护理学到现在，护理组织文化在不断地发展完善。现代护理已经不是单纯护理某些疾病，而是进入了以生物－心理－社会医学模式为指导思想的整体护理模式，并由此产生了许多新的护理组织文化理论。护理组织文化的提升，进一步拓展了护理工作的范畴和深度，弘扬了护理的美德。护理组织文化内在特定的导向作用、激励作用、凝聚作用、约束作用和辐射作用，大大提高了护理管理绩效。因此，创建护理组织文化并做好管理工作非常重要。

（一）护理组织文化的概念

护理组织文化是指在长期的护理活动过程中所形成的，并为全体护理人员共同遵守和奉行的思想意识、道德、信仰、情感、价值观和行为准则。

广义的护理组织文化包括物质文化、行为文化、制度文化和意识文化。狭义的护理组织文化主要是指行为文化和意识文化。物质文化是指存在于医院的建筑物、自然环境、设备仪器以及保障护理服务的一些物质条件及护理技术中的文化。行为文化是护理人员在履行各自职责过程中产生的动态文化，集中反映人的觉悟、素质和教养。制度文化是约束护理群体行为和活动规范的总和。护理制度是医院文化建设的一个组成部分，它是护理哲学观、价值观、行为准则及科学管理的反映。护理制度文化是发挥护理组织文化约束功能的一个重要内容。意识文化又称精神文化，它是护理组织文化的内涵和核心，是对护理人员行为具有导向、激励和凝聚功能的无形文化，主要表现在价值观、道德观念、政治观念、人生观念、思维方式、行为方式、生活方式和社会情趣等。意识文化集中反映护理人员思想活动、社会心态、工作态度、精神面貌以及对护理事业的发展和对未来所持有的希望和理想，进而成为精神支柱和活力源泉。

（二）护理组织文化的形式

1. 护理组织环境　包括内环境和外环境。内环境是护理组织的工作环境和人际关系环境。任何一所医院首先要提供一个安全、健康、文明的环境，使护理人员的工作和生活得到良好的保证。同时，也应从有利于患者休养康复这一点出发，充分考虑到患者的特殊心理需要，从病房建筑的外观设计、园林绿化到病房设备、设施的完善等都要进行精心策划，职工服饰要按照医院的文化价值来装饰，体现护理工作以患者为中心的理念，给患者以信任感，减少他们的惧怕心理，增强抵抗疾病的能力。外环境是指医院所处的社会经济、文化、政治环境。

2. 护理组织目标　是指一个组织未来一段时间内要实现的目的，它是管理者和组织中一切成员的行动指南，是组织决策、效率评价、协调和考核的基本依据。护理组织目标是护理服务的最佳效益和护理组织文化的期望结果。如医院将中医护理组织文化融入创建优质护理服务工作中，以期达到帮助护士更新观念，树立新的为患者服务理念，将祖国医学精神文化之瑰宝得以传承、发扬，使中华民族优秀传统文化与当今优质护理服务有机结合的目的。

3. 护理组织制度　是组织中全体成员必须遵守的行为准则，它包括组织机构的各种章程、条例、守则、规程、程序、办法、标准等。护理组织制度是医院文化建设的一个重要组成部分，是对护理工作的内容、程序和方法进行的科学化、规范化、经常化管理，是现代化护理管理的基础。如在病区根据患者症状的特点和中医"八纲辨证"的理论进行环境管理，根据中医"天人合一"的理论进行作息制度管理。

4. 护理组织理念　是护理组织在提供护理服务的过程中形成和信奉的基本哲理，是护理组织文化的重要内容，它决定了护理组织文化的价值取向和护理人员的奋斗目标。护理组织理念与护理组织精神极为相似，后者主要是护理人员对护理组织发展方向、命运、未来趋势所拥有的理想和希望，也是对护理组织前途的一种寄托。

5. 护理组织形象　是社会公众和内部护理人员对护理组织的整体印象和总体评价，是护理服务质量、人员素质、技术水平、公共关系等在社会上和患者心目中的总体印象。护士自身的形象、技能培训、护理实施安全等因素，是全体护理人员在履行各自职责过程中产生的动态文化。

6. 护理组织的价值观　是一种以组织为主体的价值取向，是指组织对其内外环境的总体评价和总体看法。护理组织的价值观是护理组织为实现组织目标而形成的基本信念和行为准则。例如，中医文化是由儒家以"仁"为核心的中国文化衍生的仁爱文化。以仁爱救人是中医护理组织文化的重要原则，其组织价值观就是救死扶伤、治病救人。

三、护理组织文化建设

1. 护理组织文化创建的原则

（1）目标原则：每个护理组织都要有一个明确的、鼓舞人心的发展目标，如创建优质护理示范单位。要把组织的宣传、文化活动同目标紧密联系在一起，使护理人员感到方向明确、工作有劲，获得心理满足，为自己能给组织作出贡献而感到自豪。

（2）价值观念原则：护理组织文化建设要有目的、有意识地把护理人员的行为规范到组织共同的价值观念与理想追求上来。如大力宣传"以患者为中心，提供优质护理服务"的医院理想和价值观，并制订与之相适应的护理人员行为规范。

（3）合力原则：护理组织文化建设要促进护理人员相互信任，密切管理者和被管理者的关系，减少对立与矛盾，使全体成员形成合力，成为团结战斗的集体。

（4）参与原则：护理组织文化建设要注意培养护理人员参与护理管理的意识。让护理人员参与管理，可以调动其积极性，激励积极进取的精神，树立主人翁的责任感，促进组织文化建设的整体开展。

2. 创建护理组织文化的措施

（1）创建护理组织文化环境，培育群体文化氛围：护理组织文化必须以文化环境为载体来影响人的主观意识，制约人的行为举止，培育人的思想观念。文化环境建设包括美化院内环境、创建"四化"医院（即建筑环境园艺化、病房宾馆化、服务人性化、管理规范化）和提供人性化服务环境（包括人文性、尊重性、礼仪性、关爱性、责任性等）。护理组织文化建设要体现护理特色，根据患者不同的文化背景和需求为他们提供从入院到出院全面的个体化的护理服务。创造服务功能环境，通过精心设计创意，使检查、治疗、住院位置相对合理，道路、标识、导医等细致明确。护理工作程序及内容公开明白，使护理环境与周围环境协调一致，让患者进入医疗区域就能领略到浓郁的护理组织文化气息。

（2）寻找护理组织文化载体，培育护理组织文化修养：护理组织文化建设中的管理哲学、护理质量、护理精神、护理目标、护理道德，乃至于医院护理规章制度、护理组织徽章等都可以用文字、活动等载体表示出来，其目的是指导和规范全体护理人员的思想和行为。

1）拓展护理组织文化思路，规范护理服务行为：医院的服务对象是患者，服务的宗旨是顺应生物–心理–社会医学模式的转变，一切以患者的健康为中心。在护理服务中，必须规范护理行为，倡导温馨服务，营造护理组织文化氛围，突出人文关怀。注重护理服务艺术，重视患者的需求，了解患者对医院护理服务现状及制度的认可程度，尊重患者的权益，加强与患者的沟通，做好健康指导，提高护理的服务品质，不断倡导、扩展和完善护理服务文化。

2）积极开展形式多样、内容丰富的文化活动：精神文明、物质文明和政治文明程度的提高，促进了护理人员对文化艺术修养的需要。根据护理人员不同阶段的文化需求，适时组织举办各种活动，常变常新。在护理队伍中倡导学知识、比技术、讲素质、争一流的风气，同时注重活跃护士的文化生活，陶冶文化情操，使多数护理人员产生一种不由自主的精神使命上的认同，有共同的归属感和价值观，能自觉地把个人的命运与全局的利益融为一体。增强团队精神和集体荣誉感，增强凝聚力，调动工作热情，通过举办各种活动，创造高效、和谐的工作节奏，灵活有序的内部结构和优美、多样的审美心态，以提高护士的文化修养。

3）加强护理队伍建设，重视护理人员素质的提高：文化素养和素质要靠后天培养，只有高文化素质的人，才有可能培养成高层次的护理人才。对一个人来说，文化是事业成功的重要基础，护理组织文化是职业美德，是文化、艺术、职业的综合形象及服务理念的内涵。要通过各种形式的教育、学术活动、各种培训以及学术交流等，挖掘护理人员的文化潜力，提高护理人员的整体素质，更好地为人民健康服务。

（3）注重职业道德规范，培植丰润文化沃土：社会主义医学道德规范，是医务人员在医学活动中的道德行为规范和道德关系的普遍规律的反应，是社会对医学工作者行为基本要求的概括，是医学道德理论变为医学道德实践的中介环节，是护理组织文化氛围中发挥作用的主要思想工具。因此，要引导广大护理人员自觉执行社会主义医学道德规范，培养高尚的职业道德品质，注重职业道德修养，以文化道德观和社会主义精神文明的要求来规范自己的言行，关爱生命，以德兴护，依法治护，从而实现"救死扶伤，实行革命人道主义"的崇高宗旨。

（4）发展多元文化护理，满足服务对象需求：多元文化是指世界上多种民族各自具有的不同文化。我国是著名的文明古国，具有五千多年的历史和优秀的传统文化，对我国的护理文化有着广泛而深远的影响。改革开放以来，国际交流与合作日趋活跃，国外大量的人员进入我国进行投资、经商、旅游、留学、访问、考察、学术交流等，使护理工作的国际化发展趋势以及跨国护理援助和护理合作日益增多，增加了对多元文化护理和跨文化护理的需求。研究并建立多元文化护理的基本理论，拓展传统护理服务领域，帮助护士拓宽思路，以全球多元文化的观点，研究和指导多元文化护理，实施人本护理与个性护理，以适应社会和经济发展的需求是广大护理工作者以及护理教育者所面临的任务，也是现代社会条件下护理工作发展的必然趋势。

3. 护理组织文化创建应注意的问题

（1）可接受性和可操作性：可接受性是指护理组织文化应当被护理管理者和护理人员了解、认同和接受。尤其是在制度文化和精神文化建设中，要对文化建设的理论作更深入的宣传、发动、探索和研究，引导护理人员从文化角度研究护理组织，增进管理人员和护理人员的认同感。从现实情况看，不少人都能认识到文化建设的必要性，但涉及实践就感到很棘手和惘然，这就是要注意可操作性问题，应以护理精神为重点，循序渐进地进行，逐步创造出自身的护理组织文化体系。

（2）管理者与护理人员的共同参与：护理组织文化涉及每一个护理人员，必须有广大护理人员的参与。组织文化作为一种新的管理理论更需要护理管理者的重视，通过管理者做好文化建设的协调工作。组织文化同时需要管理者来设计并创建，管理者有什么样的品质和人格，组织就有什么样的文化。管理者是组织文化的领导者、传播者、驾驭者。

（3）要同步提高护理人员的素质：文化的主体是人。抓住护理人员的素质培养与提高，才是护理组织文化建设和发展的根本。护理组织文化建设应以"人"为中心，培养护理人员的价值取向，如乐于奉献的精神、主人翁精神、敬业爱岗的精神等。

（4）完善文化设施和美化环境：美化环境是护理组织文化建设的前提，因为它有利于陶冶护理人员的情操和患者的修养，还可以对护理人员的心理起到平衡、充实的作用。

（5）建立共同愿景：共同愿景可以凝聚组织上下的意志力，透过组织共识，大家努力的方向一致，个人也乐于奉献，为组织目标奋斗。如今，在日趋激烈的医疗市场竞争中，优胜劣汰，使得医院中的每一位员工都愿意为提高医院的核心竞争力而奉献自己的一切，从而使医院能立于潮头，成为强者。

（6）立足自身，突出重点：护理组织文化建设是一项系统工程，既要考虑共性要求，又要根据自身的实际情况，找出薄弱环节，重点建设。如有的医院中缺少护理专业人才，技术水平落后，则可指导重点放在物质文化的建设上。总之，护理组织文化的建设要立足主客观条件和实际需要，逐步积累，循序渐进。

4. 护理组织文化的管理　护理组织文化管理有三个基本要素，即强化现有的组织文化、传授组织文化、变革组织文化。

（1）强化现有的护理组织文化：大多数护理组织已经形成了较为稳定的组织文化，此时管理护理组织文化的核心问题在于如何有效地强化现有的组织文化，从而更容易、更有效地改变组织成员的行为。强化组织文化常用的四种方法包括创立者与领导者的行为，引进与文化相一致的奖励，保持工作队伍的稳定，管理文化网络。

（2）传授护理组织文化：组织文化从老一代护理人员传给新一代的成员，老一代护理人员向年轻一代提供成功发挥护理组织作用和完成组织任务所必需的护理相关知识，这是一个学习与调整的过程。

（3）变革组织文化：如果护理组织文化与组织的发展不匹配甚至存在冲突，那么就需要对组织文化进行变革。在变革的过程中，原有的组织文化会在各个方面抵制变革，因此，护理管理者应做好宣传和沟通，鼓励员工参与和投身改革，大力推行和适时推进护理组织文化变革。

案例分析

身为计算机工程师的朋友在公司人事缩减时被裁掉，他难过极了。"我又没有犯什么过错，"他沮丧地问同事，"经理为什么选择把我裁掉？"朋友回家想了好多天，一直摆脱不了心里的不满和疑惑，终于决定亲自找经理谈一谈。"我只是想了解一下这次裁员的原因。我知道这次为了精减公司编制，总得有人被裁掉，但我很难不把裁员的原因和我的表现联想在一起。"朋友将在心里排练好久的话一口气全讲了出来："如果真的是我的表现不好，请经理指点，我希望有改进的机会，至少在今后的工作中我不会再犯同样的错误。"经理听完他的话，愣了一下，竟露出赞许的眼神："如果你在过去的这一年都这么主动积极，今天被裁的人肯定不会是你。""你的工作能力很好，所有工程师里你的专业知识算是数一数二得强，也没犯过什么重大过失，唯一的缺点就是主观意识太重。团队中本来每个人能力不一，但只要积极合作，三个臭皮匠就能胜过一个诸葛亮。如果队友中某个人不懂得主动贡献，团队总是为了他特别费心协调，就算那个人能力再好，也会变成团队进步的阻力。"经理反问他："如果你是我，你会怎么办？""但是我并不是难以沟通的人啊！"朋友反驳。"是没错。但如果你将自己的态度和同事相比，以10分为满分，在积极热心这方面，你会给自己几分？"经理问。"我明白了。"朋友说。这个小案例反映了一个明显的道理，能力是非常重要的，是你能够胜任工作的一个必要条件，但是同时还有一个更重要的条件，就是对于组织而言你是否愿意热情地付出，如果你不肯付出，总是让组织迁就你的习惯，那么即便你具备非常强的能力，对于组织而言都是"可有可无"的。

请思考：
在组织管理中个人能力是选拔人才最重要的指标吗？为什么？

学习小结

组织职能是管理的基本职能之一，是人力资源管理、领导、控制等管理职能开展的前提。

- 组织的概念含义：具有明确的目标、一个人为的系统、不同层次的分工与协作、有不同层次的权利和责任制度、可以不断变化和发展。
- 组织的基本类型有正式组织和非正式组织。组织结构的基本类型有直线型组织结构、职能型结构、直线–职能型结构、矩阵型结构、事业部型组织结构和委员会型结构。

- 组织设计是指设计一套符合组织需要，能够客观反映组织运行规律，适应市场竞争需求，保障组织内部有序运转，有效发挥整体机能的组织结构体系。
- 组织设计的原则：目标统一、专业化分工与协作、有效管理幅度、最少层次、责权一致、集权与分权相结合、稳定性与适应性相结合。
- 组织设计的基本内容有工作设计、部门设计、层次设计、责权分配及整体协调。
- 组织设计的程序分为六步：确定组织目标、确定业务内容、确定组织结构、配备职务人员、规定职责权限、联成一体。
- 护理组织文化是指在长期的护理活动过程中所形成的，并为全体护理人员共同遵守和奉行的思想意识、道德、信仰、情感、价值观和行为准则。
- 护理组织文化的形式包括护理组织环境、护理组织目标、护理组织制度、护理组织理念、护理组织形象以及护理组织价值观。
- 护理组织文化创建的原则：目标原则、价值观念原则、合力原则、参与原则。
- 护理组织文化管理有三个基本要素，即强化现有的组织文化、传授组织文化、变革组织文化。

（王丽芳）

复习
参考题

一、选择题

1.【A1】下列选项不属于组织职能内容的是（　）
   A. 确定组织目标
   B. 将必要的业务工作进行分组归类
   C. 与其他管理职能配合并建立组织内的信息沟通渠道
   D. 进行业务控制与管理
   E. 落实计划的手段

2.【A1】关于正式组织特点的描述，下列选项不正确的是（　）
   A. 没有明确的规章制度
   B. 有共同的工作目标
   C. 分工专业化但强调协调配合
   D. 成员的工作及职位可以相互替换
   E. 有明确的信息沟通渠道

3.【A2】某科室，有几名护士年龄相仿，家里小孩也都相差不大，因此，他们经常在节假日组织去外露营或家庭聚会，几家人形成良好的关系，关于这种非正式组织的描述，下列正确的是（　）
   A. 有共同的目标
   B. 在他们交往中，讲究职务的高低
   C. 讲究效率
   D. 有明确的信息沟通系统
   E. 有较强的内聚力和行为一致性

4.【A2】近年来，随着城市化的进程，某三甲医院的规模也在不断变化，目前已有多个院区，医院护理管理人员配置没有变化，护理部主任每周几个院区工作，忙得苦不堪言，请您从组织的角度分析存在的问题不包括（　）
   A. 管理幅度过窄
   B. 必须制订明确的政策
   C. 上级负担过重

D. 上级有失控的风险

E. 容易有决策的瓶颈

5.【A2】某医院在新院区的设计中，积极考虑到组织文化的构建，从进入医院的院史墙的设计到科室环境的布局，无不体现出现代医院管理的水平，请问下面选项中不属于护

理组织文化的是（　　）

A. 院训"仁爱为本，精诚为强"

B. 宗旨"全心全意为人民健康服务"

C. 目标"建设高水平综合医院"

D. 愿景"国际先进水平的医学中心"

E. 医院的专家

二、简答题

1. 简述非正式组织对正式组织的影响。

2. 在进行组织设计时应遵循哪些原则？

3. 简述组织幅度宽窄的优缺点。

三、案例分析题

护理组织文化的建设

某科室的护士长非常关心科室每名护士的性格特点和心理需求，在看到一些正能量的文章时，也会推荐给科室里的其他护理人员去阅读。有次看到一篇关于介绍《"同仁"最是真》介绍同仁堂做药的文章时，护士长推给了科室护士，她希望这篇文章对所有护士有所启示。并且护士长也批注道："传统也罢，现代也罢，兢兢业业，

一丝不苟的敬业精神，啥时都重要。"

请思考：

1. 该案例中护士长给大家推荐文章是不是护理文化建设的一种？

2. 您是否赞成护士长给大家推荐这篇文章？

3. 该科室作为一个组织是否属于一个学习型组织？

（选择题、案例分析题的答案解析见数字内容）

第五章　　领导

学习目标

知识目标	1. 掌握　领导及领导者的概念；领导的构成要素；领导者的素质；领导者的影响力；领导的作用；领导效能的基本内容及类型。 2. 熟悉　领导特质理论；领导行为理论；领导权变理论。 3. 了解　领导效能的测评。
能力目标	能够结合领导的相关知识，具备激发和引导组织成员达到组织目标的能力。
素质目标	具备领导活动所必备的思想品德、知识及能力各要素的总和，能够在不同情境下运用适当的领导风格应对挑战。

导入情境与思考

李某由于业务能力高，责任心强，经过竞聘成了某科室的护士长。到任后，她制订了一系列护理工作制度和规范，要求大家按此执行。对于不按照护理工作制度和规范执行的护士，她进行了相应处罚。在一段时间后，李护士长发现科室护士工作积极性下降，患者满意度降低。尽管她主动与护士进行积极沟通，还是觉得大家和她有距离感，特别是年轻护士都不愿意和她走近。她感觉很无奈却又找不到问题的根源，她不禁开始怀疑自己的能力。

请思考：李护士长应如何解决护士不按照工作制度和规范进行工作的问题？怎样解决护士与自己疏远的问题？该如何提升个人的领导力？

　　领导（leading）是管理的一项重要职能，由于领导职能在管理活动中的有效性方面起着重要作用，目前已有许多学者把它从管理学中独立出来，专门予以讨论和研究。领导作为一种社会现象，超越了地理、文化或民族的差异，是人类社会群体活动中重要的、不可分割的一部分。

第一节　领导概述

一、领导的概念和构成要素

（一）领导的概念

不同学者从不同的研究角度对领导的解释不同：① 彼得·德鲁克将领导定义为"领导就

是创设的一种情景，使人们心情舒畅地在其中工作"；② 哈罗德·孔茨认为领导是一种影响力，是影响人们心甘情愿地、满怀激情地为实现群体目标而努力的艺术或过程；③ 美国学者拉尔夫·M·斯托格迪尔（Ralph M. Stogdill）1950年提出领导是对组织内群体或个人施加影响的活动过程；④ 美国管理学家乔治·R·特里（George R. Terry）1960年提出，领导是指影响人们自动达到群体目标而努力的一种行为；⑤ 斯蒂芬·P·罗宾斯将领导定义为影响他人实现目标的能力和过程，该理论在学术界的应用较广泛。

由此可见，一般认为领导是指领导者影响下属实现组织目标的行为过程，其目的是使下属心甘情愿地为组织目标而努力工作。

知识链接 | 领导与管理的区别

在一般语境中，领导和管理往往被用作同义词。然而，在组织和管理学领域，它们有着不同的定义和职责。领导更侧重于影响他人，激发他们的潜力，塑造共同的愿景和目标；而管理更注重组织和控制资源，实现既定目标。两者的区别详见表5-1。

▼ 表5-1　领导与管理的区别

	领导	管理
目标	抽象的、宏观的社会目标，集中表现为战略性	具体的、微观的工作目标，主要表现为战术性
基本职能	制订和推动决策的执行，重点是以人为中心、实现最大的效益	计划、组织、领导和控制，合理配置人、财、物等各种资源
活动方式	不拘泥于程式化的领导方式，具有一定的灵活性和随机性	必须具备规范性、程序性和模式化的基本特点
实践对象	特定的组织成员	特定的规则、程序和组织的各类资源
评价标准	领导效能，既包括领导活动的效率和效益，也包括领导过程中的用人效能、时间效能和整体贡献效能等	一般是效率和效益，可以采用较为客观的、数据化的测评方法来评价

（二）领导的构成要素

领导的构成要素主要包括以下四个方面：

1. 领导行为的主体　是指实施领导行为的个体或集体，即领导者。领导者在领导行为中起到关键作用。

2. 领导行为的客体　是指领导对象或领导者的下属、追随者或被影响者，也是个人或群体。没有领导对象就无法实施领导活动，领导工作就失去意义。

3. 领导目的及实现目的的手段　领导目的是目标的预期。领导目的的实现手段主要是指挥、激励、沟通等领导艺术。

4. 领导力量　是指领导者具有的影响下属的能力。正是由于领导力的存在，领导者才能对组织活动施加影响，并使下属随从，使领导过程得以实现。

二、领导者的概念和素质

（一）领导者的概念

领导者是一种社会角色，是指在正式的社会组织中经合法途径被任用而担任一定领导职务、履行特定领导职能、掌握一定权力、承担某种领导责任的个人或集体。彼得·德鲁克认为，"领导者的唯一定义就是其后面有追随者。"领导者是领导行为的主体，在领导活动中起主导作用，在组织中居核心地位。

知识链接 | **领导者与管理者的区别**

在实际工作中，领导者通常也是管理者，管理者也需要具备领导能力。这种角色和职责的重叠导致了两个概念之间的模糊界限。领导者需要管理资源和人员，管理者需要领导团队和激发员工的潜力。两者的区别详见表5-2。

▼ 表5-2　领导者与管理者的区别

领导者	管理者
组织的灵魂	组织的骨干
热情、有经验	理性、有能力
长远目标与宏观目标	具体目标
有职位、有人格魅力	有岗位（权力与责任）、有制度保证
凝聚人心、鼓舞人心	整合资源、解决问题
有创造力和想象力	有执行力
强调个人力量	强调成员参与

（二）领导者的素质

领导者的素质是指从事领导活动所必备的基础条件和内在要素的总和。领导者的高素质和高能力是实现有效领导的前提条件。在领导科学理论的研究中，人们一般从思想品德、知识和能力三个方面来评价领导者的素质。

1. 品德素质　品德素质是指领导者在生活和学习过程中形成的、用以调节他人相互关系的、充满价值的内容和主观取向的精神内涵，是按照一定的道德原则和道德规范，通过自我领悟逐步形成的道德情操和道德境界。品德素质具体包括以下内容：

（1）正直：领导者通过真诚与言行的高度一致，与员工建立相互信赖的关系。孔子曰："其身正，不令而行；其身不正，虽令不从。"就是这个道理。

（2）预见力：领导者应高瞻远瞩，能够准确预见组织未来的发展。要具备良好的预见力就要能够做到：① 提出正确的问题；② 依靠科学与直觉；③ 积极主动；④ 善于联想；⑤ 全面洞察；⑥ 统揽全局。

（3）自信心：领导者为了使下属相信他的目标和决策的正确性，必须表现出高度的自信，这样下属才会忠诚地追随他实现目标。

（4）感召力：感召力是领导者动员下属行动的源泉。富有感召力的领导者应根据下属的情况调整自己的领导风格，以自己的行动鼓励下属。

（5）进取心：领导者要有强烈的进取心，具有较高的成功愿望。这类领导者的首要特征是胸怀远大、积极挑战自我、敢于拼搏、不断向目标奋进。

（6）意志力：领导者要实现组织目标，必须表现出坚强的意志和顽强的斗志。即使是遭遇到了危机或困境，也会不屈不挠。

（7）魄力：领导者的魄力，对其个人来说是实现有效领导的必备条件，对其追随者而言则是一种鼓舞和驱动力。

2. 知识素质　即文化素质，包括基础知识素质与行业知识素质。

（1）基础知识素质：即领导者应具有的、与岗位相适应的基础文化知识水平和语言文字表达能力。基础知识素质的高低直接关系到领导效能的高低。丰富的文化知识是领导者解决问题的有力武器，良好的语言文字表达能力是领导者进行信息沟通的重要基础。

（2）行业知识素质：即领导者在某一行业或部门的专业知识方面应达到的水平。现代领导在很大程度上是能力领导、技能领导和知识领导。因此，每个领导者应该根据自己的分工需要，系统掌握相关专业知识和技能，使自己拥有组织能力、行政能力和变革能力，充分发挥领导者的作用。

3. 能力素质　主要包括以下六个方面：

（1）与人合作的能力：指领导者自身应富有合作意识与合作能力，即对下属不用压服，而用说服来赢得合作，同时要能够有效地帮助下属完成本职工作。

（2）科学决策能力：领导者在决策时要统筹全局、高瞻远瞩，能够根据客观实际情况作出科学决策，避免盲目决策和决策失误。

（3）组织能力：领导者不仅要善于发掘，并能够充分发挥下属的才能和智慧，还应具备有效地组织和利用人力、物力和财力等资源的能力。

（4）学习与批判能力：在学习型的社会中，学习能力是领导者的核心能力之一。领导者必须是善于学习的人，只有不断学习才能掌握工作所需的足够知识。领导者还必须是勇于批判的人，只有勇于批判才能正确地观察、思考、评价与借鉴他人的经验教训。

（5）变革与创新能力：变革与创新能力是领导能力的关键，体现在领导者的随机应变、争取先机、抓住机会等方面。领导者的工作是推动改革、勇于创新、追求发展、鼓舞士气。因此，领导者应该能适应新的形势，不断完善自己的思维方式与行为方式，不断提高个人的创新能力。

（6）授权和服务能力：适度授权既能使领导者超脱于具体事务性工作，又能充分发挥下属的工作热情和聪明才智。只有适度授权，领导者才能有更多的时间和精力为下属提供服务，包括提供良好的工作条件和环境。

三、领导者的影响力

影响力一般是指人在人际交往中影响和改变他人心理与行为的能力。领导者的影响力是指领导者在引导被领导者完成工作过程中，以其职位和个性特征有效地影响与改变被领导者心理和行为的能力。

（一）领导者影响力的来源

1. 法定影响力 这是组织管理体系中所规定的正式影响力。这种影响力是因管理职位而产生，所以被组织、法律、传统习惯以及组织内外成员所接受和认可。由于法定影响力与管理职位密切相关，从一般意义讲，法定影响力就是职权。例如，护士按照护士长要求值夜班，是因为护士知道护士长有责任和权力对本病房的班次作出安排；人事部门对违反医院规章的人员给予处分，是因为组织赋予了人事部门特定的职权。

2. 强制影响力 强制影响力指领导者通过精神、感情或物质上的威胁，强制他人服从的一种影响力。如护士长对犯错的护士扣发奖金等都属于行使强制影响力。强制影响力是惩罚性的、给人以不良感受，易引起下属怨恨和仇视，应谨慎使用。

3. 奖罚影响力 指给予或取消他人报酬的影响力。例如，领导者对下属给予奖金、升职或扣奖金、降职等都属于行使奖罚影响力。

4. 专家影响力 这种影响力来源于个人所掌握的信息和拥有的专业特长。例如，患者服从医生的医嘱，学生从教授那里获取专业知识，科学家的研究结论等等都是对需要这方面信息的任何人拥有的专家影响力。

上述影响力有的来源于职位，如法定影响力、奖罚影响力，也有的来自个人如专家影响力。影响力运用的选择关键在于管理者拥有的影响力类型和管理所处的情景因素。

（二）领导者影响力的种类

根据性质不同，领导者影响力可以分为权力性影响力和非权力性影响力。与职位有关的影响力属于权力性影响力，与个人特征有关的影响力属于非权力性影响力（图5-1）。

1. 权力性影响力（authority power） 又"强制性影响力"或"强制性领导影响力"，是指领导者运用上级授予的权力强制下属服从的一种能力，具有强制性，与社会赋予个人的职务、地位、权力等相关联，职务与地位一经确认，权力随之获得。其影响力的核心是拥有权力，特点是属于一种外在力，对被领导者来说它是具有强制性与不可抗拒性。在这种影响力作用下，被影响者心理与行为主要表现为被动服从。因此权力性影响力对下属的心理与行为的影响是一种外在因素，其影响程度是有限的。权力性影响力主要由以下三种因素构成：

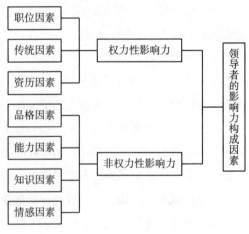

▲ 图5-1　领导者影响力的构成因素

（1）传统因素：这是源于长期以来人们对领导者所形成的一种历史观念，认为领导者不同于普通人，他们有权、有才干，比普通人强，使人们对他们产生服从感。

（2）职位因素：指某种影响力来自个人在组织结构中占据的合法职位。权力越大，下属对他的敬畏感就越强，领导者的影响力也越大，如护理部主任要比护士长的影响力大。

（3）资历因素：资历指领导者的资格和经历。资历的深浅在一定程度上决定着领导者的影响力。如有多年管理工作经验的护理部主任相对于新上任的护理部主任在管理职位上资历较深，往往使人产生一种敬重感，影响力也比新任护理部主任要大。

以上三种因素构成的影响力都是由外界赋予的，而不是由领导者的自身素质和现实行为所产生的，其核心是权力的拥有，所以称之为权力性影响力。

2. 非权力性影响力（non-authority power） 又称"自然影响力"，是指由领导者自身素质和现实行为形成的自然性影响力，主要来源于领导者的个人条件和特质。它具有很强的内在性，既没有组织的正式规定，也没有强制性约束力，被影响者更多地表现为主动顺从和依赖。在领导者影响力中，非权力性影响力占主导地位，起着决定性作用。非权力性影响力主要由以下4种因素构成：

（1）品格因素：品格主要包括道德、品行、修养、个性特征、工作生活作风等方面，集中反映在领导者的言行中，是构成非权力性影响力的前提因素。一个具有高尚道德品质的领导者可以形成极大的人格魅力，将感召、吸引下属，进而对他人产生重大影响。

（2）能力因素：领导者的能力主要反映在工作成效和解决实际问题的有效性两方面，主要包括科学决策能力、协调组织能力、语言表达能力等，是非权力性影响力的核心因素。一个有卓越能力的领导者，能增强下属达到目的的信心，并像磁场一样吸引下属自觉自愿地接受领导的思想及行为方式，从内心对他产生认同感和尊重感。

（3）知识因素：知识包括文化、专业、法律、思想政治等相关知识。知识因素是非权力性影响力的关键因素。一个人掌握的知识越丰富，对下属的指导越正确，越容易使下属产生信赖感。这种影响力与领导职权发挥协同作用，可以大大提高领导者的工作效能。

（4）情感因素：情感是人对客观事物（包括人）好恶倾向的内在反应。人与人之间建立了良好的感情关系，便会产生亲切感，进而就会产生影响力。平时待人和蔼可亲、体贴关心下属、与下属关系融洽的管理者往往会有较大的正向影响力。否则，则会产生负向影响力。

非权力性影响力具有几个特征：一是对他人的影响不带强制因素，并无约束力；二是这种影响力是以内在感染的形式潜在地发挥作用；三是被影响者的心理与行为表现为主动随从，自觉服从。在领导者影响力构成中，占主导地位的是非权力性影响力。作为领导者，如果他的非权力性影响力较大，他的权力性影响力也会随之增强。因此，要提高领导者的影响力，关键在于领导者不断提高自己的非权力性影响力。

四、领导者的作用

领导者在带领、引导和鼓舞下属为实现组织目标而努力的过程中，要发挥组织、指挥、协调、激励、沟通和控制等作用。

1. 组织作用 组织作用是领导者为实现组织目标，合理地配置组织中的人力、财力、物力，把组织的三要素构成一个有机整体的功能。领导的最终目的是实现组织目标，而要实现这一目标，必须充分评估组织的内外部环境资源与条件，合理组织人力、物力及财力构成一个有机整体，从而实现组织目标。

2. 指挥作用 指挥是组织中领导者的一项基本工作，是指在组织决策方面起指向和决断作用，为组织认清内外环境、指明方向及统一认识。为实现正确指挥，领导者必须用好手中的权力。要大胆谨慎，坚持原则；要善于学习，建立威信，创出成绩，使指挥有权威；要善于听取他人的意见，集思广益，使指挥正确。

3. 协调作用 领导者在引导组织成员达到共同目标的过程中，把组织内人员的利益融合在一起，使组织内部建立合作的人际环境。由于组织内个体的性格、能力、工作态度、理解力，以及在组织中的地位和作用等的不同，加上各种外界因素的干扰，难免会与领导者在思想认识上出现分歧，在行动上发生偏离。这时就需要领导及时发现问题和矛盾所在，因人而异地采取调解措施，实现每个成员个人目标和组织目标的统一。

4. 激励作用 不同的个人有不同的欲望和目标。领导的目的就是把个人目标和组织目标结合起来，引导成员为实现组织目标作出贡献。领导者充分了解个人的需求，有针对性地满足他们的需要，提高工作兴趣，激发和鼓舞员工的热情，使组织内的每个人都能保持旺盛的工作热情，最大限度地发挥自己的才能，实现组织目标。

5. 沟通作用 领导者是信息的传播者、监听者、发言人和谈判者，在组织的信息传递方面发挥着重要作用。有效沟通可以使上级的理念、计划和指示清晰准确地传达到下级，并使下级的工作成果、意见和建议等及时反馈给上级，保证管理活动的顺利进行。同时，良好的沟通还能促进员工之间思想和信息的交流，有利于消除分歧，增强组织凝聚力，提高整体工作效率。

6. 控制作用 指领导者对下级以及整个组织活动的驾驭和支配。在实现组织目标过程中，要及时发现工作中的偏差，恰当地利用组织资源纠正及消除偏差。

五、领导效能

（一）领导效能的概念

领导效能（leading efficiency）是指领导者在实施领导活动过程中，实现领导目标的能力与所获得的领导效率、领导效果、领导效益，以及所引起的组织状态、组织环境和组织关系的有效变化的系统综合。领导效能是组织领导活动的出发点和归宿，是评价领导活动优劣的综合尺度。

（二）领导效能的基本内容

1. 时间效能 即领导者在合理运用时间、提高工作效率方面的效能，主要体现在领导者、下属和组织整体的时间利用率方面。

2. 用人效能 指领导活动中对人的选配和使用所产生的效能，即选配、组织和使用有关人员的能力和效果。主要体现在领导者能否选择恰当的人员从事适当工作，并使各类人员合理配置、组合；能否充分调动各类人员的积极性和创造性。

3. 决策效能 即及时、正确地制订决策，并有效地组织实施的效能。决策是否科学、高效直接决定着组织的领导效率、效果及社会影响。科学、高效的决策是组织健康、快速发展的前提，而组织的失败往往源于错误的决策。

4. 组织整体贡献效能 即组织整体目标的实现程度，是衡量领导效能高低的最重要的尺度。领导效能不仅反映在个人所主持、负责的部门工作和单项领域之中，更重要的是反映在全局工作和整体贡献上。用人、时间、决策等效能最终都将体现为组织整体贡献效能。

（三）领导效能的类型

1. 依据领导效能层次划分 领导效能分为宏观领导效能和微观领导效能。前者是指领导活动在社会整体中所达成的效能，包括社会效能和经济效能。后者是指领导过程中所显示的具体效能，包括时间效能、用人效能、决策效能及组织整体贡献效能。

2. 依据领导效能的性质划分 领导效能分为正效能和负效能。正效能是指组织的获得大于投入，负效能是指组织的获得小于投入。无论是宏观效能还是微观效能，都有正负之分。

（四）领导效能的测评

领导效能的测评是指特定的测评主体根据一定的标准、遵循一定的原则、按照一定的程序、通过一定的方法对领导活动的能力与效果进行综合测试与评价的过程。

1. 测评内容 通常包括领导者的德、能、勤、绩四个方面。

2. 测评原则 除遵循实事求是的总原则外，还应坚持以下原则：① 主观测评与客观测评相结合；② 静态测评与动态测评相结合；③ 直接测评与间接测评相结合；④ 定性测评与定量测评相结合；⑤ 整体测评和局部测评相结合。

3. 测评程序 测评程序主要包括以下几种：① 宣传与组织准备；② 确定内容和设计方法；③ 自我总结和群众评议；④ 分析资格并得出结论；⑤ 反馈结论与复核修正；⑥ 公布结果与资料存档。

4. 测评方法

（1）调查研究法：即测评主体通过典型调查、抽样统计等方式，对被测评的领导者的领导效能进行调查，并作出判断。

（2）民意测验法：即通过投票、对话与问卷等方法对被测评的领导者的领导效能进行评议，以获得某一方面或总体的情况。

（3）目标测评法：也称目标对照法，即由测评主体按照领导活动中预先设定的目标或指标体系，检查领导活动完成情况，从而评定工作成效的方法。

（4）比较测评法：也称相对比较法，即在常规的测评中加入比较因素，通过选择一定的参照物来对比评价领导者的领导效能。

（5）模拟测评法：即让被测评的领导者进入一个模拟的工作环境，要求他按照既定的条件进行模拟操作，同时运用多种方法观察其行为方式、心理素质、反应能力等，并根据这些观察的结果来评价其领导效能。

5. 测评意义 ① 有助于增强各级领导者的责任感，鼓励先进，督促后进；② 有助于提高领导水平；③ 有助于对各级领导者进行选拔、培养和使用；④ 有助于增强领导活动的透明度，便于群众监督。

第二节　领导理论

心理学家和行为学家十分重视领导理论的研究，从20世纪40年代起，学者们对领导者的特征、领导者的行为和领导环境因素等方面做了大量研究。领导理论按照其发展阶段大致分为领导特质理论、领导行为理论和领导权变理论。

一、领导特质理论

领导特质理论（trait theory of leadership）也称领导素质理论、领导特征理论等，是研究优秀而成功的领导者具备的内在品质与领导相关行为及绩效之间关联性的理论。其出发点是领导者个人特质是决定领导效能的关键因素，领导效能的高低主要取决于领导者的特质。本节主要介绍较为经典的3个理论。

（一）斯托格迪尔的领导个人因素论

1949年，美国俄亥俄州立大学教授拉尔夫·M·斯托格迪尔考察了124项研究，查阅了5 000多种有关领导素质的书籍和文章后，将领导者应具备的个人特征归为六个方面共42项，即5种身体特征、4种智力特征、16种个性特征、6种与工作有关的特征、9种社交特征及2种社会性背景特征，具体内容见表5-3。

▼ 表5-3　斯托格迪尔的领导特质

六个方面	具体内容
身体特征（5种）	精力、身高、外貌、年龄、体重
智力特征（4种）	判断力、果断力、知识的深度和广度、口才
个性特征（16种）	适应性、进取心、独立性、外向、机警、支配力、有主见、急性、慢性、自信、热心、智慧、见解独到、情绪稳定、不随波逐流、作风民主
与工作有关的特征（6种）	事业心、愿承担责任、毅力、首创性、坚持、对人关心
社交特征（9种）	合作、能力、声誉、人际关系、老练程度、正直、诚实、权力的需要、与人共事的技巧
社会背景（2种）	社会经济地位、学历

（二）吉塞利的领导品质论

美国心理学家埃德温·吉塞利（Edwin Giselli）对领导的研究历经20多年，通过对美国具有代表性的306位中级管理人员进行研究来确定领导者的素质特征，同时采用因素分析法，对结果进行了处理，将领导特质按能力、个性、激励分为三大类，13个特征，并按各种特征在管理中的重要性分值进行排序。吉塞利的领导品质论主要包括以下内容。

1. **领导特征**　领导特征与能否成为一个有效的领导者有关。

（1）能力特征（A）：包括技术能力、人际能力、概念能力。

（2）个性特征（P）：包括自信心、决断力、积极性、适应性、诚信。

（3）激励特征（M）：包括成就动机、发展动机、激励能力、公正公平、支持性。

2. 领导者个人特征排序 埃德温·吉塞利按各种领导特征在管理中的重要性分值进行了排序（表5-4）。

（1）非常重要：包括督察力、事业心和成就欲、才智、自我实现欲、自信、决断力。

（2）次等重要：包括安全的需要、与下属的亲和力、首创精神、高额报酬、权力需要、成熟程度。

（3）最不重要：包括性别。

▼ 表5-4 领导者个人特征价值表

单位：分

个人特征	分值	重要性
督察力（A）	100	
事业心和成就欲（M）	76	
才智（A）	64	
自我实现欲（M）	63	非常重要
自信（P）	62	
决断能力（P）	61	
安全的需要（M）	54	
与下属的亲和力（P）	47	
首创精神（A）	34	
高额金钱报酬（M）	20	次等重要
权力需要（M）	10	
成熟程度（P）	5	
性别（P）	0	最不重要

注：100代表最重要；0代表无作用。

（三）鲍莫尔的领导条件品质论

美国著名经济学教授威廉·杰克·鲍莫尔（William Jack Baumol，1922—2017）提出一名合格的领导者应具备相关领导品质，这对于有效地领导和管理团队至关重要。

鲍莫尔认为一名合格的领导者应具备以下领导品质。① 合作精神：愿意与他人共事且能赢得他人合作，对人不是压服而是感动和说服；② 决策能力：能根据客观实际情况，而非主观臆断作出决策，具有高瞻远瞩的能力；③ 组织能力：能发掘下属的潜能，善于组织人力、财力、物力等资源；④ 精于授权：能驾驭好职位权力，适当、敢于、善于授权；⑤ 善于应变：机动灵活，积极进取，不墨守成规；⑥ 敢于求新：对新事物、新环境和新观念有敏锐的感受能力；⑦ 勇于负责：对上下级、组织及整个社会抱有高度的责任心；⑧ 敢担风险：敢于承担组织发展不景气的风险，有努力开创新局面的雄心和信心；⑨ 尊重他人：能虚心听取他人的意见和建议，不盛气凌人；⑩ 品德高尚：有高尚的品德修养，被组织内外的人员所敬仰。

儒家和道家的领导品质观

1. 孔子的领导品质观　据《论语》记载，孔子曾提出君子（领导者）应该具备的品质："尊五美，屏四恶，斯可以从政矣。""五美"是指"惠而不费，劳而不怨，欲而不贪，泰而不骄，威而不猛"。意思是说君子（领导者）应该具有这样的能力，给予百姓恩惠而不使自己有过大损失，让百姓劳作而不使百姓产生怨恨，有欲望而不贪婪，泰然处事而不骄躁，威严而不使人恐惧；"四恶"是指"不教而杀谓之虐；不戒视成谓之暴；慢令致期谓之贼；犹之与人也，出纳之吝谓之有司"，即不经教化就严厉惩罚是虐待；不先告诫就要求立刻成功是强暴；起先懈怠而突然限期完成就是邪恶；同样是给人财物，却出手吝啬，那就是小气。

孔子说，人如果具备了"恭宽信敏惠"五种美德就可以成为一个仁义的领导者。"恭则不侮，宽则得众，信则人任焉，敏则有功，惠则足以使人。"就是说，恭敬就不致遭受侮辱，宽厚就会得到大众的拥护，诚实就会得到别人的信任，勤敏就能建功立业，施惠给人，才足以叫人为你效劳。一个人做到上述五点，就会成为社会的强者，一个有益于社会和百姓的人。

2. 老子的领导品质观　老子曾说："江海所以为百谷王者，以其善下之，故能为百谷王。是以圣人欲上人，以其言下之；欲先人，以其身后之。"意思是说江海之所以能成为数百条河流的归顺之处，是因为它在河水的下游。因此，要想做万民之君王，必须在言语上表示谦下；要想站在百姓前面，必须先把自己放在百姓后面。

老子认为："不自见，故明；不自是，故彰；不自伐，故有功；不自矜，故长。"意思是说不自我表现，反而能显明；不自以为是，反而能是非彰显；不自我夸耀，反而能有功劳成就；不傲慢气盛，反而能长久。

20世纪中期，随着心理行为学派的兴起，西方的领导特征理论在解释领导行为方面遇到了困境，因而受到了质疑。研究发现，领导特质理论主要存在六个方面的局限性：① 忽视下属，而下属对领导者成功与否有着重要影响；② 没有指出不同领导品质和特征在领导工作中的相对重要性；③ 没有对因果进行区分，例如，是领导者的自信导致了成功，还是领导者的成功建立了自信；④ 忽视了情境因素，没有考虑到环境对个性的影响；⑤ 特征难以衡量，无法去度量领导者个性所具有的程度；⑥ 随着研究的不断深入，所得出的领导者特征越来越多，导致了理论上的争执和混乱。

二、领导行为理论

20世纪50年代至60年代，行为科学家和心理学家将研究重点转向了对领导行为的研究，着重分析领导者在工作过程中的行为表现及其对下属行为和绩效的影响，以确定最佳的领导行为。代表性理论有领导方式理论、领导行为四分图理论和管理方格理论。

（一）领导方式理论

德裔美国心理学家库尔特·勒温（Kurt Lewin）和他的同事们针对团体气氛和领导风格展开研究，认为领导者在领导过程中表现出来的工作作风可分为三种领导方式，适用于不同的环境。

领导者要根据所处的管理层次、工作性质和下属的条件等因素灵活选择主要的领导风格，并辅助其他领导风格。

1. 独裁型领导（authoritarian leadership） 是一种独裁专行的领导行为，靠权力和强制命令让人信服，因此又称为专制型领导、权威型领导。主要特点：① 所有工作的开展均由领导者发号施令；② 独断专行，从不考虑别人的意见，所有的决策由领导者自己作出；③ 下级没有参与决策的机会，只能奉命行事；④ 事先安排一切工作程序和方法，主要靠行政命令、纪律约束、训斥和惩罚来管理，只有偶然的奖励；⑤ 领导者很少参加群体活动，与下属保持一定的心理距离；⑥ 权力高度集中，管理的重心主要落在工作任务和技术方面。

2. 民主型领导（democratic leadership） 是一种分权民主的领导行为，靠鼓励和信任使下属积极主动、自觉努力地工作，各尽所能，分工合作。其特点是：① 领导者倾向于分权管理，所有政策是在领导者鼓励和协作下由群体讨论而决定，领导者采用鼓励和协助的态度；② 领导者从人际关系方面考虑管理，认为下级只有在受到激励后才会主动工作，并富有创造力，分配工作时尽量照顾个人能力、兴趣爱好，不具体安排下属的工作，使其有选择性和灵活性；③ 主要运用非权力性影响力使人服从，领导者以理服人，以身作则；④ 领导者积极参加团队活动，与下级无任何心理距离，领导者与下级有较为协调的双向沟通。

3. 放任型领导（laissez-faire leadership） 是一种放任自流的领导行为，依靠充分授权，在工作中给予下属高度的独立性，甚至是"自由放任"。其主要特点是：① 类似俱乐部式的领导行为，领导只是从福利方面考虑管理；② 对工作无事先布置和事后检查，权力授予个人，由每个人自己决定目标和行为；③ 领导者只为下属提供信息，充当群体和外部环境的联系人，以此帮助下属完成工作任务。

库尔特·勒温等人进行了不同领导方式对群体绩效影响的一系列研究，结果发现，从产量上看，独裁型领导方式最高，但成员缺乏责任感，士气低落，情绪消极，管理者不在场，产量立即下降；从质量上看，民主型领导效率最高，不仅可以完成工作目标，而且成员间关系融洽，工作积极主动，有创造性，管理者不在场，产量无变化；从绩效上看，放任型领导方式最低，只达到社交目标而达不到工作目标。但后来的研究发现了更复杂的结果。因此主张，3种领导方式各具特色，适用于不同的环境。领导者要根据所处的管理层次、工作性质和下属的条件等因素灵活选择主要的领导风格，并辅助其他领导风格。

（二）领导行为四分图理论

1945年，美国俄亥俄州立大学工商企业研究所组织了心理学、社会学和经济学研究者对大型组织的1 000多种领导行为进行了一系列的深入研究。经过筛选概括，最终将领导行为的内容归纳为两类，即任务型领导和关心型领导。任务型领导是以工作为中心，注重利用各种组织资源实现组织目标，其特征是强调组织的需要，领导者确立组织目标和抓好组织工作，严格要求下属，确保其努力达到组织目标。关系型领导是以人际关系为中心，注意人际关系及下属的需要，领导者与下属的关系体现为相互信任、相互尊重、双向沟通、尊重下属意见、关心下属的感情需要等。上述两种不同领导行为相互结合，形成四种基本的领导风格，即高任务低关心型、高任务高关心型、低任务高关心型、低任务低关心型，成为领导行为四分图，也称二维构面理论（图5-2）。

从图5-2中可以看出，领导行为分为四种类型。Ⅰ型：低任务低关系型领导，对组织和人际关系都不关心；Ⅱ型：高任务低关系型领导，最关心的是工作任务，不重视人际关系；Ⅲ型：高任务高关系型领导，对工作任务和人际关系均重视；Ⅳ型：低任务高关系型领导，大多重视与下属之间的相互信任、尊重与合作，对工作任务重视程度较低。许多研究发现，高任务高关系型领导风格，相对其他3种领导风格更能使员工在工作中取得高绩效并获得工作满足感。

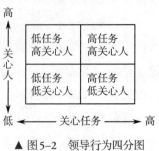

▲ 图5-2　领导行为四分图

（三）管理方格理论

1964年美国学者罗伯特·布莱克（Robert R. Blake）和简·莫顿（Jane S. Mouton）出版了《管理方格》一书，其在领导行为四分图理论的基础上，提出管理方格理论并构造了管理方格图（图5-3）。横坐标表示领导者对生产的关心程度，纵坐标表示管理者对人的关心程度。将关心程度各划分为9个等份，纵横坐标共81个小方格，每一方格代表一种领导风格，其中有5种领导风格具有代表性，分别是1.1型（贫乏型）、1.9型（乡村俱乐部型）、9.1型（任务型或权威型）、9.9型（协作型或团队型）、5.5型（中庸型）。

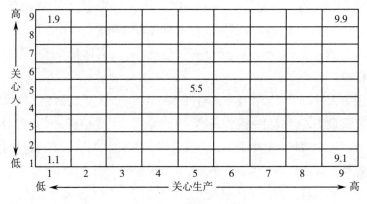

▲ 图5-3　管理方格图

1. 协作式管理　即9.9型管理。领导者对生产任务和员工都极为关心，上下级关系和谐，充分调动员工的积极性，组织目标和任务完成出色。罗伯特·布莱克和简·莫顿认为这是最理想有效的领导类型，管理效果最佳。

2. 中庸式管理　即5.5型管理。领导者对生产任务和人都有适度的关心，需保持工作与满足人的需要之间的平衡，追求正常的效率和令人满意的士气。

3. 权威式管理　即9.1型管理。领导者高度关心生产任务，很少关心下级的发展和士气，虽然能达到一定的工作效率，但是不注意人的因素，不关心人。

4. 乡村俱乐部式管理　即1.9型管理。领导者对人高度关心，对生产任务很少关心，此种管理方式能为员工创造友好的组织氛围，领导者和善待人、态度轻松。其理由是只要员工心情舒畅，自然会提高生产绩效。

5. 贫乏式管理 即1.1型管理。领导者对生产任务和对人的关心均处在较低水平，只是以最小的努力来完成一些维持自己职务的工作，最低限度地努力完成组织工作和维系组织人际关系。

罗伯特·布莱克和简·莫顿认为，上述5种领导风格中，贫乏式管理效果最差；俱乐部式管理效果次之；中庸式管理和权威式管理在不同情景下效果不同，权威式管理在短期内工作效率较高，在任务紧急和员工素质较低时可能优于中庸式管理，但不利于组织长期发展；协作式管理效果最佳。

知识拓展 | 　　　　　　　　　**领导行为连续统一体理论**

　　坦南鲍姆（R. Tannenbaum）和施密特（W. H. Schmidt）在1958年提出了领导连续统一体概念，系统地归纳了适合于不同情境的领导风格。领导风格与领导者运用权威的程度和下属在做决策时享有的自由度有关。在连续体最左端表示的是专制的领导，在连续体最右端表示的是民主型的领导。在管理工作中，领导者使用的权威和下属拥有的自由度之间是一方扩大，另一方缩小的关系。

　　在高度专制和高度民主的领导风格之间，坦南鲍姆和施密特划分出7种主要的领导模式（图5-4）。他们认为领导方式各式各样，不能抽象地认为哪一种模式更有优势。领导者应该考虑各种因素的影响，采取最恰当的领导方式。1973年，他们在其模型的周围添加了两个圈，表示组织和社会环境对领导风格的影响，强调了领导风格具有开放系统的性质，这就要求领导在做决策时还要考虑组织外部的利益。

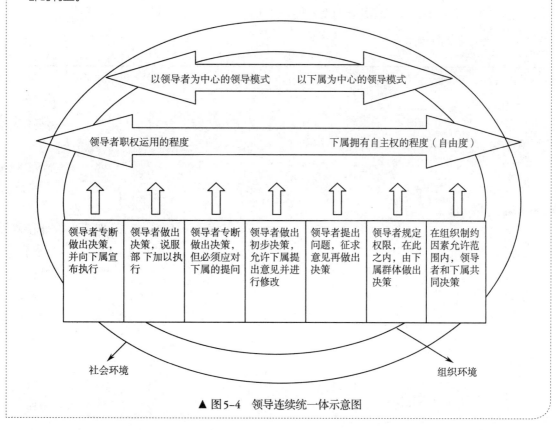

▲ 图5-4　领导连续统一体示意图

三、领导权变理论

领导行为理论与领导特质理论相比，虽然有了较大的发展，但是仍然具有局限性。人们发现领导者的成功远比仅仅具有某些特征和表现某些行为更为复杂，上述几种领导行为理论均忽视了环境因素对领导的有效性的影响，专家们开始进行环境因素对领导有效性影响的研究，从而形成了领导权变理论（contingency theory of leadership）。

（一）费德勒的权变理论

美国华盛顿大学心理学家、管理学家弗莱德·费德勒（Fred Fiedler）经过15年深入而广泛的研究，1962年提出了有效领导的权变理论，即费德勒模型。弗莱德·费德勒指出，领导是一个动态的过程，领导的有效性不仅取决于领导者的特征和行为，还取决于领导者所处的具体环境。不可能有一种适用于任何环境的领导方式，任何领导方式都可能有效，取决于与环境是否相适应。这一理论的关键在于界定了领导者的领导风格以及不同的情境类型，然后使领导风格与情境相适应。

弗莱德·费德勒提出领导风格分为任务导向型和关系导向型，设计了"最难共事者（least-preferred coworker，LPC）"调查问卷，通过对最难共事的同事的评价打分来反映和测试领导者的领导风格（表5-5）。弗莱德·费德勒认为，如果以相对积极的词汇来描绘最难共事的同事（得分大于64分），则说明作答者对人宽容，乐于与同事形成良好的人际关系，属于关系导向型。反之，如果以相对消极的词汇来描绘最难共事的同事（得分小于57分），则说明作答者对人要求严格，更关注生产和任务，属于任务导向型。得分介于64和57之间，属于混合型或独立型。

▼ 表5-5　LPC问卷

快乐	8	7	6	5	4	3	2	1	不快乐
友善	8	7	6	5	4	3	2	1	不友善
拒绝	1	2	3	4	5	6	7	8	接纳
有益	8	7	6	5	4	3	2	1	无益
不热情	1	2	3	4	5	6	7	8	热情
紧张	1	2	3	4	5	6	7	8	轻松
疏远	1	2	3	4	5	6	7	8	亲密
冷漠	1	2	3	4	5	6	7	8	热心
合作	8	7	6	5	4	3	2	1	不合作
助人	8	7	6	5	4	3	2	1	敌意
无聊	1	2	3	4	5	6	7	8	有趣
好争	1	2	3	4	5	6	7	8	融洽
自信	8	7	6	5	4	3	2	1	犹豫
高效	8	7	6	5	4	3	2	1	低效
郁闷	1	2	3	4	5	6	7	8	开朗
开放	8	7	6	5	4	3	2	1	防备

在任务导向型和关系导向型领导风格的基础上，费德勒又提出了影响领导有效性的3种情境因素：

1. 上下级关系　指上下级之间的信任、尊重、喜爱程度以及下属愿意追随领导者的程度。如果双方高度信任、相互支持，表明上下级相互关系好；反之则表明上下级相互关系差。上下级关系是最重要的因素。

2. 任务结构　指下属所承担任务的规范化和程序化程度。当任务常规、具体、明确、容易理解、有章可循，表明任务结构明确性高；反之，当任务复杂、无先例，没有标准程序，则表明任务结构明确性低或不明确。任务结构是次重要因素。

3. 领导者职权　指与领导者的职务相关联的正式权力，以及领导者在整个组织中从上到下所取得的支持程度。如果领导者对下属的工作任务分配、职位升降和奖罚等有决定权，则属职位权力强；反之，则属职位权力弱。领导者职权是最不重要的因素。

根据这三个主要因素，费德勒分析了对领导效果最有利和最不利的环境因素，并把它分成了八种环境类型（图5-5）。

对领导的有利性	有利			中间状态				不利
上下级关系	好	好	好	好	差	差	差	差
工作任务结构	明确	明确	不明确	不明确	明确	明确	不明确	不明确
领导者职权	强	弱	强	弱	强	弱	强	弱
领导方式	指令型			宽容型				指令型

▲ 图5-5　费德勒权变理论模型

费德勒认为，领导者所采取的方式，应该与环境类型相适应，才能获得有效的领导。如果领导与下属之间关系好，工作任务结构明确度高，领导者职权也强大，则采用以任务为目标的指令型领导方式可获得高管理效率；如仅是领导与下属之间关系好，而工作结构明确度低，领导者职权小的情况下，则以人际关系为目标的宽容型领导方式的工作效率高；如果领导与下属之间关系差，工作任务结构明确度低，领导者职权也小，则采用以任务为目标的指令型领导方式可获得高管理效率。

有效领导的权变理论的关键在于界定了领导者的领导风格以及不同的情境类型，然后使领导风格与情境相适应。其意义在于：① 有效领导的权变理论强调采取什么样的领导方式才能使领导有效，而不是强调领导者的个人素质。② 有效领导的权变理论将领导行为和情境的影响、领导者和被领导者的关系巧妙地结合起来，表明并不存在一种绝对的、最好的领导形态。

（二）领导生命周期理论

领导生命周期理论（life cycle theory of leadership），也称情境领导理论（situational leadership theory），最初由俄亥俄州立大学心理学家科曼（A. Korman）于1966年提出，后由美国组织行为学家保罗·赫塞（Paul Hersey）和管理学家肯尼斯·布兰查德（Kenneth H. Blanchard）发展完善。

该理论的主要观点是：成功的领导取决于合适的领导方式，而领导方式的选择则取决于下属的成熟度水平。因此要实现有效领导，必须针对不同成熟程度的员工采取不同的领导方式。领导者对待下属，既要重视培训技能，提高工作能力，又要重视改善态度，提高工作积极性，即创造条件帮助员工从不成熟逐渐向成熟转化。

成熟度（maturity）是指个体对自己的直接行为负责任的能力和意愿的大小，包括工作成熟度和心理成熟度。工作成熟度是指一个人从事工作所具备的知识和技能水平。工作成熟度越高，在组织中完成任务的能力越强，越不需要他人的指导。心理成熟度是指从事工作的动机和意愿。心理成熟度越高，工作的自觉性越强，越不需要外力激励。工作成熟度和心理成熟度相互结合，可以组成四个成熟度等级。

（1）M_1（不成熟）：工作能力低，动机水平低。下属缺乏接受和承担任务的能力和意愿，既不能胜任工作，又缺乏自信。

（2）M_2（初步成熟）：工作能力低，动机水平高。下属业务能力差，缺乏完成任务的技能，但有承担任务的意愿。

（3）M_3（比较成熟）：工作能力高，动机水平低。下属具备了工作所需要的技术和经验，但缺乏足够的动机和意愿。

（4）M_4（成熟）：工作能力高，动机水平高。下属不仅具备了独立工作的能力，而且愿意并具有充分的信心来完成任务，并承担责任。

领导生命周期理论将领导行为分为工作行为和关系行为两方面，又将这两方面分为高低两种情况，从而组合成了4种领导风格。领导风格与下属成熟度水平成一定的对应关系（图5-6）。

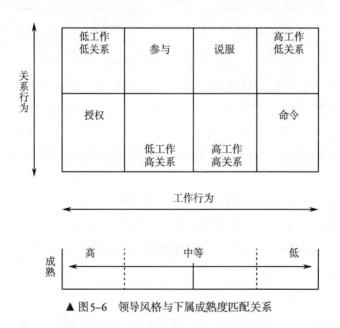

▲ 图5-6 领导风格与下属成熟度匹配关系

（1）命令型（高工作-低关系）：强调直接指挥，采取单向沟通的方式。明确规定工作目标和工作规程，告诉他们做什么、如何做、何时做、在何地做等。适用于不成熟（M_1）的下属。

（2）说服型（高工作–高关系）：领导者除了向下属布置任务外，还与下属共同商讨工作如何进行，以双向沟通的方式对员工的意愿和热情加以支持，并向员工说明决定，通过解释和说服获得下属的认可和支持。适用于初步成熟（M_2）的下属。

（3）参与型（低工作–高关系）：上级与下级共同进行决策，领导者给下属提供支持，加强交流，鼓励下属参与决策，对下属的工作尽量不做具体指导，促使其搞好内部的协调沟通。适用于比较成熟（M_3）的下属。

（4）授权型（低工作–低关系）：领导者充分授权下属，鼓励下属自己做决定并承担责任。适用于成熟（M_4）的下属。

（三）路径–目标理论

路径–目标理论（path–goal theory）由加拿大多伦多大学教授马丁·埃文斯（Martin Evans）首先提出。由其同事罗伯特·豪斯（Robert House）和华盛顿大学教授特伦斯·米切尔（Terence Mitchell）予以扩充和发展。该理论认为，领导的主要职能是帮助下属实现工作目标，并提供必要的指导和支持，以确保他们各自的目标与组织的目标相一致；领导者的效率是以能激励下属达到组织目标，并在工作中使下属得到满足的能力来衡量的。

路径–目标理论关注两个方面：一是下属如何建立工作目标、工作方法和路径；二是领导者如何帮助下属完成工作路径–目标循环，这样就形成了这一理论的两个基本原理：① 领导方式必须是下属乐于接受的，只有能够给下属带来利益和满足的方式，才能使他们乐于接受；② 领导方式必须具有激励性，激励的基本思路以绩效为依据，同时以对下属的帮助和支持来促进绩效。也就是说，领导者要能够指明下属的工作方向，帮助其排除实现目标的障碍，同时尽量满足他们的需要。不同环境下适用的领导类型分为以下四种：

（1）指导型领导：让下属明确任务的具体要求、工作方法、工作日程，领导者能为下属制订出明确的工作目标，并将规章制度向下属讲得清清楚楚。

（2）支持型领导：与下属友善相处，领导者平易近人，关心下属的福利，公平待人，尊重下属地位，能在下属需要时提供真诚帮助。

（3）参与型领导：与下属商量，征求下属的建议，允许下属参与决策。

（4）成就导向型领导：提出有挑战性的目标，要求下属有高水平的表现，鼓励下属，并对下属的能力表示充分的信心。

该理论还认为，影响领导方式选择的情境因素有两类：

（1）下属的个人特点：主要指下属对自身能力的认识和控制轨迹，如受教育程度、参与管理和承担责任的态度、成就的需要、领悟能力、独立性需求程度等。如下属认为自己能力不强，通常喜欢指导型领导方式；相信内因决定事情成败的下属常常喜欢参与型领导方式，而相信外因决定事情成败的下属则适应指导型领导方式。

（2）工作场所的环境特点：主要指任务结构、正式权力系统和工作群体的特点。如果任务结构、正式权力系统都很明确，就不需要采用指导型领导方式；如果组织不能为个人提供足够的工作支持，则支持型的领导方式就更有效。

四、新型领导理论

（一）变革型领导理论

变革型领导是继领导的特质论、行为论、权变论之后提出的一种新型领导类型。变革型领导理论的提出使整个领导学界产生了一次大的革命，成为学界和企业界共同关注的焦点，并在很长一段时间在领导学领域起着举足轻重的作用。

1. 基本内涵 变革型领导理论一词首先是由詹姆斯·V·唐顿（James V. Downton）于1973年在《反叛领导》（*Rebel Leadership*）一书中提出的，接着由美国政治学家詹姆斯·麦克格雷格·伯恩斯（James MacGregor Ruins）于1978年在《领导力》（*Leadership*）一书中予以概念化。伯恩斯认为，变革型领导通过追求更高的理想和道德价值观（包括自由、公平、平等、和平和人权等）来培养和增强下属的意识。巴斯（Bemard M. Bass）在伯恩斯研究的基础上提出了"交易型领导理论"和"变革型领导理论"，并认为变革型领导是通过让下属意识到所承担任务的重要意义，激发下属的高层次需要，营造互相信任的氛围，促使下属为了组织的利益牺牲自己的利益，并达到超过原来所期望的结果。

2. 测量方法 詹姆斯·M·库泽斯（James M. Kouzes）等通过对1 100个处于领导地位的对象进行研究分析，将变革型领导者所表现出的领导行为总结为榜样作用、激励人心、共启愿景、挑战过程、影响并授权他人五大类，使变革型领导的行为更加具体化。同时开发了领导行为测量量表（Leadership Practice Inventory，LPI）。LPI量表是一个360度的测评工具（自评与他评），被国内外众多学者应用于多种组织、各种层次的管理者和领导者领导行为的分析与培养。2005年我国台湾地区学者陈秀勤依据库泽斯和巴里·Z·波斯纳（Barry Z. Posner）的研究形成了LPI他评量表，用于测量下属感知到的变革型领导。

（二）共享领导理论

处于国际前沿的共享领导理论打破现有的个人英雄主义观念，从分享权利与责任出发，着眼组织目标，鼓励共享，为更好地实现民主管理、促进组织发展提供了新的方向。有试验证明共享领导对护士执业环境、工作满意度、护理质量均有着积极作用。

1. 基本内涵 皮尔斯对共享领导理论的定义：一个动态的、互动的群体中个人之间的相互影响过程，其目标是相互领导，实现群体和/或组织目标。2006年，我国引入"共享领导"这一概念，国内研究者对共享领导理论进行了本土化诠释。共享领导是指在一个群体中的个体之间相互信任，共享权力、知识、信息、反馈、技能、情感、责任、愿景等。共享领导在此基础上通过合作的方式实现群体目标，是一个相互影响的、动态的、互动的过程。美国学者Christman在1977年发表的文章中首次提出在护理团队中应用共享领导理论。1991年，圣约瑟夫健康护理中心启动持续质量改进计划，共享领导理论被加强监护病房（intensive care unit，ICU）的护理人员提出后得到采纳并推行。在共享领导实施过程中，共享领导被描述为一种分散的领导模式，主张通过提高专业水平来加强综合护理质量，使得患者及其家属处于良好的就医环境。共享领导使得护理人员的自主权、管理权、决策权和问责权平衡发展，促进组织内部达成共同愿景。

2. 应用模式 基于共享领导理论，研究者们提出共享领导模式，包括委员会模式（council

mode）和基于科室（病区）模式（unit-based model）。

（1）委员会模式：英国克里斯蒂医院推行委员会模式，包含实践发展委员会、教育和研究委员会、人力资源委员会、质量委员会和培训委员会等。克里斯蒂医院规定每个类型的委员会人数为12人，所有医院工作人员均可填写自我提名表格，再由医院领导者决定最能代表该委员会的医务工作者担任成员，成员选取要兼顾代表性和平衡性。设立一个总体协调委员会，以接受建议，协调优先事项，确保组织活动与目标保持一致。总体协调理事会由每个委员会的主席和特定的代表组成，包括医疗代表、临床护士代表、临床专科护士代表、高级护士代表、教育代表、临床专业代表、非临床专业代表、患者代表、运营总监。委员会模式设立涵盖医院各个管理范围，并且这些委员会可以根据组织的要求进行调整，以促进其在整体结构中的实施。该模式不仅促进多领域专业人员参与，还明确了个人决策问责制。

（2）基于科室（病区）模式：是由Walker在大型母婴护理医疗中心开发的以科室为基础、在科室内部实施的共享领导模式。每个科室组成管理团队，包括护士长、临床护理专家、护理助理、护理协调员（出院计划护士）、科室服务协调员、患者以及其他工作人员。该团队由6名成员组成，科室工作人员可以自我推荐，参与其中。基于科室（病区）的共享领导模式能切实地提高工作人员的自主性和参与性。

3. 测量方法　国外研究多采用自制问卷、普适性量表或问卷、观察评估、半结构式访谈等方法来测量共享领导力。Gockel等用自制问卷的方式和社交网络指数来共同评估共享领导力集中化程度和密度。Sousa等将仆人式领导调查（Servant Leadership Survey，SLS）与共享领导理论结合调整量表，量表包含授权、谦卑、管理和问责，评估受试者所感受到的团队中领导行为数量。Armstrong等利用创伤非技术性技能评估工具（NOTECHS）来衡量团队领导力和合作质量，包括领导力、资源管理、沟通互动、评估和决策以及压力应对。Guenter等将真实领导力调查问卷（The Authentic Leadership Questionnaire，ALQ）中的主语"我的领导者"更改为"这个团队的成员"来更好地衡量共享领导力，包括团队成员的自我意识、关系透明度、平衡处理和内在道德视角。Fischer等使用决策参与量表（The Decisional Involvement Scale，DIS）来衡量共享领导效率，量表包括单位人员配置、专业实践质量、专业招聘、单位治理和领导、支持人员实践质量以及协作或联络活动，已普遍用于衡量医护人员的决策参与程度。

（三）伦理型领导理论

2005年，Brown等基于社会学习理论构建了伦理型领导的理论模型，并对其概念定义、测量工具、影响过程开展了系列的实证性研究，这为之后伦理型领导的理论发展和实践应用奠定了坚实的根基，象征着伦理道德与领导力的正式融合，自此伦理型领导成为一门独立的领导力理论体系。在护理管理领域长期探索、实践与研究中，已证明伦理型领导在营造健康的职业环境、规范护士执业行为、保障护理人力资源稳定、提高个人及团队工作效能、提高患者安全与照护质量等方面发挥重要作用，能够为护理领导理论的发展指出新的思路，为护理领导力的实践创新提供参考。

1. 基本内涵　2014年Wart提出，伦理型领导是对自我和追随者所渴求的道德行为的隐性或显性追求，领导者在倡导学习动机、健康乐观、目标清晰的规则下严格治理，在领导过程中维护赋权、服务他人、关注人权、完善变革，以充分履行对社会、后辈、环境及其可持续性发展的责任。该定义将领导力的受众扩展到了服务对象与社会群体，并强调领导结果应关注于后辈及环境的可持续发展。换言之，伦理型领导不仅关注于领导行为对于组织当前利益的影响，更强调领导行为对于组织及其利益相关者的长效作用机制。

2. 测量方法　Treviño等最早使用定性研究的方法对伦理型领导的特质进行总结，将其归纳为以人为本、采纳伦理行为、制订伦理准则、拓展伦理意识、执行伦理决策5个行为过程。Brown等在Treviño等的研究基础上，结合质性访谈的结果开发了单维度共10个条目的伦理型领导量表（Ethical Leadership Scale，ELS），是现今运用最广泛的伦理型领导力测量工具。Kalshoven等基于规范研究取向，从道德品质、伦理内涵和影响过程3个层面探索了伦理型领导的特征，并提出了伦理型领导的7个要素——诚实、公正、以人为本、权力分享、关注可持续发展、角色澄清、道德引领，形成了多维度共38个条目的工作伦理领导力问卷（Ethical Leadership at Work，ELW），是目前较常用的广义伦理型领导力的测量工具。我国学者Zhu等基于科学研究取向探讨了中国本土化的伦理型领导特质，并创造性地将儒家文化中的"修己"和"安人"与"道德的人"和"道德的管理者"相结合，从伦理品质、伦理认知、伦理角色模范、伦理氛围4个维度构建了适合中国人群的伦理型领导测量工具。上述理论存在着部分共同点，均强调了领导者的个人品质和领导行为是伦理型领导特质的核心构成。但值得注意的是，其探索出的伦理型领导特征元素及数量不尽相同，不同情境和研究取向下伦理型领导特征会存在一定差异。

（四）服务型领导理论

服务型领导最早在1977年由美国学者Greenleaf提出，但没有对其进行清晰的定义。服务型领导理论作为当今管理哲学界的一个研究热点，已运用于企业管理中，且取得了重要成效。服务型领导是以服务为动机，重点关注员工发展，对道德成分更为重视，更多地通过服务这种方式产生非权力影响力从而实现领导。

1. 基本内涵　国外学者普遍认为服务型领导是一种将被领导者的利益置于领导者个人利益之上的领导行为或领导活动，领导过程中领导者将注意力从自身转移到其追随者身上，尊重追随个体的尊严和价值，以服务为核心，努力满足追随者的生理、心理和情感的需求。国内学者结合国情将其进行归纳并定义，即服务型领导是一种颇具仁爱、以人为本的领导实践活动和认知行为。领导者以本身的道德和责任为基础，重视被领导者的利益，尊重其价值，关注其发展，挖掘和培育其能力，充分激发其积极进取的精神、心理和情绪等多方面动力。服务型领导的核心在于强调领导者对他人的服务，强调被领导者的发展重于领导者的利益。

2. 测量方法　测量工具可根据适用人群分为普适性量表和特异性量表。普适性量表是由Laub研制的组织领导评价问卷（Organization Leadership Assessment，OLA），至今为止在对服务型领导的评价中，使用率最高且应用广泛，诸多学者的研究证实其信度和效度良好。其次是由Dierendonck等通过横断面研究调查研制出的仆人式领导调查（Servant Leadership Survey，SLS），同样具有良好的适用性。特异性量表则包括汪纯孝等编制的针对企业的企业公仆型领导量表，以及沙莎等修订、研制的针对护理行业的护士长服务型领导行为量表，都具有良好的信度和效度，且结合国情，适用性良好。

导入情境分析

对本章的导入情境进行分析，李护士长的领导方式存在一定问题。她上任后设定了一套护理工作制度和规范，并要求护士执行，对执行不力的护士还进行了相应处罚，因此导致了科室护士对她的不满，影响了科室护士的工作积极性，进而导致患者满意度下降。

综上所述，李护士长的领导方式仅仅行使了作为护士长的职权，没有发挥出作为一个领导者的非权力影响力去影响团队成员。领导者所采取的方式，应该与环境类型相适应，才能获得有效的领导，使下属心甘情愿地为组织目标而努力工作。

学习小结

领导的构成要素包括领导行为的主体、领导行为的客体、领导目的及实现目的的手段和领导力量。

● 领导者的素质包括思想品德素质、知识素质和能力素质三个方面。

● 领导者的影响力的来源有法定影响力、强制影响力、奖罚影响力和专家影响力。根据性质不同，领导者影响力可以分为权力性影响力和非权力性影响力。

● 领导者的作用包括组织、指挥、协调和激励等作用。

● 领导效能的基本内容包括时间效能、用人效能、决策效能和组织整体贡献效能。领导效能的类型可依据领导效能层次划分（宏观领导效能和微观领导效能）或依据领导效能的性质划分（正效能和负效能）。

● 领导理论按照其发展阶段大致分为领导特质理论、领导行为理论和领导权变理论。

（陈翠萍）

复习参考题

一、选择题

1.【A1】下列属于领导者权力性影响力的构成因素是（　　）
　　A. 情感因素
　　B. 能力因素
　　C. 知识因素
　　D. 职位因素
　　E. 品格因素

2.【A1】根据领导生命周期理论，参与型领导方式的含义是（　　）
　　A. 高工作低关系

B. 高工作高关系
C. 低工作高关系
D. 低工作低关系
E. 工作能力低，动机水平高

3.【A2】某护士长在开展团队工作时，总是事先安排好工作程序和方法，靠行政命令、纪律约束、惩罚来管理科室人员，且与下属保持一定的心理距离。根据领导方式理论，这属于（　　）行为
A. 独裁型领导
B. 民主型领导
C. 放任型领导
D. 权威式管理
E. 贫乏式管理

4.【A2】某护士长所管理的科室肠造口患者较多，于是她积极参加肠造口培训班，关注最新临床进展，利用闲暇时间学习、充电，提升自己。

随着时间积累，某护士长的知识基础越来越扎实，对下属的指导也越来越正确，科室人员以及患者的信赖感显著增强。这体现了领导者（　　）的重要性
A. 品德素质
B. 知识素质
C. 能力素质
D. 组织素质
E. 创新素质

5.【A2】某护理部主任在年度考核护士长时，向各科室人员发放匿名问卷、投票，并随机抽取部分科室员工进行对话。该测评方法属于（　　）
A. 比较测评法
B. 模拟测评法
C. 民意测验法
D. 目标测评法
E. 调查研究法

二、简答题

1. 如果你是领导者，你将如何提升自己的领导效能？

2. 如何看待权力性影响力与非权力性影响力？为什么说非权力性影响力的作用更大？

3. 简要描述费德勒的权变理论。

三、案例分析题

情景环境与领导风格

某医院护理部根据调查问卷发现A科室和B科室都存在住院患者健康教育记录单不完善的问题。每位住院患者的健康教育记录单中应当包括患者评估、患者的健康问题、健康促进措施、评价实施效果四个方面。A科室护士长资历较深，与科室护士关系较好，威望较大，除了向科室护士布置任务外，还与科室护士共同商讨工作如何进行，之后健康教育记录单问题得到明显改善。而B科室护士长是一位新任护士长，针对健康教育记录单

问题，她根据科室护士个人特长，选取几名交流能力强，富有责任心的护士专门负责该工作，同样有效解决了健康教育记录单的问题。

请思考：

1. A和B两个科室的护士长属于何种领导风格？

2. 分析两位护士长在处理健康教育记录单问题中是如何灵活运用领导方式的。

（选择题、案例分析题的答案解析见数字内容）

第六章 激励

学习目标

知识目标	1. 掌握 激励的概念、模式、原则；内容型激励理论、行为改造型激励理论和过程型激励理论的主要内容。 2. 熟悉 激励的策略。 3. 了解 内容型激励理论、行为改造型激励理论和过程型激励理论在护理管理中的应用。
能力目标	能结合激励的模式和原则，将激励理论在临床护理管理实践中进行应用。
素质目标	能批判性地运用激励理论进行临床护理管理。

导入情境与思考

小李是一位护理本科毕业生，毕业后应聘到一家省级三甲医院心内科做了护士。刚工作的前几年，她刻苦钻研业务，很快适应了临床护理工作，并成为科室的一名护理骨干。此外，她没有满足现状，考取了护理研究生，在核心期刊上发表了多篇论文，并成功申请了市级和院级课题各一项。然而，她所在的医院与科室均没有重视她的表现，既没有给予精神鼓励，也没有给予物质奖励。经过一番思考，小李辞去了医院的工作，转行到了一家公司。3年后，小李成为了一名出色的销售经理。

请思考：

1. 请分析小李辞职的原因。

2. 假如你是小李所在医院的护理管理者，你会怎么做？

第一节 激励概述

一、激励的概念

激励（motivation）是一种动力，一种人内心的活动状态，是利用外部诱因来调动、影响人的内在需求或动机，从而激发、推动或维持某种行为的活动或过程。激励的根本目的是根据组织目标，激发人们出现有利于目标实现的优势动机，并朝着组织所期望的方向努力，从而提高组织的整体绩效。

二、激励的模式

激励的对象是组织内的成员，是针对人内在的行为动机而进行的工作。激励的基础是人的内在潜能，即人尚未表现出的能力。激励的过程主要由四部分组成，即需要、动机、行为、绩效。激励的基本模式如图6-1所示。

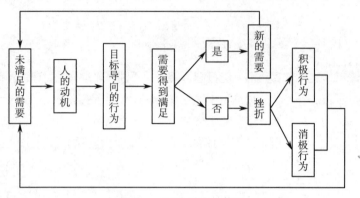

▲ 图6-1　激励的基本模式

人的行为是由动机决定的，动机是由人所体验到的某种未满足的需要引起。在同一时间内，人往往同时存在多种需要。在这多种需要中，最重要、最强烈的需要称为优势需要，优势需要才会引发人的行为动机，使人朝着满足这种优势需要的方向努力。努力的结果会刺激个体重新调整需要的结构和层次，从而产生新的优势需要，成为下一轮激励的起点。由此可见，激励的起点是人未满足的需要，激励的过程就是满足需要的过程。努力的结果可能是需要得到满足，再激发产生新的未满足的需要；努力的结果也可能是需要未能得到满足，出现挫折，进而产生各种积极或消极的行为。管理者通过满足下属的需要，激发其潜能，向着预定的组织目标努力。

三、激励的原则

（一）基本原则

1. 实事求是原则　激励中的实事求是原则是指以事实作为激励的依据，即管理者要根据所实现目标本身的价值大小确定适当的激励量。激励量过大或过小都会影响激励的效果。

2. 及时适度原则　及时是指激励要有一定的时效性，领导者要善于把握激励的时机，激励越及时，越有利于激发人们的内在潜能，从而使激励的效果更好。适度是指激励的大小、方法要适度。

3. 公平原则　即公平激励，一是指组织内的所有员工在争取奖惩激励时的机会要均等；二是对于取得同等绩效的员工，要获得同等大小力度的奖惩；三是激励的过程要公正、公开。激励不公平会使员工产生消极的工作情绪，进而影响工作效率。斯塔西·亚当斯（J.Stacy Adams）的公平理论认为，当一个人感到他所获得的回报与所做的贡献比值与其他人相等时，才会产生公平感。

4. 讲求效应原则　追求正效应的最大化是激励的核心，也是激励的落脚点。无效应的激励是没有意义的。激励既讲究个体效应，也讲究整体效应，既重视经济效应，也注重精神效应。

5. 注重规则原则 将激励的目的、激励的方式和激励的具体措施等内容，提前告知组织内成员，让大家明白激励的目的和组织的期望，以明确今后努力的方向。

（二）应用原则

1. 目标原则 目标同需要一起调节着人的行为，把行为引向一定的方向。在激励过程中，设置目标是一个关键环节，通过设置目标来激发人的动机、引导人的行为。目标设置必须同时考虑组织目标和兼顾员工的个人需要，使被管理者的个人目标与组织目标紧密地联系在一起，激发被管理者的积极性、主动性和创造性。

2. 物质激励与精神激励相统一 在激励的过程中，要注意物质激励与精神激励的关系。物质激励侧重于满足人较低层次的需要，如满足人们生理的需要，而精神激励侧重于满足人更高层次的需要，如得到尊重、认可等。二者的目标是一致的，对于调动人的积极性来说，物质、精神奖励都是不可缺少的。随着人们物质生活水平的不断提高，人们对精神与情感的需求越来越迫切。在两者结合使用的基础上，逐步过渡到以精神激励为主。物质激励是基础，精神激励是根本。

3. 内在激励和外在激励相统一 内在激励与外在激励相辅相成，互不矛盾。内在激励和外在激励的出发点不同，所谓的"内在"与"外在"是相对于工作而言的。内在激励是由工作本身带来的激励，如工作所带来的成就感、获得认可等，是源自工作人员内心的激励，这种激励是不能靠外界组织掌握和分配的资源直接满足的。外在激励是工作以外的激励，它所指向的目标是当事人自身无法控制而由外界环境支配的，如报酬的增加、职务的提升等，是与工作任务本身无直接关系的激励。外在激励在外在刺激物消失时，随之消退，内在激励则不管环境如何变化，都能持续地发挥作用。因此，内在激励更稳定、持久，值得管理者重视和挖掘。

4. 正激励和负激励相统一 正激励与负激励作为激励的两种不同类型，不仅作用于当事人，也会间接地影响其他人。它们分别从不同的侧面对人的行为进行强化。正激励是指对员工符合组织期望的行为进行奖励，以达到持续和发扬这种行为的目的。它是一种主动性的激励，是对所强化行为的肯定。正激励的形式可以是口头表扬、物质奖励、带薪假期等。负激励是指对员工违背组织期望的行为进行惩罚，以达到减少或消除这种行为的目的，是一种被动性的激励，是对行为的否定。负激励的常见形式有经济惩罚、警告、降级等。正、负激励的本质都是为了达到激励员工的目的，在实际管理工作中，应将正激励与负激励相结合，"奖惩结合""赏罚分明"，只要运用得当，两种激励形式都是必要而有效的。

5. 长期激励和短期激励相统一 按照激励产生的时间周期来划分，短期激励和长期激励是相对而言的。短期激励往往是临时性的，在较短的时间内起作用，它的激励周期可以是几日或一个星期的时间。长期激励的周期则相对较长，可以是几个月到几年，甚至更长时间。长期激励靠共同的目标愿景，短期的激励主要是薪酬。长期激励可以是由几个相关联的短期激励组合而成。长期激励是组织的高层管理者与员工共同努力，使其能够稳定地为组织长期工作，并着眼于组织的长期利益，避免员工的短期行为，以实现组织的长期发展目标。

6. 个体激励和群体激励相统一 群体是由两个或两个以上个体组成的集合体，在群体内部，个体成员间通过不断地接触、相互作用，他们遵从共同的行为规范、有以统一行动应对环境的能力或趋向，在情感上互相依赖、思想上互相影响。群体的绩效不等于个体绩效的简单相加，它既依赖于每个个体的努力，同时又依赖于个体间的相互协作。不管采用个体激励还是群体激励，激励的最终落脚点都是个体。个体激励是根据个体的不同需要，所采取的针对个体成员行为的激励，群体激励是以群体这一整体作为对象来进行激励的一种方式，是通过激励员工之间的相互协作来实现组织目标。个体激励和群体激励作为两种激励方式存在互补性。个体激励有利于竞争，有利于激发个体的积极性、创造性；群体激励有利于成员间的团结协作，能创造高于个人绩效总和的群体绩效。

四、激励的方法

1. 物质激励法　物质激励是最为直接有效的激励方式，它是运用物质刺激的手段来满足受激励者的需求，以达到调动其工作积极性、主动性和创造性的目的。物质激励模式主要通过额外奖金、增加薪水酬劳等直接方式实现。由于物质需要满足的是人们的基本需求，它的出发点是群众的切身利益，满足人们日益增长的物质文化生活需要。因此，是目前我国企业内部使用较为普遍的一种激励模式。但要注意的是，与精神激励相比，物质激励是短效激励。

2. 荣誉激励法　荣誉激励法是将组织成员的工作绩效与评优、晋级等荣誉形式联系起来，是一种高级的激励手段，它满足的是人们高层次的需要。追求荣誉是经营者的成就发展需要，而追求荣誉是为了获得长期的利益回报。荣誉是人们对个体或群体的崇高评价，它满足人们自尊的需要，是激发人们奋力进取的重要手段。荣誉可分为个人荣誉和集体荣誉，无论哪种荣誉，都能激发调动人们的积极性。当组织内员工的物质需要得到满足之后，就会把更多的追求转向对成就、荣誉的需要。荣誉是鞭策荣誉获得者保持和发扬成绩的力量，还可以对组织内的其他成员产生感召力，成为激励大家一起努力的动力，从而产生较好的激励效果。

3. 目标激励法　目标是个人、组织或部门所期望达到的最终成果，它对组织的管理活动起着引导、调节的作用。目标激励是指通过为组织或个人设定适当的目标来激发人的内在动机，引发所期望的行为，最终达到调动人的积极性、创造性的目的。目标激励首先要建立明确的、自上而下的目标体系，形成各层次、各部门乃至每一位员工的具体目标，在实施目标的过程中，由员工进行自我管理、自我控制，不断修正自己的努力方向和行为，以保证组织目标的顺利实现。

在目标激励的过程中，要正确处理大目标与小目标、个体目标与组织目标、理想与现实、原则性与灵活性的关系。首先，为员工设置个人目标时，应与员工一起，根据其工作岗位的性质，结合员工的个人特点，如兴趣爱好和专长，将个人目标与组织的分目标相结合，尽最大可能地相一致。这样在员工完成组织目标的同时，也实现了自身的个人目标，使个人的爱好、专长与技能得到长足的锻炼与发展。其次，目标制订的时候必须明确、可行，并具有一定的挑战性，以达到激发员工积极性和创造性的目的。

4. 信任激励法　信任激励是一种基本激励方式。古人云：用人不疑，疑人不用。这充分体现了对人才的信任。上下级之间的相互理解和信任是一种强大的精神力量，它能唤起人的自尊和热情，有助于组织内成员之间的和谐共存，并有助于形成强大的团队精神和凝聚力。只有在信任基础上放手使用，才能最大限度地发挥人才的主观能动性和创造性。

5. **重视激励法**　重视激励是对组织成员利于组织发展的行为给予肯定的激励方法。人都有受人尊重的愿望，如果这种愿望能充分得到满足，就会产生一种新的鼓舞力量，肯定与赞美是激励员工的最好方法之一。重视激励有利于提高员工工作的积极性，护理管理者应善于对护士利于科室发展的行为进行肯定，在激励受表扬护士的同时，引导并影响其他护士，从而带动整个科室的工作氛围。

6. **正面激励法**　正面激励是对个体符合组织目标的期望行为进行奖励，以使这种行为更多地出现，正面激励主要表现为奖励和表扬，是对下属行为的肯定。通过正面激励使被激励者产生被尊重感，感觉得到了别人的肯定和赏识，从而将外在的肯定转变为内在的动力，正面激励比负面激励更能完成组织目标，并实现突破。

7. **示范激励法**　示范法又称榜样法，是利用模范人物的事迹来激励组织成员的一种方法。对榜样的认同是一种激励力量。俗话说"近朱者赤，近墨者黑"，榜样人物具备典型性、号召力和影响力的特征，能起到鼓舞、示范和激励作用。领导者可通过组织成员学习伟人事迹、参观博物馆、观看视频等形式，让大家学习榜样行为，在潜移默化中受到良好行为的感染，形成良好的行为习惯。

8. **参与激励法**　为组织成员提供参与决策的机会。组织为了发挥员工的潜能，让他们参与不同层次、不同深度的管理工作。如组织在制订重要决策时，广泛征求基层工作人员的意见和建议，提高组织成员的归属感和使命感。

第二节　激励理论

西方管理学中已经形成了多种多样的激励理论，大致可以归纳为三种类型：内容型激励理论、行为改造型激励理论、过程型激励理论。

一、内容型激励理论

内容型激励理论是对激励原因与发挥激励作用的具体内容进行研究的理论。这类激励理论从人们未满足的需要入手，研究如何激发人的工作动机，通过激发人们未满足的需要来引导人们做出预期的行为。这类理论主要包括：亚伯拉罕·马斯洛的"需要层次理论（hierarchy of needs theory）"、弗雷德里克·赫茨伯格的"双因素理论（two factor theory）〔又称激励-保健理论（motivation-hygiene theory）〕"、克雷顿·奥尔德弗的"ERG理论（ERG theory）"和戴维·麦克利兰的"成就需要理论（achievement need theory）〔又称三种需要理论（three needs theory）〕"。

（一）马斯洛的需要层次理论

需要层次理论是研究人的需要结构的一种理论，由马斯洛在其代表作《人的动机理论》中首次提出。

1. 需要层次理论的主要内容

（1）需要层次理论构成的基本假设：① 人要生存，人的需要能够影响人的行为，只有未满足的需要才具有激励作用，满足了的需要不能充当激励工具；② 人的需要按重要性和层次性排成一定的次序，从基本的需要（如食物和住房）到复杂的需要（如自我实现）逐步提升；③ 当人的某一级的需要得到最低限度满足后，就会追求高一级的需要，如此逐级上升，成为推动人继续努力的内在动力。

（2）需要的五个层次：人的需要由低级到高级依次分为五个层级，即生理需要、安全需要、归属需要、尊重需要、自我实现需要。

2. 需要层次理论在护理管理中的应用

（1）正确分析护士的需要：护理管理人员要意识到每一个护士都是与众不同的独立个体，其需要存在差异性。而且同一个护士的需要也存在潜在性和序列性，管理人员应在不同阶段给予相应的支持。例如新护士面临的最大困难是不熟悉科室的工作环境、工作内容，此时护士长应选派一名高年资护士带领新护士迅速度过这一适应阶段，满足新护士的需求。工作一段时间后，护士的主要需求转变为获得专业发展和成长，此时护理管理人员要为护士提供参加培训、外出进修以及开展科研的机会和条件，既提高护士的专业素质，又帮助其达到自我实现的目标。

（2）选择适宜的激励方式：由于护士之间存在着年龄、学历、性格、家庭环境、经济条件、人生观和价值观等方面的差异，不同的护士，或同一护士在不同的时期都存在着很大的需求差异。这就要求护理管理人员要选择不同的方式来激励护士，不同的物质激励与不同的精神激励相结合，避免激励方式的绝对化或"一刀切"现象。

（二）赫茨伯格的双因素理论

弗雷德里克·赫茨伯格（Frederick Herzberg，1923—2000）是美国心理学家、行为科学家。20世纪50年代末期，赫茨伯格和他的助手们在美国匹兹堡地区对200名工程师、会计师进行了调查访问。访问主要围绕"在工作中，哪些事项是让他们感到满意或者不满意的，并估计这种积极或者消极情绪的持续时间"进行。赫茨伯格根据研究结果提出了双因素理论。

1. 双因素理论的主要内容　赫茨伯格在研究中发现，影响人们工作积极性的因素有很多，但概括起来可分为两大类，即保健因素和激励因素。

（1）保健因素：影响人们工作积极性的保健因素类似于影响人体健康所必需的各种因素，当这些因素不具备时，员工会产生不满情绪，进而削弱工作积极性。而当这些因素具备时，员工不会产生不满情绪，但也不会提高员工工作的积极性。如正常的工资、必要的福利、必需的工作环境和工作条件等，均属于保健因素。

（2）激励因素：激励因素是指能够让员工产生满意和积极态度，进而产生激励作用的因素。当这些因素具备时，员工会产生满意感，对员工产生激励作用。而当这些因素不具备时，员工不会产生不满意，也不会削弱员工工作的积极性。如工作成就、领导的赏识、荣誉、挑战性的工作、奖金、成长和发展的机会等，均属于激励因素。

2. 双因素理论在护理管理中的应用　在护理管理中可以根据双因素理论，采用多种方式调动护士的积极性。

（1）重视保健因素的作用：在实际工作中，护理管理人员要充分重视保健因素的作用，尽量为护士提供良好的工作环境和福利待遇，使护士不至于产生不满情绪，保持正常的工作状态。

（2）发挥激励因素的作用：① 正确发挥奖金的激励作用。奖金作为最常使用的激励因素，使用时必须与医院、科室的效益和个人的工作绩效挂钩。否则一味地追求"平均分配"，奖金就会变成保健因素，失去其激励作用。② 物质激励与精神激励相结合。护理管理人员不应把调动护士积极性的希望只寄托于物质激励方面。应注意处理好物质激励与精神激励的关系，充分发挥精神激励的作用。

（3）激励合理竞争：对某些有吸引力的岗位而言，如果长期为固定的人所占有，又没有来自外部的竞争压力，那么人的惰性就会自然而然地释放出来，工作质量和效率也会随之下降。为了激发护士的工作潜能，应鼓励合理性竞争，把竞争机制贯穿到岗位配置工作中。

（三）奥尔德弗的ERG理论

克雷顿·奥尔德弗（Clayton Alderfer）在马斯洛需要层次理论的基础上，提出了一种新的需要理论，即ERG理论。

1. ERG理论的内容 奥尔德弗认为，人类共存三种核心需要，分别为生存（existence）的需要、相互关系（relatedness）的需要和成长发展（growth）的需要。

（1）生存的需要：指的是全部的生理需要和物质需要，它包括马斯洛提出的生理和安全需要；组织中的报酬，对工作环境和条件的基本要求等均属于生存的需要。

（2）相互关系的需要：是指对人与人之间的相互关系和联系的需要，这种需要的满足是在与其他需要相互作用的过程中实现的；相互关系的需要与马斯洛需要层次理论中的社会需要和自尊需要中的外在部分是相对应的。

（3）成长发展的需要：指一种个体要求得到提高和发展的内在愿望，即个体不仅要求充分发挥个人潜能，有所作为和成就，而且还有开发新能力的需要；成长发展的需要与马斯洛需要层次理论中的自尊需要中的内在部分和自我实现层次中所包含的特征相对应。

2. ERG理论在护理管理中的应用 奥尔德弗认为，在同一时间各种需要可同时存在，并具有激励作用。如果较高层次的需要未得到满足，那么人们对满足较低层次需要的欲望就会增强。因此，人们可以同时去追求各种层次的需要，且各种需要之间可以进行相互转换，这为护理管理者在各种实践中采取灵活的管理策略提供了依据。

（1）完善的保障系统：建立完善的保障系统，以满足人们生存的需要。护理管理中应建立公平合理的薪酬体系和相应的激励机制，并创造安全、舒适的工作环境，以满足护理工作者在生理和物质方面的需要。

（2）和谐的人际关系：帮助护士构建和谐的人际关系，以满足人们相互关系的需要。与护理工作相关的人际关系主要是护患关系，此外，还包括护护关系、护士与其他医务工作者之间、护士与上下级之间的关系。护理管理者应注意为护士营造良好的人际关系和情感归属，以满足护理工作者相关关系的需要，保证各项护理工作的有序、高效运转。

（3）再教育制度：构建有效的再教育制度，满足人们成长发展的需要。护理管理者要为护理工作者建立有效的在职人员培训制度，鼓励和帮助护理人员发挥专业特长，从而帮助护理人员满足成长发展的需要。

（四）麦克利兰的成就需要理论

心理学家戴维·麦克利兰（David C. McClelland）通过对人的需求和动机进行研究发现，在人的一生中，有些需要是靠后天习得的。这些需要不是生来就有，而是通过生活经验学习来的，人们早期的生活阅历，如生长环境、培养教育等经历，决定着人们是否获得这些需要。在这个基础上，麦克利兰提出了三种需要理论，即权力需要、关系需要和成就需要。

1. 成就需要理论的三种需要

（1）权力需要：是指影响或控制他人、为他人负责且不受他人控制的需要。有着强烈权力需要的人，往往头脑冷静、十分健谈、爱教训人，并善于提出要求，在组织中，他们善于寻求领导者的地位，并经常有较多机会晋升到组织的高级管理层。

（2）关系需要：是指建立友好亲密的人际关系，寻求被他人喜爱和接纳的需要。有着强烈关系需要的人，喜欢合作而非竞争的工作氛围，他们渴望建立组织中和谐的人际关系，回避冲突，希望彼此间能充分沟通和理解，并从亲切的友谊中得到快乐，他们随时准备安慰和帮助危难中的同伴。他们是组织中成功的"整合者"，能够同时协调几个部门间的工作，他们具有非常高的人际关系技能，能在工作中与他人建立和谐融洽的合作伙伴关系。

（3）成就需要：是指争取成功，追求优越感，希望做得最好的需要。有着强烈成就需要的人，往往具有非常高的成功标准，渴望完成高难度的任务，掌握高级工作技能并超过别人。他们总是追求完美，喜欢接受挑战，追求事业成功带来的成就感，敢于冒商业风险，并倾向于成为企业家。

麦克利兰认为，对于一位成功的管理者来说，这三种需要缺一不可。这三种需要在人们的需要结构中有主次之分。其中成就需要的高低对人的成长和发展起到特别重要的作用，它使管理者倾向于勇于承担责任，敢于迎接有挑战性的工作，并重视反馈，所以该理论也称为成就需要理论。而关系需要和权力需要对管理者来说，也是必不可少。在不同的个体身上，会体现出三种需求的不同强度组合，从而形成个体独特的需求结构，影响其追求与行为。

2. 成就需要理论在护理管理中的应用 麦克利兰的成就需要理论在企业管理实践中具有非常好的现实意义。在对员工实施激励时需要考虑不同个体对这三种需要的强烈程度，以便更有针对性地提供能够满足这些需要的激励措施。

（1）营造满足三种需要的工作环境：基于成就需要论的观点，具有激励作用的工作环境应该具备下列特点。① 适当授权，在一定程度上满足权力需要比较强的护士的欲望；② 管理者应注意营造组织内良好的人际关系氛围，满足关系需要较强烈的护士的归属感；③ 管理者应将具有一定挑战性的工作，授权给成就需要比较强的护士，并将其工作效果给予及时反馈，确认其工作进步与成就。

（2）重视三种需求结构的组合：护理管理者应考虑到不同的护士、在不同时期三种需求的内容和强度是有差异的，要发现并尽力满足每位护士独特的需求。如对权力、成就欲望较高的护士，护理管理者可将成就带来的荣誉、权力分成等级，根据贡献大小，给予相应的荣誉与权力，以激发护士的工作热情。

知识拓展 | 　　戴维·麦克利兰，美国社会心理学家，1987年获得美国心理学会杰出科学贡献奖。麦克利兰对管理学的重要贡献集中在人的激励理论方面。麦克利兰的主要著作有《渴求成就》《权利的两面性》《取得成就的社会》《权利：内省经验》《成就动机是可以培养的》等。在《渴求成就》一书中，麦克利兰在大量且长期的实验基础上，对A型人——即具有强烈成就感动机的人进行了描述，并详细介绍了这一类型人的主要特征。麦克利兰介绍了成就需要与激励理论，找出了是什么样的原因，使得有些人的成就需要感如此强烈。最后，简单论述了如何培养人的成就感，以及成就感给个人、企业和国家带来的好处。

二、行为改造型激励理论

行为改造型激励理论研究的重点是如何通过外界刺激，来改造和修正人的行为，变消极为积极，以有利于组织的运作和发展。该理论具有代表性的是伯尔赫斯·弗雷德里克·斯金纳（Burrhus Frederic Skinner）的强化理论和弗里茨·海德（Fritz Heider）的归因理论。

（一）斯金纳的强化理论

1. 强化理论的要点　强化理论（reinforcement theory）也称为行为修正理论或行为矫正理论，是行为改造型激励理论中最具代表性的理论，它是建立在操作性条件反射基础之上的。斯金纳的强化理论主张对激励进行针对性的刺激，人们是否做出某种行为，只取决于行为的后果，而不是激励的内容和过程。人为了达到某种目的，会采取一定的行为作用于环境。当这种行为的后果对他有利时，这种行为就会重复出现；否则，这种行为就减弱或消失。

强化是使个体操作性反应频率增加的一切刺激，即是通过不断改变环境的刺激因素以达到增强、减弱或消除某种行为的过程。管理学中的强化是指采用有规律的、循序渐进的方式引导出组织所需要的行为，并使之固化的过程。在管理中，应用强化理论改造行为一般包括四种形式：

（1）正强化：也叫积极强化，是通过奖励组织上所期望的行为，从而使这种行为得到加强、反复出现，以利于组织目标的实现。正强化的措施既可以是发放奖金等物质奖励，也可以是精神奖励，如表扬、改善工作条件、给予学习和成长的机会等。正强化的方式有连续正强化和间断正强化。连续正强化是对每一次符合组织期望的行为，都进行强化，或每隔一段固定时间进行一次强化；间断正强化是管理者根据个人行为的具体情况和组织的需要，不定期、不定量进行强化。

（2）负强化：也称消极强化，当组织所期望的行为不出现时，采取厌恶刺激的办法，促使行为的出现，同时去除不愉快的刺激，建立良好的行为习惯。负强化的措施有减少酬金、罚款、降级或其他惩罚等。

（3）自然消退：是指某种行为出现后，不给予任何形式的反馈，以表示这种行为毫无价值，从而减少这种行为出现的频率。消退是一种无强化的过程，即采用"冷处理"或"无为而治"的方法对某些行为进行消减。其作用在于通过强化的取消来降低某种反应在将来发生的概率，以达到消除某种行为的目的。

（4）惩罚：是指对不符合组织目标的消极或错误行为给予否定和不良刺激，从而使这种行为减弱或消失，如批评、处分、扣发工资和奖金等。

2. 强化理论的适用原则

（1）明确强化目标：首先在组织总目标的指导下，与组织成员一起制订各部门及个人的分目标，并将目标进行分解。在明确各阶段分目标的基础上，制订相应的强化措施。在每个阶段，对组织成员的目标完成情况进行评估，并按预先约定的措施进行强化。这样，每完成一个分目标，都及时给予强化，使组织成员获得激励，同时增强他们达成目标的信心。

（2）选好强化行为：由于受教育背景、职业、性别及年龄等各方面的差异，人们对物质、精神各层次需要的强烈程度不同，要使强化的效果最大化，就需要根据强化对象的实际情况，选用不同的强化措施。

（3）反馈及时：强化理论认为在行为出现后，应尽快采取适当的强化措施，才能使激励的效果最大化。反馈是通过一定的方式将行为的结果告知行动者本人。在某种特定的行为出现以后，即使一个很小的反馈，也能起到一定的正强化作用；而如果领导者对这种行为没有任何反馈，这种行为重复发生的可能性就会减小以至消失。因此，领导者应注意并利用及时反馈作为一种强化手段。

（4）以正强化为主，少用惩罚：负强化、惩罚及消退都属于消极的行为改变措施，容易引起下属的抵触情绪，具有一定的副作用；正强化往往比负强化的效果更好。因此，在强化手段的运用上，应以正强化为主；必要时采用负强化、惩罚等措施，做到奖惩结合。

3. 强化理论在护理管理中的应用

（1）尽量使用正强化：在几种强化措施中，正强化最能激发员工的工作热情，引导护士的正向情绪。因此，提倡护理管理者多采用正强化的措施来激励护士。例如，护理部为了表示对护士某种优秀行为的肯定，采用表扬、晋升或带薪休假等措施，来强化该护士的优秀行为，并引导其他护士的行为。

（2）适度使用惩罚：惩罚的本意是消除或减弱组织不希望发生的行为，但是如果惩罚措施和力度使用不当，比如过重的惩罚或在公开场合当众采取惩罚措施，会使护士产生恐惧和焦虑等消极情绪，强烈的消极情绪会干扰护士恰当的行为，丧失信心与工作热情。这种负性情绪有可能会波及组织内的其他成员。

（3）适时运用负强化：负强化一般运用于惩罚之后。负强化往往是消极、害怕、需要避免的，因此负强化对行为所形成的影响往往大于正强化带来的影响。护士在受到某种惩罚后，可能会影响他们工作的热情与积极性。这时采用适度的负强化，帮助他们减少厌恶刺激，形成良好的组织所期望的行为习惯，以调动护士工作的积极性、主动性。

（4）恰当使用消退：如果护士出现的某种行为，既不是组织所期望、又不适合采取惩罚措施，护理管理者可以采取消退的方式，即不予理睬，从而降低这种行为出现的概率。

（5）及时对护士的工作予以反馈：护理管理者及时的反馈会增强强化的效果。如果护士长时间得不到来自管理者的反馈，可能会变得无所适从。因此，护理管理者在使用强化方式时，要善于把握时机，及时给予反馈。

在护理管理实践中，各种行为塑造方式的使用不能简单化和绝对化，管理者应根据护士的性别、年龄、不同需求等因素，适当选用不同的方式，这也是领导艺术的体现。

（二）海德的归因理论

1. 归因理论的内容　归因是指个体根据有关信息、线索对行为原因进行推测与判断的过程。归因理论（attribution theory）是关于人的某种行为与其动机、目的和价值取向等属性之间逻辑结合的理论；它通过改变人的自我认知来改变人的行为，不同的归因方式会影响人们未来的行为。

归因理论最初是由海德在《人际关系心理》中提出来的，因此，海德是归因理论的创始人。海德认为，人有理解环境和控制环境的需要，对各种行为的因果关系感兴趣，要满足这种需要，就需要预测他人的行为，弄清周围人们行为的前因后果。

行为的原因可以认为是由内部原因和外部原因共同起作用。内部原因是指存在于行为者本身的因素，是个体自身所具有的特征，如情绪、兴趣、态度、努力程度等，把行为的原因归于内部因素称为内源性归因。外部原因是指行为者周围环境中的因素，如外界压力、天气、他人的期望、工作的难易程度、组织的规则与政策等，把行为的原因归于外部因素称为外源性归因。

海德认为，人们归因时通常使用共变原则和排除原则。所谓共变原则，就是寻找某一特定结果与特定原因间的不变联系。如果某特定原因在许多条件下总是与某种特定结果相关联，特定原因不存在，相应的结果也不出现，就可以把特定结果归结于那个特定原因。例如，一位学生每到考试前一日就失眠，其他时间睡眠都正常，我们进行归因时，就可以把失眠和考试联系在一起，把失眠归于考试，而非其他原因。共变原则的思想方法是科学的，用这种方法可找到某种行为或其结果的关键原因。所谓排除原则，是指如果内外因中的某一方面可以充分解释某种行为，就可以排除另一方面的归因。例如，一名学生每次考试都是班里的第一名，我们对他的行为进行归因，就可以认为是他本身能力强，而排除外部归因。

2. 归因理论在护理管理中的应用　护理管理者应关注并引导护士养成正确的归因习惯，合理、正确的归因可以激发人的成就感，促使护士更加努力地工作。错误的归因习惯会影响护士的工作积极性，进而影响其行为，极有可能导致不理想的结果。

（1）养成正确的归因习惯：不同的人对成功和失败有不同的归因习惯。如果总是把成功归因于内在原因，护士固然会产生较强的满意度，增强其信心，但也会导致护士夸大自己对工作的贡献，不利于护士团队的团结；如果总是把失败归因于外在因素，虽然护士的挫折感会降低，愧疚感减少，但也会导致护士养成推脱责任、躲避风险的习惯。因此，护理管理者应引导护士收集更多的信息，以对行为进行客观、准确的归因。成功的原因主要是个人努力与能力，但也不能忽视他人的帮助与支持，以及外在环境因素的影响；失败的原因固然可能有客观条件不足、难度过大，或缺乏机遇等原因，但个人的内在因素同样不可忽视。总之，只有正确归因，才能让护士正确对待成功与失败。

（2）对归因进行正确的引导：不同的归因会导致不同的情绪反应和行为表现，归因于努力比归因于能力会产生更强烈的情绪体验。护理管理者应该引导护士把成功归因于自己的努力和能力等内在因素，使护士体验到因努力而成功的愉快和自豪，从而调动其工作的积极性。引导护士把失败归因于自己不够努力或运气不佳等不稳定因素，对其进行鼓励，并帮助护士寻找真正的原因，以期在今后的工作中进行弥补，提高工作效率。

三、过程型激励理论

过程型激励理论是着重研究人从产生动机到采取行动的过程的激励理论，它试图说明组织成员面对激励措施，如何选择行为方式去满足他们的需要。其主要任务是找出对行为起决定作用的某些关键因素，厘清它们之间的相互关系，以便预测、支持或控制人的行为。本教材重点介绍维克托·弗鲁姆（Victor Vroom）的期望理论与斯塔西·亚当斯的公平理论。

（一）弗鲁姆的期望理论

1. 期望理论的内容　期望理论（expectancy theory）又叫"效价手段期望理论"，是由美国著名心理学家和行为科学家弗鲁姆于1964年在《工作与激励》中提出来的激励理论。他对组织活动中一种常见的情况给予解释：即面对同一种任务及获得同等报酬的工作，有的成员积极性很高，而另一些人却无动于衷。期望指个体对于特定活动可能导致的特定结果的信念。期望理论的基础是自我利益，弗鲁姆认为，人们之所以采取某种行为，是因为他觉得这种行为可以有把握地达到某种结果，并且这种结果对他有足够的价值，可以寻求获得最大的自我满足。期望理论的核心为管理者与组织成员之间的双向期望，即管理者期望组织成员的行为，组织成员期望管理者的奖赏。激励水平的高低取决三个变量：一是期望值，即人们对自己能顺利完成工作、达到特定结果的主观判断；二是关联性，即工作绩效与所得报酬之间的联系；三是效价，即所得报酬能够给自己带来满足程度的评价。

激励水平的高低可以由以下公式表达：

$$激励水平（M）=期望值（E）×关联性（I）×效价（V）$$

从公式可以看出，只有当期望值、关联性和效价三个值都比较高时，激励水平才会很高；若期望值和效价中的一项值较低，也难以使组织成员得到足够的激励。根据期望理论的观点，组织成员对待工作的态度和行为取决于对下面三种联系的判断：即努力绩效的关系、绩效报酬的关系、绩效与个人目标的关系。

2. 期望理论在护理管理中的应用

（1）目标高度和难度应适宜：根据期望理论，要想获得好的激励效果，护理管理者在设置工作目标时应略高于组织成员的实际工作能力。而且，不仅期望目标能起到激励作用，设置好目标的难度也能起到激励作用。重视目标的高度或难易程度，如果工作目标设置过高或任务难度过大，护士将可能望而生畏，激励的效果有限；若工作目标设置过低或任务难度太小，护士将失去内在动力，同样降低激励效果。

（2）报酬与工作绩效应一致：护理管理者应让护士清楚什么样的行为是组织期望的，什么样的工作绩效能得到什么样的报酬（包括物质性报酬和精神性报酬），并让护士了解组织将以什么样的标准来评价他们的行为，使护士看到报酬与自己的工作绩效是密切相关的，以便调整自己的目标向组织目标靠拢。这样护士才会为了获取某种报酬自觉地工作，努力取得良好的业绩。

（3）重视护士的个人效价：护理管理者应意识到，每一位护士的个人目标不同，对各种需要满足的强烈程度也不同。因此，同一水平的报酬对不同护士的激励程度是不同的。护理管理者在给予激励时，要从激励对象的角度来考虑问题，重视护士的个人效价，在公开、公平的原则上制订明确的奖励制度，提供多样化、个体化的报酬方式，最大可能地满足护士的个体需要，才能真正起到激励作用。

（二）亚当斯的公平理论

1. 公平理论的内容　公平理论（equity theory）又称社会比较理论，它是美国行为科学家亚当斯在20世纪60年代提出来的一种激励理论。该理论侧重于研究报酬分配的合理性、公平性及其对职工产生积极性的影响。公平理论的基本观点是，当一个人付出劳动并取得报酬以后，他不仅关心自己所得实际报酬的多少，而且关心报酬的分配是否公平。因此，他要进行种种比较来确定自己所获报酬是否合理，由此产生的公平与否的主观感觉将影响人们以后的工作积极性。

比较的对象有"其他人""制度"和"自我"三种。"其他人"是指组织内与自己从事类似工作的人或其他组织中与自己能力相当的人，如同事、同学、配偶等；"制度"一般是指组织中的薪酬分配程序与制度；"自我"是指自己在工作中所获的回报与付出。

比较的方式有两种，即横向比较和纵向比较。横向比较是将自己获得的回报与付出（包括教育、经验、努力程度、工作时间、能力和其他无形损耗等）的比值与其他人进行比较；纵向比较是将自己目前的回报与付出比值，与自己过去的状况进行比较。

如果组织成员的回报与付出的比值与比较对象的回报与付出的比值是一样的，即结果是相等的，那么该成员在主观上会产生公平的感觉，认为激励措施相对公平，对工作原有的热情和积极性也会保持；而如果这种回报与付出的比率与其他人相比不平衡，则该成员会感到紧张，这样的心理将成为驱使组织成员追求进一步公平的动机。因此，从某种意义来讲，动机的激发过程实际上是组织成员与参照对象进行种种比较之后，作出公平与否的主观判断，影响以后行为的过程。公平理论可用于组织的奖惩制度、工资调整、职务晋升等许多方面。

2. 公平理论在护理管理中的应用　由于人们对公平的判断带有明显的主观性，这就给护理管理者增加了较大的管理难度。尽管不可能做到绝对公平，但护理管理者还是应该通过各种措施和方法，尽量做到相对公平。

（1）对护士的业绩与投入进行公平判断：客观、公正地评估成员对组织的贡献是公平分配的前提。由于护理管理者在对护士的绩效进行判断时，会受到关注点、观测时间、情感等方方面面因素的影响，这就使得客观、公正评估的难度加大。因此，护理管理者应采用科学的管理方法，避免情感因素的影响，综合考虑多方面的因素，尽量使用客观指标对护士的业绩与付出进行评估，降低主观因素的影响，力争达到绝大多数人认同的公平。

（2）引导护士正确理解公平：组织中成员间自觉或不自觉的比较客观存在，一般人容易过高估计自己的付出，而低估自己的回报。护理管理者要引导护士正确地理解公平的含义，并在实际工作中增加绩效评价的透明度。同时，要引导护士选择合适的比较对象，正确看待自己和他人的工作回报，避免盲目攀比，以减少判断的主观性，获得更高的公平感。

（3）公平不是平均主义：绝对的平均不是公平，公平不等于平均主义。护理管理者应综合考虑多方面因素，根据成员对组织综合贡献的大小，注意实际工作绩效与报酬之间的合理性，将精神激励与物质激励相结合，制订出为大多数护士所认可的薪酬分配体系。让贡献大、付出多的护士得到更多的回报。

在使用公平理论时，护理管理者还应该注意，护理人员的物质报酬应与组织的业绩成正比。组织的总体业绩提高时，员工的报酬也应该适当提高。同时还应注意，一旦员工产生了不公平感，护理管理者要引起重视，因为它意味着组织的激励措施已不能适应当前组织运行的需要，或提示组织现行的管理制度有缺陷。护理管理者要及时采取适当方式减少或消除这种不公平，否则，这种不公平感会对该员工以及其他相关人员的工作积极性产生负面影响，进而影响组织的整体业绩。

案例分析　　护士小王与小张同在一个护理组。李护士长认为，小王与小张承担着基本相同的护理工作，给科室创造的效益是基本相同的，因此她们俩所获得的奖金应该是相同的。小王很擅长唱歌跳舞，经常参加医院的各种活动，虽然没有为科室创造经济效益，但小王认为自己为科室牺牲了很多休息时间，付出了很多努力，因此拿和小张一样的奖金是不公平的。

请思考：

1. 如果你是护士长，你会给小张和小王发同样数量的奖金吗？

2. 你认为怎样才能做到分配的公平？

案例分析提示：

思考要点：① 会给两人同样数量的奖金，理由是客观、公平地评估成员对组织的贡献是公平分配的前提，护理人员的物质报酬应与组织的业绩成正比，在工作中两位护士在同一组，工作时间和精力是相同的，所以奖金数量相同是公平的。② 除了工作上的贡献，小王代表科室积极参加医院文艺活动，护士长可以给予除金钱奖励之外的奖励如优先评优评先等。

导入情境分析

对本章的导入情境进行分析，护士小李在自己各方面能力得到提升，并取得一定优异成绩后并没有得到科室及医院的重视，没有给予任何激励和奖励，在得不到重视，知道没有机会发展提升后有些失望，为了更好地发展，所以辞职。

如果我是小李医院的护理管理者，会给予小李一定的荣誉奖励，并让她担任科室的护理组长、教育护士或者科研秘书等职务，鼓励她发挥优势，带动科室其他护士一起进步。

学习小结

● 激励是领导的作用之一，它的本质是激发人的动机。激励的过程包括需要、动机、行为、绩效四部分。

● 激励的原则包括基本原则、应用原则。

● 激励的方法包括物质激励、荣誉激励、目标激励、信任激励、重视激励、正面激励、示范激励、参与激励。

● 激励的理论包括内容型激励理论、行为改造型激励理论、过程型激励理论。

（牟旭红）

复习参考题

一、选择题

1.【A1】马斯洛的需要层次理论强调激励的中心问题是（　　）
  A. 分析人的动机
  B. 观察人的行为
  C. 满足人的需要
  D. 改造和修正人的行为
  E. 分析人的需求

2.【A1】下列属于双因素理论中的保健因素的是（　　）
  A. 工作成就感
  B. 领导的赏识
  C. 学习提高的机会
  D. 正常的工资
  E. 工作成绩得到认可

3.【A2】某医院的胃肠外科护理团队中有一位护士工作表现出色，并经常帮助其他同事完成工作，护士长发现后公开表扬了这位护士，在年底科室总结会议上护士长为她颁发了"科室优秀员工"的荣誉证书，并邀请这位护士在会议上分享她的工作经验，激励其他护士向她学习，这位护士长采用了（　　）

  A. 物质激励法
  B. 荣誉激励法
  C. 目标激励法
  D. 信任激励法
  E. 参与激励法

4.【A2】某医院普外科每年中秋节护士长都会额外给护士们发500元奖金。但几年下来每个人都像领取薪水一样自然，并且在随后的工作中也没有人会表现得特别努力。于是护士长决定停发，但结果却大大出乎意料，科室上下每个人都在抱怨护士长的决定，有些员工情绪低落工作效率也受到影响，该护士长在管理中错用了（　　）
  A. 双因素理论
  B. 需要层次理论
  C. 强化理论
  D. 归因理论
  E. 期望理论

5.【A2】王护士小孩得重病，家庭经济负担重。该科陈护士长同情王护士的境况，每次医院评先进总是先考虑王护士，科里绩效分配也向王护士倾斜。王护士非常感激陈护士长，逢人便说陈护士长是好护士长。可这么做却打击了科里其他护士的积极性，造成其他护士工作懈怠，不求上进。其他护士认为，工作只要不出错就行，再努力工作，评优、绩效分配也不会轮到自己，陈护士长的做法违背了（　　）

A. 双因素理论
B. 需要层次理论
C. 强化理论
D. 归因理论
E. 公平理论

二、简答题

1. 简述激励的模式和原则。
2. 如果你是护士长，你将如何将马斯洛的需要层次理论运用到护理管理中？
3. 如果你是一名护理管理者，你将采取哪些激励措施留住优秀护理人才？

三、案例分析题

某新上任护士长通过护理部的管理培训学习了激励的相关理论，受到很大启发，并着手付诸实践。她赋予科室护士更多的工作和责任，并通过口头赞扬和赏识来激励护士。结果事与愿违，护士的积极性非但没有提高，反而对护士长的做法强烈不满，认为她是利用诡计来剥削护士。

请思考：

1. 请根据所学习的有关激励理论，分析该护士长做法失败的原因。
2. 根据所学知识为该护士长提出合理有效的建议。

（选择题、案例分析题的答案解析见数字内容）

第七章　　**控制**

学习目标

知识目标	1. 掌握　控制的概念、目的和类型。 2. 熟悉　控制的基本原则，有效控制系统的特征。 3. 了解　控制的前提条件，控制对象及方法。
能力目标	能结合临床护理工作，确定护理管理控制的关键点。
素质目标	具有不断反思学习、总结经验、有效实现组织目标的管理理念。

导入情境与思考

为给患者提供高效、安全的护理，某医院对护理人力、仪器设备、物资材料、制度流程、重点科室等方面实施精细化管理。优化护理管理流程，开展全员规范化培训；完善量化各项评价标准，将指标嵌入到医院信息系统；利用信息技术，自动识别提取数据。护理部结合信息平台数据、现场评价及患者满意度的调查结果，综合评价各病区、各环节护理质量，分析问题并进行改进。

请思考：

该医院所实施的护理管理措施，分别属于哪些控制类型？

　　管理的目的是有效地实现组织目标，而实现组织目标的过程离不开控制。控制工作是管理活动的一项重要职能，贯穿于管理活动的全过程，并对其他管理职能的正常开展起着保障作用，任何护理活动都离不开控制。

第一节　控制概述

一、控制的概念

　　控制（control）是指按照既定的目标和标准，对组织活动进行衡量、监督、检查和评价，发现偏差，采取纠正措施，使工作按原定的计划进行，或适当地调整计划，使组织目标得以实现的过程。这一概念包括三方面的含义：① 控制是一个过程；② 控制是通过衡量、监督、检查、评价及纠正偏差来实现的；③ 控制的目的是保证组织目标的实现。

控制是管理活动中不可或缺的环节，与计划、组织、领导等职能紧密结合在一起，使管理活动形成一个相对完整的系统，而控制在各项职能中起着关键作用。同样，任何护理活动都需要实施控制，以确保护理计划的顺利执行和护理目标的有效实现。

二、控制的目的和作用

（一）控制的目的

1. 限制偏差累积 控制可以限制偏差积累，一般小的偏差和失误并不会立即给组织带来严重的危害，但如果长此以往，不予纠正，小的偏差就会累积放大，变得十分严重。正所谓"差之毫厘，失之千里"，从量变到质变，以致对计划的正常实施带来威胁。作为管理者应加强对护理服务过程的监测与分析，及时获取相关信息，采取针对性的纠偏措施，减少偏差累积，防止产生严重后果。例如，病区平时忽视对急救药品的监管，就有可能在关键时刻对患者的生命带来影响。

知识拓展 | 蝴蝶效应

1963年，美国气象学家爱德华·罗伦兹（Edward N. Lorentz）在一篇论文中分析了蝴蝶效应：一只南美洲亚马孙河流域热带雨林中的蝴蝶，偶尔扇动几下翅膀，也许两周后就会引起美国得克萨斯州的一场龙卷风。其原因在于：蝴蝶翅膀的运动，导致其身边的空气系统发生变化，并引起微弱气流的产生，而微弱气流的产生又会引起它四周空气或其他系统产生相应的变化，由此引起连锁反应，最终导致其他系统的极大变化。

蝴蝶效应说明一件表面上看来毫无关系、非常微小的事情，经过不断变化，可能带来巨大的改变。提示我们在管理过程中，一些小的偏差如果不进行及时纠正，就会在后面的环节中不断累积和放大，使组织的最终结果与预期目标产生极大差别。

---

2. 适应环境变化 实际工作中，从制订组织目标到实现目标需要一段时间。在这个过程中，组织的内外部环境会发生很多变化，如新型社会保障体系的建立、人口老龄化的趋势、"互联网+"技术的应用等。这样一些事先未能预料的情况的出现，导致组织实施过程中的变化，产生不同程度的偏差，最终会对实现组织目标产生影响。因此，通过控制活动，帮助管理者预测和识别这些变化，及时调整系统和工作，提高组织的适应能力，在不断变化的环境中获得更大的发展空间。

（二）控制的作用

控制是管理过程中的一项重要职能，通过有效的控制能够提高工作质量和工作效率，确保组织预期目标的实现。控制在管理中的作用主要体现在以下几个方面。

1. 保证组织目标实现 控制的根本目的是保证既定目标的实现。开展控制工作不仅可以使组织按预定计划运作，还有助于管理人员随时了解组织的运转状况，及时发现工作中的偏差，分析偏差产生的原因，据此采取有效措施纠正偏差，保证组织目标的实现。

2. 在管理各项职能中起关键作用 控制工作通过纠正偏差的行动，与计划、组织、领导等管理的其他职能联系在一起，使管理过程构成一个相对封闭的循环系统。在这个系统中，控制与计划关系最为密切，计划的科学制订依靠管理者在控制过程中搜集相关的信息，同时计划又可为控制工作提供方向和标准。控制需要组织结构作保证，只有组织成员均履行各自的责任才能保证控制系统的正常运转。控制为领导提供有效信息，领导可依据控制系统反馈的各种信息修正计划、作出决策。如果没有控制职能，计划制订得再完美、组织结构设计得再合理、员工积极性调动得再高，也很难保证组织目标的最终实现。由此可见，控制在管理的各项职能中起着关键作用。

3. 有助于了解组织环境的变化 在工作计划实施的过程中，组织所处的环境可能会发生这样或那样的变化，这些变化可能有助于组织发展，也可能会对组织带来威胁。作为组织的管理人员，加强控制工作，可以及时把握环境所带来的机会，正确对待环境所带来的威胁，进行科学决策，保证组织安全。

4. 有利于合理实施授权 管理者应善于授权下属，通过建立有效的控制系统，可以及时反馈下属的工作业绩等信息，便于管理者督促下属，同时也有利于下属监督上级权力的使用情况，从而保证行动的正确性和组织目标的实现。

三、控制的类型

根据不同的划分标准，管理控制可以分为不同的类型：① 按照控制的时机，可以分为前馈控制、过程控制和反馈控制（图7-1）；② 按照控制活动的性质，可以分为预防性控制和更正性控制；③ 按照控制的手段，可以分为直接控制和间接控制；④ 按照控制的方式，可以分为正式组织控制、群体控制和自我控制；⑤ 按照实施控制的来源，可以分为内部控制和外部控制。上述分类不是绝对的，有时一种控制可能同时属于几种类型，如医院对护理人员实行严格准入制度，杜绝无资质人员上岗，既是正式组织控制，也是事先控制，更是预防性控制。下面重点介绍前馈控制、过程控制和反馈控制。

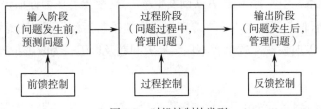

▲ 图7-1 时机控制的类型

（一）前馈控制

前馈控制（feedforward control）又称预先控制，是在系统运行的输入阶段进行的控制。前馈控制面向未来，可以"防患于未然"。要求管理者在实际工作开始之前，准确运用所能得到的各种最新信息，包括上一个循环所形成的经验教训，对可能出现的结果进行科学预测，提前采取措施控制相关因素，预防问题的出现。由于前馈控制主要是对可能出现问题的条件进行控制，不针对具体的工作人员，一般不会造成对立面的冲突，员工易于接受。

护理管理工作中，护士准入制度、护理业务技术标准、操作规程、规章制度、对急诊急救物品及医疗器械的要求等都属于前馈控制。

（二）过程控制

过程控制（process control）又称同步控制，是在计划执行过程中所实施的控制。过程控制具有监督和指导两项职能，监督是指管理者按照规定标准检查正在进行的工作，以保证预期目标的实现；指导是指管理者针对工作中出现的问题，根据自身的知识与经验，对下属工作进行指导，或与下属商讨纠偏措施，以保证工作人员正确完成规定任务。例如，护士长发现护士在护理活动过程中违反操作规程，及时予以纠正，或者护理部检查时发现病房管理问题立即指出，并提出改进措施等。相对于前馈控制和反馈控制，过程控制的特点是对员工有指导作用，兼具培训功能。通过过程控制可以及时发现并纠正工作中的偏差，避免其在后续环节中不断放大，尽可能减少偏差所带来的损失。过程控制要求管理者必须亲临现场，但由于受时间、精力、专业能力等方面的限制，管理者很难事必躬亲，所以适用范围较窄。过程控制主要针对具体工作人员的特定行为，因此比较容易在控制者与被控制者之间形成心理对抗。

在护理工作中，护士长的每日查房，护理部组织的午间、夜间及节假日查房等均属于过程控制。通过过程控制，可以保证护理工作顺利进行，尤其是薄弱环节的服务质量，减少或避免风险事件的发生。

（三）反馈控制

反馈控制（feedback control）又称事后控制，是在计划完成之后，对输出环节所进行的控制。这类活动发生在工作结束，通过对整个过程的回顾、总结和评价，发现已经发生的偏差并采取相应措施。反馈控制主要是"惩前毖后"，其目的不是改进本次活动，是矫正今后的行为，防止类似偏差的再度发生或继续发展。由于该方法很多时候对已经发生的偏差可能无济于事，但可为前馈控制奠定基础。对一些周期性或重复性的工作，通过反馈控制可对偏差进行系统总结与分析，针对偏差产生原因制订相应措施，避免今后再出现类似问题，可谓是"亡羊补牢，犹未迟也"。

在护理质量控制指标中，"住院患者跌倒发生率""住院患者压力性损伤发生率""置管患者非计划拔管率""导管相关感染发生率"等都属于反馈控制指标。通过对这些指标数据的监测，可以帮助护理管理者及时发现导致患者不良结局的问题及原因，为改善护理服务质量提供直接依据。

问题与思考　　　　　　　　　　**扁鹊论医**

魏文王问名医扁鹊："你们家兄弟三人，都精于医术，到底哪一位医术最好呢？"扁鹊答说："长兄最好，中兄次之，我最差。"文王吃惊地问："你的名气最大，为何长兄医术最高呢？"扁鹊惭愧地说："我扁鹊治病，是治病于病情严重之时。一般人都看到我在经脉上穿针管来放血、在皮肤上敷药等，所以以为我的医术高明，名气因此响遍全国。我中兄治病，是治病于病情初起之时。一般人以为他只能治轻微的小病，所以他的名气只及于本乡里。而我长兄治病，是治病于病情发作之前。由于一般人不知道他事先能铲除病因，所以觉得他水平一般。"

请结合扁鹊兄弟三人的治疗方式分析三种控制类型的优缺点。

四、控制的前提条件

控制工作不能凭空进行，只有具备明确完整的计划、完善的控制系统以及顺畅的信息沟通网络等前提条件，才能取得预期效果。

（一）明确完整的计划

控制的目的是保证组织目标与计划的顺利实现。控制目标体系是以预先制订的目标和计划为依据的，组织在行动之前制订一套明确完整、切实可行的计划，是控制工作取得成效的前提。明确而完整的计划不仅可为实际工作提供行动路线，同时也为控制工作奠定基础。在制订行动方案时，不仅要考虑计划的实施问题，还应考虑后续控制工作的实际需要。一般而言，制订的计划方案越是明确、全面和完整，后续的控制工作就越容易操作，效果就越好。

（二）完善的控制系统

控制工作主要是根据各种信息纠正计划执行中出现的偏差，以确保组织目标的实现。要做到这一点，完善的控制系统应包含两方面的内容：一是要有专司控制职能的组织机构，如国家护理专业质控中心，各省级、地市级、县级的护理质控中心，各医院的护理质控中心等组织体系，为保证控制工作规范化、科学化开展，既要明确这类专职机构的工作职责及范围，也要使员工清楚由谁对自己的工作进行监督与评价；二是要有明确的内部权责界定，一旦出现偏差，有利于主管人员迅速查明原因并明确责任，避免员工之间相互扯皮推诿，使偏差在后续工作中不断累积和放大，使组织遭受更严重的损失。一般来说，监督机构和相应的规章制度越健全，控制工作也就越能取得预期的效果。

（三）畅通的信息沟通渠道

控制工作的一个重要步骤就是将决策和计划执行情况及时反馈给管理者，以便管理者对已达到的目标水平与预期目标进行比较分析。这种信息反馈的速度、准确性如何，直接影响到决策机构决策指令的正确性和管理部门纠偏措施的准确性。良好的信息沟通渠道能够把全面、准确、及时的信息传递给管理者，除了能够掌握实际工作进展外，还可以根据先兆信息进行预警，最大程度地降低偏差行为所造成的损失，并且探查偏差产生的原因。信息沟通渠道的设计应抓住以下三点：一是设立多个渠道，并确定与信息反馈工作有关人员的任务与责任；二是事先规定好信息的传递程序、收集方法和时间要求等事项；三是做好领导工作，调动各方面人员主动提供信息的积极性。近年来医院信息化平台建设逐步完善，平台可通过自动抓取系统数据，实现各类指标率的自动计算，方便管理者对护理活动过程随时查看与及时监管。同时平台也可甄别护理风险，依据问题等级发出预警，推送给责任护士，提示及时给予干预。

五、控制的基本原则

控制是管理的重要职能之一，也是较易出现问题的一项工作。很多情况下，管理者制订了周全的计划，也建立了良好的组织，但由于没有很好地把握控制这一环节，最终没有实现组织目标。为保证护理工作顺利进行，控制工作必须遵循以下原则。

（一）关键点原则

控制工作不可能面面俱到，应找出最能体现组织目标的关键因素进行控制。坚持控制关键问题，不仅可以扩大管理的幅度，降低管理成本，还可以改善沟通效果，提高管理效率。护理管理控制工作应着眼于那些高风险、高频率、高成本的关键问题，及时发现与计划不相符合的重要偏差，并及时给予纠正。例如基础护理、危重患者的病情观察、消毒隔离管理、护理安全管理、护理文件书写等都是护理组织中的关键问题，控制住这些重点，就控制了护理工作的全局。

🔔 管理故事

袋鼠和笼子

一天动物园管理员发现袋鼠从笼子里跑出来了，于是开会讨论，一致认为是笼子的高度过低。所以他们决定将笼子的高度由原来的10米加高到20米。结果第二天他们发现袋鼠还是跑到外面来，所以他们又决定再将高度加高到30米。没想到隔天居然又看到袋鼠全跑到外面，于是管理员们大为紧张，决定一不做二不休，将笼子的高度加高到100米。过了几天长颈鹿和几只袋鼠们在闲聊，长颈鹿问："这些人会不会再继续加高你们的笼子？"袋鼠说："很难说，如果他们再继续忘记关门的话！"

这个故事提示我们在解决问题时，如果不能针对根本原因和关键环节进行管理，则永远无法真正消除这些问题。

（二）客观性原则

客观性原则要求在控制工作中实事求是，对组织实际情况及变化进行客观地了解和评价，而不是仅凭主观直觉办事。由于控制活动是通过人来实现的，难免受到主观因素的影响。在控制过程中，最容易受主观因素影响的是对人的绩效评价。首因效应、晕轮效应和近因效应等心理作用常常会影响我们为控制系统提供准确、客观的信息，从而使控制工作达不到目的，甚至还可能导致严重的后果。为防止这些心理效应所带来的负面影响，管理者应从组织的角度观察问题，避免形而上学，减少个人偏见和成见，以事实为依据。另外要尽量建立客观的衡量方法，用客观的方法记录、评价工作绩效，把定性的内容具体化，使得整个控制过程所采取的技术方法和手段能够正确地反映组织运行的真实状况。

（三）及时性原则

控制不仅要准确，而且要及时，一旦错过最佳时机，将无法达到预期目的。控制的及时性体现在当决策者需要时，控制系统能适时地提供必要的信息。因此，在工作中应做到及时发现偏差并及时纠正偏差。及时发现偏差就必须及时收集、传递信息，使管理者在第一时间掌握实时信息，并能据此果断采取措施纠正偏差，只有这样，才能保证组织目标的实现。借助互联网信息技术，利用护理信息平台，自动进行数据的采集与分析，完善过程监控与及时反馈，实现护理管理工作的科学化。

（四）灵活性原则

任何组织所处的环境都处于变动过程中，这就要求管理者在设计控制系统时要有一定的灵活性，还要求控制工作依据的标准、衡量工作所用的方法等能够随着情况的变化而变化。灵活性原则要求管理者制订多种应对变化的方案，并留有一定的后备力量，采用多种灵活的控制方式和方法来达到控制的目的。在护理管理工作中，如发现原来的计划错误或者不适应新环境的要求，就应该及时修正，机械、僵化地按照不适用的计划实施控制，只能离组织目标的实现越来越远。

（五）经济性原则

控制的经济性是指尽量以最少的资源消耗获取理想的控制效果。护理管理者必须把控制所需的资源消耗与控制所产生的效果进行比较，只有当控制活动所产生的收益大于其所需要的消耗时，才能体现控制的价值。要做到这一点，护理管理者首先要精心选择控制的关键点，其次要改进控制方法和手段，努力降低控制的耗费，提高控制效果。

第二节　控制对象与方法

一、控制对象

（一）人员

人力资源是组织最关键的资源，对人员的控制就成为控制工作的重点之一。为实现护理组织目标，管理者就必须既要相信下属、依靠下属，又不能放任不管，即放弃监督的权力与指导的义务。最常见的对人员及其行为的控制方法，一种是直接巡视和评估员工的表现。例如护士长直接巡视观察护士的技术操作和对患者的服务情况，如有问题，及时指明正确的操作方法，并告知今后应按规范化的流程操作。另一种方法就是对员工进行系统化的评估，通过评估，使每名护士的工作绩效得到鉴定。管理者对绩效好的护士及时给予表扬奖励，使之今后工作得更好；对绩效差者，应该采取相应的措施，如进行业务培训、职业道德教育等，根据偏差程度做出不同的处分。

（二）财务

要保证医院各项资产都得到有效地利用，必须进行财务控制。这主要包括审核各期的财务报表和进行几个常用财务指标的计算，找出与目标之间的差距，分析形成差距的具体原因，以降低成本。这部分职能主要由财务部门完成，对护理管理者来说，主要的工作是进行护理预算和护理成本控制（具体参见第十一章相关内容）。

（三）作业

一个组织的成功，应体现在最终产品或提供服务的效率和效果的作用。作业控制主要是通过评价组织把资源转换成产品或服务的活动与过程，保证组织获得较高的工作效率，达到预期的工作效果。对护理工作而言，作业就是指护士为患者提供各项护理服务的过程。通过对护理服务过程的控制，来评价并提高护理服务的效率和效果，从而提升医疗服务质量。护理工作中常见的作业控制有护理技术控制、护理质量控制、护理不良事件控制等。

（四）信息

管理者通过信息来完成控制工作，信息的数量、质量、来源和时效性直接关系到整个控制工作的成效，因此，信息是控制工作的前提和重点之一。管理者应根据组织实际情况构建适宜的管理信息系统，使各种信息能够在正确的时间、以正确的数量、为正确的人员提供正确的数据。在信息技术的支持下，护理管理信息平台能自动识别和抓取各类数据，对异常值进行预警，实现智能化评估，优化护理管理流程。同时平台也能实现各类数据在院内与院际之间的共享，方便管理者随时了解和比较现状，及时作出决策，提高管理效率。

（五）绩效

绩效是指在某一时期内组织任务完成的数量、质量、效率及盈利情况，是一项活动的最终结果。作为管理者既要密切关注组织的绩效，同时也要了解影响绩效的因素。随着优质护理与精细化管理理念的提出，将护理风险、岗位能级、工作质量、工作量等作为绩效考核的依据，应用信息化平台进行管理，可提高数据的完整性和准确性。规范科学的护理绩效管理，能充分调动护士的工作积极性与工作热情。

二、控制方法

（一）目标控制

目标控制是管理活动中最基本的控制方法之一，就是将总目标分解成不同层次的分目标，形成一个目标体系，并由此确定目标考核体系，将受控系统的执行情况与之进行对比，发现问题，及时采取纠正措施。在目标控制中，受控系统的行动方案可以根据系统当前所处的状态来决定，并可依据环境的变化不断进行调整。因而，目标控制比计划控制具有更大的环境适应性，比起计划控制只能通过上级的控制机制改变程序来更改行动方案，目标控制也更显灵活。

在护理管理控制工作中，目标控制方法只需向护士输入目标信息，让他们明白自己努力的方向，而对具体的行动方案，护士则有相当大的弹性，他们可根据工作中的具体情况来决定，能够充分发挥主观能动性。由于护士人人可参与目标的设立，并且可以对照目标考核体系，自我评价计划的执行情况，自我控制目标的完成情况，变"要我干"为"我要干"，因而，可以形成强大的动力，极大激发广大护士的潜能。

（二）预算控制

预算是指数字化的计划。预算从金额、数量等方面将组织的决策目标及其资源配置规划加以定量化，为管理者提供定量的标准，便于控制工作的开展。预算控制是将组织实际运行情况与预算进行比较，了解预算的完成情况，分析实际与预算之间的差异，并采取必要的矫正措施，以实现组织资源的充分合理利用及组织目标的实现。预算控制的优点：① 能够为组织内活动提供定量化的控制标准，便于组织绩效的衡量及纠偏措施的开展；② 可以使有关人员掌握既定计划的执行及组织目标的实现情况；③ 有利于明确组织内各部门的责任；④ 有助于调动员工的工作积极性。预算控制的局限性：① 只关注可以计量的，特别是可以用货币单位计量的业务活动，不能量化的组织文化、组织形象等则易被忽视；② 过细的费用支出预算可能会导致管理者失去管理其部门所需的自主权；③ 过多地根据预算数字来苛求计划会使控制缺乏灵活性；④ 管理者可能过分关注预算的执行，而忽视了组织本身的目标。

（三）人员控制

任何组织活动的开展都有赖于员工的努力，其他方面的控制也需要人来推动和执行。人员控制就是将具有特定专业能力的个人分配到适当的岗位，使其充分发挥个人才能。由于人的行为是由人的价值观、性格、能力、社会背景等多种因素综合作用的结果，而这些因素本身又很难用精确的方法加以描述，目前多采用理念引导、规章约束和绩效考核等对成员的行为进行控制。

（四）财务控制

财务控制是指对组织的资金投入及收益过程和结果进行衡量与矫正，目的是确保组织目标以及为达到此目标所制订的财务计划得以实现，也就是说，财务控制是组织为了达到共同的目标进行的各项活动筹措、调动资金，以保证组织内部的资金周转和外部债务的偿还。财务控制的主要工具是财务报表，通过分析组织财务报表，可以掌握组织经营状况的一系列基本指标，了解组织经营实力和业绩，并将它们与其他组织进行比较，从而对组织的内在价值作出基本判断。

（五）审计控制

审计控制就是对组织的经营活动和财务记录的准确性和有效性进行检查、监测和审核，以保证组织运行在预定范围内并朝着预期方向发展。审计控制可分为外部审计与内部审计，外部审计主要由组织外部的专业机构和人员进行，对组织的财务程序和财务往来账目等进行有目的的综合审查，监督其合法性及真实性；内部审计是在组织内部，通过对各种业务活动及相应管理控制系统的独立评价，确定组织是否贯彻既定的政策和程序，是否遵循建立的标准，是否合理有效地利用资源，以及是否达到组织的行为目标等。

第三节　控制过程

控制过程（control processes）包括三个主要步骤：确定标准、衡量绩效和纠正偏差，它们相互关联，缺一不可。确定标准是控制工作的前提，一套完整的标准，是衡量绩效及纠正偏差的客观依据；衡量绩效直接关系到控制工作的实施，只有掌握偏差信息，才能正确实施控制；纠正偏差是控制工作的关键，纠偏措施是根据偏差信息，作出调整决策，并付诸实施。

一、确定标准

标准是衡量工作及其成效的规范，对照标准，管理人员可以判断组织运行的绩效。如果没有标准，衡量工作绩效就失去了依据。控制的目的是保证计划的顺利进行和组织目标的实现，因此，控制标准的制订应以计划、制度和组织目标作为依据。这一过程的展开，首先要确立好控制对象，其次选择控制的关键点，然后再制订具体的控制标准。

（一）确立控制对象

控制工作首先应明确要"控制什么？"控制的最终目的是更好地实现组织目标，因此凡是影响组织目标实现的因素都应该成为控制的对象。然而，在实际管理工作中，影响组织目标实现的因素很多，想要对它们都逐一实行控制是不可能的。因此，在确定控制对象的时候，管理者首先应客观、明确地描述组织活动的最终目标，将最终目标逐层分解，进一步提出组织中各层次、各部门的目标，建立一个相对完整的目标体系，然后根据实现该目标体系的具体要求，确定影响目标实现的各种要素，将它们作为控制的对象。护理管理工作的控制对象主要包括护理工作人员、服务对象、时间、护理行为、岗位职责、规章制度、工作环境和物资设备等。

（二）选择控制关键点

控制对象确定后，还应该选择对工作成效具有关键意义的因素或环节作为控制的关键点。一般情况下，在影响组织运行状态和计划实施效果的多种因素和工作环节中，有些对组织目标的实现和计划的完成具有重要影响。如果缺少对这些因素和环节的控制，组织目标的实现和工作的进展就会受到严重影响，这些因素和环节就应该成为控制工作的关键点。对关键点进行控制，可以取得最佳的成本效益。选择关键控制点主要考虑以下三个方面：① 影响整个工作运行过程的重要操作与事项；② 能在重大损失出现之前显示出差异的事项；③ 能反应组织主要绩效水平的时间和空间分布均衡的控制点。

护理管理控制的关键点包括：① 核心制度，如查对制度、消毒隔离制度、交接班制度和危重患者抢救制度等；② 特殊护士，如新上岗的护士、实习护士、进修护士以及近期遭受重大生活事件变化的护士等；③ 高危患者，如疑难重症患者、新入院患者、大手术后患者、接受特殊检查和治疗的患者、有自杀倾向的患者以及老年和婴幼儿患者等；④ 特殊设备和药品，如特殊耗材、急救器材和药品、重症监护仪器设备、剧毒药品、麻醉药品、高渗药品以及高腐蚀性药品等；⑤ 高危科室，如急诊科、手术室、供应室、监护室、新生儿病房、血液透析室、产房、高压氧治疗中心等；⑥ 高危时间，如交接班时间、节假日、午间、夜班等；⑦ 高危环节，如患者转运环节、手术安全核查环节等。

（三）制订标准的方法

确定关键控制点以后，根据关键控制点本身的属性和将要实现目标的客观要求，确定控制对象的主要特征及其理想状态，即控制的标准。控制标准的制订必须以实现组织或工作目标为依据，在具体控制标准制订的过程中，通常采用一些科学的方法将要实现的目标分解为一系列具体可操作的控制标准。方法包括：① 统计学方法，主要是利用统计学的相关方法，对组织自身或相关机构以往的数据或试验结果进行统计分析，在此基础上结合具体要实现的目标，提出未来的预期结果；② 经验判断方法，该方法并不是对以往的数据或试验的结果进行客观的统计处理和分析，而主要是根据管理者的经验和判断对预期结果进行估计，从而提出一个相对合理的控制标准。

二、衡量绩效

工作中常会出现各种偏差，理想的控制是在偏差产生以前就能被及时发现，并采取有效措施预防发生。但实际工作中，受信息和管理人员预测能力等方面的限制，这种有效的控制方式并不多见。在这种情况下，最满意的控制就是在偏差发生之后，能够及时发现并迅速采取有效的措施防止偏差进一步放大，这就要求管理者及时掌握能够反映偏差是否产生以及偏差大小的信息。因此，控制过程的第二步就是将工作的实际进展和预先设定的标准进行比较，以获得工作是否出现偏差以及偏差大小的信息。

（一）建立有效的信息反馈系统

管理者只有及时掌握反映实际工作与预期工作绩效之间偏差的信息，才能迅速采取有效的纠正措施。然而，实际上衡量绩效、制订纠偏措施和执行纠偏措施是由不同的人员完成的，因此有必要建立有效的信息反馈系统。通过该系统，关于实际工作情况的信息，能够迅速上传到相关部门，纠偏指令也可以快速下达到执行部门。护理管理者可以采用以下几种方法获取信息：

1. 现场观察 "耳听为虚，眼见为实"，现场观察可为管理者提供有关实际工作的第一手的、未经他人过滤的、最直接的信息。深入工作现场，有助于查询隐情、获得其他来源疏漏的信息，并能够及时觉察问题，从而实行有效的过程控制。例如，护士长对护士仪表、护理操作和服务态度以及病区环境的观察等。

2. 建立工作汇报制度 可以通过口头、书面汇报、召开会议或采用电子媒介等形式，让各部门管理者或下属汇报各自的工作状况和遇到的困难，使上级管理者迅速及时地了解下属工作的执行情况，从而进行有效的控制。例如，护理部定期的科护士长碰头会、护理质控小组随时汇报质控情况、病区的护理不良事件讨论、病区护士每日的晨晚间交班等。

3. 健全监督检查机构 成立各级监督检查机构，进行定期或不定期的监督检查。例如成立院级、科级和病区护理质量监督控制小组，定期或随机地对各病区的护理质量进行全面或抽样的督促检查，可以使管理者及时发现护理质量管理过程中的问题，采取有效的改进措施。

4. 应用信息管理系统 现代化的护理管理信息系统，可以方便管理者进行实时的监督和控制。例如，通过信息系统自动抓取各病区动态情况，护理管理者可随时掌握病区编制床位数、实际收治患者数、一级护理患者数、危重患者数、手术患者数、护士在岗人数等，为进行精准的护理人力资源调配、高危患者风险控制等提供科学依据。

（二）确定适宜的衡量频度

控制过多或不足都会影响控制的有效性。次数过多，不仅增加成本，还会引起有关人员的不满和不信任感，从而影响他们的工作态度；检查次数过少，有可能无法发现一些重大的偏差，不能及时采取有效措施。衡量的频度一般取决于控制对象的性质和要求，例如，对护理质量的控制需要以日、周、月为单位；护士长管理工作的绩效则常常以季、年为单位。

（三）检验标准的客观性和有效性

利用预先制订的标准去衡量各部门的工作绩效，就是对标准本身的客观性和有效性进行检验，通过这项工作可以辨别和剔除那些不能为有效控制提供信息并易导致误导作用的不适宜标准。衡量绩效的结果有两种，一种是没有偏差，此时虽然不需要采取任何纠偏措施，但要分析成功控制循环的原因，从而积累管理经验，向下属及时反馈信息，适时奖励，以便激发下属的工作热情。另一种是存在偏差，出现偏差的原因有两种：一是执行中出现问题，二是标准本身存在问题。对于前者，需要进行纠正；对于后者，则要修正或更新标准。

三、纠正偏差

通过衡量绩效发现工作中的偏差，在此基础上，分析偏差产生的原因，制订并实施必要的纠正措施，是控制的第三步。这项工作不仅体现了控制职能的目的，而且将控制与管理的其他职能紧密结合在一起。

（一）分析偏差产生原因

纠正偏差首先需要找到产生偏差的原因，然后才能有的放矢地针对原因采取相应措施。偏差是控制系统中成效标准与实际结果的差距。有些偏差可能反映了计划制订和执行过程中的严重问题，影响组织目标的实现，有些偏差则可能是一些偶然的、暂时的、区域性因素引起的，不一定对组织活动的结果产生重要影响。例如，急救物品完好率99%与健康教育知晓率90%相比，前者1%的偏差会比后者10%的偏差所造成的危害更大。一般而言，引起偏差的原因归纳起来有四大类：一是由于外部环境的变化，使得原来设计所需的外部条件不能够得到满足；二是由于组织根据情况的变化调整了经营方针和经营策略；三是原来制订的计划不尽合理；四是因为管理不善或员工自身的错误等导致原来的计划不能很好地实施等。

（二）明确纠偏实施对象

引起偏差的原因不同，可能是实际的工作，也可能是计划本身或衡量的标准。调整计划和标准的原因主要有两个：一个是原先的计划或标准制订得不科学，在执行中发现了问题；另一个是原来正确的标准和计划，由于客观环境发生了变化，不再适应新形势的需要。这两种原因都不是实际工作的问题，是由于目标不切合实际造成的，需要重新修改计划和标准。

（三）选择适当纠偏措施

确定纠偏对象以后，要针对偏差产生的原因，制订改进工作或调整计划与标准的纠偏方案。根据行动效果的不同，纠偏措施可分为两种：一个是立即执行临时性应急措施，针对那些迅速、直接影响组织正常活动的急迫问题，要求以最快的速度纠正偏差，避免造成更大的损失；另一个是采取永久性的根治措施，通过对引起偏差的问题深入分析，挖掘问题的真正原因，力求从根本上永久性解决问题，消除偏差。纠正偏差的过程中，管理者需要注意以下问题：

1. 保持纠偏方案的双重优化　纠偏工作应注意体现成本效益原则，做到双重优化。第一重优化是指实施纠偏工作要注意权衡利弊得失，即纠正偏差工作所付出的成本应小于偏差带来的损失；第二重优化是在此基础上，通过对各种方案进行比较，找出其中追加投入最少、成本最小且解决偏差效果最好的方案来付诸实施。

2. 考虑实施原有计划的影响　纠偏行为多是由于原计划不适应客观环境的变化等原因，影响组织目标的实现，因而要求对原有计划进行调整，这种决策相对于初始决策属于"追踪决策"。客观对象与环境由于原有计划的实施已受到干扰，制订纠偏方案时必须考虑到伴随着初始决策的实施已经消耗的资源，以及由于这种消耗对客观环境造成的各种影响。

3. 消除成员对纠偏措施的疑惑　新方案的实施可能会引起组织结构、关系的变化，也会对员工的个人利益带来影响，这种影响既可能使员工从中受益，也可能会不利于个别员工。因此，为保证纠偏工作的顺利进行，应充分考虑到每名员工的情况，提前做好解释、说明工作，消除员的顾虑，争取更多员工的支持与理解，避免纠偏实施过程中的人为障碍。

案例分析　　　　　　　　　　　　管控落在细节　改善护理服务

随着我国老年人口增多，慢性病的发生率也随之升高。为应对老年慢性病患者逐年增多的趋势，满足老年患者的护理服务需求，某医院根据老年患者的疾病特点以及生理、心理与社会需求，制订了老年慢性病患者护理方案。医院先后健全了分级护理、交接班、护理查对等制度，完善了基础护理服务及专科护理技术操作规范。医院要求各病区加强重点时段、重点患者的巡视观察，及时发现病情变化并给予有效处置；通过培训提升护士对患者并发症早期预警识别能力，降低老年患者跌倒、压力性损伤等护理不良事件的发生率，确保护理安全。医院强化护理人文建设，增强主动服务意识，注重沟通交流与心理支持，实施差异化的健康指导。医院针对居家行动不便的老年患者，完善互联网医院服务功能，在线提供护理咨询、护理随访、居家护理指导等延续性护理服务，增加伤口换药、鼻胃管护理、导尿管护理、造口护理等上门服务项目。

通过一段时间的实施，护理人员的综合护理能力明显提升，医院的护理服务质量持续改进，收到了良好的社会效益。"互联网＋护理服务"以及延续性护理服务内涵的丰富，也让护理服务更加优质与便捷，不仅有效拓展了护理的服务领域，扩大了护理服务的覆盖面，也切实减轻了患者家庭及社会的负担。

请思考：

1. 为确保老年护理质量，请分析该护理方案的控制关键点。

2. 为保证管理信息的实时反馈，医院可采取的信息收集方式。

3. 试分析实施该项护理工作的社会价值。

案例分析提示：

思考要点：① 可以将相关制度的完善与落实、老年专科护理人员的培训、危重症及有特殊护理需求的老年患者、老年人病情监测及用药安全等作为控制关键点；② 医院应成立专门的质控小组，定期不定期进行监督检查，深入病区，了解患者需求及护士工作情况，此外也可以借助可穿戴设备、远程监控等互联网技术提高信息传递速度；③ 促进老年人健康是国民健康规划的重要工作内容，医院通过开展专项护理、培养专科护士、拓展护理领域等措施，不仅可满足老年人的健康服务需求，提高老年人生活质量，也可有效减轻家庭和社会负担。

第四节　有效控制

一、适时控制

控制的适时要求管理者能够及时纠正组织运行或计划执行过程中所产生的偏差，避免偏差放大或产生不利的影响。及时纠正偏差，要求组织一方面应健全信息系统，使管理人员能够及时掌握真实、准确的信息，以便监控和衡量组织活动的成效；另一方面则需要管理者具备较强的分析决策能力，根据组织所处的环境、资源拥有情况、计划执行情况等现状及时提出纠偏方案，尽早采取纠偏措施。

纠正偏差的最理想方法是在偏差产生之前，管理者就预测到偏差产生的可能性，预先采取必要的防范措施，防止偏差的产生。伴随信息技术与网络技术的发展，通过护理信息系统，即可对患者进行科学全面地评估。护理人员结合评估结果，给予患者及时有效的护理，减少护理差错的发生，提高护理质量。

二、适度控制

适度控制是指控制的程度、范围和费用恰到好处，具体包括以下几方面的内容：

（一）控制程度

有效的控制要求管理者做到避免控制过多或控制不足，一方面，过多的控制会对组织中的人造成伤害，对组织成员行为过多限制，会扼杀他们的工作积极性和首创精神，从而影响个人的职业发展和组织目标的实现。另一方面，过少的控制又难以保证组织各项活动按照组织目标和计划的要求有序进行，对组织活动的过少检查和衡量，不能及时发现偏差，会使组织遭受损失，影响组织目标的实现。控制不足也会使员工忽视组织的要求，不按照规定完成工作，导致组织涣散。

（二）控制范围

任何组织都不可能对每一个部门、每一个环节、每一个人进行控制，这种控制不仅代价极高，也是不可能的。因此，管理者没有必要对组织中的每项活动进行全面、系统的控制，而是应该找出最关键的控制点。适度的控制要求组织在建立控制系统时，应对实际工作情况进行深入分析，找出影响组织目标实现的关键环节、岗位、时段和人员等进行重点控制。

知识链接 | 二八原理

二八原理是意大利经济学家维尔弗雷多·帕累托（Vilfredo Pareto，1848—1923）在19世纪末提出来的。他在从事经济学研究时，偶然注意到19世纪英国人财富和收益模式的调查取样中，大部分所得和财富流向了少数人手里。他发现这种不平衡的模式会重复出现，而且有数学上的准确度，大体是2∶8。由此他提出了所谓"二八原理"，即"重要的少数与琐碎的多数原理"，大意是：在任何特定的群体中，重要的因子通常只占少数，而不重要的因子则占多数。

二八原理指出我们的世界上充满了不平衡关系，如20%的人口拥有80%的财富，20%的员工创造了80%的价值，80%的收入来自20%的商品，80%的利润来自20%的顾客等等。因此，在工作中要学会抓住关键的20%的问题，只要控制重要的少数，即能控制全局。

（三）控制费用

任何控制都需要一定的费用。衡量工作成绩、分析偏差产生的原因，以及为了纠正偏差而采取的措施，都需要支付费用。这些控制，由于纠正了组织活动中的偏差，也会产生一定的收益。因此，适度的控制费用是指管理者花费的控制成本应获得合理的收益，而且只有当收益大于成本时，才是最佳的。

三、客观控制

有效的控制必须是客观的、符合实际的。要做到客观控制，应做到以下几点：① 控制过程中采用的检查、测量的技术手段必须能正确地反映组织在时空上的变化程度与分布情况，准确地判断和评价组织的各部门实际状况；② 组织还必须定期地检查过去规定的标准和计量规范，使之符合现阶段的要求，标准和规范不应自相矛盾；③ 管理人员对所获得的信息进行谨慎适当的解释，提出恰当的控制方案；④ 管理者应避免个人偏见的影响，进行客观评价。只有遵循这些要求，才能保证控制的标准、方法和过程是建立在科学、客观的基础上，尽量脱离主观性。

四、弹性控制

组织在运行过程中，可能会突然出现环境变化，或者遇到无法预见、无力抗拒的情况，如果控制不具有弹性，则在执行时难免被动。有效的控制系统应具有灵活性，维持组织的运行，使组织尽快适应变化。要实现弹性控制，就要求管理者制订多种应对变化的方案，并留有一定的后备力量，采用多种灵活的控制方式和方法来达到控制的目的。

五、例外原则

要实现有效的控制，管理者应坚持例外原则，即控制工作的重点应放在组织的条例、规章和制度中没有规定的"例外"事情上。凡是组织已有明确规定，可由职能部门或下属部门照章办事。这样既可以减少组织领导对日常重复性工作的指挥，可集中精力管理对组织发展更为关键的事情，也可以增强下属独立工作的能力与责任心。

导入情境分析

对本章的导入情境进行分析，该医院的管理措施主要应用了三种控制：① 前馈控制，优化护理管理流程，开展护士规范化培训，完善量化评价标准，加强人员、设备、物资等要素的平时管理等；② 过程管理，利用信息平台随时抓取数据并及时反馈，护理部进行的现场评价等；③ 反馈控制，利用信息平台的数据汇总及患者满意度调查结果，分析问题并提出改进措施等。

学习小结

控制是指按照既定的目标和标准，对组织活动进行衡量、监督、检查和评价，发现偏差，采取纠正措施，使工作按原定的计划进行，或适当地调整计划，使组织目标得以实现的过程。

- 控制的目的包括限制偏差累积与适应环境变化。
- 按照控制的时机不同，可将控制分为前馈控制、过程控制和反馈控制三种类型。
- 控制的基本原则包括关键点原则、客观性原则、及时性原则、灵活性原则和经济性原则五个方面。
- 控制过程包括确定标准、衡量绩效和纠正偏差三个主要步骤，它们相互关联、缺一不可。
- 护理管理控制的关键点包括：① 核心制度；② 特殊护士；③ 高危患者；④ 特殊设备和药品；⑤ 高危科室；⑥ 高危时间；⑦ 高危环节等方面。
- 有效控制的特征包括适时控制、适度控制、客观控制、弹性控制和例外原则五个方面。

（孔繁莹）

复习参考题

一、选择题

1.【A1】护理管理活动中基本职能的最后一环是（　　）
  A. 计划
  B. 组织
  C. 领导
  D. 控制
  E. 人力资源管理

2.【A1】控制的根本目的是（　　）
  A. 保证组织目标的实现
  B. 设计合理的组织结构
  C. 确立组织发展的目标
  D. 调动团队成员的积极性
  E. 进行人力资源的管理

3.【A2】加强病区交接班时间等重点时段的管理，体现的控制原则是（　　）
  A. 经济性原则
  B. 灵活性原则
  C. 及时性原则
  D. 客观性原则
  E. 关键点原则

4.【A2】护理部制订突发公共卫生事件护理应急预案并定期组织演练，属于控制中的（　　）
  A. 反馈控制
  B. 事后控制
  C. 前馈控制
  D. 过程控制
  E. 同步控制

5.【A2】针对护理不良事件，讨论其产生原因及改进措施，属于控制工作中的（　　）
  A. 确定控制对象
  B. 制订控制标准
  C. 建立反馈系统
  D. 衡量组织绩效
  E. 纠正系统偏差

二、简答题
1. 简述控制的前提条件。
2. 简述护理管理控制的关键点。

3. 简述有效控制系统的特征。

三、案例分析题
为应对人口老龄化趋势，满足不断增长的老年患者护理需求，某医院修订专科护理质量评价指标，加大对专科护士的培养力度，扩大"互联网+"护理服务范围。通过多措并举，改进了护理服务效率，提升了护理服务能力。

请思考：
为促进护理管理工作的科学化与规范化，作为管理者，你对该项工作还有哪些建议？
（选择题、案例分析题的答案解析见数字内容）

护理人力资源管理

学习目标

知识目标	1. 掌握　医院护理人力资源配置、护士排班与护士职业生涯规划。 2. 熟悉　护士培训，护理绩效管理、薪酬管理。 3. 了解　护理人力资源规划、护士岗位分层级管理与招聘。
能力目标	1. 能结合临床案例，运用护理人力资源配置的原则与方法计算护士配置数量。 2. 能运用培训的原则和方法，制订护士培训计划，对护士进行培训。 3. 能运用职业生涯发展理论、原则、方法设计个人职业发展规划。
素质目标	具有"以人为本"的护理人力资源管理理念。

导入情境与思考

某医院为了提高护理人力资源管理效率，护理部主任决定鼓励护士长们尝试各种排班模式的创新。春节即将来临，排班成为神经内科新护士长杨某头痛的一件事情。神经内科开设床位60张，床位使用率达100%。60位住院患者中一级护理30人、二级护理20人、三级护理10人，病房间接护理时数为26.5小时，机动护士为20%。目前病房配备护士26人，护士长1人，年轻护士占60%。该病区春节期间病床使用率依然为100%，而且不能自理的患者多，护士工作量大，需要经常加班。去年春节该病区急危重症患者多，高年资护士春节均值班，因此今年该科室资历高的护士纷纷要求休班。新护士刚刚来院，害怕面对春节的繁忙期，也要求春节休假。

请思考：

1. 该科室护理人力资源配置是否合理？
2. 您认为护士长该如何排班？该照顾老护士还是新护士？
3. 护理部该如何评价该护士长的排班？

　　为了创造物质财富而投入生产活动中的一切要素统称为资源，包括人力资源、物力资源、财力资源、信息资源、时间资源等，其中人力资源是所有资源中最宝贵的资源，是第一资源。人力资源是组织在激烈竞争中赖以生存和发展的特殊资源。对于医院来说，人才同样是最大的财富和资本，也是医院的核心竞争力。护士作为医院人力资源中占比最高、接触患者时间最长的一个群体，其质量、数量、管理效率的高低均会对医疗质量、患者安全产生较大的影响。因此，科学的护理人力资源管理是医院管理的重要任务，也是现代医院高质量发展的关键环节。

第一节　护理人力资源管理概述

一、护理人力资源管理的相关概念

1. 人力资源（human resources）　又称劳动力资源，指在劳动生产过程中，可以直接投入的体力、智力、心力的总和，是一种依附于个体的经济资源，反映人所拥有的劳动能力，包括知识、技能、经验、品性与态度等身心素质。

2. 人力资源管理（human resources management）　是有效利用人力资源实现组织目标的过程。人力资源管理包括两个主要内容：一是吸引、开发和保持高素质的员工队伍；二是通过高素质的员工实现组织使命和目标。

3. 护理人力资源（human resources of nursing）　指经执业注册考试取得护士执业证书，依据《护士条例》相关规定从事护理活动的护士；以及未取得护士执业证书，但经过岗位培训且考核合格，协助注册护士承担患者生活护理等职责的护士和护理员。

4. 护理人力资源管理（human resources management of nursing）　是卫生管理部门为提高服务质量、实现组织目标，对护理人力资源进行规划、招聘、培训、考核、开发和利用的管理活动。其目的是为组织寻求高素质护理人才，并使其在组织中得到支持和发展，实现组织目标，同时提升护士职业价值，达到护理人力与岗位相匹配的管理过程。

二、护理人力资源管理的内容

护理人力资源管理的基本内容包括护理人力资源规划与配置、护士招聘、护士培训、护理绩效管理、薪酬管理、护士职业生涯规划等。

（一）护理人力资源规划

护理人力资源规划是护理人力资源管理的首要任务，是医院人力资源管理部门和护理职能部门为实施医院的发展战略、完成医院的工作目标，根据医院的内外环境及护理业务范围，对医院未来的护理人力资源的需求和供给进行分析与策划，以确保医院在需要的时间和需要的岗位上获得必需的人力资源。

（二）护理人力资源配置

护理人力资源配置是指根据护理服务目标，科学合理地调配护理人力资源，使人员与护理服务活动相匹配的过程。护理人力资源的合理配置包含三个方面的要求：一是护士的数量与工作任务量相匹配；二是护士的质量与工作任务的要求相匹配；三是团队内护士的能力、性格等相匹配，达到提高工作效率、保障工作质量的目标。

（三）护士招聘

聘用到具备执业资格和良好工作能力的护士，是护理组织实现目标和保证护理服务质量的基础。护士招聘是指医院采取科学有效的方法寻找、吸引符合岗位要求的护士到医院应聘，医院根据需要和应聘者条件选出适合人选，予以录用的管理过程。

（四）护士培训

护士培训是护理人力资源管理的重要内容，是根据组织和个人需要，进行有组织、有计划的培训，使护士在职业道德、知识水平、工作能力等方面不断提高和完善，对于帮助在岗护士保持理想的职业态度、业务水平、高效率完成工作任务、促进个人职业全面发展和自我价值的实现具有重要的意义。

（五）护理绩效管理

护理绩效管理是护理人力资源管理的中心环节，是管理者与被管理者为了达到组织目标而共同参与绩效计划的制订、绩效考核评价、绩效结果的应用、绩效目标的提升等活动，达到组织目标实现及绩效持续改进的管理过程。

（六）护理薪酬管理

薪酬管理是对员工薪酬支付原则、薪酬策略、薪酬水平、薪酬构成进行确定、分配和调整的动态管理过程。建立科学合理的薪酬管理体系，不仅能保障护士切身利益，稳定护理队伍，还可以激发护士的工作积极性，有利于吸引优质护理人才，从而增强医院的竞争力。护理薪酬管理应遵循按劳付酬、公平、竞争、激励、经济和合法原则。薪酬体系和制度的设计关键在于体现"对内具有公平性，对外具有竞争性"的特点。

（七）护士职业生涯管理

职业生涯管理是指对员工个人职业生涯进行设计、规划、执行、评估、反馈和修正的综合性过程。通过对护士的个人兴趣、能力和发展目标的有效管理，使护士实现个人发展成就的最大化，从而满足个人、医院和管理者发展需要的动态过程。

第二节 护士岗位管理

一、岗位管理的概念与意义

（一）岗位管理的概念

岗位管理是以组织中的岗位为对象，科学地进行岗位设置、岗位分析、岗位描述、岗位监控和岗位评估等一系列活动的管理过程。岗位管理来源于企业管理理念，以企业战略、环境因素、员工素质、企业规模、企业发展、技术因素等六大因素为依据，通过岗位分析设计、描述、培训、规划、考评、激励与约束等过程控制，实现因岗择人，在人与岗位的互动中实现人与岗位、人与人之间的最佳配合，以发挥人力资源的作用，提高劳动效率。

（二）岗位管理的意义

1. 有利于员工的科学配置　岗位管理按需设岗，因事设职，可以最大限度地实现劳动用工的科学配置。在梳理岗位、明确职责的过程中，规范了岗位的增添和删减，避免了管理的随意性，以及在此过程中造成的职责重叠和职责疏漏。

2. 有利于增强员工的职业成就感　岗位管理一方面可使员工明确各岗位职责，了解团队整体运作，明确自身的工作价值和意义，使员工有角色感；另一方面，可使员工了解各岗位任职资格，认识自身能力与岗位要求的差距，明确今后学习和成长的方向，有助于进一步强化职业发展目标，产生职业成就感。

3. 有利于组织招聘　科学的岗位管理可帮助求职者明确地了解应聘岗位的职责范围和资格要求，有利于吸引更合适的候选人。对于组织来说，则能更直观、有效地筛选出合格的候选人。内部招聘时，也可给员工更加明确的指引。

4. 有利于绩效及薪酬管理　岗位管理是组织绩效管理的依据，可基于岗位职责展开绩效管理，基于任职资格展开能力评估，基于岗位价值评估建立岗位工资体系。

二、护士岗位设置及原则

（一）护士岗位设置

按照《卫生部关于实施医院护士岗位管理的指导意见》（卫医政发〔2012〕30号），医院护士岗位设置分为护理管理岗位、临床护理岗位和其他护理岗位三大类。其中，护理管理岗位是从事医院护理管理工作的岗位；临床护理岗位是护士为患者提供直接护理服务的岗位；其他护理岗位是护士为患者提供非直接护理服务的岗位。护理管理岗位和临床护理岗位的护士应占全院护士总数的95%以上。应按照科学管理、按需设岗、保障患者安全和临床护理质量的原则合理设置护士岗位，明确岗位职责和任职条件，建立岗位责任制度，提高管理效率。根据岗位职责，结合工作性质、工作任务、责任轻重和技术难度等要素，明确岗位所需护士的任职条件。护士的经验能力、技术水平、学历、专业技术职称应与岗位的任职条件相匹配，实现护士从身份管理向岗位管理转变。

1. 护理管理岗位　医院的护理管理岗位主要有护理部主任（副主任）、科护士长、病区（单元）护士长等。

（1）护理部主任岗位职责与任职资格

岗位职责：① 履行医院护理管理职能，以决策者角色参与医院的发展策略和远期规划的制订，在临床护理与护理管理的目标和方向的确定过程中起领导作用；② 获取、分配与实现组织目标相关的护理人力、物力和财力资源，制订和评价护理服务标准和程序，推进护理服务预期目标的实现，在护理人力资源的培养、使用和管理方面起到领导作用，确保对护理服务单元和护理整体服务质量进行连续的评价和改革；③ 促进临床护理、健康管理和护理管理领域中科学研究的实施、总结和应用；④ 激励、培养、招聘和保留护理人才。

任职资格：因医院要求和地区而异。基本要求：国家注册护士；具备护理学本科及以上学历、学士及以上学位；接受过管理领域专业知识和技能培训；具有10年以上护理工作经验；5年以上护理管理经验；良好的语言和书面沟通能力、人际交往能力、组织能力；具有高度的责任心和敬业精神、身心健康，满足岗位需要。

（2）科护士长岗位职责和任职资格

岗位职责：① 履行医院护理管理职能；② 负责将医院和上级护理管理部门的宗旨、目标、规划转化为本部门护士的行动；③ 负责所管辖科室的护理质量，参与护理部门临床护理质量的督查和评价、护理人力资源管理、病区环境管理、所管辖科室相关护理活动的组织、沟通与交流、积极参与各级护理专业活动；④ 负责个人及管辖科室护士的专业发展、科室临床护理教学、意外事件和特殊任务的协调处理；⑤ 参与信息管理，确保对医院信息处理的及时和准确等。

任职资格：因医院要求和地区而异。基本条件：国家注册护士；护理专业本科及以上学历；接受过管理专业知识和技能培训；具有5年以上护理实践经验；具有3年以上护理管理经验；具有良好的沟通能力、组织能力、协调能力，高度的责任心，身心健康，满足岗位需要。

（3）病区（单元）护士长岗位职责和任职资格

护士长岗位职责：① 在所管辖护理单元范围内履行护理管理职能；② 负责本护理单元的护理工作计划和护理服务标准的实施；③ 以患者为中心，为患者提供全面整体的护理服务，保证本护理单元护理服务质量；④ 为下属提供工作指南，并对下属的日常护理服务进行督导；⑤ 维护和营造良好的临床治疗和护理环境；⑥ 负责本护理单元护理人力资源使用和管理；⑦ 有效沟通、协调与护理工作有关的人际关系；⑧ 评价护士的绩效和工作表现；⑨ 负责本单元护士的培训、开发护士工作潜力，促进其职业发展；⑩ 控制本单元护理人力成本。

任职资格：因医院要求和地区而异。基本条件：国家注册护士；护理专业本科及以上学历；接受过管理专业知识和技能培训；具有5年以上护理实践经验和一定的护理管理经验；具有良好的沟通能力、人际交往能力与组织能力；具有高度的责任心，身心健康，满足岗位需要。

2. 临床护理岗位

（1）病房护士岗位：主要包括医院各类病房、门诊、产房等直接服务于患者的护士岗位。

病房护士的工作职责：① 以责任制整体护理工作模式和护理程序实施护理服务；② 以患者为中心，落实分级护理制度，正确执行医嘱，完成专业照护，实施病情观察、治疗处置、心理护理、健康教育等各项护理工作，为患者提供全面、全程、专业和整体的护理服务。

任职资格：经护士执业注册考试取得执业证书；在中等职业院校、高等教育院校完成国务院教育主管部门和国务院卫生主管部门规定的普通全日制3年以上护理学、助产学专业学习，在教学、综合医院完成8个月以上实习并取得相应学历证书，身心健康。

（2）专科护士岗位：为保障临床护理质量和患者安全，在临床护理专科性强、技术要求较高的护理单元，如ICU、急诊急救室、手术室、血液净化室等设置专科护士岗位。

专科护士的工作职责：① 负责本专业疑难、危重患者的护理，参与专科护理实践标准的制订；② 承担护理单元护理质量管理、护理疑难问题会诊、专业护士培训、专业健康教育、专科护理研究等工作。

任职资格：本专科5年（含）以上工作经验，主管护师（含）以上技术职称，经过专科护理培训并通过考试考核获得认证的注册护士。

3. 其他护理岗位 指注册护士为患者提供非直接护理服务的岗位，包括消毒供应中心、医院感染管理部门等。

（二）护士岗位设置的原则

1. 按需设岗原则 医院护士岗位的设置应根据医院的功能、定位、规模及发展趋势等因素，从护理工作需求角度设置岗位类别和数量。注意岗位设置要坚持因事设岗，避免因人设岗，做到科学合理、精简效能，既保障患者安全和临床护理质量，又保证组织的高效与灵活。依据《卫生部关于实施医院护士岗位管理的指导意见》，普通病房护床比不低于0.4：1，重症监护病房护患比为（2.5~3）：1，新生儿监护病房护患比为（1.5~1.8）：1，门（急）诊、手术室等部门应当根据门（急）诊量、治疗量、手术量等综合因素合理设置护士岗位。

2. 按岗聘用原则 按照岗位职责要求合理配置护士，用人所长，竞聘上岗，并进行动态调整，保证不同岗位护士的数量和能力能够满足工作需要。特别是临床护理岗位招聘护士时，应充分考虑到岗位工作量、技术难度、专业要求和工作风险等，以保障护理质量和患者安全。护理管理岗位的护士除具备一定的业务素质外，还须具备一定管理知识、理论和技能。

3. 能级对应原则 护士配置应注意护士能级与岗位的对应，做到将每一名护士按其优势特长、能级高低分配到合适的岗位上，充分发挥不同层级护士的作用，优化人力资源配置。不同的专科、岗位和责任对护士技术水平、专业能力要求不尽相同，例如较高学历、职称及专科知识扎实且有临床经验的护士可以分配在ICU、急诊科等护理单元。

4. 激励原则 护士岗位管理是建立优质护理服务长效机制的切入点，通过实施岗位管理，实现同工同酬、多劳多得、优绩优酬，逐步建立激励性机制，充分调动护士的工作积极性。

5. 公平、公正、公开的原则 护士岗位管理制度（包括岗位设置、护士配备、人员培训、绩效评定、待遇保障、晋升、培训等制度）的制订与执行应做到"公平、公正、公开"，为每一位护士提供公平发展的机会，促进护士队伍健康发展。

三、护士岗位分层级管理

护士岗位分层级管理是指依据能级对应的原则，按照护士的工作能力、技术水平、工作年限、职称和学历等要素，对护士进行分层、分级管理。护士岗位分层级管理要求每一层级均有明确的划分标准、能力要求和工作职责。同时，护士培养和培训也应按照层级要求进行阶梯式管理。

1. 科学设置岗位 根据实际工作需要，科学设置护士岗位，并明确各岗位的工作职责。在临床岗位的设置上，护士岗位管理改变了以往功能制护理的工作模式，以责任制整体护理为基础，以护士的能力及患者的护理需求为依托，将护士岗位进行层级划分。医院护理分层级管理的层级一般为助理护士、责任护士、责任组长、护理专家或护士长。

2. **将病房进行分类** 以病区工作量、患者危重程度、专业要求和工作风险等为依据，将全院病区进行分类。例如，北京某医院将病区分为三类，每一类又分为A、B两层，并在此基础上制订了不同类别病房各层级护士配备标准。

3. **建立护士分层级培训体系** 针对不同岗位、不同层级护士需求确定与之相对应的培训内容、培训方式，做到技能培养与素质教育相结合、院内培训与院外交流相结合、专科培养与科室轮转相结合、专家讲授与主动学习相结合，形成科学的阶梯化培训模式。

4. **建立护士分层级绩效考核办法** 科室绩效考核和个人绩效考核相结合，建立科学的量化考核办法。对科室绩效考核以护理质量、工作量、教学科研及团队执行力为依据，确定各指标权重；明确各岗位、各层级护士绩效考核内容及权重，有效发挥考核的激励作用。护士分层级管理能有效提高护士的工作积极性和护理质量，提高患者对护理服务的满意度，拓宽护士职业发展空间，进一步体现护士的价值。

1992年我国的台湾护理学会根据Benner的能力进阶理论，建立了护理人员临床专业能力进阶认证制度，将护理人员的临床专业能力分为N_0~N_4共5个层级，每一层级制订相应的发展计划与培养目标，并赋予工作职责及能力要求。其中N_0级护士为新进护理人员，临床工作在1年之内；N_1级护士为临床工作1年以上，完成N_1临床专业能力训练且N_1审查合格，能执行患者基本照护；N_2级护士为临床工作2年以上，完成N_2临床专业能力训练且N_2审查合格，能参与执行重症患者护理；N_3级护士为临床工作3年以上，完成N_3临床专业能力训练且N_3审查合格，能执行重症患者的整体性护理，并有教学及协助医院品质改进的能力；N_4级护士为临床工作4年以上，完成N_4临床专业能力训练且N_4审查合格，能执行重症患者的整体性护理，并有教学、参与行政及执行医院品质改进的能力。

四、护士岗位评价

（一）护士岗位评价的对象及作用

1. 护士岗位评价的对象　岗位评价也称工作评价、岗位价值评估，是根据岗位分析结果，按照一定的标准，对工作性质、强度、责任、复杂性及所需任职资格等因素的差异程度进行综合评估，从而得出岗位对于组织相对价值的过程。岗位评价的对象是岗位，而不是该岗位上的工作人员。长期以来，我国医院人才主要通过行政级别和技术职称两条主线进行管理，人才所享受待遇与岗位价值缺乏明确的相关性，岗位评价在医院人力资源管理中，特别是在与医务人员利益直接相关的薪酬分配体系中没有得到足够重视。随着我国卫生事业单位人事制度改革的逐步深入，护理人力资源的合理使用和科学管理成为改革的重要内容，确认护士岗位价值成为人力资源管理的重要环节。

2. 护士岗位评价的作用　护士岗位评价通过系统分析各护士岗位的内涵价值，为各护士岗位人员的选拔、培训、使用和发展提供参考依据，最终实现岗位合理配置，人岗匹配程度高，薪酬分配公平，员工发展有序，岗位责权分明，从而提高人力资源的利用效率。

（二）护士岗位评价过程与方法

1. 护士岗位评价过程

（1）组建岗位评价团队：开发或选用合适的岗位评价方法，请相关专家对评价方法的合理性和有效性进行评估和校正。组建由分管领导、人力资源管理部门和护理部负责人及相关专家组成的岗位评价小组。

（2）取得参与评价者的合作：对参与评价的人员进行培训，使其充分理解所评价岗位的信息。

（3）明确岗位结构与相对价值：依据医院护理工作描述或岗位职责，岗位评价小组对每个岗位进行评价。根据岗位评价的量化结果确定医院护士岗位结构，并明确各护士岗位之间的相对价值。

2. 护士岗位评价方法　常用的岗位评价方法有序列法、分类法、因素比较法及因素计点法。

（1）序列法：评价人员根据自己的判断，依据岗位相对价值高低顺序进行排列。这是最原始的一种方法，通常是以职务说明与规格作基础，把组织内所有的职务进行比较，进一步按职务相对价值或重要性排出顺序并确定职务高低，例如，护理部主任＞科护士长＞病房护士长＞责任组长＞总务护士＞责任护士＞助理护士。

（2）分类法：分类法又称套级法，此方法简便易行，与序列法同属定性分析法。即预先制订一套供参照用的等级标准，再将各等级的职务与之对照（即套级），从而确定该职务的相应级别。

（3）因素比较法：因素比较法是一种通过划分维度进行定量比较的工作评价方法。首先对各工作岗位价值进行因素分解，选定共同因素并进行明确定义，按所选因素对最具代表性的关键岗位进行评价并直接赋值。然后将其余岗位与相应代表性岗位逐一比较并赋值。最后将各因素值相加，评出各工作岗位的总值。

（4）因素计点法：因素计点法也叫计分法，是目前应用最普遍的方法。它将所有岗位按工作性质不同分类并进行因素分解，选择共同因素并明确定义，根据权重将因素划分为若干等级。将待评岗位逐一对照最高等级，评出相应点数（分数），并将各因素所评分数汇总，从而得出各岗位的相对价值。

知识拓展 | **护士长岗位评价**

某医院对护士长进行岗位评价时，首先综合考虑工作责任、知识与技能、自主性、工作环境四大要素，将全院所有护士长岗位进行对比后，可以将ICU护士长确定为最高等级的护士长，赋予100%的权重。然后将各科护士长岗位与其对比，分别赋予相应的权重；将评价要素的四个方面分别赋予40%、30%、20%、10%的权重。再对四大要素分别进行定义和细分，如将责任要素细分为决策、风险控制、成本控制、指导监督、内外部协调、工作结果、组织人事和法律责任，分别进行定义并赋予相应的权重；将各赋值相加，并转化为100%值（点数）。对比各个护士长岗位的点数，即可得出对全院所有护士长岗位的评价结果。

第三节 护理人力资源配置

护理人力资源配置（nursing staffing）是以护理服务目标为宗旨，根据护士岗位合理分配不同层级护士的数量，保证护士、护士岗位、护理服务目标合理匹配的过程。护理人力配置主要包括以下三个方面：一是护士的数量与工作任务的数量相匹配；二是护士的能力与工作任务的难易程度相匹配；三是团队内护士的能力、性格等因素相匹配。

一、护理人力资源配置的原则

1. 以护理对象为中心　护理工作的目标就是满足护理对象的需要。护士的配置应以护理对象为中心，根据医院的功能、任务，在分析护理业务范围和种类的基础上确定护士的数量与质量要求，以满足服务对象的护理需要，保证护理工作的顺利完成。

2. 结构合理　护士配置不仅要考虑护士的总体数量，还要考虑各层级护士的比例。结构合理要求护士在专业结构、能力结构、年龄结构、职称结构等方面梯度合理，实现护士的能级对应、取长补短和团队协作。

3. 成本效益 人力成本是医院最大的成本，人员配置在考虑满足服务对象和工作标准的同时也要考虑成本效益。管理者在进行护士配置时，应根据服务对象的特点、护理等级比例、床位使用率等情况，对护理人力资源实行弹性配置，以提高工作效率，降低人力成本。

4. 动态平衡 随着医疗技术的快速发展和医院管理体制与管理模式的不断变革，护理专业的服务范围不断拓展，对护士的素质要求也悄然发生变化。同时，护士的能力和知识也在不断提高和丰富。因此，管理者应及时调整护士的配置，使岗位与护士的能力相匹配，实现人与工作的动态平衡。

5. 依法配置 合理的护理人力资源配置，是保障患者安全和护理质量的基础。医院应当按照《护士条例》《三级医院评审标准（2020年版）》（国卫医发〔2020〕26号）等相关规定，结合医院规模、功能和任务，合理配置护理人力资源，并结合收住患者特点、护理级别比例、床位使用情况等制订护理单元人力配备原则及弹性调配方案。

二、护理人力资源配置的依据和方法

（一）比例配置

1. 按床护比配置 卫生部1978年颁布了《关于县及县以上综合性医院组织编制原则（试行）草案》（简称《编制原则》），对我国综合医院的人员编制作了具体规定。根据规模和担负的任务，将医院分为三类，300张床位以下的，床位与护士之比按1:（1.3~1.4）计算；300~500张床位的，按1:（1.4~1.5）计算；500张床位以上的，按1:（1.6~1.7）计算。病房护士与病床之比不少于0.4:1。《全国护理事业发展规划（2021—2025年）》（国卫医发〔2022〕15号）要求采取有效措施增加护士队伍数量，特别是从事老年护理、儿科护理、中医护理、社区护理、传染病护理和安宁疗护工作的护士以及在基层医疗机构工作的护士数量。医疗机构要根据功能定位、服务半径、床位规模、临床护理工作量和技术要素等科学合理配备护士人力，满足临床护理服务需求。

2. 按医护比配置 《编制原则》对各类人员的比例进行了明确规定，行政管理和工勤人员占总编制的28%~30%，其中行政管理人员占总编制的8%~10%；卫生技术人员占总编制的70%~72%，其中医生占25%，护士占50%，其他卫生技术人员占25%。

（二）按护理工作量计算

根据护理工作量进行护理人力资源配置是指根据护士所承担的工作量及完成这些工作量所需的时间来配置护理人力资源的方法。工时测量法是目前国内外医院使用较多的工作量配置法。在进行护理工作量测定时，首先将病区护理工作项目分为直接护理项目（直接为患者提供护理服务的护理活动如静脉输液、肌内注射等）与间接护理项目（不直接发生在患者身上或为直接护理做准备的护理操作项目），再应用观察法测算每一类护理项目所耗费的时间，运用公式计算病区的护理工作量及护理人力配置的理论值。

公式一：所需护士人数 =（病区各级护理患者所需直接护理时数 + 间接护理时数）÷ 每名护士每日工作时间 + 机动数

某病房一级护理患者30人，二级护理患者20人，三级护理患者10人，每位患者所需直接护理时数一级护理为4.5小时，二级护理为2.5小时，三级护理为0.5小时；病房间接护理时数为26.5小时，机动护士数20%，则病房护士总人数计算为：

所需护士=（30×4.5+20×2.5+10×0.5+26.5）÷8+（30×4.5+20×2.5+10×0.5+26.5）÷8×20%≈32人

该病区应配置32名护士。

公式二：所需护士数=病房床位数×床位使用率×平均护理时数÷每名护士每日工作时间×机动系数

其中：床位使用率=占用床位数/开放床位数×100%；

平均护理时数=各级患者护理时数总和÷该病房患者总数；

每名护士平均每日工作时间为8小时；

机动系数按病区护士总人数的20%计算，包括法定节假日及产、婚、病等假期的缺勤补充。

（三）以患者分类系统为基础计算

近年来，国外医院多采用患者分类系统（patient classification system，PCS），根据患者的病种、病情等对患者进行分类，测算和标准化每类患者每日的护理时数，计算得出总的护理工作量及护理人力配置的理想值。常用的患者分类系统有3类：原型分类、因素型分类及混合型分类。

原型分类方法：主要以一般性的类别描述为主，根据患者的护理需求对患者进行分类，以反映患者对照顾者的依赖程度。我国施行的分级护理即采用原型分类法，根据患者的病情和生活自理能力（ability of daily living，ADL），确定患者护理级别。

因素型分类方法：是选定病区内发生频率高、花费时间长的护理操作项目，测定其护理时数。根据每个患者每班次或每日所需该护理项目的数量，计算其护理时数，并据此配置护理人力资源。

混合型分类方法：罗斯麦迪可斯量表（Rush Medicus Tool–Patient Classification System，RMT–PCS）是目前比较知名的患者分类系统之一，该量表采用原型分类方法对患者进行分类，但分类依据不是护士的主观判断，而是根据因素型分类方法对患者进行评价后的结果。RMT–PCS包含37项护理项目，护士根据患者当日所做的护理项目，计算出每位患者每日的总护理点数，然后根据点数将患者分成严重程度由低到高的四类，从而得出每个科室四类患者的人数，计算出所需要的总护理工作量，最终计算出当日科室所需的护理数量。

三、护理人力资源配置的影响因素

1. 护士因素　护士的素质决定护理服务的质量和工作效率。护士业务能力强，工作效率高，与服务对象沟通好，同样的工作量可节省护理人力；反之若护士业务水平较低、能力较差，则影响工作效率，需要配置较多护士满足服务对象的需要。

2. 护理工作因素　工作数量和质量是影响护士配置的主要原因。工作量主要受开放床位数、床位使用率、床位周转率等因素影响；护理服务的质量与护理业务范围的广度和技术难度有关。不同类型与级别的医院、不同护理方式、不同护理级别患者所要求护理内容不同，因此护士的配置也要根据医院的实际情况合理实施。

3. 社会环境因素　医院的功能与定位、医疗保险制度、护理模式等，也会影响护士的配置。工作的环境与条件也是影响护士配置的重要因素。工作条件是指医院的建筑和布局、设施、设备的配置、信息化程度等，不同的工作条件对护理人力需求不同，如集中式建筑和布局较分散式节约人力；设施设备的自动化程度高则节省人力等。

4. 法律法规　护士的配置须依据我国的相关法律法规，如《中华人民共和国劳动法》《中华人民共和国社会保险法》《国务院关于职工工作时间的规定》等。护士中青年女性占多数，在人员配置时应考虑到产假、哺乳期等因素，确保护士配置既要满足医院岗位职责的需要，也要保障劳动者应该享有的权益。

第四节　护士招聘与排班

护士招聘是指医院根据工作需要采取科学有效的方法寻找、吸引护士到医院应聘，医院根据岗位任职资格从应聘者中挑选符合条件的人选并予以录用的过程。科学的排班对于充分的利用已有的护理人力资源，最大限度地发挥其工作积极性，提高工作效率和效果至关重要。

一、护士招聘

（一）招聘原则

1. 按岗择人　招聘护士是医院可持续发展的需要，护理管理者应根据医院发展规划及中心工作，基于护理人力资源规划的结果，客观地分析护士岗位要求，制订明确的岗位任职资格，有目的、有计划地组织招聘活动，实现按岗择人。

2. 择优录取　择优是人力资源选择的根本目的，护理管理者只有坚持择优原则，才能为医院遴选到最合适的护士。因此，护士的招聘应采用科学的招聘方法，并组织招聘工作评估，对招聘工作进行总结和评价，确保招聘的护士具有良好的岗位胜任力。

3. 全面考核　护士的素质是影响护理质量的重要因素，所以护理管理者应对应聘护士的品德、知识、能力、智力、健康状况、心理素质等进行全面考核，多方位、多渠道了解其综合素质和发展潜能。

4. 公平公开　招聘时应公开招聘信息，将医院概况、招聘岗位、岗位职能、招聘人数、岗位要求、招聘程序等信息通过各种途径向社会公布，对所有应聘护士一视同仁，杜绝不正当的竞争行为。

5. 效率优先　招聘是一种投资行为，其过程需要投入大量的时间、人力和财力。在招聘过程中，要根据不同的招聘要求，灵活选用恰当的招聘形式和方法，在保证招聘人员质量的前提下，尽可能地降低成本，也就是以尽可能少的成本选聘到最合适的护理人才。

（二）护士招聘及录用程序

1. 招聘需求分析　包括招聘环境分析、医院护理人力资源现状分析、招聘需求确定等。根据医院各护理单元提出的用人需求，结合医院定位、功能、中心任务、护理人力资源现状，确定拟招聘护士岗位数量。

2. 明确招聘岗位要求 进行岗位分析，明确招聘岗位的任职资格，对应聘护士的文化程度、工作经验、技术、能力、健康状态等提出明确要求。

3. 招募 根据招聘计划，采用适宜的招聘渠道发布招聘信息，吸引更多的具备任职资格的应聘者，最大可能地获取招聘职位候选人。

4. 初步筛选 招聘单位根据应聘者的简历资料进行资格审查，并初步筛选符合要求的人员。

5. 招聘考试 根据岗位需要选择恰当的考核方式，一般包括理论考试与技能考核。理论考试一般包括基础护理、专科护理理论知识以及部分人文社会类知识。技能考核一般包括基础护理操作技能、急救操作技能等。目前，心理测试、团队合作测试也被越来越多的医院纳入到招聘考试中。

6. 面试 招聘小组通过面试可以对应聘者的专业知识、沟通表达能力、判断能力、思维能力、反应能力等有初步了解，考察应聘者与护士岗位的匹配程度。

7. 体格检查 对入围人选进行体格检查，确认应聘者的健康状况，判断其能否胜任护士岗位工作。

8. 试用与录用 经过上述程序，招聘小组与符合录用条件的护士在双方自愿的条件下签订聘用合同。合同期限和具体岗位、待遇均由双方协商确定。合同期限含试用期，但试用期最长不能超过6个月。

9. 招聘评估 招聘录用结束后，应进行招聘评估，即对整个招聘过程进行评估，以便发现招聘过程中存在的问题，并对问题进行分析，寻找解决的对策，从而为下次招聘提供经验。评估的内容包括对招聘的护理人力资源数量和质量进行评估，也包括招聘成本效益评估和招聘措施的整改。

二、护士排班

排班是基层护理管理者对护理人力资源合理分配和使用的过程，也就是根据护理工作的内容、任务及本部门人力资源的具体情况对各班次护士的合理安排，实现对患者24小时连续的护理照护，保障患者安全。

（一）排班原则

1. 以患者为中心原则 保证为患者提供24小时不间断的高质量护理服务，以满足患者的需求。

2. 高效原则 即充分了解护理工作规律，分清主、次、缓、急，根据护士的能力合理安排，避免各层级护士职责交叉与重叠，提高工作效率。

3. 均衡原则 护理管理者应根据患者数量的多少、危重程度的不同，动态调配人力，保持各班工作量均衡，保证服务对象得到及时、正确的治疗和护理。

4. 公平原则 护理管理者在排班时，应一视同仁，爱护、体谅所有护士，适当照顾有特殊需要的护士，以提高护理团队凝聚力与护士的工作积极性。

5. 弹性原则 管理者应制订紧急情况下护士调配应急预案，在排班时预留机动人员，以确保紧急情况下护理人力资源能够满足患者需要。

（二）排班方法

由于医院类型和科室任务不同，排班的方法也会有所不同。目前常用的排班方法有：

1. 周期性排班法　又称循环式排班法，即以一定周期为排班周期，依次循环。护理管理者可根据实际人力资源情况决定一个周期的时间长度。周期性排班的优点：① 排班模式相对固定，护士熟悉排班规律，可以预先知道值班及休假时间；② 护士可公平地获得休假机会；③ 上班人员固定；④ 节省排班所花费的时间，且排班省时省力。这种排班方法适用于病房护士结构合理稳定、患者数量和危重程度变化不大的护理单元。

2. 弹性排班法　根据病房单位时间工作量的不同合理安排人力，即增加工作高峰时段人力，减少工作低峰时段人力，提高人员利用率，例如晨、晚间护理内容较多，可增添6:00—10:00、18:00—22:00的值班人员数量，以保证护理质量。

3. 每日两班或三班制排班法　① 两班制，即将24小时分为2个时段（白班和夜班），便于护士集中工作时间，减少中途往返。一般适用于病种单一、患者病情较轻、护理工作量不重的病房。② 三班制，即将24小时分为3个时段：日班、小夜班、大夜班三个班次。一般适用于病情复杂、护理工作量较重的病房。

4. APN排班模式　近年来，我国许多医院借鉴国外排班经验，实行APN排班模式，即将一日24小时分为连续不断的3个班次，如A班8:00—15:00或8:30—15:30、P班15:00—22:00或15:30—22:30、N班22:00—8:00或22:30—8:30。各班时间可根据不同科室具体情况进行调整。

APN排班方式的优点：① 保证护理工作的连续性，减少了交接班次数，降低了交接班环节中的安全隐患；② 加强了P、N班薄弱环节的人员力量；③ 由高年资护士担任APN班责任组长，对疑难、危重患者护理工作进行把关，充分保障护理安全；④ 有利于护士更好地安排自己的工作和生活，尽量避开上下班高峰。

第五节　护士培训

培训（training）是指组织为了使组织成员能够胜任现有的工作岗位，而进行的一系列有计划、有组织的教育和训练活动。管理部门通过对护士的培训，提高护士的理论水平和业务技能，达到优化护理人力资源结构，激发护理人力资源潜力，提高人力资源使用效率的目的。

一、护士培训的目的与原则

护士培训的主要目的：① 帮助新入职的护士尽快适应工作角色，掌握工作所需要的基本方法和程序，以胜任岗位需求；② 帮助护士了解组织和护理工作的宗旨、价值观和发展目标，提高和增进其对组织的认同感和归属感；③ 改善护士的工作态度，强化护士的职业素养，提高护士的工作效率；④ 使护士具备持续学习的能力，学会在工作环境中知识共享，并运用所掌握的知识和技能为患者提供优质护理服务；⑤ 协助护士结合个人特点制订职业生涯发展规划，不断提高个人素质，促进个人潜能最大程度地发挥。培训不仅使护士个人能力得到提高，也使组织的群体人力资本持续增加，提高了组织竞争力。

近年来，护士的培训越来越受到重视，培训的种类方式很多，可根据地区、医疗机构的不同采用灵活的方式进行，但必须遵循一定的原则。① 按需施教，学用一致原则：从护士的知识和能力水平、年龄以及不同岗位的实际需要出发，以达到将培训结果向生产力转化的目的；② 与组织战略发展相适应原则：护士培训方案遵循医院的发展战略，按照医院和部门的发展目标进行设计，以实现组织战略目标；③ 重点培训和全员培训相结合原则：培训要有重点，首先要对护理骨干进行培训，特别是护理管理人员，其次，应保证每位护士均能接受培训与教育，管理者在制订培训计划时，除了要考虑组织中护理骨干个人能力的提高，还要保证护理队伍整体素质的提高；④ 综合素质与专业素质培训相结合原则：除了要按照护士岗位职责的要求提高护士专业素养外，还要通过组织文化建设使护士的工作态度、工作理念、价值观、人生观等方面均符合组织文化要求；⑤ 长期性与急用性相结合的原则：护士只有不断学习才能让自身的专业能力跟上护理学科的发展，同时为了保证医院开展的新业务、新技术等项目的顺利进行，还需要对护士进行相应的知识和技能的培训。

二、护士培训的对象与内容

《全国护理事业发展规划（2021—2025年）》中明确指出，医疗机构要加强护士培养培训，建立以岗位需求为导向、以岗位胜任力为核心的护士培训制度。特别强调要加强新入职护士和护理管理人员培训。因此，将护士培训划分为以下几种：

（一）新入职护士规范化培训

根据国家卫生和计划生育委员会《新入职护士培训大纲（试行）》［国卫办医发〔2016〕2号〕开展新入职护士规范化培训，提高护士队伍整体素质和临床护理服务能力。新入职护士规范化培训包括新入职护士岗前培训和专业培训。

1. 岗前培训 岗前培训又称定位教育，是使新入职护士熟悉组织、适应环境和岗位的过程。新入职护士三个月内需完成护理部层面和科室层面组织的岗前培训以及部分三基三严内容的培训，通过学习医院、护理部及科室的组织文化、核心理念和相关制度，快速融入组织、培养良好的学习和工作习惯。

2. 专业培训 包括专科轮转培训，培训时间为24个月。每位新入职护士的轮训科室必须包括：内科（6个月）、外科（6个月）、急诊科或监护室（6个月）、其他特殊科室（6个月）。具体根据医院发展及护理人力资源实际情况调整。

各科室根据《新入职护士培训大纲（试行）》中对专业理论与实践的要求，结合各医院各专科护士初始能力要求，制订各专科新入职护士规范化培训管理方案。

（二）毕业3~5年护士培训

此阶段护士能用整体观考虑临床问题，具有一定的临床经验。随着工作经验的积累，将逐步担任科室责任组长或床边带教老师，要求护士能熟练运用专科理论知识，在临床工作中不断提高技能，根据护理标准，熟练运用护理程序为患者提供持续、优质、安全的全人护理；同时需要参与科室讨论、质量改进和循证科研等项目，为科室发展提出建设性意见和建议。

（三）毕业6~10年护士培训

此阶段护士具备快速解决复杂临床情况的能力，具有丰富的临床经验，绝大部分成为科室的骨干力量，担任责任组长进行床边带教。要求护士能熟练掌握基础护理及专科护理理论及技术，能熟练运用护理程序实施整体护理，不断提升教学能力、循证能力或科研能力。

（四）10年以上护士培训

此阶段护士不仅能为患者提供高效、优质的整体护理，还是低年资护士、学生的老师，能开展有效的教学活动。要求护士能熟练运用循证方法解决工作中的问题，负责科室持续质量改进项目，协助护士长参与各项质量管理指标审核、统计及分析，并对制订本科室专业发展计划提出建设性意见和建议。

（五）护理管理人员培训

护理管理者应是护理队伍中的专业引领者，同时也是管理者，要求精通本专科临床护理的理论与技能。护理管理人员培训的主要目的是向管理人员提供管理岗位所需要的知识和技能，不断提高管理能力。培训的重点内容是与岗位相关的管理理论与技能。

以上分阶段的继续教育培训内容可根据实际情况进行安排。

三、护士培训方法

护理工作的性质与在职教育的特殊性决定了护士培训形式的多层次和多渠道的特点。目前护士培训形式多种多样，没有统一的模式，培训人员应根据医院的自身条件要求等因素进行选择。常用的培训方法有在职培训和自我培训。

（一）在职培训

1. **临床指导**　任命工作经验丰富，年资较高的护士作为新护士的导师，负责新护士的带教。带教工作一方面需要结合临床实际讨论护理理论、专科知识技能，解决患者的护理问题；另一方面需要指导其价值观的养成、人际关系的建立、合作精神的培养等。

2. **专题讨论**　组织护士针对某一专题进行学习讨论，互相交流，如读书报告会、专题讲座、疑难病例护理讨论会等。

3. **短期培训**　短期培训从几小时至几个月不等，具有专题性、针对性的特点，如护士长管理培训班、急救护理培训班、专科护理新技术培训班、专题讲习班、专题调研和考察班等。

4. **岗位轮转**　通过不同科室岗位轮转，护士可以积累更多的临床护理经验，拓宽专业知识和技能，增强解决护理问题的能力，胜任多方面的工作。

5. **脱产培训**　脱产培训是一种较正规的人员培训，是根据医院护理工作的实际需要选派不同层级有培养前途的护理骨干，集中时间离开工作岗位，到专门的学校、研究机构或其他培训机构进行学习。这种培训有一定的深度，学习内容较系统，但培训成本高，培训人数受到一定限制。

（二）自我培训

1. 自主学习 自主学习是一种主动的行为，护士根据自身情况，结合工作要求，根据自身的特点不断地进行自我学习，如通过向有经验的高年资护士请教，阅读专业书籍、护理期刊等，丰富理论知识，提高自身技能。

2. 学历教育 毕业后能够进一步提高学历是专业知识和能力增强的标志之一，如参加全国护士教育自学委员会或各医学院校组织的专业辅导及学历考试，脱产、半脱产的成人高等护理教育，电视、广播讲座，夜校、函授教育等。

3. 网络学习 现代信息技术的应用加快了护理继续教育的步伐，通过互联网可以更加快捷、方便地获取各种信息、查阅文献资料，甚至开展远程教学。充分利用网上的护理资源，通过院内局域网建立护理学习网站，供护士学习。网络学习具有使用便捷、知识更新快等优点，能高效地实现护士的继续教育。

四、护士培训程序

护士培训程序分为分析培训需求、制订和实施培训计划、培训成果转化以及培训评价四个阶段。

（一）分析培训需求

护士的培训需求分析可从医院、任务、护士个人三个方面进行，护士岗位职责不同，培训需求的侧重点也不同。

1. 医院层面的培训需求分析 以医院和护理团队的发展目标和组织战略为依据，通过分析形势变化、组织文化、可利用的培训资源以及管理者和同事对培训活动的支持等情况进行评估。

2. 任务能力培训需求分析 在医院层面分析结果的基础上评估护士需要完成的任务，确定完成这些任务需要护士具备的能力水平。护理任务能力培训需求分析主要内容有描述护理工作、工作任务分类、描述岗位能力要求、确定各任务能力的重要性，根据工作能力重要性决定各项培训工作开展的先后顺序。

3. 护士个人培训需求分析 重视护士的个人培训需求是提高培训主动性和有效性的关键。个人培训需求信息收集可以采取培训意向调查及将护士实际工作绩效与工作绩效标准进行比较，找出和分析护士在知识和技能方面与岗位要求之间存在的差距，结合个人意愿制订针对性培训。对护理管理部门而言，护士的培训需求分析既是确定培训目标，制订培训计划的依据，也是进行培训效率评价的基础。

（二）制订和实施培训计划

培训计划应包括培训的组织管理人员、受训对象、培训内容和方式、培训师资、培训具体时间地点、培训资料选择、培训考核方式、培训费用预算等内容。

培训实施就是落实培训计划，并在执行过程中根据实际情况进行必要的调整。护士培训面临的最重要的任务是确保受培训护士能够把学到的知识和技能应用于护理工作中，解决实际问题，提高工作效率。因此，在执行培训计划时要注重实现预期的培训效果。如果是帮助新护士掌握静脉穿刺技术，培训者就可通过采用操作技能的培训步骤，来获得较满意的效果。如果需要提高护理管理人员的管理技能，培训的内容和方式的选择就比单纯的操作技能培训复杂得多，因为管理技能涉及的范围较广，很难同时对不同的管理人员进行同样内容的培训，这就要求培训者采用综合培训的方法实现培训目标。

在培训过程中，护理管理人员不仅要给护士充分的时间学习，还要练习如何运用新知识和技能，保证学以致用，并且要了解培训的内容和要求，以保证在培训前后给予护士必要的支持和帮助。

（三）培训成果转化

培训成果转化又称为培训转化，是培训对象将培训过程中所学的知识和技能应用到实际工作中，使工作习惯和态度发生改变，提高工作效率的过程。为提高护理服务质量，促进护理团队发展，培训成果转化常常被应用于护士培训的过程中。培训成果转化水平往往受到多种因素的影响，如科室的支持程度、应用的机会、应用后的效果、护士对承担相应责任的意愿以及个人的能力等。护理管理者应通过采取优化工作环境、加强管理支持以及设计针对性的培训项目等措施促进培训成果转化。

（四）培训评价

护士培训评价主要包括培训过程监控、培训环节和培训效果评价、培训投入成本与培训产出的效益评价。培训评价以培训目标为依据，并尽量采用一些可衡量的指标或行为改变来进行评价。

1. 培训评价程序　护士培训评价主要包括八个步骤：① 明确培训评价的目的；② 制订培训评价标准；③ 确定评价方案；④ 收集培训评价信息；⑤ 处理及分析培训评价数据；⑥ 撰写评价小结；⑦ 评价结果反馈；⑧ 根据需要进行培训项目调整。

2. 常用培训评价方法

（1）问卷调查：用书面评估表来评价课堂理论培训效果，这种评估能够通过对受培训人员的态度、认知、行为等方面信息的了解，提供有关培训内容、方法及效果的反馈意见。

（2）行为测试：对技能培训的效果评价可在培训2~3个月后在实际工作环节中针对受训护士的行为进行追踪评价，了解培训后护士在工作中的行为发生了什么样的变化，掌握了哪些专业技术等。

（3）座谈及经验交流：以讨论的形式让护士自己讲述学习收获和对今后培训的合理化建议。

（4）学习后测验：让护士自己定出行动计划，用行动证明学习结果。

（5）观察法：观察护士的工作情况以及在实际工作中使用新知识和技能的情况；比较护士培训前后的工作表现。

（6）指标测量：对培训相关数据进行测量，包括新技术新业务开展率、操作合格率、差错减少率、患者满意率、成本消耗下降率等。培训目标越具体，测量培训效果就越具有操作性。

五、护理管理人员培训

护理管理人员是医院护理管理活动和管理职能的承担者，在医院管理活动中有重要作用，且对医院生存发展具有重要意义。加强对护理管理人员的培训是提高护理管理效率的关键。

（一）培训内容

护理管理培训内容围绕与医院护理管理活动相关的观念、知识和技能进行，主要领域包括管理学专业知识和技能、基础理论和方法及管理的原理、原则等。管理相关学科专业知识和技能包括：人文学科、行为学科、心理学科、社会学科和领导学等。具体内容包括：管理的基本技能、管理学新理论新观念、领导技巧、服务意识与职业精神、人际关系管理、沟通技巧、员工激励、团队建设、项目管理、绩效管理、质量管理、人力资源管理、职业精神、战略管理、创新及变革管理、成本管理和压力管理等。

（二）培训方法

护理管理人员的培训方法多种多样，医院应根据培训对象的特点及岗位具体要求选择合适的培训方式，除前面介绍的培训方法外，针对护理管理岗位要求还可选择以下方法：

1. 职业模拟培训 设计一种护理管理的特定情境，由若干受培训人员代表不同的部门和个人，扮演特定的管理角色，如护理部主任、科护士长、病房护士长、护理组长等。这种职业模拟要求站在自己的职业角度对护理工作任务、条件及环境等进行分析、决策和运作。这种培训旨在让受训管理人员身临其境，通过培训提高其自身适应能力、分析和处理问题的能力以及实际管理能力。

2. 分级选拔培训 分级选拔培训对护理管理队伍梯队建设具有积极的现实意义。在分级培训的过程中，具有创新思想、工作能力强、有效解决问题的管理人员都有职务提升、加薪的机会，而能力差的管理者在培训的过程中可能被淘汰。这种具有价值感、压力感和挑战性的培训不仅能提高管理人员的管理能力，激发其进行有效管理，而且为医院和部门规划选拔后备护理管理人员奠定了基础。

3. 职务轮转培训 职务轮转重点是拓宽护理管理人员的专业知识和技能，使受培训管理人员更加全面掌握医院护理管理岗位的职能与管理艺术。另外，职务轮转还有利于发现和选择潜在护理管理人才。护理管理岗位轮转的方式较多，可以根据人才培养目标和护理管理岗位需要进行不同科室护士长之间轮转、副护士长之间轮转、护理部与科室管理岗位轮转等。

六、专科护士培训

随着科技的飞速发展、诊疗水平不断提高、医学分科逐渐精细化，培养高素质的专科护士，使其在相关专科护理领域发挥带头作用已成为新时期面临的重要问题。《全国护理事业发展规划（2021—2025年）》中提出，结合群众护理需求和护理学科发展，有针对性地开展老年、儿科、传染病等紧缺护理专业护士的培训，逐步扩大专科护士队伍。因此要加大专科护士培训力度，不断提高专科护理水平；同时完善专科护士管理制度，进一步明确专科护士准入条件、培训要求、工作职责及服务范围等。

（一）专科护士概念

专科护士指的是某一专业特殊或专门的护理领域具有较高水平和专长的专家型临床护士。不同国家对临床专业护士有不同的称谓，如高级临床护理工作者、临床专业护士或临床护理专家等。其共同点是满足临床护理特定岗位或领域的特殊要求，具备丰富的临床护理经验，经过特定的机构进行专门的专业知识、技能培训并由权威机构考核从而获得资格认定。

（二）专科护士培训与认证

2007年卫生部针对临床护理技术性较强的五个专科护理领域，研究制定了《专科护士领域护士培训大纲》，以指导各地规范开展专科护理领域的培训工作。全国各地相继开展ICU、糖尿病、老年病、感染控制等专科护士的培训和认证，专科护士培训不断规范化、合理化，培训领域逐渐增多，培训人数逐年增加。

1. 培训对象　具备2年以上临床护理工作经验的注册护士。

2. 培训方式　时间为1~4个月，可采取全脱产或半脱产的学习方式。一般理论授课1~2个月，进行理论、业务知识的集中学习，临床实践1~3个月，在具有示教能力和带教条件的临床培训基地进行临床技能实践。

3. 培训形式　包括专题讲座、讨论、示范操作、护理查房、专科进修、论文撰写。进修学习以本专科为主，辅以本专业关系密切的科室及必要的辅助检查科室，以熟悉和掌握本学科疾病知识、专科诊疗护理技术等。

4. 培训基地资质　培训基地应为三级医院专科，该专科医疗护理水平在省内应处于较高水平，有较强的专科特色和临床带教师资力量。

5. 培训考核　不同培训结业要求有所不同，考核方式一般分为理论考试、技能考核、结业报告和/或论文答辩等，培训结束考核合格者颁发"专科护士培训合格证书"。

我国现阶段专科护士培训主要采取以省级卫生行政部门、护理学会为主导，以有资质的教学医院为培训基地的模式。培训采取脱产分阶段理论学习与临床护理实践相结合的形式，时间1~4个月不等。培训结束通过评审，成绩合格者获得主办方颁发的证书。

（三）专科护士职能

1. 参与临床护理　能熟悉专科基本理论、技能，掌握护理新进展及学科相关知识，开展本专科护理新技术、新业务，开办专科护理门诊，对特殊疑难病例提供直接护理和指导，组织护理查房，负责制订专科及专病护理常规。

2. 开展健康教育　专科护士具有深入的专业知识，能对家属、患者开展不同形式的健康教育，开办健康教育讲座，参与编写教材等。

3. 提供咨询服务　专科护士作为顾问，利用自己丰富的专业知识指导患者及家属，解决他们的需求；经常参加护理会诊，帮助其他护士、医生、社会工作者等解决疑难问题。

4. 进行护理研究　开展临床护理的研究活动，解决临床护理问题，并能把研究成果应用到专业领域，积极参加本专科的学术活动，根据需要进行专题讲座和论文交流。

5. 专科业务培训　指导执业护士临床护理工作，进行质量监督；负责对护士进行本专科理论和技能的培训，承担临床护理教学，传授专科护理知识、技能及经验。

（四）专科护士发展展望

近年来，我国专科护理领域不断拓展，专科护士培训趋于规范化并取得一定成果，但是在专科护士的概念界定、分层培养以及专科认证等方面仍未形成统一认识，缺乏统一标准及权威认证机构，专科护士的使用及管理缺乏相应政策支持和制度管理规范。随着高等护理教育的蓬勃发展及各级护士在专科实践领域的积极探索，我国将走出一条有自身特色的护理专业化道路。

知识拓展 | **柯氏模型**

柯氏模型又称柯氏四级评估模式，由唐纳德·柯克帕特里克（Donald. L. Kirkpatrick，1924—2014）博士于1959年提出。该方法已广泛应用于商业、政府、教育等领域的培训，近年来逐渐被引入医疗领域。柯氏模型主要依据行为学理论的研究结果，由表及里，由观念到行为直至最终结果的改变，共划分4个层级，包括反应层、学习层、行为层、结果层。① 反应层：主要评估学员对培训项目结构、方法和内容以及培训讲师的看法等，以此了解学员对培训的喜好程度。② 学习层：该层的评估主要是测量学员对知识、技能及态度等培训内容的理解和掌握程度。③ 行为层：主要评估学员培训后在实际岗位工作中行为的变化，以判断所学知识、技能对实际工作的影响。④ 结果层：结果层将评估上升到组织的高度，即判断培训为企业带来的收益，这通常是一个企业组织培训的最终目的。这种多层级的效果评估模式，不仅能对培训效果进行全面有效的评价，还能发现培训过程中存在的不足，进一步完善培训内容，以更加适合新入职护士的培训。

迷你临床演练评价

迷你临床演练评价（mini-clinical evaluation exercise，mini-CEX）由美国内科医学会（American Board of Internal Medicine，ABIM）于1995年研制，是一种评价住院医师临床技能的工具，兼具教学与评量的作用，可以很好地提高和测量被考核者的临床能力，近年来逐渐引入我国并用于新入职护士的培训。总体理念是由教育督导直接观察临床表现，并提供对程序的即时个人反馈。主要包括面试技能、体格检查技能、咨询技能、临床判断能力、人文素质/专业素质、组织效率六个方面。相对传统考核模式，该方法注重双向教学反馈，以此实现教学相长，能有效提高新入职护士的核心能力。

第六节 护理绩效管理

一、绩效管理的概念及功能

（一）基本概念

1. 绩效（performance） 是员工在工作过程中表现出来的与组织目标有关的工作能力和态度。

2. 绩效评价（performance appraisal） 是组织采用特定的方法和工具评价员工在工作过程中表现出来的工作业绩（工作数量、质量和社会效益等）、工作能力、工作态度，以此判断员工与所在岗位的匹配程度。绩效评价是人力资源管理的重要职能。

3. 护理绩效评价（nursing performance appraisal） 是对护士工作中的成绩和不足进行系统调查、分析、描述的过程。具有人事决策、诊断、激励、教育和管理等作用。

4. 绩效管理（performance management） 是管理者与被管理者为了达到组织目标共同参与绩效计划制订、绩效考核评价、绩效结果应用和绩效目标提升的持续循环过程。

绩效评价和绩效管理虽然只是两字之差，但内涵却有所不同。绩效评价侧重于管理者对被管理者的工作评价；而绩效管理是一个系统，强调通过员工的积极参与、管理者与被管理者之间的双向沟通来提升个人、部门和组织的绩效。

（二）绩效管理的功能

1. 诊断功能 在绩效目标明确的前提下，管理者通过应用绩效评价结果，能够及时了解部门绩效的现状。管理者通过对每位护士的绩效评价结果进行有效分析、沟通，能够明确护士职业素质与岗位任职要求之间的差距，找出影响绩效的组织、部门和个人等原因，使管理不断完善以达到持续改善绩效的目的。

2. 决策功能 绩效评价结果为护理人事管理决策（包括晋升晋级、培训、留用、降职、解聘、薪资调整、奖惩等），为医院、部门识别人才和科学合理使用人才提供了依据。

3. 激励功能 管理者通过绩效评价结果明确护士个人和部门对组织所做的贡献水平，根据评价结果作出组织奖惩的决定。

4. 导向功能 绩效管理的基本目标是营造良好的护理工作氛围，促进护士与医院共同发展，不断提高护理单元和医院的整体工作效率。因此，建立科学合理的绩效管理机制和具体可测量的绩效评价指标是发挥绩效管理导向功能的关键。

5. 规范功能 绩效管理体系、具体的护理行为和结果评价标准，对护士的执业行为起到了规范作用。以客观指标形成的护理绩效评价体系使护理行为有章可循，可进一步促进护理人力资源管理的标准化并提升其有效性。

二、护理绩效管理的原则及流程

（一）护理绩效管理的原则

为达到护理绩效管理的目的，在进行护理绩效管理的过程中应遵循以下基本原则：

1. 基于岗位的原则 护理绩效评价标准应根据工作岗位来建立，否则评价将失去意义。制订标准的依据是具体的岗位职责，如护士、护士长、护理部主任等岗位职责不同，其评价指标就应当有所区别。评价标准的制订应客观、可测量，以便提高评价标准的可操作性。

2. 标准化原则 护理绩效管理标准化有以下四层含义：

（1）对同一管理者领导下从事同种工作的护士，应使用统一评价方法或工具对其工作进行评价。

（2）评价的间隔时间应基本相同。可以采用年度评价、季度评价、月度评价等，其中年度评价是目前最为普遍的。

（3）重视并落实绩效评价反馈。

（4）提供正式的评价文字资料，被评价护士应在评价结果上签字。

3. 激励原则 绩效评价的目的是通过绩效考评，结合护士聘用、职务聘任、在职培训发展和评先评优，激励护士不断提高工作绩效。对工作表现出色的护士要进行肯定及奖励，实行成就激励，以巩固组织期望的绩效水平。对工作表现不符合组织要求的护士要给予批评教育或惩罚，并帮助其找出差距，促进其工作改进。

4. 公开化原则　包括两个方面的内容：一是标准公开化，护士工作评价标准应尽量具有客观性，并在实施前公布，使护士明确知道组织对他们的期望行为和绩效要求，帮助他们找准努力的方向；二是结果公开化，良好的评价体系会随时向护士提供持续性的反馈，以帮助他们更好地完成工作。从提高护士业绩的观点看，不公布评价结果将不利于工作的持续改进，最终影响医院和部门的工作效率。允许护士知晓评价结果，就是允许他们发现可能或已经出现的错误。

5. 反馈原则　绩效反馈为管理者和被管理者双方提供了一个交流思想的机会，无论管理者工作多么繁忙，都必须通过面谈进行绩效评价，面谈对护士本身的发展极为重要。评价面谈一般包括三个方面：讨论被考评护士的工作业绩；帮助其确定改进工作的目标；提出实现这些目标所需要采取的措施和建议。

（二）护理绩效管理的流程

绩效管理是一个系统的过程。一个完整有效的绩效管理系统由六部分组成：绩效计划、绩效实施、绩效评价、绩效反馈、绩效改进和结果应用。

1. 绩效计划　是整个绩效管理系统的起点，是确定医院对护士的绩效期望并得到护士认可的过程，包括制订绩效目标和绩效考核指标。

制订绩效目标是绩效计划中最重要的内容。在制订绩效目标的过程中应当遵循两个原则：一是切实可行、可测量的原则；二是共同参与的原则。为护士提供参与确定绩效目标的机会，可增加护士完成目标的积极性与主动性。因此，在制订护理绩效计划时，应根据具体的护士岗位职责，和护士共同确定绩效考核目标和考核标准，并动态调整目标。

绩效计划的另一个环节是制订绩效考核指标。绩效考核指标一般包括两类基本内容：一是明确被评价护士应该做什么，这类指标包括工作职责、工作的质和量以及相关的指标等；二是明确被评价护士应该做到什么程度，相应指标应有具体的工作要求和工作表现标准描述。由于各项评价指标对护理工作的影响存在程度上的差异，因此应赋予每项护士岗位职责的评价指标不同的权重，以反映各个护理工作要素的重要程度。

2. 绩效实施　是管理者按照绩效计划对护士的工作行为和过程进行指导、监督和反馈，并根据实际情况动态调整绩效计划的过程。绩效实施有两个重要的工作内容：一是持续的绩效沟通；二是随时记录工作表现。绩效管理就是护理管理者与护士不断地交流，通过充分坦诚的沟通，管理者指出护士的优点和缺点，并给予指导，帮助护士更好地提高工作绩效。

3. 绩效评价　是整个绩效管理系统的关键环节，是按照绩效计划中确定的绩效目标和考核标准，通过一定的考评方法和工具，来考察护士实际工作绩效的过程。它是整个绩效管理系统中技术含量最高、操作难度最大的部分，包括工作结果评价和工作行为评价两个方面。在进行绩效评价时应遵循以下原则：

（1）客观公正：要有明确的考核标准、严谨的考核态度、严格的考核制度、科学的程序及方法等。

（2）考评内容基于本职工作。

（3）考评的实施必须由被考评护士的"直接上级"进行。

（4）结果公开。

4. 绩效反馈 是指在绩效周期结束时，让医院和护理部了解护士整体的绩效水平，同时也让被考评护士了解自己的工作情况，促进管理者与护士一起分析工作中存在的不足并确定改进的措施。护理绩效反馈的重点是既强调护士工作表现中的积极方面，也讨论护士在工作中需要改进的方面，并共同制订今后的改进计划，提高护理工作绩效。绩效反馈有多种途径，其中最直接、最有效的途径是管理者与被管理者之间就被管理者的绩效评价结果进行面谈。

5. 绩效改进 是在绩效评价和绩效反馈后进行的，针对存在问题，制订相应的绩效改善计划和方案，提高护士的行为、能力和素质，持续提高护理绩效。绩效改进需要管理者和护士对绩效评价达成一致性看法，共同分析绩效评价结果，量身定制在职培训方案，商讨下一个绩效周期的目标与标准，落实绩效改进计划。

6. 结果应用 绩效管理是否成功，关键在于绩效结果的应用。应用不合理，就无法充分体现绩效评价对员工绩效改进和能力提升的激励作用。在绩效管理中，必须要把绩效评价与护理人力资源管理的其他环节有机衔接，将评价结果运用到薪酬分配、职务调整、员工培训与开发等方面。

三、护理绩效管理的方法及工具

护理绩效管理方法较多，主要考虑的因素包括：体现组织目标和评价目的；对护士的工作起到积极正面的引导和激励作用；客观真实评价护士工作；简单、有效且易于操作；节约成本。目前常用的方法主要有以下几种：

1. 绩效评价表法 绩效评价表是一种评定量表，由于编制和实施花费时间较少，是目前进行护理绩效评价使用较多的工具。这种方法是把一系列评价指标罗列出来，每项指标给出不同的等级，评价者对照被评价人具体工作进行判断并记录。护理绩效评价所选择的指标一般有两种类型：一是与工作相关的指标，如工作质量和工作数量；二是与个人特征相关的指标，如主动性、积极性、适应能力和合作精神等。

2. 比较法 通过对比被考评护士的工作绩效来进行绩效评价，从而确定工作绩效相对水平和考评排序，属于主观评价。考评过程简单，省时省力，便于操作。缺点是基于被考评护士的整体印象而不是具体比较因素，很难发现被考评护士存在的问题，无法提供建议、反馈和指导。一般需与描述法等结合使用。常用的比较法有简单排序法、范例对比法、比例分布法和配对比较法等。

3. 描述法 描述法是评价者用文字描述护士的工作能力、态度、成绩、优势和不足等方面并作出评价的方法，常用于鉴定材料的书写。这种方法侧重于描述护士在工作中的突出行为，而不是日常业绩。因无统一标准，评价时有一定的难度，使用时应视评价目的和用途结合其他方法进行综合评价。

4. 目标管理法（management by objective，MBO） 是指由下级与上级共同决定具体的绩效目标，并定期检查目标完成进度的一种绩效管理方式，属于结果导向型的考评方法之一。MBO不是用目标来控制，而是用目标来激励团队成员，通常包括四个要素：明确目标、参与决策、规定期限和反馈绩效。MBO的优点是通过管理者与被管理者之间双向互动的过程，使评价人从传统评价法的公断人转变为工作顾问和促进者；被评价护士也从消极的旁观者转变成积极的参与者。缺点是在不同部门、不同员工之间很难设定统一目标，不利于横向比较。

5. 关键绩效指标法（key performance indicator，KPI） 是把对绩效的评估简化为几个关键指标的考核，将关键指标当作评估标准。KPI法蕴含管理原理中的二八原理，即80%的工作绩效是由20%的关键行为完成的，因此，绩效评价的重点就是分析和衡量20%的关键行为。这种方法的优点是指标简单、标准简明，易于作出评估。缺点是对关键指标以外的其他内容缺少评估。

6. 360度反馈法（360–degree feedback） 又称"360度绩效评价法"或"全方位考核法（full circle appraisal）"，是由被评价护士的上级、下级、患者、患者家属及护士本人从多个角度对其进行的全方位衡量并反馈的方法。360度反馈法与传统自上而下评价的本质区别在于扩大了评价者的范围和类型，收集到不同层次的评价者对被评价护士的绩效反馈信息，由此保证了评价的准确性和客观性，从而使评价工作更具有意义。360度反馈法的不足在于考核成本高，由多人共同考核导致的成本上升可能会超过考核本身所带来的价值。

7. 平衡计分卡法（balanced score card，BSC） 是一种全面的绩效考核体系，通过财务、患者、内部运营、学习与成长四个方面来设定适当的目标值，并对目标值赋予不同的权重，从而形成全面完整的绩效考评体系。其中，财务目标是组织的最终目标，患者评价是关键，内部运营是基础，学习与成长是核心。以BSC法为基础的绩效考核体系由四个程序组成：说明愿景、上下沟通、业务规划、反馈与学习。它使管理者从整体出发综合考虑所有的重要指标，随时观察某一方面的改进是否影响和牺牲另一方面的绩效，从而提高组织发展的整体协调性。

第七节　护理薪酬管理

薪酬是人力资源管理中最重要的经济参数，薪酬管理就是运用薪酬来引导人力资源配置向合理的方向发展，从而实现组织利益的最大化。护士的薪酬高低关系到护士的切身利益、部门的运行成本，且与医院的发展紧密相关。成功的薪酬管理是医院吸引、激励和留住优秀护理人才的关键要素。

一、薪酬管理的基本概念及原则

（一）基本概念

1. 薪酬（compensation） 又称薪资、报酬或待遇，指雇员作为雇佣关系的一方，通过劳动或工作获得的各种直接和间接的货币回报。从广义上讲，薪酬包括工资、奖金、休假、实物福利、保险、津贴等外部回报，也包括参与决策、承担更大的责任等内部回报。

2. 薪酬管理（compensation management） 是在组织发展战略的指导下，综合考虑内、外部因素的影响，对员工薪酬管理的原则、薪酬体系、薪酬水平、薪酬结构等进行确定、分配和调整的动态过程。

（二）薪酬管理的原则

护理薪酬管理应遵循公平、激励、竞争、经济和合法原则。

1. 公平原则　公平是薪酬管理系统的基础，只有公平才能赢得护士的信任。在薪酬水平确定过程中，应尽量做到行业内、医院内，以及护士与护士之间的公平。行业内公平是指本医院护士的薪酬和其他同级别医院、相似岗位的护士近似；医院内公平是指医院内部根据人员、岗位、工作量、绩效等因素设计的薪酬系统能体现护士的劳动价值；护士与护士之间公平是指医院内相同岗位的护士所获得的薪酬与其贡献成正比。

2. 激励原则　薪酬分配要在医院内各类护理工作岗位、各级护理职务的薪酬水准上拉开差距，真正体现护士的薪酬水平与其对医院和科室贡献的大小成正比，使医院的薪酬系统充分发挥激励作用。一个科学的薪酬体系对护士的激励是最持久也是最根本的，能增强护士的责任感，调动工作热情和积极性，能不断激励护士掌握新知识、提高业务技能、创造更好的工作业绩。

3. 竞争原则　薪酬的竞争性指医院在招聘护士的薪酬标准上，在行业内要具有吸引力，才能战胜竞争对手，招聘到医院需要的护理人才。薪酬水平的高低直接决定医院能吸引到护理人才的能力和技术水平的高低。较高的薪酬水平可以吸引和留住优秀的护士，但是也要注意控制成本。

4. 经济原则　过高的薪酬会导致人力成本的增加，加重医院的负担。因此，确定薪酬标准时要考虑到医院整体运营结构和发展目标，将成本费用控制在适宜的水平。

5. 合法原则　医院在制订薪酬制度、设计薪酬方案时要符合国家现行的相关政策、法律法规，如劳动法、劳动者权益保护法等。

二、护理薪酬的影响因素

影响护理薪酬的因素可以分为外部因素和内部因素。其中外部因素包括护士人才市场的供求状况、地方政府的薪酬政策、地区经济发展状况及劳动生产率等；内部因素包括医院运行状况和经济负担能力、护士岗位类型、护士个人条件等。

三、护理薪酬管理

基于岗位的护理薪酬体系设计是以岗位为基础确定薪酬水平的薪酬系统。基本原理是首先对医院中不同护士岗位本身的价值作出客观评价，以此为基础确定该岗位的薪酬。岗位薪酬体系的特点是"按职定薪，岗酬对应"，很少考虑护士个人的因素。基于护士岗位的薪酬体系设计包括以下步骤：工作岗位分析、岗位价值评价、建立职位结构、薪酬调查、岗位定薪。

1. 工作岗位分析　是确定薪酬的基础。医院应结合其服务目标，对护理服务范围和项目进行分析，确定岗位职能和岗位数量，在此基础上制订护士岗位说明书，为确定薪酬水平提供依据。

2. 岗位价值评价　岗位价值评价是以护士岗位说明书为依据，确定每一个具体岗位的价值，从而得出岗位等级。

3. 建立职位结构 根据岗位评价的结构，系统地确定各护士岗位之间的相对价值，并以此进行排序，建立护理职位结构。

4. 薪酬调查 是指医院通过搜集薪酬信息来判断其他同等级医院薪酬的高低，在此基础上为所有护士岗位确立起薪点。薪酬调查结果也可作为医院调整薪酬水平的依据。

5. 岗位定薪 根据岗位价值评价结果和职位结构关系，参考薪酬调查结果，确定不同护士岗位的薪酬水平。

第八节 护士职业生涯规划与职业发展路径

一、护士职业生涯规划及其作用

（一）护士职业生涯规划的概念

职业生涯规划（career planning）是指组织和员工对员工个人的职业生涯进行设计、规划、执行、评价、反馈和修正的一系列过程。护士职业生涯规划是组织结合自身的发展和需要，为护士设计专业发展计划，对护士个人的专业发展予以鼓励和指导，并采取相应的保障措施，这样既能不断提升医院整体护理质量，又能满足护士个人职业发展愿望，进而促进组织发展目标与个人发展目标相互协调和相互适应，实现组织与护士共同发展和共同受益。

（二）护士职业生涯规划的作用

1. 护士层面 科学、合理的职业生涯规划能有效促进护士自我价值的实现。一份有效的职业生涯规划可引导护士充分认识自身的个性特质及潜在优势，重新评估自身价值并使其持续增值；引导护士对比分析自身综合优势与劣势，使护士明确职业发展目标与职业理想；引导护士评估个人目标与现实距离，使护士学会运用科学方法，采取切实可行的步骤和措施，不断增强自身职业竞争力，实现自己的职业目标与理想。

2. 医院层面 护士职业生涯规划对医院也有极为重要的意义。科学合理的护士职业生涯规划能使医院发展目标与护士个人发展目标相结合，使两者的发展处于同一轨道，形成紧密的利益共同体，实现医院与护士的共赢。同时，护士职业生涯规划也是医院吸引人才、留住人才、增强组织竞争力、实现医院发展目标的有效手段。因此，加强护士职业生涯规划管理已成为护理人力资源管理的重要组成部分。

二、护士职业生涯规划的内容

护士职业生涯规划包括自我评估、内外环境分析、选择职业发展路径、设置个人职业生涯目标、行动计划与措施、评估与调整6项主要活动。

1. 自我评估 自我评估是护士对自己在职业发展方面的相关因素进行全面、深入的客观认识和分析，内容包括个人的职业价值观、做人做事的基本原则、个人追求的价值目标、专业知识与技能、人格特点、兴趣等相关因素。通过自我评估，护士可以了解自己职业发展的优势和局限，进而形成自己的职业发展定位，如专科护士、护理教师、护理管理人员等。

2. 内外环境分析 内外环境分析包括对自己工作的环境特点、环境发展变化、个人职业与环境的关系、个人在环境中的地位、环境对个人提出的要求、环境对自己职业发展有利和不利的因素、组织发展策略、护理人力资源要求、护理队伍群体结构、护士晋升政策等进行分析。通过对上述因素的评估，确认适合自己职业发展的机遇与环境，以便准确把握自己的奋斗目标和方向。

3. 选择职业发展路径 护士职业发展路径的选择以个人评估和环境评估结果为依据，发展方向不同，其发展要求和路径也就不同。如果选择的路径不符合自身和环境条件的特点，就难以达到理想的职业高峰。例如，优秀的护士不一定会成为成功的护理管理者，同样，成功的管理者和领导者不一定就是一名优秀的护理教师。另外，护士个人的职业发展意愿还受外在条件、组织需求等因素影响，因此，个人需要对自己的职业发展路径进行调整。

4. 设置个人职业生涯目标 职业生涯目标设置的基本要求是适合个人特点、符合组织和社会要求。目标要具体，且大小要适当，同一时期不要设定过多的目标。护士制订的个人事业发展目标要以实际环境和条件为基础，每个人的背景不同，设置的目标也应有所区别。就护士职业生涯而言，目标的设定应该是多层次、分阶段的，做到长期目标与短期目标相结合。

5. 行动计划与措施 职业目标的实现依赖于个人的积极行为与有效的策略和措施。护士实现目标的行为不仅包括个人在护理工作中的表现与业绩，还包括超越现实护理工作以外的个人发展的前瞻性准备，如在业余时间提高学习能力等。护士实现目标的策略还包括有效平衡职业发展目标与个人生活目标、家庭目标等其他目标之间的相互关系，在组织中建立良好的人际关系、进行岗位轮转、提高个人学历、参与社会公益活动等。

6. 评估与调整 在实现职业生涯发展目标过程中，内外环境等诸多因素的变化，可能会对目标的实现造成不同程度的影响，因此需要个人根据实际情况对面临的机遇或困难进行分析和总结，及时调整对自我的认识和职业目标的规划，包括职业的重新选择、职业生涯路径的选择、人生目标的修正、实施措施与计划的变更等。

三、护士职业生涯规划制订的方法与原则

（一）护士职业生涯规划制订的方法

1. SWOT分析法 SWOT分析法又称为态势分析法，主要是通过分析组织或个人内部的优势与劣势、外部环境的机会与威胁来制订组织或个人未来发展战略（表8-1）。SWOT分析是一种功能强大的分析工具，可以充分分析个人技能、能力、职业、喜好和职业发展机会。护士在利用该方法对自己进行职业发展分析时，应遵循以下五个步骤：

（1）评估自身长处和短处：每位护士都有自身的天赋、独特的技能和能力。采用表格形式列出喜欢做的事情和长处，同时找出不喜欢做的事情和弱势。

（2）找出职业机会和威胁：所有行业都面临着不同的外部机会和威胁，护理行业同样如此。护士找出这些外界因素，将有助于充分把握及利用机会，规避威胁，以便做好自己的工作，这对于护士职业发展来说是非常重要的。

▼ 表8-1 SWOT分析法

优势、优点（strength）	弱势、缺点（weakness）
什么是我最优秀的品质？	我的性格有什么弱点？
我曾经学习了什么？	经验或者经历上还有哪些缺陷？
我曾做过什么？	最失败的是什么？
最成功的是什么？	……
……	……
机会、机遇（opportunity）	阻碍、威胁（threat）

（3）列出未来3~5年内自己的职业目标：列出3~5年内最想实现的4~5个职业目标，包括希望从事哪一种护士岗位，希望在多少年之内晋升至上一级岗位，希望获取的薪资属于哪一级别，希望多少年之内取得高一级学位等。在列出职业目标时应注意，必须能尽量发挥出自身的优势，使之与行业提供的工作机会尽可能匹配。

（4）列出未来3~5年的职业行动计划：针对上述第三步列出的每一目标，拟定具体行动计划，并详细说明为了实现每一目标需要做的每一件事及完成时间。例如，为了实现理想的职业目标，需要进一步提升学历或学位，那么该职业行动计划应说明什么时候考试，如何复习等。

（5）寻求专业帮助：分析自身职业发展及行为习惯中的缺点并不难，但如何选择合适的方法改变它们却是困难的事。因此，寻求自己的指导教师、上级主管、职业咨询专家的帮助，借助专业的咨询，以促进护士职业顺利发展。

2. 五W归零思考法　五W归零思考法是一种简单易行的职业生涯规划方法。该方法通过五个问题，完成职业生涯规划与设计。这五个问题分别是：

（1）"我是谁（Who am I？）"：进行一次深刻的反思和清醒的认识，将自身的优缺点一一罗列出来。

（2）"我想干什么（What will I do？）"：对进行职业发展心理趋向的审视。每个人不同阶段的兴趣和目标并不完全一致，有时甚至是完全对立的，但随着年龄和经历的增长会逐渐固定，并最终形成终生理想。

（3）"我能干什么（What can I do？）"：对自身的能力与潜力做一个全面总结。一个人的职业定位最终归结于能力水平，其职业发展空间的大小则取决于自身的潜力。对自身潜力的了解应该从多个方面去认识，如兴趣、韧性、判断力以及知识结构等。

（4）"环境支持或允许我干什么（What does the situation allow me to do？）"：这种环境支持体现在客观方面，如经济发展、人事政策、企业制度、职业空间等；也体现在人为主观方面，如同事关系、领导态度、亲戚关系等，应综合考虑以上两方面因素。有些人进行职业选择时常常会忽视主观方面的因素，没有将一切有利于自己发展的因素充分调动起来，从而影响了自己的职业选择切入点。

（5）"自己最终的职业目标是什么（What is the final goal of my career？）"：明晰了前面四个问

题，就能从各个问题中找到对实现职业目标有利和不利的条件，列出不利条件最少、想做且又能够做到的职业目标，那么最终的职业目标自然就有一个明晰的框架。

3. PPDF法 个人职业表现发展档案（personal performance development file，PPDF）又称个人职业生涯发展道路。它的设计者是员工及其主管领导，两者对该员工所取得的成就以及员工将来想做些什么进行系统地了解，既能指出员工当下的工作目标，也可指出员工可能达到的长远目标。在PPDF中还应标示出，如果要达到这些目标，一个人在某一阶段应具备哪些能力、技术及其他条件等。同时，它还能帮助员工在实施行动时认真思考，判断自身是否明确这些目标，以及应具备的能力和条件等。

（1）PPDF的主要内容：PPDF包括个人情况、现在的行为及未来的发展。其中个人情况包括基本信息、学历情况、曾接受过的培训、工作经历；现在的行为包括现实工作情况、行为管理文档、目标行为计划/目标，每一个目标设定的具体期限；未来的发展包括职业目标、所需能力与知识、发展行动计划、发展行动日志等。

（2）PPDF法的使用：PPDF是两本完整的手册，当一个人希望达到某个目标时，它可以提供一个非常灵活的档案。护士将PPDF的所有项目都填好后，交给直接领导（如护士长）一本，自己留下一本。护士长可以同护士一起研究、共同探讨护士未来该如何奋斗与发展。

（二）护士职业生涯规划制订的原则

1. 个人特长和组织需要相结合 个人的职业生涯发展离不开组织环境，有效的职业生涯设计就应该使个人优势在组织和社会需要的岗位上得到充分发挥。认识个人特征及优势是职业生涯发展的前提，在此基础上分析所处环境、具备的客观条件和组织的需要，从而找到恰当的职业定位。只有找准个人特长和组织需要的最佳结合点，才能保证个人和组织共同发展，从而达到双方利益的最大化。

2. 长期目标和短期目标相结合 目标的选择是职业发展的关键，明确的目标可以成为个人追求成功的行为动力。目标越简明具体越容易实现，越能促进个人职业生涯的发展。长期目标是职业生涯发展的方向，是个人对自己职业的整体规划；短期目标是实现长期目标的保证，长短期目标的结合更有利于个人职业生涯目标的实现。

3. 稳定性与动态性相结合 职业生涯发展需要一定的稳定性，而人才的成长具有动态性，它需要经验的积累和知识的提升，且个人的发展目标并不是一成不变的，当内外环境条件发生改变时，护士应该审时度势，结合外界条件不断调整自己的发展规划。

4. 动机与方法相结合 除明确发展目标和职业发展动机外，护士还必须结合所处环境和自身条件选择适合自己的职业发展路径与方法，选择和设计科学合理的发展方案，使动机与方法相结合，这是个人职业素质不断提高、避免职业发展障碍、保证职业发展计划落实的关键。

四、护士职业生涯分期与发展路径

（一）护士职业生涯分期

护士职业生涯一般分为4期：探索期、创立期、维持期、衰退期。

1.探索期 该期护士大多刚走出校门或参加工作不久，对护理工作抱有满腔热情，希望尽快熟悉医院的工作环境和规章制度，在组织内部逐步"组织化"，为组织所接纳，渴望得到管理者的支持及高年资护士的帮助与指导。

2.创立期 该期护士多具有2~5年的临床工作经验，能独立负责部分护理工作并可以对相关事宜作出决定，开始考虑如何接受相关专业培训，如何通过提高工作业绩得到更多发展机会。此阶段护士对护理工作有强烈的自尊感，对工作中的挑战抱有积极态度。

3.维持期 该期护士大多进入结婚生子的阶段，同时承担家庭责任，扮演多种社会角色。由于护士同时承担工作和家庭的责任，在平衡工作与家庭生活的过程中，往往以牺牲职业发展为代价。在护理工作中，随着新入职护士的加入，他们更注重在原有岗位上保持稳定的工作环境和待遇。

4.衰退期 该期护士一般已有15年以上的工作经历，具备丰富的经验和技能，可以指导他人完成工作，并成为一名良师益友。但同时他们也会考虑到自己的年龄，希望退出临床一线，更加关注自身生活质量的提高。

（二）护士职业发展路径

1.我国医院护士职业发展路径

（1）内地医院护士职业发展路径 目前，国内医院护士一般有两条职业发展路径，一是专业技术发展路径；二是管理路径。前者是从注册护士、护师、主管护师、副主任护师发展到主任护师，从新入职护士到临床护理专家；后者是从护士到护士长、科护士长、护理部主任，甚至护理院长。管理者发现，提供护士双重职业发展路径对提高护士的积极性及工作能力非常重要，双重职业阶梯的建立能鼓励护士留在临床一线，从而更好地提高护理质量。例如，某医院将护士岗位分级（N_0~N_5）、护士专业能力（责任护士、责任组长、专科护士、护理专家）、护理管理能力（责任护士、责任组长、护士长、护理部主任）、护士技术职称（护士、护师、主管护师、副主任护师、主任护师）四者进行有机整合，构成护士专业发展路径（图8-1）。

（2）香港特别行政区医院护士晋升体系及职业发展路径 香港特别行政区护士根据受教育情况分为两种：登记护士（中专学历）和注册护士（大专/本科学历）。医院临床护士职业发展路径基本可分为两个分支：临床分支和管理分支。其中临床分支包括登记护士、注册护士、资深护士和顾问护士；管理分支包括登记护士、注册护士、病房经理和部门运作经理（图8-2、图8-3）。

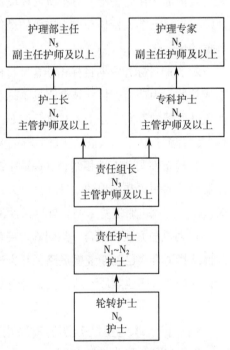

▲ 图8-1 某医院护士专业发展路径

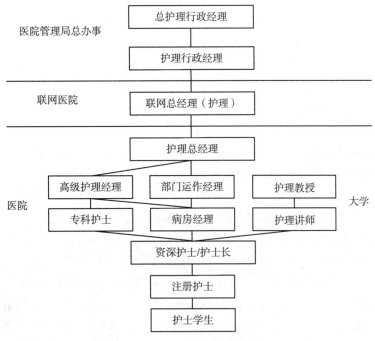

▲ 图8-2 香港特别行政区护士晋升体系

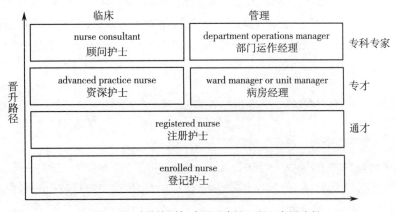

▲ 图8-3 香港特别行政区医院护士职业发展路径

2. 国外医院护士职业发展路径 在美国，所有州的护士都必须通过该州的注册护士执照考试，取得该州颁发的注册护士执照（registered nurse，RN），才能从事护理工作。美国注册护士执照（RN）可以在各州之间使用。护士的职业发展路线一般是从注册护士开始，发展为护士主管、护士长/门诊经理、护理副总监，最终成为护理总监（图8-4）。

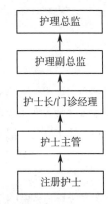

▲ 图8-4 国外医院护士职业发展路径

南丁格尔奖章是红十字国际委员会设立的护理界国际最高荣誉奖。我国自1983年首次参加第29届南丁格尔奖章评选以来，目前共有90名优秀护理工作者获此殊荣。2013年，习近平总书记呼吁全国的红十字工作者和护理工作者要以他们为榜样，弘扬红十字精神，为人民的健康福祉和社会的和谐进步作出积极贡献。

2023年5月12日，红十字国际委员会宣布的第49届南丁格尔奖章的获奖者名单中有7名来自中国，其中46岁的蒋艳是目前中国最年轻的南丁格尔奖章获得者。1992年，读中专的蒋艳发现，身边很多医生都是本科学历，因此她想通过提升学历来发展护理专业，从而帮助到更多的患者。凭着努力和毅力，她从中专到博士毕业，用奋斗书写青春成长。在努力提升学历的同时她积极投身到医疗卫生工作中，长期致力于灾害护理的实践与研究，先后参加2008年汶川大地震救援、2020年援助非洲医疗救援。她创新性采用了以氧合指数为导向的早期长时俯卧位通气联合氧呼吸支持技术和阶梯式新冠肺炎患者营养管理模式，解决俯卧位通气与肺康复、肠内营养冲突的问题，在新冠肺炎防控工作中作出突出贡献。她的事迹生动诠释了"人道、博爱、奉献"的南丁格尔精神，她不仅是护理行业的榜样，也是全社会各行各业学习的楷模，是最美的天使、新时代最可爱的人。在北京举行的第49届南丁格尔获奖者座谈会上，中国红十字会会长陈竺出席座谈会并为蒋艳等7位获奖者颁发了证书。

中国红十字会常务副会长王可强调2023年是习近平总书记提出"红十字不仅是一种精神，更是一面旗帜"重要论述10周年，也是我国参与南丁格尔奖评选40周年，呼吁全国的红十字工作者和护理工作者要牢记习近平总书记的殷切嘱托，以维护人民群众生命安全和身体健康为最高使命，坚守为民情怀，爱岗敬业，救死扶伤，以实际行动深入践行社会主义核心价值观和红十字精神。

导入情境分析

1. 该科室护理人力资源配置不足。

   按照每位患者所需护理时间为一级护理4.5小时，二级护理2.5小时，三级护理0.5小时及每名护士工作8小时计算。依据公式，所需护士数＝（各级护理所需时间＋间接护理时数）÷每名护士每日工作时间＋机动数。

   该科室所需护士数量＝（30×4.5＋20×2.5＋10×0.5＋26.5）÷8＋（30×4.5＋20×2.5＋10×0.5＋26.5）÷8×20%≈32人，另外科室配备护士长1人，因此该科室护理人力资源配置为33人，目前该科室护士人数为26人，该科室护士配置数量不足。

2. 护士长根据该科室春节期间的既往工作量，对于今年春节应留下值班的人员数量作出预测，确保护理人力资源能够满足春节期间患者需求。同时护士长应充分了解每位护士的需求，优先考虑满足去年春节值班护士的需求，护士长可带头承担春节值班的任务，同时做好引导工作，每班次新老护士搭配，保证每班护士的年龄、知识等结构合理，确保患者安全。

3. 护理部主要评估科室护士排班的有效性，主要是从护士和患者两方面进行评价，如患者是否得到及时、有效、高质量的护理，护士是否能够提供高质量的护理工作，护士的满意度和流动率也是衡量排班有效性的指标。

学习小结

- 护理人力资源管理的基本内容包括护理人力资源规划与配置、护士招聘、护士培训、护理绩效管理、薪酬管理、护士职业生涯规划等。
- 护理人力资源配置的原则包括以护理对象为中心、结构合理、成本效益、动态平衡、依法配置的原则。
- 护理人力资源配置的方法包括比例配置法、按护理工作量计算、以患者分类系统为基础计算。
- 护士排班的原则包括以患者为中心原则、高效原则、均衡原则、公平原则、弹性原则。护士排班的方法包括周期性排班法、弹性排班法、每日两班或三班制排班法、APN排班模式。
- 护士培训的原则包括按需施教,学用一致原则;与组织战略发展相适应原则;重点培训和全员培训相结合原则;综合素质与专业素质培训相结合原则;长期性与急用性相结合的原则。
- 绩效管理的功能包括诊断功能、决策功能、激励功能、导向功能和规范功能。
- 护理绩效管理的原则包括基于岗位的原则、标准化原则、激励原则、公开化原则以及反馈原则。
- 护理薪酬管理应遵循公平原则、激励原则、竞争原则、经济原则和合法原则。
- 护士职业生涯规划包括自我评估、内外环境分析、选择职业发展路径、设置个人职业生涯目标、行动计划与措施、评估与调整共6项主要活动。
- 护士职业生涯规划制订的方法包括SWOT分析法、五W归零思考法、PPDF法。
- 护士职业生涯一般分为4期:探索期、创立期、维持期、衰退期。

(许红梅　谢宝缘)

复习参考题

一、选择题

1.【A1】护理人力资源的合理配置要求不包括（　　）
   A. 护士的数量与工作任务量相匹配
   B. 护士的数量与护士的质量相匹配
   C. 护士的质量与工作任务的要求相匹配
   D. 护理团队内护士的能力、性格等相匹配
   E. 护理团队内护士的知识等相匹配

2.【A2】某病房一级护理30人,二级护理20人,三级护理10人。该病房护理工时测算结果为一级护理4.5小时,二级护理2.5小时,三级护理0.5小时,间接护理时数为30.5小时,机动护士数20%。该病房需要护士（　　）
   A. 31人
   B. 32人

C. 33人

D. 34人

E. 35人

3.【A1】护理绩效管理的流程不包括（　　）

A. 绩效计划

B. 绩效实施

C. 绩效评价

D. 结果分析

E. 绩效改进

4.【A1】以下选项不属于薪酬管理原则的是（　　）

A. 激励原则

B. 公平原则

C. 竞争原则

D. 合情合理原则

E. 经济原则

5.【A2】某三甲医院按照医院和护理部的规划设计年度护士培训方案，请问这是遵循护士培训中的（　　）原则。

A. 按需施教，学用一致

B. 与组织战略发展相适应

C. 重点培训和全员培训相结合

D. 综合素质与专业素质培训相结合

E. 长期性与急用性相结合

6.【A2】某医院在新入职护士培训中，培训内容除了护理基本理论知识和基本技能操作，还拓展人文素养培训、应急预案培训、批判性思维培训等方面内容培训，结果显示提高了新护士的临床护理能力、综合素质能力和岗位胜任力水平。请问该医院遵循的原则是（　　）

A. 按需施教，学用一致

B. 与组织战略发展相适应

C. 重点培训和全员培训相结合

D. 综合素质与专业素质培训相结合

E. 长期性与急用性相结合

7.【A2】伤口造口门诊专科护士林某某在诊室为一名糖尿病足患者清创换药并给予健康指导，此时体现该护士的职能是（　　）

A. 开展健康教育

B. 参与临床护理

C. 提供咨询服务

D. 专科业务培训

E. 进行护理研究

8.【A2】李某，在校认真学习，多次获得学校一等奖学金，毕业后进入某三级甲等综合医院的ICU工作了4年。她在临床护理工作中充满热情，能独立负责部分护理工作，目前已明确未来3~5年的职业发展规划，想进一步提升学历，以努力获得更好的工作业绩。李某目前的职业生涯处于（　　）

A. 探索期

B. 创立期

C. 维持期

D. 衰退期

E. 成熟期

二、简答题

1. 请简述护理人力资源配置的原则。

2. 请简述护士排班的原则。

3. 请简述护士培训的原则。

4. 请简述绩效管理的功能。

三、案例分析题

冯飞，中专毕业，因学业优秀，学校安排其到一家三级甲等综合医院实习，实习期间，担任实习大队长职务，因表现突出，实习结束后被破格录用为该医院急诊科助理护士。医院共有护士1 300人，大专以上学历人员占到护士总数的80%以上，且近十年来，该医院招聘护士均为大专及以上学历。冯飞作为一名中专生，被录用到该医院急诊科上班，他内心特别兴奋。面试时，护理部刘主任特别鼓励他："小伙子，好好干，继续学习，争取自考大专、医院男护士不多，我看好你！"冯飞觉得急诊护理工作很有挑战性，他暗下决心，一定要吃苦耐劳，努力积累临床经验，业余时间完成大专、本科、硕士的在职学习，希望将来成为急诊专业领域的护理专家，他迫切需要护理部刘主任作为他的引路人，教他如何走好护士职业生涯的每一步。

请思考：

1. 作为护理部主任，如何运用SWOT方法分析帮助冯飞进行职业发展分析？

2. 作为护理部主任，请为冯飞确立其职业发展目标。

（选择题、案例分析题的答案解析见数字内容）

护理质量管理

学习目标

知识目标	1. 掌握　护理质量管理的概念、过程和基本原则；PDCA循环的步骤和特点；品管圈的概念。
	2. 熟悉　临床护理质量评价内容；护理敏感质量指标的概念、作用及筛选原则。
	3. 了解　质量管理发展史；常用的护理敏感质量指标。
能力目标	能运用临床护理质量评价方法、管理工具分析临床护理问题。
素质目标	1. 具备批判性思维和辩证分析的能力，能客观分析临床护理问题。
	2. 具有科学化、标准化、规范化护理质量管理的专业精神。
	3. 培养慎独精神，严格执行护理质量规范，树立保障患者安全的职业精神。

导入情境与思考

2023年3月5日02:00某三甲医院口腔科值班护士巡视病房，未见异常情况。05:00再次巡视，发现1床患者因感觉鼻部不适，自行拔出鼻胃管。该患者是舌癌术后第2日，自理能力等级为重度依赖。护士请示值班医生后，予重新置管，并逐级上报。

经了解，该病区住院患者40人，当日手术8台，其中大手术3台，夜班只有1名护士值班，护理工作繁重，未能及时巡视患者。此外，患者鼻胃管只在鼻尖部固定，面颊处无二次固定。

请思考：

1. 导致该患者胃管拔出的原因有哪些？

2. 如果你是该病区护士长，在该事件发生后，你会采取哪些管理措施，为什么？

第一节　质量管理与护理质量管理概述

一、质量管理

（一）质量管理的相关概念

1. 质量（quality）　又称"品质"，指产品或服务的优劣程度。国际标准化组织（International

Organization for Standardization，ISO）将质量定义为反映实体满足明确和隐含需要的能力的特性总和。

质量包括三个层次的含义：规定质量、要求质量和魅力质量。规定质量是指产品或服务的特性达到预定标准的程度；要求质量是指产品或服务的特性满足顾客要求的程度；魅力质量是指产品或服务的特性超出了顾客期望的程度。三者呈递进关系（图9-1），当产品或服务的固有特性满足要求的程度越高，顾客的满意度就越高，相应质量水平也就越高。对于顾客来说，规定质量就是基本要求，即使做得再好，也是理所当然。但是，一旦这个要求没有得到满足，顾客就会很不满意；要求质量表达的是顾客明确提出的质量要求，要求质量得到满足，顾客会很满意。魅力质量是创新的质量，表示超出顾客预料之外的质量，通俗地说是带给顾客的小惊喜，魅力质量会让顾客感到欣喜。但是，如果没有魅力质量，顾客也不会不满意。

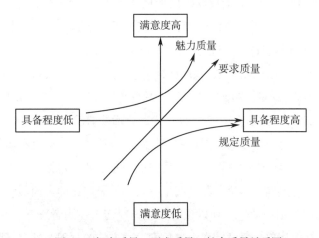

▲ 图9-1　规定质量、要求质量、魅力质量关系图

2. 质量管理（quality management）　指组织为使产品质量能够满足不断更新的质量要求，达到顾客满意而开展的策划、组织、实施、控制、检查、审核及改进等有关活动的总和。质量管理的核心是制订、实施和实现质量的方针与目标，质量管理的主要形式是质量策划、质量控制、品质保证和质量改进。

（二）质量管理的重要性

美国著名质量管理专家约瑟夫·莫西·朱兰（Joseph Moses Juran，1904—2008）提出"生活处于质量堤坝后面"。质量正像是黄河大堤一样，可以给人们带来利益和幸福，而一旦质量的大堤出现问题，同样也会给社会带来危害。所以，要严格把握质量关卡，共同维护质量安全，这也是维护人们的生活及身心健康的必要措施。

当今世界，用户对产品质量的要求越来越高。在这种情况下，提高质量是一个关系到国家经济发展、组织生死存亡的战略性问题。面对竞争越来越激烈的市场环境，质量管理的发展促进了产品质量的提高，优秀的品质管理促进组织更快地发展，更好地为用户服务，使产品更具有竞争力，不断提高组织的社会效益及经济效益。

（三）质量管理的发展史

质量管理是随着现代工业生产的发展逐步形成、发展和完善起来的。目前质量管理已发展成为一门新兴的学科，有着一套完整的理论和方法。它的发展大致经历了以下四个阶段：质量检验阶段、统计质量控制阶段、全面质量管理阶段和"卓越性质量"阶段。

1. **质量检验阶段** 该阶段是质量管理的初级阶段，主要特点是以事后检验为主。20世纪初，美国管理学家弗雷德里克·温斯洛·泰勒提出了科学管理理论，将质量检验作为一种管理职能从生产中分离出来，由专职的检验人员进行质量检查。1977年以前我国大部分工业企业的质量管理处于这个发展阶段。在这个阶段质量管理只是强调事后把关，对保证产品质量起到了积极的作用，缺点是难以防止在制造过程中产生不合格产品，不能对全部成品进行检验；一旦产生了不合格产品，则造成了人力、财力、物力的浪费，给企业带来巨大损失。

2. **统计质量控制阶段** 统计质量控制阶段形成于20世纪20年代，完善于20世纪40年代至50年代末，是质量管理发展史上的一个重要阶段，其主要特点是将资料统计方法应用于质量管理。我国从20世纪50年代末开始引进这一理论并在部分地区进行试点。管理重点由"事后把关"变为"事先预防"，将全数检查改为随机抽查，从而杜绝了生产过程中大批量不合格产品的产生，大大降低了产品成本。但是，统计质量控制方法过分强调数理统计方法，忽略了组织、计划等管理工作。

3. **全面质量管理阶段** 创立于20世纪80年代，全面质量管理的理念是组织应该以"全面顾客满意"为核心，它涉及组织运行的全部过程，组织的全体员工都应具有质量管理的责任。全面顾客满意不仅体现在产品整个生命周期中所有用户的满意，还应包括组织本身的满意，以及与自然、社会环境相适应。它强调"三全"和"四个一切"的思想，即全面质量、全部过程和全部成员参与的管理；一切用数据说话，一切以预防为主，一切为使用者服务，一切遵循PDCA循环。全面质量管理使质量管理从单一角度转变为多角度、全方位的管理，各个不同的管理角度互相联系、互相促进、互相制约，使质量管理在整体控制、深化程度上达到了新的水平，全面质量管理的理论和方法在全球运用过程中获得了极大的成功，被誉为"20世纪管理科学最杰出的成就之一"。目前举世瞩目的ISO 9000质量管理标准、美国马尔科姆·波多里奇国家质量奖、日本戴明奖等各种质量奖，都是以全面质量管理的理论和方法为基础的。

4. **"卓越性质量"阶段** "卓越性质量"这一理念产生于20世纪90年代，其核心是"零缺陷"。"零缺陷"管理的主旨是采取预防控制和过程控制，通过流程的设计、优化与持续改进，达到零缺陷生产，降低成本、提高生产率和市场占有率以及提高顾客满意度和忠诚度的目的。20世纪90年代，摩托罗拉、通用电气等世界顶级企业相继推行六西格玛（six sigma）管理，逐步确立了全新的卓越质量观念。六西格玛的质量标准中，它的合格率达到99.999 66%，即每100万次操作或服务机会中仅有3.4次错误，这几乎趋近到人类能够达到的最为完美的境界，因此称为卓越质量。

二、护理质量管理

（一）护理质量管理的相关概念

1. **护理质量（nursing quality）** 是指为护理对象提供生活护理和专业技术的优劣程度，即护理质量的优劣和效率的高低。护理质量不仅取决于护士的业务素质、技术水准和职业道德水平，而且与护理管理方法的优劣和管理水平的高低密不可分。科学有效的质量管理是提高护理质量的主要措施。

2. 护理质量管理（nursing quality management） 是指按照质量形成的过程和规律，对构成护理质量的各要素进行计划、组织、协调和控制，以保证护理服务达到规定的标准、满足甚至超越服务对象需要的活动过程，是护理管理的重要内容。护理质量管理的特点主要包括广泛性、综合性、程序性、连续性、协同性和独立性。

（二）护理质量管理的意义

护理质量管理是护理管理的核心，是护理工作必不可少的重要保证，也是护理管理的重要职能。现代医院管理中，护理质量管理是医院管理的重要组成部分。

1. 护理质量管理是医疗质量与患者安全的重要保证 随着社会不断发展和人民生活水平的日益提升，社会对医疗的期望不断提高，加上新的医疗技术和医疗设备不断涌现，卫生系统运作环境日益复杂，护理质量直接影响医疗质量和患者安全，科学、严谨、完善、有效的管理不仅可以促进医疗护理质量持续提高，更是患者安全的重要保障。

2. 护理质量管理是护理队伍建设的重要措施 护理质量管理强调通过培养和造就优秀的护理人才队伍，提供高质量的护理服务。护理管理者应重视质量教育，树立质量意识和质量创新观念，使全体护士参与到质量管理过程中，不断提高护理队伍的整体水平。

3. 护理质量管理是护理学科发展的重要基础 护理质量管理是护理学科的重要内涵，护理管理者通过开展各项质量管理活动，实现质量管理科学化、规范化，使护理质量管理符合要求并获得持续改进，从而促进护理学科不断发展。

4. 护理质量管理在提高医院社会效益和经济效益、患者满意度方面起着重要的作用 患者的满意度取决于其需求得到满足的程度，换句话讲，取决于其就医过程中所得到的医疗护理质量水平的高低以及相关体验是否良好。有效的护理质量管理可以持续提升护理质量、优化服务流程、规范护理行为，从而为患者提供优质安全的护理服务，满足患者合理的需求。护理质量管理有助于促进组织内部的持续质量改进，只有坚持一切以患者为中心，把社会效益放在第一位，用一流的技术、高质量的服务和尽可能低的成本费用提供符合质量标准的护理服务，并获得患者的满意，才能在获得社会效益的同时取得经济效益。

（三）护理质量管理的过程

1. 建立护理质量管理体系 健全的质量管理体系是保证护理质量持续改进的前提和关键。护理质量管理体系是医院质量管理体系的重要组成部分，应根据医院的规模和护理的模式，建立院–科–病区三级护理质量管理体系或院–病区二级护理质量管理体系，并明确规定每个层级、每个岗位和每位护士在质量管理工作中的具体任务、职责和权限，充分发挥各级护理管理人员的职能。只有这样，才能有效地实施护理管理活动，保证护理服务质量不断提高。

2. 制订和更新护理质量标准 护理质量标准是规范护士行为和评价护理质量的依据，建立并根据实际情况更新护理质量标准是护理管理者的重要任务。应以患者需求为导向，以科学发展观为指导，依据国家、部门或行业标准，结合医院的实际情况制订一系列护理质量标准。使各项护理工作有章可循，有据可依。

3. 进行质量教育 护士的质量意识和观念将直接影响护理行为活动及结果，因此，要做好护理质量管理工作，关键在于提高护士的质量意识。护理管理者应在各个层面加强质量教育：一方面，要不断增强全体护士的质量意识，使护士的质量观念与医学模式的发展相适应，认识自己在医疗高质量发展中的责任，明确提高质量对社会、医院和患者的重要性；另一方面，要有步骤地开展护理质量标准和质量管理方法的教育，提升护士对质量标准的执行能力，促使护士掌握和运用护理质量管理的技术和方法，并应用于临床，不断提高护理质量。

4. 实施全面质量管理 护理管理者应充分利用质量管理体系，依据质量管理标准，对影响护理质量的各要素、全过程进行全面的质量管理，建立质量可追溯机制，消除质量环节上所有引起不合格或者不满意效果的因素，以使护理质量满足患者及家属的合理需求，符合法律、法规等要求。

5. 评价与持续改进 质量持续改进指护理质量持续性提高，是在全面质量管理基础上发展的，更注重过程管理、环节质量控制的活动，是质量管理的灵魂。评价一般指衡量所定标准/目标是否实现或实现的程度如何，即对某项工作成效大小、工作好坏、进度快慢、对策正确与否等方面作出判断的过程。评价贯穿工作的全过程，不应仅在工作结束之后。评价是不断改进护理质量管理，增强管理效果的重要途径。

（四）护理质量管理的基本原则

1. 以患者为中心原则 患者是医疗护理服务的中心。以患者为中心的原则强调：无论是临床护理工作流程设计及优化、护理标准制订，还是日常服务活动的评价等管理活动，都必须建立以尊重患者人格、满足患者需求、提供专业化服务、保障患者安全为中心的文化与制度。

2. 预防为主原则 预防为主就是对质量进行前馈控制。在护理质量管理中树立"第一次把事情做对"的观念，对形成护理质量的要素、过程和结果的风险进行识别和评估，建立应急预案，采取预防措施，防微杜渐，减少护理质量缺陷的发生。

3. 全员参与原则 各级护理人员都是组织的一分子，其态度和行为影响着护理质量，只有他们积极参与并充分发挥潜能，才能为组织带来效益。为了有效激发全体护理人员参与质量管理的积极性，护理管理者必须重视人的作用，应重视培训，增强质量意识，引导他们自觉参与护理质量管理，充分发挥主观能动性和创造性，不断提高护理质量。

4. 循证决策原则 有效的决策必须以充分的数据和真实的信息为基础。护理管理者要充分运用循证方法和统计技术，一方面要基于科学的证据，另一方面要对护理质量的结构、过程及结果进行测量和监控，分析各种数据和信息之间的逻辑关系，充分利用数据、依靠数据，寻找内在规律，比较不同质量控制方案优劣，这是避免决策失误的重要原则。

5. 标准化原则 护理质量标准是衡量质量高低的准则，是质量管理的依据。没有标准，质量就失去了衡量的尺度，管理工作无据可依。因此，护理管理者应依据护理工作内容、特点、流程、管理要求、护士及服务对象的要求和特点，制订相关准则、规定、程序和方法。

6. 持续改进原则 持续改进是指在现有服务水平上不断提高服务质量及管理体系有效性和效

率的循环活动。护理质量没有最好，只有更好，要强化各层次护士，特别是管理层人员追求卓越质量的意识，以获得更好的效果和更高的效率为目标，强调持续、全程的质量管理，不断寻求改进的机会，使质量持续提高。

第二节　护理质量评价

一、护理质量评价的相关概念

1. 护理质量评价（nursing quality assessment）　是通过制订系统的质量评价标准，收集护理质量管理中的各类信息，将收集到的资料与质量评价标准比较并作出判断，从而纠正偏差的过程。

2. 护理质量标准（nursing quality standard）　是依据护理工作内容、特点、流程、管理要求、护理人员及服务对象特点和需求而制订的护理人员应遵守的准则、规定、程序和方法。护理质量标准是由一系列具体标准组成，如在医院临床工作中，各类制度、岗位职责、护理技术操作常规等均属于广义的护理质量标准。

3. 护理敏感质量指标（nursing-sensitive quality indicators）　是指用于定量评价和监测影响患者健康结果的护理管理、护理服务、组织促进等各项程序质量的标准，是用来评价临床护理质量及护理活动的工具，也是进行护理质量管理的重要手段。护理敏感质量指标，是体现护理工作特点，符合质量管理规律，与患者的健康结果密切相关的指标。指标是可测量的，因而也是直观的。

二、护理质量评价的意义

护理质量评价对医院护理管理工作具有导向和促进作用。通过对护理质量的正确合理评价，对照标准，有助于护理管理部门明确影响护理质量管理效能的根本因素，找准护理工作中存在的质量问题和差距，分析原因，并寻找改进的方法，使护理质量得到保证和提高。因此，护理质量评价是护理质量管理的重要手段，贯穿于护理过程的始终，科学的评价指标和方法成为护理质量评价的核心内容。

三、护理质量评价内容

1969年美国学者多那比第安（Avedis Donabedian）提出"结构－过程－结果"模式，认为护理质量可以从结构、过程、结果三个方面进行评价，该模式解释了护理结构和护理过程对患者结果的影响。

1. 结构性指标（structure indicators）　是反映护理服务需求与护理资源的匹配关系，是护理质量的基本保证，是构成护理质量的基本要素，例如，床护比、护患比、每住院患者24小时平均护理时数、不同级别护士的配置等。

2. 过程性指标（process indicators）　是组织管理过程中形成的工作能力、服务项目及工作程序的评价指标，注重在护理工作的过程中实施控制，将偏差控制在萌芽状态，例如护理技术操作合格率、查对制度正确执行率、高危药物使用合格率、急救物品完好率等。

3. 结果性指标（outcomes indicators） 是指患者感受到护理活动的最终效果，是护理活动和服务效果的综合反映，用于评价护理质量，例如住院患者跌倒发生率、导管相关性感染发生率等。结果性指标多为客观指标，适合于第三方评价与护理质量监管，其核心意义是指向产生此结果的结构性或过程性因素，从根源上解决质量缺陷，而不是仅仅为了进行奖惩。

"结构-过程-结果"三个方面并非孤立、一成不变的，它们直接或间接地互相影响。随着现代护理实践的多元化、广泛化的发展趋势，各种影响要素增加，护理质量评价内容也在不断地被修订和完善。

四、护理质量评价方法

1. 以结构质量为导向的评价 以结构质量为导向的评价是以构成护理服务结构质量基本内容的各个方面为导向所进行的评价。护理质量评价的基本要素包括与护理活动相关的组织结构、设施设备及护理人员的素质等。以结构质量为导向的评价方法有查阅资料、现场检查、考核、问卷调查等。

2. 以过程质量为导向的评价 以过程质量为导向的评价，本质就是以护理流程的设计、实施和改进为导向对护理质量进行评价。护理流程优化是对现有护理工作流程的检阅、梳理、完善和改进的一项策略，不仅要求护理人员做正确的事，还包括正确地做事。护理流程优化内容涉及管理优化、成本优化、技术优化、效率优化、质量优化、服务优化等各项优化指标。以过程质量为导向的评价，是针对某一项或多项优化指标进行的评价，评价方法主要为现场检查、考核和资料分析等。

3. 以结果质量为导向的评价 以结果质量为导向的评价是对患者最终护理效果的评价，主要是从患者角度进行评价。以结果质量为导向的评价常采用以下指标：健康教育普及率、抢救成功率、压力性损伤发生率、患者对护理工作满意度、护理不良事件发生率、给药错误发生例数、患者投诉次数、护患纠纷发生次数等。其中，绝大部分评价属于事后评价或反馈控制，由护理管理部门进行评价；而患者满意度指标，是对护理质量最直接的评价。满意度评价的内容可以包括：护士医德医风、工作态度、服务态度、技术水平、疼痛管理、护患沟通、健康教育（即入院宣教、检查和手术前后宣教、疾病知识和药物知识宣教、出院指导等）、就医环境、护士长管理水平等各方面。以结果质量为导向的评价方法主要为现场检查、考核、问卷调查和资料分析；也可以通过医院信息系统、移动信息平台等提取相关数据。

五、护理质量评价原则

在进行护理质量评价时应注意遵循以下原则：

1. 标准适当 评价标准是护理质量评价重要的标尺，建立系统、科学和先进的护理质量标准有助于提高护理质量和护理管理水平，质量标准应适当，不宜过高或过低，应从临床护理实践出发，掌握医院目前护理质量水平与国内外护理质量水平的差距，根据现有的人力、技术、设备、物资、时间和任务等条件，设立切实可行的护理质量标准。

2. 实事求是　护理质量评价应在实事求是的基础上，将护理的实际情况和制订的质量标准进行比较，找出差距与问题，认真研判与分析，为下一步质量改进的决策提供依据。

3. 持续改进　质量评价的最终目的是持续改进质量。持续改进是在现有的水平上，不断提高护理质量与服务水平。护理质量改进包括寻找机会和对象，确定质量改进项目和方法，设立改进目标，拟定改进措施，实施改进活动，检查改进效果并不断总结和改进提高。在护理质量评价的过程中，不但要注重终末质量，更要注重环节控制。

六、护理质量评价标准

护理质量标准按照其使用的目的、范围、管理过程结构的不同进行分类。依据使用目的分为方法性标准和衡量性标准；按管理过程结构分为要素质量标准、过程质量标准和终末质量标准，这三者共同构成标准体系。

1. 要素质量标准　要素质量是指构成护理工作质量的基本要素。每一项要素质量标准应有具体详细的要求。例如《三级医院评审标准（2022年）实施细则》中对护理质量保障与持续改进具体的要求是：建立扁平高效的护理管理体系，建立护理管理委员会，由医院人事、财务、医务、护理、后勤等相关部门主要负责人组成，主任委员由医疗机构主要负责人或者分管护理工作的负责人担任。依据法律法规、行业指南、标准，制订本单位护理工作发展规划、护理制度、常规和操作规程，实施护理管理、质量改进等工作。

2. 过程质量标准　过程质量是各种要素通过组织管理所形成的各项工作能力、服务项目及其工作程序或工序质量，它们是一环套一环的，所以又称为环节质量。在过程质量中强调协调的医疗护理服务体系能保障提供高效、连贯的医疗护理服务。在临床护理工作中，入院出院流程、检查流程、手术患者交接、诊断与治疗的衔接，甚至某项具体的护理技术操作，都涉及过程质量标准的建立。

3. 终末质量标准　护理工作的终末质量是指患者所得到护理效果的综合质量。例如住院患者压力性损伤发生率、住院患者跌倒发生率、非计划性拔管发生率等，患者对护理工作满意率也被包括在这类指标中。

七、护理敏感质量指标
（一）护理敏感质量指标的作用

护理质量是医院质量的重要组成部分，护理质量管理是护理管理的核心，护理质量评价是护理质量管理的中心环节，而敏感性指标的选择是护理质量评价的关键所在。应用敏感质量指标进行质量管理，用敏感性高、代表性强的指标正确反映护理质量的情况，有助于管理者以点带面地进行重点管理。护理敏感指标的作用具体表现在：

1. 有利于护理质量精准化管理　敏感质量指标是质量管理的重要抓手。护理敏感质量指标是护理管理人员制订护理目标和评价结果的重要手段，通过对临床信息的采集、汇总、分析，敏感地反映护理质量水平。监测、分析护理敏感质量指标，有助于管理者进行精准管理，科学评价护理质量和效果；根据指标结果聚焦关键问题，快速定位薄弱环节，有针对性地持续改进。

2. 有利于护理质量纵向比较 由于指标是连续性采集，护理管理者可以全面掌握本医院护理质量现状，通过自身历史性、阶段性比较，评价与患者结局有关的护理措施的优劣，针对性制订或调整护理方案。

3. 有利于护理质量横向比较 由于指标具有规范统一的特性，管理者可以动态跟踪比较医院现状与同行之间的差异，及时发现某个指标值是否在某个时间段为异常状态。医院可以通过分析具体指标信息，确定护理工作中可能存在问题的环节或者步骤，然后进行原因分析并采取对策，持续改进。

（二）护理敏感质量指标的特点

护理质量改进和患者安全是以数据为基础的，监测数据有助于更好地评估被监测的护理项目，管理者做决策时要求"以数据（证据）说话"。围绕一个既定管理目标或者管理结果，可以建立几个监测指标。一旦管理目标或管理结果发生微弱的变化，管理者都会在相应指标上看到变化，这个指标便是"敏感指标"。管理者借助敏感指标，通过这个点的变化了解到了整个管理面上的异动，使管理者做到了见微知著。这是敏感指标的功能，也是敏感指标的特点。

假设为了达到某一个护理质量管理目标或者管理结果，可以建立三个观察指标。想象管理的目标或结果和指标值在表盘上建立联动。目标或结果可能是a也可能是b，a与b之间的差距是目标或结果的差异程度，而目标或结果值的具体化表达就是指标值。因此，目标值发生了变化，指标值也会随之发生变化。图9-2中显示了三个指标不同的变化幅度。指标值随目标值变化的幅度越大，意味着指标越"敏感"。

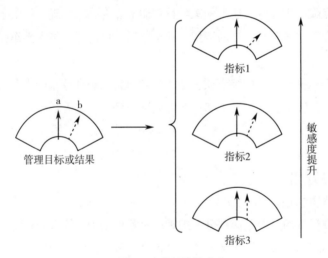

▲ 图9-2　指标的敏感度

美国医疗保健研究与质量局（Agency for Healthcare Research and Quality，AHRQ）、美国国家质量论坛、美国护士协会（America Nurse Associate，ANA）在不同时间曾提出了几套护理敏感质量指标集，展示了指标不同主体之间不同的侧重，但同时它们又存在多个方面的共同点，即"护理敏感质量指标"的突出特点，这些共同点至少包括以下五个方面。

1. 大多数敏感性指标都包含结构、过程和结果指标。这也是19世纪70年代以后在世界范围内逐渐形成的共识，即质量管理除了通过结局来对质量的优劣作出判断，更重要的是需要对不良事件进行预防。

2. 指标必须是被普遍接受的，数据容易采集且不存在歧义；指标都是可测量的，包括若干个"满意度"指标和"护士工作环境"等相对"软"的指标也有统一的调查量表。

3. 指标的相关性与高风险或不良事件的特定因素相关，或者通过指标监测可以预防不良事件的发生（如压疮、跌倒），不仅是通过护理主导去改善的指标，其他相关人员也可共同参与，防范此类不良事件的发生。

4. 指标建立的基础在于关注患者的感受。美国国家质量论坛和美国护士协会提出的护理质量指标国家数据库（national database of nursing quality indicators，NDNQI）都关注患者受到的"肢体约束"。从医疗过程来看，约束患者是诊疗过程的一个环节，但如果护理人力数量和结构合理、护理过程得当，肢体约束装置的使用量和持续时间都会被控制在合理范围内；在患者安全得到保障的情况下，应该尽量少用。

5. 指标和标准基于科学循证，确保最高强度的证据，并且是有效和可靠的。敏感指标所考虑的必然是护理质量工作的重点和要点，构建敏感指标是"重点管理"思想的体现。

（三）护理敏感质量指标的筛选

护理敏感质量指标的测量是护理质量管理的前提，准确的指标数据是质量改进的基础。应用"敏感指标"进行质量管理，是希望用少量有代表性的指标准确反映护理质量概况。这种"以小见大"的目标，对指标的要求很高。

1. 护理敏感质量指标的筛选原则

（1）重要性原则：指标的筛选应从护理工作特点出发，能够反映护理质量与安全管理的核心要点。

（2）可操作性原则：由于指标主要用于评价护理质量及患者安全，因此，筛选的指标应容易获得和收集，不需要耗费大量的人力、物力和财力。

（3）敏感性原则：指标能在一定时间内，及时、准确地反映护理质量的结果和变化过程。

（4）特异性原则：指标具有一定的特点，能从一定角度反映某一方面的信息，又不能被其他指标所代替。

2. 护理敏感质量指标的筛选过程 护理敏感指标的筛选过程应严格、有序，每一个纳入的指标都具有充分的证据确定其敏感性。

（1）首先进行临床经验总结和文献回顾，解决三个问题：① 是否有证据显示护理服务的某个方面对某类患者结局有影响；② 如果证据可靠，将护理服务的这一方面定为备选的敏感性指标，并给出指标的定义；③ 明确备选的指标能否测量、指标的准确性和可靠性能否验证。

（2）由指标开发者先拟定指标的定义、数据采集指标和数据采集表等文档，经专家咨询后，再进行试点和数据采集、分析、研究。如研究的结果和试点的结果均显示这个指标敏感性好并有可靠且稳定的数据源，组织者则把该指标的定义和数据采集方法确定之后，将该指标纳入敏感性指标中。

从护理工作、质量管理、敏感的角度考虑，敏感性指标的筛选应尽量做到少而精，既需要突出护理工作特点又要保证满足质量管理的要求，这样才能够为护理质量管理带来"以点及面"的效果。

（四）护理敏感质量指标运用

1. 信息畅通，保障数据可获得性和可靠性 护理敏感质量指标具有可测量的特性，因此，利用指标进行管理的首要好处是指标值的直观性。有效发挥指标作用的重要前提是要保证能够获得计算指标值所必要的信息和数据，数据信息的可靠性决定了指标值所反映的是否是真实的情况。使用敏感性指标的管理者需要考虑以下几个问题：计算这些敏感指标需要的数据从哪里来，应当以什么样的方式采集数据才能保证数据的可靠性，在现阶段采取什么样的方法获得信息，立足未来，应当如何开发服务于敏感指标管理的信息系统？强调信息的可靠性是必要的，因此为了保证管理者能够获得可靠的信息和数据，完善的信息管理系统成为至关重要的获取渠道。

2. 注重指标内涵，避免单看数值 护理敏感质量指标的直观性为管理者的决策带来了便利，然而如果只看重数值而不分析数值背后复杂的成因，指标管理就变得"机械"，不能应对复杂多变的实际工作，失去了指导工作实践的意义。因此，管理者运用敏感指标开展管理时，不应在取得指标值后急于作判断或者决策，而是至少应当兼顾考虑以下3个问题：

（1）对指标值本身的考量：形成指标值的过程是采集和分析数据的过程。管理者看到指标值后，首先应当考虑信息可靠性的程度。比如，如果对信息可靠性只有75%的把握，那么，对指标值的把握至多不会超过75%，于是指标值作为决策的依据时，应当保留两三成的弹性；或者，如果时间上还没到决策的时点，寻求其他的佐证以后再行决断。

（2）对指标值影响因素的考量：管理实务中的指标与实验室中指标不同。实验室的环境很单纯，因而可以做到指标值只随干预条件改变而改变。而管理实务中的指标值受环境中诸多因素的干扰，稳定性较差。因此，仅凭质量指标值的变化就判断质量的改变，往往过于武断。应用指标值时，管理者往往需要考虑组织内外部环境的变化，结合历史数据和同行资料作纵向和横向的比较，方能把握比较真实的情况。

（3）关注指标可能带来的负面激励：诸多管理实践已经证明，指标很多时候是"双刃剑"。比如，医疗费用的管理常以"次均费用"来控制门诊费用，但结果多是次均费用下降，但伴随着诊疗人次的增加，最终总费用依然上涨。应用敏感指标开展护理质量管理，也可能遇到同样的问题。质控指标的建立，立意是给一线人员"恪守规范、避免差错"的行为指引。然而，在实际操作时，管理客体可能会出现相应的策略性行为。管理者对此要有所准备，应用指标管理时往往辅以配套措施。

3. 反馈辅导，持续改进 实施敏感指标管理时，可以考虑对质量指标的目标值做适当的分解。一方面，让不同岗位的组织成员明确自己在不同的质量指标中的目标、任务以及行为准则；另一方面，在出现质量问题时可以循迹追踪，找到问题的根据，以便改进。利用敏感指标进行管理的过程，至少包括"构建指标-监测/评估-反馈/辅导"三个步骤，当某个指标的相关责任人明确以后，反馈和辅导便能够有的放矢。需注意的是，明确责任并非为了"惩罚"，而是便于组织成员了解质量问题的根源，共同努力想办法改善。单靠"追究责任"很难从根本上提升质量。

　　不同的国家有不同的文化背景、医疗体制与疾病的构成特点，护理敏感质量指标的选择与应用也会有所不同。近年来，护理敏感质量指标的构建与应用，已成为我国护理管理者的研究热点。自2014年开始，国家卫生和计划生育委员会医院管理研究所护理中心开始探索符合中国医院护理服务环境的敏感质量指标，并于2016年公开出版其通过实践摸索出来的指标。目前，该中心已开发形成了12个一级指标、27个二级指标，在全国范围内应用（表9-1）。

▼ 表9-1　护理敏感质量指标

分类	一级指标	二级指标
结构指标	床护比	医疗机构床护比
		病区床护比
		重症医学科床护比
		儿科病区床护比
	护患比	白班平均护患比
		夜班平均护患比
	每住院患者24h平均护理时数	每住院患者24h平均护理时数
	不同级别护士配置	病区5年以下护士占比
		病区20年及以上护士占比
	护士离职率	护士离职率
	护理级别占比	特级护理占比
		一级护理占比
		二级护理占比
		三级护理占比
过程指标	住院患者身体约束率	住院患者身体约束率
结果指标	住院患者跌倒发生率	住院患者跌倒发生率
		住院患者跌倒伤害占比
	住院患者2期及以上院内压力性损伤发生率	住院患者2期及以上院内压力性损伤发生率
	置管患者非计划拔管率	气管导管（气管插管、气管切开）非计划拔管率
		经口、经鼻胃肠导管非计划拔管率
		导尿管非计划拔管率
		中心静脉导管（central venous catheter，CVC）非计划拔管率
		PICC非计划拔管率
	导管相关感染发生率	导尿管相关尿路感染（CAUTI）发生率
		CVC相关血流感染发生率
		PICC相关血流感染发生率
	呼吸机相关性肺炎（VAP）发生率	VAP发生率

　　随着"用证据指导改善替代经验管理"的观念逐渐形成共识，护理敏感质量指标在中国护理质量宏观管理和微观管理上将扮演越来越重要的角色。当业界能够借助这种发展，在运用敏感指

标开展管理的过程中不断提升一线护理单元基础信息的可靠性，越来越清楚地把握临床护理和管理工作中的问题，以开放的心态吸取经验，以积极的态度提升短板，那么，中国护理的质量将会形成一个良性的循环，即管理者通过客观的数据信息了解和理解质量现况及动态变化，进而发现问题；将问题回馈给相应的责任人，并辅导其改善。一次次地分析、学习、对话和交流，使组织成员的素养提升，护理质量得到提高，管理者的目标也随之达成，而最终受益的是广大患者。

（五）护理敏感质量指标示例

1. 结构指标 以不同级别护士配置占比为例。

（1）病区 5 年以下护士占比：

1）定义：单位时间内，在病区工作、工作年限＜5 年的护士在病区执业护士中所占的比例。

2）计算公式：病区 5 年以下护士占比 $= \dfrac{\text{病区工作年限＜5年的护士总数}}{\text{同期病区执业护士总人数}} \times 100\%$

（2）病区 20 年及以上护士占比：

1）定义：单位时间内，在病区工作、工作年限≥20 年的护士在病区执业护士中所占的比例。

2）计算公式：病区 20 年及以上护士占比 $= \dfrac{\text{病区工作年限≥20年的护士总数}}{\text{同期病区执业护士总人数}} \times 100\%$

意义：工作年限可以在一定程度上反映护理人员的能力水平。分析不同级别护士的配置，旨在让护理管理者在关注护理团队的数量和规模的同时，还要关注护理团队的能力结构。

2. 过程指标 以住院患者身体约束率为例。

（1）定义：单位时间内，住院患者身体约束日数与住院患者实际占用床日数的比例。

（2）计算公式：住院患者身体约束率 $= \dfrac{\text{住院患者身体约束日数}}{\text{同期住院患者实际占用床日数}} \times 100\%$

意义：身体约束以避免自我伤害、非计划拔管、坠床等保障患者安全为目的，是在医疗机构部分领域经常采取的护理行为。通过对住院患者身体约束率的监测，医疗机构或护理管理部门能够及时获得住院患者的身体约束率、约束导致的不良事件和约束有关的其他信息。通过根本原因分析，找到过度使用身体约束的影响因素。通过医疗机构管理团队和医务人员的共同努力，找到有效的替代措施，努力降低住院患者的身体约束率或使身体约束更加合理化，减少因身体约束带来的负性问题，从而保障住院患者的安全，提高人文护理质量。

3. 结果指标 以住院患者 2 期及以上院内压力性损伤发生率为例。

（1）定义：单位时间内，住院患者 2 期及以上院内压力性损伤新发病例数与住院患者总数的比例。

（2）计算公式：

住院患者 2 期及以上院内压力性损伤发生率 $= \dfrac{\text{住院患者2期及以上院内压力性损伤新发病例数}}{\text{同期住院患者总数}} \times 100\%$

意义：反映医疗机构院内压力性损伤发生的现状，与同级医疗机构进行横向比较，评价医疗机构压力性损伤管理的质量。

知识链接 | 敏感指标计算公式

1. 医疗机构床护比（1:X）= 1 : $\dfrac{\text{医疗机构执业护士人数}}{\text{同期实际开放床位数}}$

2. 病区床护比（1:X）= 1 : $\dfrac{\text{医疗机构病区执业护士人数}}{\text{同期实际开放床位数}}$

3. 重症医学科床护比（1:X）= 1 : $\dfrac{\text{重症医学科执业护士人数}}{\text{同期重症医学科实际开放床位数}}$

4. 儿科病区床护比（1:X）= 1 : $\dfrac{\text{儿科病区执业护士人数}}{\text{同期儿科病区实际开放床位数}}$

5. 白班平均护患比（1:X）= 1 : $\dfrac{\text{每天白班护理患者数之和}}{\text{同期每天白班责任护士数之和}}$

6. 夜班平均护患比（1:X）= 1 : $\dfrac{\text{每天夜班护理患者数之和}}{\text{同期每天夜班责任护士数之和}}$

7. 每住院患者24h平均护理时数 = $\dfrac{\text{医疗机构病区执业护士实际上班小时数}}{\text{同期住院患者实际占用床日}}$

8. 病区5年以下护士占比 = $\dfrac{\text{病区工作年限＜5年的护士总数}}{\text{同期病区执业护士总人数}} \times 100\%$

9. 病区20年及以上护士占比 = $\dfrac{\text{病区工作年限≥20年的护士总人数}}{\text{同期病区执业护士总人数}} \times 100\%$

10. 护士离职率 = $\dfrac{\text{护士离职人数}}{(\text{期初医疗机构执业护士总人数} + \text{期末医疗机构执业护士总人数})/2} \times 100\%$

11. 住院患者身体约束率 = $\dfrac{\text{住院患者身体约束日数}}{\text{同期住院患者实际占用床日数}} \times 100\%$

12. 住院患者跌倒发生率 = $\dfrac{\text{住院患者跌倒例次数}}{\text{同期住院患者实际占用床日数}} \times 1\,000‰$

13. 住院患者跌倒伤害占比 = $\dfrac{\text{住院患者跌倒伤害总例次数}}{\text{同期住院患者跌倒例次数}} \times 100\%$

14. 住院患者2期及以上院内压力性损伤发生率 = $\dfrac{\text{住院患者2期及以上院内压力性损伤新发病例数}}{\text{同期住院患者总数}} \times 100\%$

15. 气管导管（气管插管、气管切开）非计划拔管率 = $\dfrac{\text{气管导管（气管插管、气管切开）非计划拔管例次数}}{\text{同期气管导管（气管插管、气管切开）留置总日数}} \times 1\,000‰$

16. 经口、经鼻胃肠导管非计划拔管率 = $\dfrac{\text{经口、经鼻胃肠导管非计划拔管例次数}}{\text{同期经口、经鼻胃肠导管留置总日数}} \times 1\,000‰$

17. 导尿管非计划拔管率 = $\dfrac{\text{导尿管非计划拔管例次数}}{\text{同期导尿管留置总日数}} \times 1\,000‰$

18. CVC非计划拔管率 $= \dfrac{CVC非计划拔管例次数}{同期CVC留置总日数} \times 1\,000‰$

19. PICC非计划拔管率 $= \dfrac{PICC非计划拔管例次数}{同期PICC留置总日数} \times 1\,000‰$

20. 导尿管相关尿路感染发生率 $= \dfrac{留置导尿管患者中尿路感染例次数}{同期患者导尿管留置总日数} \times 1\,000‰$

21. CVC相关血流感染发生率 $= \dfrac{CVC相关血管感染例次数}{同期患者CVC留置总日数} \times 1\,000‰$

22. PICC相关血流感染发生率 $= \dfrac{PICC相关血流感染例次数}{同期患者PICC留置总日数} \times 1\,000‰$

23. 呼吸机相关性肺炎发生率 $= \dfrac{呼吸机相关性肺炎例次数}{同期住院患者有创机械通气总日数} \times 1\,000‰$

24. 特级护理占比 $= \dfrac{特级护理患者占用床日数}{住院患者实际占用床日数} \times 100\%$

25. 一级护理占比 $= \dfrac{一级护理患者占用床日数}{住院患者实际占用床日数} \times 100\%$

26. 二级护理占比 $= \dfrac{二级护理患者占用床日数}{住院患者实际占用床日数} \times 100\%$

27. 三级护理占比 $= \dfrac{三级护理患者占用床日数}{住院患者实际占用床日数} \times 100\%$

第三节　护理质量管理工具

著名管理学家、哈佛大学教授拉里·格雷纳说过：在某一阶段有效的管理惯例，也许会导致下一阶段危机的出现。现代质量管理活动中，强调"用数据说话"，借助科学的方法进行数据的收集、整理、分析，帮助寻找质量问题发生的原因，进一步对原因进行分析，以便采取措施改进。

一、因果图

（一）因果图的概念

因果图又名石川图、鱼骨图、特性要因图，是分析和表示某一结果（或现象）与其原因之间关系的一种工具。

（二）因果图的作用

因果图通过分层次列出各种可能导致某结果产生的原因，帮助人们识别与该结果有关的真正原因，特别是关键原因，进而寻找解决问题的方法。因果图包括"原因"和"结果"两个部分，原因部分又根据对质量问题造成影响的大小分大原因、中原因和小原因。其方法是先找出影响质量的大原因，然后从大原因中找出中原因，再从中原因中找出小原因，步步深入，直到找出主要原因为止。

（三）因果图的制作步骤

1. 明确要解决的质量问题。

2. 召开专家及有关人员的质量分析会，针对要解决的问题找出各种影响因素。

3. 管理人员将影响质量的因素进行分类、整理，按大、中、小分类，明确其从属关系，依次用大小箭头标出。

4. 判断影响质量的真正原因和关键原因。

（四）因果图在护理质量管理中的应用

例如，某医院第三季度出现了多起实习护士加错液体的不良事件，已经显著高于既往平均水平，护理部对于该类事件使用因果图进行分析（图9-3），可以发现护士加错液体不良事件的增加与多方面因素有关，有护士、带教老师等人的因素，也有设备、管理、环境、物品等多方面因素。从众多原因中，抽丝剥茧，找出真正的关键原因，进而寻求解决问题的措施。

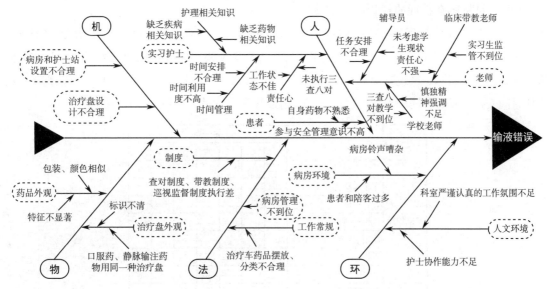

▲ 图9-3　某医院护士加错液体不良事件发生率增加因果分析图

二、甘特图

（一）甘特图的概念

甘特图又称横道图，是1912年美国人亨利·劳伦斯·甘特（Henry Laurence Gantt，1861—1919）提出的一种按照时间进度标出工作活动的图。横轴表示时间，纵轴表示活动（项目），线条表示在整个工作期间内计划和实际的活动完成情况。该方法简单明了，可以直观地表明任务计划的进展。

（二）甘特图的作用

1. 在项目管理中可以帮助管理者预测时间、成本、数量及质量上的结果并进行反馈。

2.能帮助管理者考虑人力、资源、日期、项目中重复的要素和关键的部分，并能把十张各方面的甘特图集成为一张总图。

3.通过甘特图的方式，可以直观地看到任务的进展情况、资源的利用率等。

（三）甘特图的制作步骤

1.列出需要实施的任务及分项目 例如将护理质量控制内容分列出大项目：病房管理、医院感染、基础护理、护理文书、实习带教等，再将各大项目进一步细化分出子项目。

2.按照时间顺序对任务进行规划 例如以日为时间单位，编排周一至周五每日检查项目表，每个月四周均按第一周内容重复执行。

3.编制护理质量控制内容时间项目甘特图 图的横坐标为时间，纵坐标为质量控制项目，如床单元整洁、生命体征测量、引流管护理等。在各质量控制项目内容表格上标记时间跨度，反映检查工作的持续时间。

4.审核和调整甘特图 根据质控项目内容的复杂程度和重要性以及前期实践和效果评价，调整质控日程安排，使质控运行图不断完善，确保护理质量控制每日有计划、有重点，每月有统筹安排，促使护理质量持续提高。

（四）甘特图在护理质量管理中的应用

例如，护士长将护理质量检查内容先分列出大项目：基础护理、责任护士、医院感染三大类，再细分出15个子项目。根据工作需要安排，每日需要检查的项目用虚线表示，每日实际的检查项目用实线表示，最终确保检查项目全覆盖（图9-4）。甘特图可以很清晰地说明检查项目的具体时间安排、每日不同的检查内容，能有效增强管理人员对时间和项目的把握度。

项目		第一周						
		一	二	三	四	五	六	日
基础护理	压疮级预报跟踪	-----						
	床单元整洁	-----	-----					
	导管护理			-----				
	口腔护理			-----	-----			
	胡须					-----	-----	
	手指甲		-----	-----				
	生命体征测量				-----	-----		
责任护士	九知道汇报	-----						
	健康教育（病人知晓）		-----	-----				
	健康教育（护士知晓）			-----				
	危重患者并发症护理				-----	-----		
医院感染	无菌物品	-----						
	手卫生执行	-----	-----					
	无菌操作		-----	-----				
	医疗废弃物处置				-----	-----		

----- 虚线表示计划进度
—— 实线表示实际进度

▲ 图9-4 护理质量管理甘特图

三、排列图

（一）排列图的概念

排列图又称主次图、帕累托图（Pareto charts）。意大利经济学家维尔弗雷多·帕累托（Vilfredo Pareto，1848—1923）首先提出了该作图方法，并将其用于经济分析，后来美国质量管理专家约瑟夫·莫西·朱兰将它应用于全面质量管理。它是找出影响产品质量主要因素的一种简单而有效的图表方法。排列图是根据"关键的少数和次要的多数"原理制作，也就是根据影响产品质量的原因或状况进行分类，按其对质量影响大小，用直方图形按顺序排列，从而找出主要因素。

其结构是由两个纵坐标和一个横坐标，若干个直方形和一条曲线构成。左侧纵坐标表示不合格项目出现的频数，右侧纵坐标表示不合格项目出现的百分比，横坐标表示影响质量的各种因素，按影响大小顺序排列，直方形高度表示相应的因素的影响程度，曲线表示累计频率（也称帕累托曲线 Pareto graphs）。

（二）排列图的作用

1. 确定影响质量的主要因素　通常按累计百分比将所有影响因素分为三大类：累计百分比在80%以内为A类因素，即主要因素；累计百分比在80%~90%为B类因素，即次要因素；累计百分比在90%~100%为C类因素，即一般因素。由于A类因素已包含80%存在的问题，显然，只要A类问题解决了，大部分质量问题也就得到解决。

2. 确定采取措施的顺序。

3. 动态排列图可评价采取措施的效果。

（三）排列图的制作步骤

1. 确定调查事项，收集数据。

2. 按内容或原因对数据分类，然后整理数据，计算累积数和累积占有率。

3. 做出柱形图，画出累积曲线。

4. 填写有关事项。

（四）排列图在护理质量管理中的应用

例如，某三甲医院对2022年74例药物不良反应的原因进行了统计（表9-2）。如果没有排列图，想降低药物不良反应的发生率，往往不确定工作改进的重点，需要关注的原因过多，使工作

▼ 表9-2　某医院2022年药物不良反应原因

药物不良反应原因	频次	百分比/%	累计百分比/%
1. 认识不足	38	51.35	51.35
2. 宣教不到位	12	16.22	67.57
3. 护士执行力不够	10	13.51	81.08
4. 患者配合度不足	7	9.46	90.54
5. 新药物培训不到位	4	5.41	95.95
6. 治疗不及时	3	4.05	100.00
合计	74	100.0	—

精力分散，问题没有针对性解决，效率不高。根据表中的数据，制作排列图（图9-5）。从排列图可以看出，住院患者药物不良反应主要原因是认识不足、宣教不到位、护士执行力不够，此三项累积百分比高达81.08%，属于A类因素。消除这些因素，大部分质量问题即可得到解决。

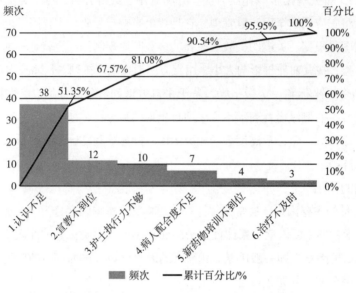

▲ 图9-5 某医院2022年药物不良反应原因排列图

四、直方图

（一）直方图的概念

直方图也叫条形图、长条图、直条图、频数直方图，是用单位长度表示一定的数量，根据数量的多少画成长短不同的直条，然后把这些直条按一定的顺序排列起来。条形可以是竖条，也可以是横条。从直方图中很容易看出各种项目数量的多少，便于比较。直方图又分为单式直方图和复式直方图，前者由一类数据组成，后者由多类数据组成，并用不同的颜色区分。

（二）直方图的作用

直方图用来显示不连接的且无关的对象的差别情况，这种图表类型淡化了数值随时间的变化，能突出数值的比较。直方图包括簇状直方图、堆积直方图与三维直方图等子类型。

（三）直方图的制作步骤

1. 在Excel软件中输入内容。

2. 选取需要制表的内容。

3. 选择插入柱形图，这样就能自动生成直方图。

（四）直方图在护理质量管理中的应用

例如，对某医院第三季度护理质量指标进行了统计。根据数据资料，制作直方图，发现八月份护理技术操作合格率在下降，九月份护理文件书写率相对其他月份稍有下降，三个月中急救药品、物品合格率、消毒物品合格率均保持较好，均为100%（图9-6）。

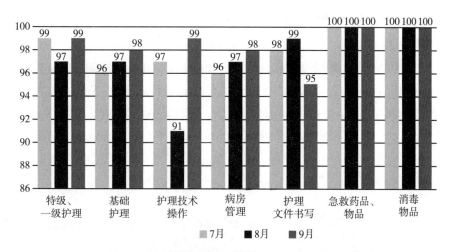

▲ 图9-6 某医院第三季度护理质量指标合格率直方图

五、事件和因果链

（一）事件和因果链的概念

事件和因果链分析法（event and causal factor charting）可用于确定一系列导致事故发生的事件以及其相应的原因。

（二）事件和因果链的作用

事件和因果链分析法通过将事件和原因清晰地整合在一条时间线上，能够有效地调查分析复杂问题，明确地展示复杂问题中所有事件从头至尾的逻辑关系，并且将事件和其对应原因结合在一起。

（三）事件和因果链的基本步骤

确定事件中从头至尾的逻辑关系，将事件和其对应原因结合在一起，用图形的方式明确地展示（图9-7）。

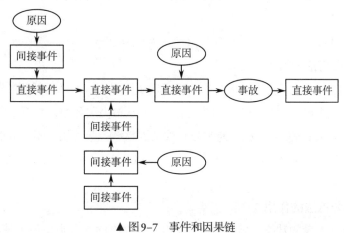

▲ 图9-7 事件和因果链

（四）事件和因果链在护理质量管理中的应用

以跌倒事件为例，10床，王某，80岁，"低血糖症"入院，家属自行带入保姆24小时陪护。患者8月22日15:00趁保姆去配膳室时，自行从护栏空隙中下床导致跌倒，恰好被正打算为其做雾化吸入治疗的责任护士发现，及时将其扶上床。当时患者神志清楚，仅诉头部疼痛，检查发现后脑部有一大小约3cm×4cm肿块，生命体征正常，即刻给予冰袋冷敷，并行头部CT进一步检查，结果无异常，家属来院后表示理解（图9-8）。

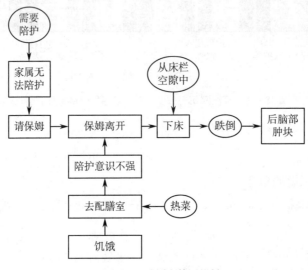

▲ 图9-8 跌倒事件因果链

通过因果链，可以看出最终造成的结果是患者后脑部出现肿块，而出现肿块的原因是跌倒后撞击头部。该患者是需要陪护的患者，原因是：① 80岁高龄；② 患者患有低血糖症，较易发生晕倒等意外情况。家属请保姆陪护，但是在保姆离开期间发生了患者跌倒事件。该事件的发生与家属陪护意识不强，患者在某些程度上自我评估过高、不配合等因素均有关。在日后的护理工作中，要加强患者和家属的陪护意识，如果保姆离开要和患者做有效沟通。如果患者不能配合要告知其他陪护人员或医护人员，再次进行评估，如有必要需要使用约束措施，保证患者的安全。

六、逻辑树分析法

（一）逻辑树分析法的概念

逻辑树又称问题树、演绎树或分解树等。麦肯锡（McKinsey）分析问题最常使用的工具就是"逻辑树"。逻辑树是指将问题的所有子问题分层罗列，从最高层开始，并逐步向下扩展。

逻辑树分析法（logic tree analysis）经常与事件和因果链一起使用，不同商业机构使用的逻辑树分析法名称各有不同，例如，美国船级社（American Bureau of Shipping，ABS）使用的根本原因地图（root cause map）。

（二）逻辑树分析法的作用

该方法通过收集大量的数据，将事故/故障预先分为不同的种类，每个种类的事故/故障都有各自预先确定的原因列表，通过对问题的分析讨论，从列表中选择最合适的原因，即为"根本原因"。

（三）逻辑树分析法的基本步骤

把一个已知问题当成树干，然后开始考虑这个问题和哪些相关问题或者子任务有关。每想到一点，就给这个问题（也就是树干）加一个"树枝"，并标明这个"树枝"代表什么问题。一个大的"树枝"上还可以有小的"树枝"，如此类推，找出问题的所有相关联项目。逻辑树主要是帮助你理清自己的思路，避免重复和无关的思考。

（四）逻辑树分析法在护理质量管理中的应用

现在很多临床科室都认为护理实习生比较难带教，带教难的形成原因是复杂、有层次、相互关联的，我们以此为例，使用逻辑树模型进行原因分析（图9-9）。

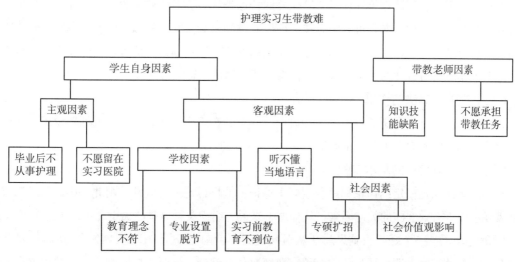

▲ 图9-9　护理临床带教逻辑树

护理实习生难带教的原因，一个是学生自身因素；另一个是带教老师因素。经过逻辑树分析，学生自身因素又包括主观因素和客观因素。主观因素方面，由于职业价值观的影响，一部分学生毕业后不愿意从事临床护理工作，这使他们在实习时没有学习的愿望和需求，在求学的态度上有所欠缺。另外一部分学生，很早就联系好工作的医院，不愿意留在实习医院，所以在整个实习过程中没有要好好表现的动力。这两类学生将实习过程当作是完成任务的一个过程，希望尽早结束，主观能动性不足。客观因素包括三方面内容，一是学校方面的因素，包括教育理念不符、专业设置脱节及实习前教育不到位等；二是由于目前的实习生来自五湖四海，不同地域的文化差异和要求截然不同，各地的语言也迥异，使得学生在护理患者时，出现沟通不良的情况，这对他们工作的积极性也有一定程度的打击；三是社会因素也值得我们深思，硕士研究生的扩招及研究生有较好的职业发展机会，使一部分实习生在实习期专注于考研的准备，而忽视临床实习。除了学生的因素，带教老师的表现也起到重要的影响。部分带教老师没有能够灵活地使用教学方法，不能有效地激起学生学习的欲望，或者授予的知识和技能没有更新，使整个知识层面有缺失或结构不完整。以上各方面因素，通过使用逻辑树模型，可以很完整地展现出来，解释了为什么目前护理实习生困难。比较不同的因素，制订出不同的对策，比如对非本地生源给予学习本地语言的机会和课程；严格把控临床带教老师的资质，保证教学质量；与学校紧密联系，多开展结合临床实际的课程，并做好临床实习前的心理辅导。

七、头脑风暴法

（一）头脑风暴法的概念

当一群人围绕一个特定的兴趣领域产生新观点的时候，这种情境就叫做头脑风暴。由于会议使用了没有拘束的规则，参加者能够更自由地思考，从而产生新的观点和问题解决方法，当这些新观点和解决方法被当众表达出来后，都被完整记录但不进行批评。只有头脑风暴会议结束的时候，才对这些观点和想法进行评估。头脑风暴的特点是让参会者敞开思想，使各种设想在相互碰撞中激起脑海的创造性风暴，可分为直接头脑风暴法和质疑头脑风暴法，前者是在专家群体决策基础上尽可能激发创造性，产生尽可能多的设想的方法；后者则是对前者提出的设想、方案逐一质疑，发现其现实可行性的方法，这是一种集体开发创造性思维的方法。

（二）头脑风暴法的作用

头脑风暴是一种无限制的自由联想和讨论，其目的在于产生新观念或激发创新设想，适用于新方案或新观点的确立，主要在于创造。

（三）头脑风暴法的基本步骤

头脑风暴法通过一定的讨论程序与规则来保证创造性讨论的有效性，由此，讨论程序构成了头脑风暴法能否有效实施的关键因素，从程序上来说，组织头脑风暴法关键在于以下几个环节：

1. **确定议题**　一个好的头脑风暴法从对问题的准确阐明开始。因此，必须在头脑风暴前确定一个目标，使与会者明确通过这次会议需要解决什么问题，同时不要限制可能的解决方案的范围。一般而言，比较具体的议题能使与会者较快产生设想，主持人也较容易掌握；比较抽象和宏观的议题引发设想的时间较长，但设想的创造性也可能较强。

2. **会前准备**　为了使头脑风暴畅谈会的效率较高，效果较好，可在会前做准备工作。如收集一些资料预先给大家参考，以便与会者了解与议题有关的背景材料和外界动态。就参与者而言，在开会之前，对于待解决的问题一定要有所了解。会场可适当布置，座位排成圆环形的环境往往比教室式的环境更为有利。此外，在头脑风暴会正式开始前，还可以出一些创造力测验题供大家思考，以便活跃气氛，激发思维。

3. **确定人选**　一般以8~12人为宜，也可略有增减（5~15人）。与会者人数太少不利于交流信息，激发思维；人数太多则不易掌握，并且每个人发言的机会相对减少，也会影响会场气氛。只有在特殊情况下，与会者的人数可不受上述限制。

4. **明确分工**　要推定一名主持人，1~2名记录员（秘书）。主持人的作用是在头脑风暴畅谈会开始时重申讨论的议题和纪律，在会议进程中启发引导，掌握进程，如通报会议进展情况，归纳某些发言的核心内容，提出自己的设想，活跃会场气氛，或者让大家静下来认真思索片刻再畅所欲言。记录员应将与会者的所有设想都及时编号，简要记录，最好写在黑板等醒目处，让与会者能够看清。记录员也应随时提出自己的设想，切忌持旁观态度。

5. 规定纪律　根据头脑风暴法的原则，可规定几条纪律，要求与会者遵守。如要集中注意力积极投入，不消极旁观；不要私下议论，以免影响他人的思考；发言要针对目标，开门见山，不要客套，也不必做过多的解释；与会者之间相互尊重，平等相待，切忌相互褒贬等。

6. 掌握时间　会议时间由主持人掌握，一般来说，以几十分钟为宜。时间太短与会者难以畅所欲言，太长则容易产生疲劳感，影响会议效果。经验表明，创造性较强的设想一般要在会议开始10~15分钟后逐渐产生。美国创造学家帕内斯（Panes）指出，会议时间最好安排在30~45分钟之间。倘若需要更长时间，就应把议题分解成几个小问题分别进行专题讨论。

（四）头脑风暴法在护理质量管理中的应用

以某科室为提高服务满意度为例，使用头脑风暴法召开例会。首先确定议题，本次会议以提升本科室的服务满意度为主题。通常选择科内的护士办公室或会议室等地方召开，预先告知本次会议的主题，请大家做参考。确定参加例会的人数，一般不宜过多也不宜过少，8~12人为宜。由护士长主持，指派一名护士作为记录员。护士长先通报会议的主题，提出自己的想法和建议，对会场气氛进行热身，鼓励每一个成员依次进行发言。为了使大家对问题的表述能够具有新角度，护士长需要对发言内容进行归纳和整理，找出新的见解，以及具有启发性的表述。根据发言情况，控制发言时间，太长或太短都不适宜，护士长需要进行会场发言的掌握。发言结束后，护士长再与大家对各种设想和意见进行集体讨论，最后确定1~3个最佳的解决方案或整改措施。

第四节　护理质量管理方法

护理质量是医院质量的重要组成部分，也是护理管理工作的重点。在护理质量管理中，恰当地选择和运用质量管理的基本原理和方法是确保护理工作科学化、规范化、标准化的必要手段，也是保障患者安全和提高护理质量的重要环节。

一、循环管理法

PDCA、SDCA被管理界并称为两个经典的循环管理法。PDCA表示"改进"，其目的则是提高流程的水准；而SDCA表示"维持"，其目的就是标准化和稳定现有的流程。此为管理阶层的两项主要职责，而管理者掌握这两个循环管理法及其思维模式，并将其充分运用到工作实践中去，将会使管理质量逐渐变得卓越。

（一）PDCA循环法

1. PDCA循环法的概述　PDCA循环又称戴明环（Deming cycle）或质量环，是管理学中的一个通用模型，由"统计质量控制之父"——美国著名统计学家沃特·阿曼德·休哈特（Walter

A. Shewhart）在20世纪20年代首先提出，在当时引入了"计划—执行—检查（plan-do-see，PDS循环）"的概念。20世纪50年代，美国质量管理专家威廉·爱德华兹·戴明（William Edwards Deming）博士将PDS循环进一步发展成为：计划—执行—检查—处理（plan-do-check-action，PDCA循环）。PDCA循环是一种程序化、科学化、标准化的管理方式。

2. **PDCA循环的流程**　PDCA是英语单词plan（计划）、do（执行）、check（检查）和action（处理）的第一个字母的组合，PDCA循环就是按照这样的顺序进行质量管理，并且循环往复的科学程序。每一次PDCA循环的实施过程分为四个阶段八个步骤（图9-10）。

（1）P（plan）计划：包括方针和目标的确定，以及活动计划的制订。

计划阶段包括以下四个步骤：第一步，分析现状，找出存在的质量问题，确立质量改进项目；第二步，逐项分析产生质量问题的原因和影响因素；第三步，找出影响质量的主要因素；第四步，针对影响质量的主要因素研究对策，制订措施，拟定改进计划，并预测效果。解决问题的措施应具体、明确，在进行这一步时，要反复考虑并明确回答以下问题：① 为什么要制订这些措施（Why）？② 制订

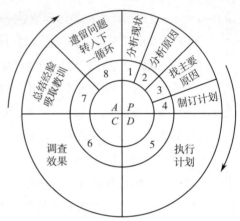

▲ 图9-10　PDCA的四个阶段八个步骤

什么样的措施（What）？③ 在何处执行措施（Where）？④ 什么时候执行措施（When）？⑤ 由谁执行措施（Who）？⑥ 用什么方法完成措施（How）？以上六个问题，归纳起来就是原因、内容、地点、时间、执行人和方法，亦称5W1H问题。

（2）D（do）执行：实施阶段，即第五步，按照制订的质量改进计划及要求，进行具体操作，组织相关人员实现计划中的内容。

（3）C（check）检查：检查阶段，即第六步，根据计划要求、实际执行情况，把执行结果与要求达到的目标进行对比检查，衡量和考察所取得的效果，发现问题并制订下一步改进措施。

（4）A（action）处理：处理阶段分为两个步骤：第七步把成功的经验总结出来，纳入各项标准，巩固已取得的成绩，防止不良结果再次发生；第八步把没有解决的或新发现的质量问题转入下一个循环，并制订新的循环计划。

3. **PDCA循环法的特点**　PDCA循环，可以使我们的思想方法和工作步骤更加条理化、系统化、图像化和科学化。它具有如下特点：

（1）系统性：PDCA循环的四个阶段是一个有机的整体，缺少任何一个环节都不可能取得预期效果。制订计划是为了执行，检查是为了确认执行的效果，是处理的前提，而处理是检查的目的。

（2）关联性：PDCA循环作为管理学中的一个通用模型，适用于各项管理工作和管理的各个环节。从循环的过程看，各个循环彼此关联，相互作用。大循环是小循环的依据，小循环是大循

环的基础，各个循环之间相互协调，相互促进。

（3）递进性：PDCA循环作为一个持续改进模型，不是一种简单的周而复始，而是呈阶梯式上升的。每次循环都有新的目标，一个循环运转结束，质量提高一步，然后再制订下一个循环，再运转、再提高，不断前进，不断提高（图9-11）。

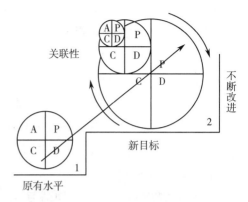

4. PDCA循环法在护理质量管理中的应用 戴明博士有一句哲理名言："质量无须惊人之举。"护理质量管理是医院质量管理循环中的一个子循环，与医疗、医技、行政、后勤等部门质量管理子循环共同组成医院质量管理大循环，而各护理单元又是护

▲ 图9-11 PDCA循环的关联性与递进性

理质量管理体系中的子循环。整个医院作为一个组织，组织目标的实现取决于各部门、各环节的工作质量，而各部门、各环节必须围绕医院的组织目标协调行动。因此，医院质量大循环是护理质量小循环的依据，护理质量小循环是医院质量大循环的基础。通过PDCA循环把医院的各项工作有机地组织起来，达到彼此促进、持续提高的目的。

此外，PDCA循环对护理质量管理有着长远的意义：

（1）促进护理质量的持续改进：PDCA循环既强调基于现状的科学调查，又注重具体的改进措施，并强化追踪落实与效果评价，使护理质量控制更具有规律性和系统性，有利于形成护理质量管理的良性循环体系，提高管理效能，促进护理质量持续改进。

（2）有利于提高患者满意度：周而复始的PDCA循环可有效强化"以患者为中心"的护理质量管理理念，完善各项规章制度，优化护理工作流程，提高患者的满意度。

（3）有利于激发护士的积极性：PDCA循环强调全员参与，注重构建透明的质量管理网络，使护士既是检查者，又是被检查者，人人有目标、有压力、有动力，从而有利于激发护士的工作积极性。

（二）SDCA循环法

1. SDCA循环法的概述 SDCA循环是一种在流程管理中实施标准化、执行、检查、总结（调整）的循环模式，即标准（standard）、执行（do）、检查（check）、总结（action）。包括所有和改进过程相关的流程的更新（标准化），并使其平衡运行，然后检查过程，以确保其精确性，最后作出合理分析和调整，使得过程能够满足愿望和要求。

2. SDCA循环的流程 S是标准化（standardization），即企业为提高产品质量编制出的各种质量体系文件；D是执行（do），即执行质量体系文件；C是检查（check），即质量体系的内容审核和各种检查；A是总结（action），即通过对质量体系的评审，作出相应处置。不断的SDCA循环将保证质量体系有效运行，以实现预期的质量目标（图9-12）。

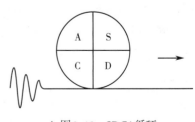

▲ 图9-12 SDCA循环

（1）标准化（standardization）：第一步，寻找与标准有差距的问题，召集有关员工把要改善的问题找出来；第二步，研究现时方法，收集现时方法的数据，并做整理；第三步，找出各种原因，找出每一个可能发生问题的原因。

（2）执行（do）：第四步，标准化及制订解决方法。依据问题，找出解决方法，安排流程后，立即实行。

（3）检查（check）：第五步，检查效果，收集、分析、检查其解决方法是否达到预期效果。

（4）总结（action）：第六步，把有效方法制度化，当方法证明有效后，将标准化为工作守则，各员工必须遵守；第七步，检讨成效并发展新目标，当以上问题解决后，总结其成效，并制订解决其他问题的方案。

3. SDCA循环法的特点　PDCA与SDCA是企业提升管理水平的两大轮子。PDCA是使企业管理水平不断提升的驱动力，而SDCA则是防止企业管理水平下滑的制动力。没有标准化，企业不可能维持在较高的管理水平。实际上，组织或企业的日常管理就是遵守标准，即SDCA，而改善就是寻找更好的方法，并做成能够保证预期效果的标准来实施。SDCA循环的目的，就是标准化和稳定现有的流程。所以，标准化是SDCA循环的前提和基础，没有标准化，SDCA循环就不会构建出符合闭环法则的管理方法。

4. SDCA循环法在护理质量管理中的应用　所谓标准化，就是将企业里各种各样的规范，如：规程、规定、规则、标准、要领等，形成文字化的内容，统称为标准（或称标准书）；制订标准，而后依标准付诸行动并不断完善的过程称之为标准化。护理质量管理中，不管是临床护理质量、护理管理质量还是护理技术操作质量等医院质量管理的各个方面，都需要执行"标准化"。制订良好的标准要注意：

（1）目标指向标准必须是面对目标的，即遵循标准总是能保持护理质量的同质化。

（2）显示原因和结果，比如"安全地转运患者"，这是一个结果，应该描述转运患者的具体步骤。

（3）准确。要避免抽象，如"转运患者时要小心"等模糊的语句不宜出现，要具体描写关键注意点。

（4）数量化。每个读标准的人必须能以相同的方式解释标准，为了达到这一点，标准中应该多使用图和数字。

（5）现实标准必须是现实的、基于现有条件的、可操作的。

（6）修订标准。在需要时必须及时修订，护理工作是按标准进行的，因此标准必须是最新的，是当时正确的操作情况的反映。

同时还需注意的是，标准制订以后，必须经过指导、训练、实施、改善才是标准化。没有SDCA循环，改善成果就得不到有效巩固，没有PDCA循环就只能保持现有水平，不能取得突破和提高。

二、品管圈

（一）品管圈的概述

品管圈（quality control circle，QCC）亦称持续质量改善小组、质量控制圈、质量小组等，由日本石川馨（Kaoru Ishikawa）博士于1962年所创，是指相同、相近或互补性质的工作场所的人们，一般6人左右，自动自发地结合成一个小组（圈），分工合作，集思广益，解决工作现场、管理、文化等方面所发生的问题及课题，以提高产品质量和工作效率。

（二）品管圈的流程

1. **组圈** 根据同一部门或工作性质相关联、同一班次原则，组成品管圈；选出圈长；以民主方式决定圈名、圈徽。

2. **活动主题选定** 结合部门工作目标，采用头脑风暴法，每位成员提出2~3个问题点，以民主投票方式产生活动主题。

3. **制订活动计划** 使用甘特图制订活动计划及进度表，并决定适合每一个圈员的职责和工作分工。

4. **现状调查** 把现行工作进行归纳总结，绘制成流程图；制订检查表收集现况与标准的差距；制作成柏拉图直观反映，找出影响问题点的关键项目。

5. **目标设定** 从实际出发，根据现况值、改善重点、圈能力设置目标值。

6. **原因分析** 运用头脑风暴法展开特性要因分析，找出影响的主要因素。

7. **对策制订** 根据5W1H原则针对主要影响因素讨论具体对策。

8. **对策实施及检讨** 按照PDCA循环实施对策，及时发现问题并持续改进。

9. **效果确认** 使用检查表、推移图、层别图、柏拉图等分析比较QCC开展前后有形成果；使用雷达图展示无形成果。

10. **标准化** 把品管圈有效对策纳入公司或部门标准化体系中。

11. **检讨与改进** 总结优点，分析不足及今后努力方向。

12. **成果发表** 可通过撰写论文、编写著作或申请专利等方式分享QCC成果。

（三）品管圈的特点

品管圈的特点是强调参加人员中领导、技术人员、员工三结合，发挥员工的智慧，将大脑"联网"，创造愉悦的工作环境；强调自我启发、自我检讨、自主管理，解决自己工作现场的问题。现代的QCC管理内容和目标突破了原有的质量管理范围，向着更高的技术、工艺、管理方面扩展，改善企业运作。

（四）品管圈在护理质量管理中的应用

近年来，品管圈活动已在护理质量管理中广泛应用。开展QCC活动，一方面有利于增强团队合作意识，提升团队协作性和凝聚力，提高护士批判性思维能力和解决问题的能力；另一方面改变了以往自上而下的护理质量管理传统模式，护士是被管理者、被检查者，而品管圈则提供由下而上的管理模式，使护士自动自发地参与管理活动，并在工作中获得满足感。同时，参与活动的护士必须通过认真观察、学习才能提出问题，采用科学的统计技术和工具来分析问题，并制订出改进措施，培养了科学管理的意识。

三、护理专案

（一）护理专案的概述

护理专案是指针对护理工作中一个特定的主题，进行系统的控制及分析，采取实际行动及可行的改善措施，以达到特定目标的一种活动。护理专案是护理品质管理的一种手段，在我国台湾地区运用比较早，当地护理学会将"护理行政专案"作为基层护理人员专业能力晋级制度中护士晋升N_4级的必要条件。在我国内地，近几年才有医院开展护理专案活动，尚属起步阶段。

（二）护理专案的流程

1. 确定专案主题 首先应了解和掌握现状，选择合适的项目类型，必须是不可能靠一个人单独完成的项目才能作为护理专案主题。

2. 制订实施计划 确立目标，选择成员，制订对策和实施方法，制订进度表，编排预算。

3. 实施管理与控制 由合适的主导者负责项目的推进，采取符合计划达成的适当行动，预防脱离主题的情况发生，必要时随时调整项目计划表。

4. 结果评价 全体参与者共同探讨此项目的过程、成效，针对计划改善前、后所收集的数据，分析其优缺点。

5. 完成项目的书面报告 与护理同行分享宝贵经验。

（三）护理专案的特点

护理专案的核心是组织一个团队，在规定的时间内，利用一定的经费，采取可行的措施，实现特定的目标，与QCC等品质管理圈的目的是相同的，但护理专案与品管圈还是存在一定的区别。

1. 项目范围不同 QCC没有范围规定，只要跟品质有关的主题即可；护理专案针对的是护理相关内容，可以是临床护理，也可以是护理管理，包括人力、物力、财力、技术、效益等多个方面。

2. 参与人数不同　QCC一般6~10人组成一个圈；护理专案一般3人即可。

3. 主题选定方法不同　QCC先用头脑风暴法发掘问题，再用主题评价表选定活动主题；护理专案可用观察法、查检法、访谈法等多元方法发掘问题，并选定主题。

4. 组织形式不同　QCC圈相对固定，有圈徽；护理专案每个项目成立一个临时的团队，没有圈徽的规定。

（四）护理专案在护理质量管理中的应用

护理专案在我国台湾地区应用比较普遍，在大陆尚属起步阶段。运用护理专案能激发护士的思考能力，发挥潜能，运用系统理论和系统方法对问题进行系统分析，透过表面现象看到隐藏在问题背后的深层次原因，使存在的问题明朗化；能引导护士学习运用科学的方法、理性的态度解决问题，摒弃"头痛医头、脚痛医脚"的做法，通过系统思考，深入研究问题本质，找到问题根源所在；可以提供提高质量的方法，分享经验与成果，鼓舞士气，提升护理服务质量。

四、根本原因分析

（一）根本原因分析概述

根本原因分析（root cause analysis，RCA）是一种回溯性医疗事件分析工具，其对已发生的不良事件进行分析，找出系统中的根本原因，并改善流程，以减少同类事件的发生。

RCA的理论基础来自1990年James Reason提出的瑞士乳酪模型（Swiss cheese model），即系统可以看成是一个多层的瑞士乳酪，每一层乳酪代表一个环节，也就是一道防线，上面散布着大小不一的洞，表示该环节的漏洞（即潜在失误）。光线能够穿过多层乳酪上的洞，意味着在一系列潜在失误的共同作用下，最后导致不良事件的发生。

RCA提倡建立"持续改进"的企业文化，有效促进了企业内部对话与团队协作。

知识拓展　　　　　　　　　**根本原因分析法**

　　　　　　根本原因分析法（RCA）起源于美国海军核部门。在20世纪中期，人们认识到核能是世界上最清洁和最有效的发电方式之一，各国纷纷建造核电站，美国就是其中之一。1979年，美国发生了有名的三哩岛核事故，这是美国历史上最严重的核灾难，严重程度仅次于"切尔诺贝利核事故"和"福岛第一核电站事故"，大约50万人遭到核辐射威胁，许多居民患了怪病。美国国家实验室对核反应堆操作进行申报，利用根本原因分析法，最后查明本次严重的核事故是由二回路水泵故障引起的，引起事故的原因是机械故障、操作失误和管理缺陷。至此，RCA在核工业及政府核武器研究领域得到广泛的传播。经过30年的发展，根本原因分析法已广泛应用在石油、化工、煤矿、电力、制造等行业，被证明是非常实用有效的事故分析方法。

（二）根本原因分析的流程

1. 组建RCA小组　在执行RCA之前，应该组建一支包括经过培训的根本原因分析调查员、事故相关领域专业人员、维修员或操作员的调查小组。组长组织RCA小组学习护理不良事件、根本原因分析法等相关理论知识。RCA小组成员负责收集资料并分析其产生原因，制订对策并实施。

2. 确定问题　RCA的执行质量取决于确定问题的质量。当问题被确定时，RCA才能被成功地执行，一个好的问题陈述应该是简洁易懂的。

3. 资料收集　收集数据和信息的目的是量化和确定事故或故障。环境数据、现场照片、目击者证词等都应该被收集并记录。数据和信息收集完成后，对于事故应该有宏观的认识，包括查阅相关病历、保存记录及访谈当事医护人员；访谈内容包括发生的时间、地点、经过、工作流程等，尽可能真实地还原事件过程。资料收集汇总后，RCA小组成员进行根本原因分析。

4. 确定事件顺序　事故都是由一系列事件产生的。RCA调查员需组织分析收集到的数据、信息，找到事故或故障发生的事件顺序。

5. 确定原因　分为直接原因和根本原因，在RCA的过程中，使用收集到的数据、信息，建立因果链，确定直接原因和根本原因。直接原因是因果链中的第一项，即直接导致事故或故障的原因。根本原因是事故产生的最基础的原因，即消除根本原因就能够避免事故的发生。

6. 确定改正或预防措施　确定根本原因后，需要确认改正或预防措施，以此消除已经确定的根本原因，防止事故的重复发生。

（三）根本原因分析的特点

RCA是一项结构化的问题处理法，用以逐步找出问题的根本原因并加以解决，而不是仅仅关注问题的表征。RCA是一个系统化的问题处理过程，包括确定和分析问题原因，找出问题解决办法，并制订问题预防措施。在组织管理领域内，RCA能够帮助利益相关者发现组织问题的症结，并找出根本性的解决方案。RCA必须利用分析人员的知识，同时防止他们的偏见控制调查方向。分析小组应包括专家和不了解被调查过程的人员。RCA必须描述事实，以明确因果关系并验证事实间的因果关系。通过实施针对RCA的纠正措施，希望可以使再次发生问题的可能性最小化。然而通过单一干预阻止问题再次发生并非总是可行的，因此，RCA往往是一个反复的过程，而且常常作为一种不断改进的有用工具。

（四）根本原因分析在护理质量管理中的应用

1. 有利于建立安全的护理管理体系　护理安全一直是护理管理者努力维系的重要管理理念，RCA善于发现系统的缺陷，建立护理安全管理体系，营造安全护理文化，保障患者安全。国内研究报道，系统缺陷占护理缺陷的比重高达81%。任何完整的系统都存在缺陷，问题的关键是分析组织的防御系统的缺陷，而不是简单片面地追究责任。

2. RCA加强了护理人员与其他医疗团队间的沟通与合作　国内外众多研究显示，大部分不良事件的发生与沟通不当有关，其中包括医务工作者之间的沟通。而RCA的实施使得来自不同科室的医护人员在RCA会议上开始彼此熟悉，无形中加强了医护人员的沟通与互动。随着不同领域医护人员关系的密切，医护人员开始彼此信任，更加真诚地讨论不良事件，这可以促进RCA的有效实施。

3. RCA是一种安全的护理管理方法　RCA为护理管理者提供了一种系统、科学的护理安全管理方法。对保障患者安全、减少护理不良事件有重大意义，值得在临床上借鉴使用。但RCA的执行有其局限性，如比较耗费时间、其推广实施依赖于领导的支持等，且目前我国护理安全管理模式仍然较传统，RCA的应用未得到有效和广泛的推广，仍有待学者进一步研究。

五、临床路径

（一）临床路径的概述

临床路径（clinical pathway，CP）是指针对某一疾病建立一套标准化治疗模式与治疗程序，是一个有关临床治疗的综合模式，以循证医学证据和指南为指导来促进治疗组织和疾病管理的方法，最终起到规范医疗行为，减少变异，降低成本，提高质量的作用。相对于指南来说，其内容更简洁、易读，适用于多学科多部门具体操作，是针对特定疾病的诊疗流程，注重治疗过程中各专科间的协同性，注重治疗的结果，注重时间性。

20世纪60年代美国人均医疗费用为每年80美元，到了20世纪80年代末，人均医疗费用上涨到每年1 710美元，增加了20倍。美国政府为了遏制医疗费用的不断上涨，提高卫生资源的利用率，1983年10月1日以法律的形式确定了"诊断相关分类为付款基础的定额预付款制（diagnosis related group system-propective payment system，DRGs-PPS）"，用于老年医疗保险和贫困医疗补助方案的住院医疗费的支付。即同一种诊断相关分类（DRGs）患者均按同样的标准付费，与医院实际的服务成本无关。这样，医院只有在所提供服务花费的成本低于DRGs-PPS的标准时，才能盈利。在这样的背景下，1985年美国马萨诸塞州波士顿新英格兰医疗中心（The New England Medical Center，NEMC）的护士Karen Zander第一个运用临床路径，这种方法被证实既可以缩短住院天数，节约护理费用，又可以达到预期的治疗效果。此后，该模式受到了美国医学界的重视，许多机构纷纷效仿，并不断发展，逐渐成为既能贯彻质量保证以及持续质量改进（continuous quality improvement，CQI），又能节约资源的治疗标准化模式，后来人们将这种模式称为临床路径。

（二）临床路径的流程

1. 准备阶段　成立临床路径实施小组；收集基础信息；分析和确定实施临床路径的病种或手术。选入原则为常见病、多发病，治疗方案相对明确，技术相对成熟，诊疗过程中变异相对较少的病种。

2. 建立路径　制订临床路径方法主要为专家制订法、循证法和数据分析法。制订过程中需要确定流程图、纳入标准、排除标准、临床监控指标与评估指标、变异分析等相关的标准，最终形成临床路径医护和患者版本，各版本内容基本相同，但各有侧重，详略程度和适用范围有所不同，这也可以增进医护人员与患者的沟通，有利于患者参与监控，保证临床路径措施的落实。

3. 实施临床路径　按照既定路径在临床医疗护理实践中落实相关措施。

4. 变异处理　变异是指按纳入标准进入路径的个别患者偏离临床路径的情况，或在沿着标准临床路径接受医疗护理的过程中，出现偏差的现象。对变异的管理是临床路径管理的重点，变异处理应遵循以下步骤：

（1）记录：及时、真实、简明地将变异情况记录在医护版临床路径表单中。

（2）分析：分析变异的原因并制订处理措施。

（3）报告：及时向临床路径实施小组报告变异情况及处理措施。

（4）讨论：通过讨论、查阅相关文献来探索解决和修正变异的方法。

5. 测评与持续改进 评估指标可分为以下5种：年度评估指标（平均住院天数及费用等）、质量评估指标（并发症与再住院率等）、差异度评估指标（医疗资源运用情况等）、临床成果评估指标（降低平均住院天数，降低每人次的住院费用，降低资源利用率等）及患者满意度评价指标（医生、护士的诊疗技术、等待时间、诊疗环境等）。临床路径实施过程中，根据PDCA循环的原理，借鉴国内外最新进展，结合本医院的实际，定期对实施过程中遇到的问题及时修改、补充和完善。

（三）临床路径的特点

临床路径是相对于传统路径而实施的，传统路径即是每位医生的个人路径，不同地区、不同医院、不同的治疗组或者不同医生针对某一疾病可能采用不同的治疗方案。采用临床路径后，可以避免传统路径中同一疾病出现不同的治疗方案，避免了诊疗护理的随意性，提高医疗执行效率，降低成本，提高质量。

临床路径所设立的内容应当不断更新，与疾病的最新治疗标准或治疗指南保持一致，临床路径的执行过程涉及医生、护士及整个医疗团队。

（四）临床路径在护理质量管理中的应用

临床护理路径（clinical nursing pathway，CNP）是针对特定的患者群体，以时间为横轴，以各种理想护理措施为纵轴的日程计划表。在临床路径管理模式下，护士是执行临床路径团队的核心成员之一，医护关系发生了根本的变化，由从属配合关系变为平等合作关系。护理工作不再是盲目机械地执行医嘱或等医生指示后才为患者实施治疗护理，而是有计划、有预见性地进行护理工作。临床护理路径的实施，可以减少护士进行文书记录的时间，提高其工作效率，同时由于护理活动的程序化和标准化，护理项目也不会被遗漏，将诊疗护理工作规范具体到每个环节，将护理质量的管理从终末管理转变为环节管理。

六、追踪方法学

（一）概述

追踪方法学是一种常用的企业管理方法，主要针对不良事件发生后的个人和系统两个方面寻找原因，进行补救和追踪，从而达到系统改善的目的，是近年来国际医院评审中出现的一种体现以患者为中心的评价方法，是2004年美国医疗机构评审联合委员会（Joint Commission on Accreditation of Healthcare Organizations，JCAHO）全新设计的现场调查方法之一，2006年开始应用于JCI（joint commission international）评价。在医院评审过程中，追踪方法学的应用能使评审专家更客观、公正、科学地评估医院的安全管理与质量管理、运行效益与效率。

追踪方法学有个案追踪和系统追踪两种类型：

1. **个案追踪** 评审员跟踪单个患者的就医经历，以评价标准为准则来评价医院的表现，是对患者从就诊到出院期间所得到的照护、治疗和服务过程进行连续追踪。

2. **系统追踪** 集中考核医院的某个系统、功能模块甚至具体环节，其主要内容包括但不限于：① 评价有关环节的表现，特别是相关环节的整合与协调；② 评价各职能部门和科室之间的沟通；③ 发现相关环节中潜在的问题；④ 与追踪环节相关人员进行讨论，获取信息。例如，检验标本分析前质量控制包括医生开具申请单、患者准备、护士标本采集环节，质量控制难度大，可采用系统追踪法对分析前阶段的各个环节进行追踪检查，找出关键因素和不合理环节，改进和优化流程，提升分析前质量控制水平。

（二）追踪方法学的流程

追踪方法学是一种过程管理的方法学，其基本步骤包括三个方面：首先是评价者以面谈以及查阅文件的方式了解医院是否开展和如何做系统性的风险管理；其次，以患者个案和系统追踪方式，实地访查一线工作人员以及医院各部门的执行状况，了解每个计划的落实程度；最后，在访查过程中，评价委员以会议形式讨论和交换评价结果，再深入追查有疑问的部分。

（三）追踪方法学的特点

追踪方法学具备以下几方面的特点和优势：

1. **追踪方法学具有真实、直接的特性** 追踪方法学是以"患者"的视角来评价医院，而不是以医院组织功能的结构面或以管理者和评价者为中心，是评价医院服务质量最为直接和真实的有效方法。评价者仅花费少量时间来检查书面形式的制度，而用超过60%的时间来询问医疗服务直接提供或监护者，评估来自不同部门的员工提供医疗服务的协作和交流情况。

2. **"灵活性"是追踪方法学的关键** 它使评价者的追踪流程或服务的范围更为宽广，进而使评审过程可以深入一线工作人员，评估他们是如何作出决策的。评价者通过与员工和患者的交流、医疗记录、评价者观察，构成的动态现场调查过程，可以全面描述医院的组织服务流程。在个案追踪过程中，评审专家一旦在某环节发现了问题，就会转入系统追踪，分析这些问题是某个人的问题还是系统和组织的问题。这种灵活性克服了医院弄虚作假的可能性，这正是传统医院评审方法的主要缺陷之一。

3. **追踪方法学注重利用信息系统和数据** 在医院评审现场调查过程中，评价者通过收集各种来源的数据，聚焦于医院的重要区域，追踪评价患者的治疗、护理、服务过程。

4. **追踪方法学具有科学性** 追踪方法学是一种基于科学理念而设计的方法，有效但并不深奥，通过培训易于掌握，且可融会贯通应用于医院管理相关工作。

（四）追踪方法学在护理质量管理中的应用

运用追踪方法学进行护理质量管理，使护理质量的控制贯穿在操作、处置、抢救等各环节和全过程中，通过查找护理管理的薄弱环节，发现护理工作中现存的和潜在的、直接的和间接的风险因素，不断完善护理管理制度以及规范护理人员的行为，减少护理差错、事故的发生，提高护理质量。追踪质量管理使护士能关注到服务过程中的每个细节，便于深入追查有疑问的环节，使各项护理服务更具人性化，管理更科学化。

七、失效模式与效应分析

（一）失效模式与效应分析的概述

失效模式和效应分析（failure mode and effect analysis，FMEA）是一种系统性的、前瞻性的、基于多学科团队工作的管理方法，是在行动之前就认清问题并预防问题发生的分析方法。FMEA由失效模式（failure modes，FM）及效应分析（effect analysis，EA）两部分组成。失效模式是指能被观察到的错误和缺陷（俗称安全隐患），应用在护理质量管理中就是指任何可能发生的护理不良事件；效应分析是指通过分析该失效模式对系统的安全和功能的影响程度，提出可以采取的预防措施，以减少缺陷，提高质量。

FMEA起源于二战时期，20世纪60年代，美国航天太空总署将FMEA成功地应用于太空研究计划。90年代中期，美国安全用药实践委员会推荐使用FMEA预防配药过程中的差错。2002年，美国医疗机构联合评审委员会正式将FMEA应用于医疗机构，支持与推广FMEA方法，用以改善及降低医疗风险的发生。2002年之后，美国医学物理学家协会及国际标准组织技术委员会都推荐将FMEA作为医疗工作中高风险程序的前瞻性风险分析方法。

（二）失效模式与效应分析的流程

FMEA的实施一般经过以下七个步骤：

1. 确定需要分析的流程或系统　选择分析的流程下面最好没有太多子流程，如流程较复杂时，可选择其中的一个子流程来做FMEA分析；也可以对已发生或易发生缺陷的流程进行改造。

2. 成立专门的工作组　团队成员一般为6~10人。可以由领导者、研究程序方面的专家、对所研究程序不太熟悉的人和FMEA咨询师共同组成。

3. 绘制程序流程图　将每个步骤编号，便于所有的成员对各流程有一致的了解。

4. 收集、分析潜在失效模式　一般采取头脑风暴的方式进行，对流程中有关的人员、环境、设备、材料等可能出现问题的环节进行全面的分析和梳理，并形成潜在失效模式清单。

5. 排列优先次序　分析失效模式的严重程度、失效模式出现的可能性和可探测度并进行排序。

6. 分析各个潜在失效模式产生的原因。

7. 制订并执行改善措施及评价结果。

（三）失效模式与效应分析的特点

FMEA是一种用来确定和预防潜在风险的管理方法和工具，它的首要目标是通过系统地审查每个可能的失效环节来消除差错事故发生的机会。FMEA可以用于新系统或流程的设计阶段，预防差错的发生；也可以应用于现存系统或流程的改进，对各种可能的风险进行分析与评估，并根据风险的大小改进服务流程。FMEA是一种操作规程，旨在对系统范围内潜在的失效模式加以分析，以便按照严重程度加以分类，或者确定失效对于该系统的影响。从本质上讲，FMEA是一种从设计上防患于未然的方法。

（四）失效模式与效应分析在护理质量管理中的应用

FMEA在医疗行业中的使用已得到患者安全机构的认可，从国内外应用的实践中可以看出，FMEA作为一种前瞻性的分析方法，能帮助我们系统而全面地评估护理工作程序中潜在的缺陷和漏洞，将危机管理和危机应对提前到危机预防环节，使护理管理者能"防患于未然"，有效地降低风险，达到杜绝或减少差错事故和不良事件发生的目的，有助于医疗安全；同时FMEA是发挥团体智慧的结果，提出的改进措施，涉及各部门、各层级，所以改造后的护理流程紧密、系统、贴合实际，可操作性强，应用范围广，对于提高护理工作质量和效率都具有十分重要的意义。

八、六西格玛管理

（一）六西格玛管理的概述

六西格玛（6 sigma，6σ）是20世纪80年代由摩托罗拉公司创立的概念和管理体系，并全力应用到公司的各个方面，从开始实施的1986年到1999年，摩托罗拉公司平均每年提高生产率12.3%，不良率只有以前的1/20。"σ"在统计学中表示标准差，反映的是质量特征值偏离正态分布均值的大小，如单位缺陷或错误的概率性。西格玛值越大，错误或缺陷就越少。6σ是一个目标，可解释为每100万个事件中有3.4个出错的机会，即合格率是99.999 66%。这是一个近乎于人类能够达到的最高质量水平和最完美的境界。

（二）六西格玛管理步骤

六西格玛有一套全面而系统地发现、分析、解决问题的方法和步骤，这就是业务流程改进遵循的DMAIC五步法。

1. 定义（define）阶段　主要是明确问题、目标和流程。

2. 测量（measure）阶段　详细了解患者最重视什么，获悉患者的期望，根据患者需要制订不同类型的患者需求调查表，进行测量，收集数据。

3. 分析（analyze）阶段　应用统计学方法对数据进行分析，找出有统计学意义并且影响患者满意度的关键因素，提出解决方案，选择可操作性的最佳方案。

4. 改进（improve）阶段　实施最佳方案，并在实践中不断验证和完善措施，最终将措施标准化。

5. 控制（control）阶段　确保所做的改善能够持续下去，避免错误再次发生，采取措施以维持改进的结果。控制是六西格玛能长期改善质量、降低成本的关键。

（三）六西格玛管理的特点

1. 高度关注顾客满意度　以广泛的视角关注影响顾客满意度的所有因素，并努力提升顾客满意度和服务水平，进而提升业绩。

2. 注重数据和事实　高度重视数据，依据数据和事实决策，以获得更多改进机会，达到消除或减少工作差错及产品缺陷的目的。

3. 重视流程改进　重视并通过流程改进使产品质量得到显著性甚至突破性提高，从而使组织获得显著的经济利益。

4. 有预见的积极管理　六西格玛用动态、即时反应、有预见、积极的管理方式取代被动的习惯，促使组织在当今追求近乎完美质量水平的竞争环境下快速向前发展。

5. 倡导无界限合作　无界限合作也叫全面合作，是指打破一切人为屏障，如来自职能、官衔、地域、种族、性别等方面的障碍。这就扩展了合作机会，加强部门之间、上下环节之间的合作和配合。

（四）六西格玛管理在护理质量管理中的应用

护理质量管理是动态的管理过程，它随着人们的需求变化而不断调整。六西格玛持续质量改进的护理管理正是为了适应时代的需求、患者的要求、质量的提高而开展的一种切实有效的管理方法，通过以现有质量过程为基础，对患者不满意的问题进行分析、寻找原因、解决问题，从而提高护理质量。

1. 提升护理质量　有助于护理组织树立注重细节、追求完美、"一次就要做好"的观念，杜绝或者减少护理缺陷，提高护理质量。

2. 提高患者满意度　强调以患者为中心，关注并尽力满足患者的各种合理需求，为患者提供个性化护理服务，提高患者满意度。

3. 提高管理效益　采用量化方法分析护理流程，护理决策以数据和事实为依据，强调科学性与实用性，避免决策失误，提高管理效率与效益。

知识拓展 | **西格玛水平**

6个西格玛=3.4次失误/100万个机会：意味着卓越的管理、强大的竞争力和忠诚的客户。

5个西格玛=230次失误/100万个机会：意味着优秀的管理、很强的竞争力和比较忠诚的客户。

4个西格玛=6 210次失误/100万个机会：意味着较好的管理和运营能力，满意的客户。

3个西格玛=66 800次失误/100万个机会：意味着平平常常的管理，缺乏竞争力。

2个西格玛=308 000次失误/100万个机会：意味着组织资源每日都有三分之一的浪费，组织生存艰难。

1个西格玛=690 000次失误/100万个机会：意味着每日有三分之二的事情做错，组织将无法生存。

导入情境分析

1. 对本章的导入情境进行分析，导致该患者胃管拔出的原因主要包括：

（1）值班护士巡视不及时：该患者自理能力等级为重度依赖，依据中华人民共和国卫生行业标准 WS/T 431—2013《护理分级》，自理能力重度依赖的患者可确定为一级护理，按要求护士至少每小时巡视患者。该案例中值班护士间隔3小时巡视患者，违反了分级护理制度。

（2）护士长排班不合理：护理排班应以患者需要为中心，保证各班次护理人力在质量和数量上能够完成当班的所有护理活动，以保障患者安全。当日手术多、护理工作繁重，未及时调整排班，导致人力不足，护士未能及时巡视患者。

（3）胃管固定方法不规范。

（4）宣教不到位。

2. 作为病区护士长，在不良事件发生后，应该根据该事件的严重程度和发生频次选择合适的管理方法对不良事件进行分析与改进。对患者安全影响较大或发生频率较高的不良事件，应开展根本原因分析；对一般的不良事件，可用PDCA循环对不良事件进行改进。针对本章的导入情境案例，护士长首先应指导当事护士进行事件回顾，上报不良事件；其次组织全体护士对事件进行讨论，对发生原因进行剖析，绘制因果图，找出胃管拔脱的主要原因；最后针对要因拟定改进措施，逐一落实并追踪改进效果。为防止此类事件再次发生，将预防拔管措施科学化、标准化和规范化，达到持续改进护理质量的目的。

学习小结

护理质量管理的过程包括：建立护理质量管理体系、制订和更新护理质量标准、进行质量教育、实施全面质量管理、评价与持续改进；护理质量管理的基本原则是：以患者为中心、预防为主、全员参与、循证决策、标准化、持续改进。

- 护理质量评价内容包括结构性指标、过程指标和结果指标。以结构质量为导向的评价，评价方法有查阅资料、现场检查、考核、问卷调查等；以过程质量为导向的评价，评价方法主要为现场检查、考核和资料分析；以结果质量为导向的评价，评价方法主要为现场检查、考核、问卷调查和资料分析等。

- 护理敏感质量指标是指用于定量评价和监测影响患者健康结果的护理管理、护理服务、组织促进等各项程序质量的标准，是用来评价临床护理质量及护理活动的工具，也是进行护理质量管理的重要手段。护理敏感质量指标在护理质量精准化管理、护理质量纵向及横向比较等方面有着重要的意义。筛选护理质量敏感指标过程遵循重要性、可操作性、敏感性和特异性原则。

- 护理质量管理中可以运用护理质量管理工具进行数据的收集、整理、分析，帮助寻找质量问题发生的原因，进一步对原因采取措施，具体的工具有因果图、甘特图、排列图、直方图、事件和因果链、逻辑树分析法、头脑风暴法等。

- 选择和运用护理质量管理的基本原理和方法，可确保护理工作科学化、规范化、标准化。具体的方法有循环管理法（含PDCA循环法、SDCA循环法）、品管圈、护理专案、根本原因分析、临床路径、追踪方法学、失效模式与效应分析、六西格玛管理等。

（胡丽茎　卢玉林）

复习参考题

一、选择题

1.【A1】以下选项属于过程指标的是（　　）
   A. 护患比
   B. 护士离职率
   C. 置管患者非计划拔管率
   D. 住院患者身体约束率
   E. 导管相关感染发生率

2.【A2】某科室护士长在制订2023年病区年度计划时，征求护士参与病房管理意向，根据他们的意向及能力水平，指定每个人负责的病房护理质量管理项目，该工作思路体现的护理质量管理的基本原则是（　　）
   A. 实事求是原则
   B. 标准化原则
   C. 系统管理原则
   D. 全员参与原则
   E. 持续质量改进原则

3.【A2】某科室护士为获得较高的出院患者满意度，在患者出院前，未征询患者同意，直接替其填写了满意度调查问卷，实际上该患者对护理工作存在一定的意见，该护士的做法违反了护理质量评价的（　　）原则。

   A. 标准适当
   B. 实事求是
   C. 持续改进
   D. 公平公正
   E. 循证决策

4.【A2】某医院患者入院的疼痛评估执行率一直不高，护理部想分析其原因，选用（　　）护理质量管理工具分析比较直观。
   A. 因果图
   B. 甘特图
   C. 排列图
   D. 直方图
   E. 事件和因果链

5.【A2】门诊的护士发现急诊挂号取药的流程设置不是很合理，五六个护士就想一起重新设计下流程，方便患者，他们的这种护理质量管理方法是（　　）
   A. 护理专案
   B. SDCA循环法
   C. 临床路径
   D. 追踪方法学
   E. 品管圈

二、简答题

1. 简述护理质量管理的概念以及过程。
2. 简述护理质量管理过程中应遵循的基本原则。
3. 简述护理敏感质量指标的筛选原则。

三、案例分析题

某医院的神经外科，因为近段时间患者较多，病床经常是满员，同时危重患者较多。上个月，该科连续出现2次夜班护士漏发患者口服药的护理不良事件。科室就此事件召开了全科护理大会，拟用PDCA循环法来分析、处理和总结该事件。

请思考：
1. 请简述PDCA循环的特点。
2. 请你用PDCA的方法分析、处理和总结该事件。
（选择题、案例分析题的答案解析见数字内容）

第十章

护理风险管理与危机管理

学习目标

知识目标	1. 掌握　护理风险、风险管理、护理危机、危机管理的概念；护理风险管理的程序；护理危机管理的方法。 2. 熟悉　护理风险的特点、产生原因及处理方法；护理危机产生的原因、发展阶段；常见的护理危机；护理危机管理的原则。 3. 了解　护理危机与护理风险的关系。
能力目标	能够结合护理风险和危机管理知识，对相关的不良事件进行分析、提出改进方案及后续评价的能力。
素质目标	具备防范和处理护理风险和危机的能力。

导入情境与思考

患儿，女，7日龄。早上交接班时发现患儿的鼻中隔出现压痕。一般情况下，患儿使用经鼻持续气道正压通气（NCPAP），在每次集中护理时会松解NCPAP鼻塞，查看鼻中隔情况；或根据患儿情况，交替使用鼻塞鼻罩，以改善鼻中隔的血运情况。但该患儿夜间频繁出现呼吸暂停、心率及经皮动脉血氧饱和度（SpO_2）下降现象，在尝试松鼻塞、用鼻罩吸氧的时候，患儿SpO_2不能维持，故再次立即给予鼻塞NCPAP氧疗。患儿家属认为上述伤害是医院的治疗失误所致，遂向医院提出赔偿。

思考：

1. 在该案例中，医护人员有没有过失？为什么？
2. 在临床护理工作中应如何避免类似风险事件的发生？

　　风险管理最早起源于美国。20世纪30年代，为应对经济危机，风险管理的思想理论开始萌芽，美国许多大中型企业都在内部设立了专业的风险管理部门。20世纪50年代，风险管理在美国逐步形成了独立的理论体系，以学科的形式发展起来。医疗护理是高技术、高风险的行业。患者一旦进入就医环节，就可能会面临其内在的、固有的临床风险。建立和实施医院的风险管理，通过一系列主动的、以预防为导向的专业活动，最大限度地降低临床风险，减少医疗事故，对于保障患者安全，同时降低因医疗护理风险而导致的医院经济损失和名誉损害具有重要意义。目前世界上，尤其是发达国家非常重视医疗护理风险的防范和管理工作，建立了较为完善的风险管理机制。1993年中国香港特别行政区医院管理局所辖医院开始系统地进行医院风险管理工作。

第一节　护理风险管理

一、风险与风险管理

（一）风险与风险管理概念

风险（risk）是指在未来的某一时间发生某种不良事件的可能性。风险管理（risk management）是研究风险发生规律和风险控制技术的一门新兴管理学科，它是在风险识别、风险评估的基础上，采用各种风险管理技术，对风险实施有效控制和妥善处理风险所致的后果，期望达到以最小的成本获得最大安全目标的管理过程。

（二）风险的分类

1. 按风险损害的对象分类

（1）财产风险：财产风险是指导致财产发生毁损、灭失和贬值的风险。例如，房屋有遭受火灾、地震的风险；机动车有发生车祸的风险；财产价值有因经济因素贬值的风险等。

（2）人身风险：人身风险是指因生、老、病、死、残等原因导致身体、心理和经济遭受损失的风险。例如，因为年老而丧失劳动能力，由于失业、疾病、伤残、死亡等原因导致经济收入减少，或给家庭带来其他灾难的风险等。

（3）责任风险：责任风险是指因个人或组织的疏忽或过失行为，造成他人（包括个人和组织）的财产损失、人身伤亡或名誉损害，依照相关法律、制度、契约应承担的责任性风险。例如，患者在住院期间发生跌倒受伤，如果是由于护士的过失造成的，那么按照法律责任规定，就需要对患者给付赔偿金。

（4）信用风险：信用风险是指在经济交往中权利人与义务人之间由于一方违约或犯罪而给对方造成经济损失的风险。例如，医院承担的极个别患者拒绝交费或无能力付费而造成的经济损失。

2. 按风险的性质分类

（1）纯粹风险：纯粹风险是指只有损失可能而无获利机会的风险，即造成损害可能性的风险。其所致结果有两种，即损失和无损失。例如，交通事故只有可能给当事人的生命财产带来危害，而不会有利益可得。在现实生活中，纯粹风险是普遍存在的，例如，水灾、火灾、疾病、意外事故等都可能导致巨大的损害。但是，这种灾害事故何时发生，损害后果多大，往往无法事先确定。

（2）投机风险：投机风险是指既可能造成损害，也可能产生收益的风险。其结果分为损失、无损失和获利三种情况。例如，赌博、股票交易等风险都带有一定的诱惑性，可以促使某些人为了获利而甘愿冒这种风险。

（3）收益风险：收益风险是指只会产生收益而不会导致损失的风险。例如，接受教育可使人终身受益。但是，由于个人因素、客观条件和发展机遇各不相同，使得不同的受教育者即使接受了同样的教育，付出了相同的代价，其收益可能是大相径庭的。

3. 按损失的原因分类

（1）自然风险：自然风险是指由于自然现象或物理现象所导致的风险。例如，洪水、地震、风暴、火灾、泥石流等所致的人身伤亡或财产损失的风险。

（2）社会风险：社会风险是指由于个人行为反常或不可预测的团体过失、疏忽、恶意等不当行为所致的损害风险。例如，盗窃、抢劫、罢工、暴动等。

（3）经济风险：经济风险是指在产销过程中，由于有关因素变动或估计错误而导致的产量减少或价格涨跌的风险等。例如，市场预期失误、经营管理不善、消费需求变化、通货膨胀、汇率变动等所致的经济损失风险。

（4）技术风险：技术风险是指伴随着科学技术的发展、生产方式的改变而发生的风险。例如核辐射、空气污染、噪声、因使用先进医疗技术与设备而导致的不良反应等风险。

（5）政治风险：政治风险是指由于政治原因，如政局变化、政权的更替、政府法令和决定的颁布实施，以及种族和宗教冲突、叛乱、战争等引起社会动荡而造成损害的风险。

（6）法律风险：法律风险是指由于颁布新的法律和对原有法律进行修改，以及运用法律等原因而导致经济、社会及政治风险。

4. 按风险涉及的范围分类

（1）特定风险：特定风险是指与特定的人或组织有因果关系的风险。即由特定的人或组织所引起，而且损害对象仅涉及特定的个人或组织的风险。例如，盗窃、火灾等。

（2）基本风险：基本风险是指其损害波及社会的风险。基本风险的起因及影响都不与特定的人有关，至少是个人所不能阻止的风险。例如，与社会或政治有关的风险，与自然灾害有关的风险等。

特定风险与基本风险的界限，会因时代背景和人们观念的改变而有所不同。过去被认为是特定风险，而现在可能被认定是基本风险。

二、护理风险概述

（一）护理风险的相关概念

1. 护理风险　护理风险（nursing risk）是指因护理行为，例如，操作、处置、配合抢救等各个环节引起的，导致医院、患者和护士遭受损失和伤害的可能性。护理风险是一种职业风险，即从事医疗护理服务的职业，具有一定的发生频率并由该执业者或医疗护理机构承受的风险，包括经济风险、技术风险、法律风险、人身安全风险等。在护理工作中一切影响患者康复的因素，例如，工作人员自身健康因素、医院环境、设备、卫生学因素、组织管理因素等都成为护理工作中的风险因素。护理风险除具有一般风险的特性外，还具有风险水平高、风险不确定性、风险复杂性、并存在于护理工作的各个环节、风险后果严重等特性。

2. 护理风险事件　护理风险事件是指护士在为患者提供护理服务过程中有可能发生的一切不安全事件。例如，因侵入性操作、仪器和设备的使用、药物过敏、患者意外跌倒等原因而引发的事件。

（二）护理风险产生的原因

1. 护理方面的因素

（1）护士人群因素：由于知识、技术的不断更新，护理工作中复杂程度高、技术要求高的内容不断增多，给护士带来较大的工作压力，导致技术风险增大。刚毕业、低年资、护理操作不规范、知识老化、责任心不强、专业水平低下、新轮转工作科室的护士及实习护士等属于风险发生的高危护理人群。

（2）护士主观因素：个别护士职业道德观念不强、安全意识薄弱、法治观念淡薄等原因，会使护理风险增大。① 护士职业道德素质差，遇事容易情绪化，对患者态度生硬或语言、行为不当给患者造成不安全感或不安全后果；② 不尊重患者的知情同意权，进行一些有创的诊疗和操作前没有及时履行或没有充分履行告知义务，从而引发护患纠纷；③ 工作责任心不强、注意力不集中、疏忽大意或过于自信等，违背了医疗卫生法律法规、护理规范制度等，从而导致护理服务工作出现失误，增加护理风险的机会；④ 沟通技巧不够全面、对病情和诊治风险解释不足，或患者及其家人沉浸在悲痛之中未能明白、理解或接纳护士的解释，都会导致沟通不畅的问题。同时，不少护士的观念和行为仍停留在功能制护理模式上，不注重通过全面了解患者的生理、心理状况，护患间沟通不及时、不全面、不彻底，导致护理诊断、护理决策、护理措施错误，从而引发护理风险。

（3）工作时段因素：治疗及抢救危重患者、工作繁忙、交接班前后、中午、夜班、节假日等是护理风险发生的高危时段。例如，在手术科室，中午往往是手术患者返回病房的高峰时段，如果这个时段护士人力不足或护士的经验不足，容易发生护理风险事件。

（4）临床经验因素：护士的临床经验建立在对大量病例的护理实践体会之上。临床经验丰富、业务水平高的护士，会从患者早期不典型的症状、体征中推测出疾病的本质及发展变化的动向，并进一步追踪观察，一旦发现新的症状、体征与原诊断存在矛盾或者不符，便会立即报告医生。而临床经验缺乏、业务素质较差的护士可能会将阳性症状、体征看作正常现象，容易错失抢救、治疗的机会。

2. 患者方面的因素

（1）患者个体差异与病情的复杂性：人体是一个复杂的系统，疾病的发生、发展与转归在每个人身上是不同的，并呈现出多样性和复杂性。患者的个体差异和疾病的复杂性与严重程度决定了护理质量的不确定性和相应的风险性。例如，高度过敏体质的患者，有应用药物时发生过敏反应的风险；老年患者及婴幼儿患者因视、听、触觉等感知能力差也会产生不安全因素，使护理过程风险加大。此外，因疾病的自然过程或发展而导致不幸事件的情况时有发生，而这些情况有时会被患者或其他非医疗人员误认为是医疗事故，例如，急性心肌梗死的患者，可能会因与疾病有直接关系的心律失常而死亡。

（2）患者不合作或治疗依从性差：护理活动是一项需要护患双方共同参与的活动，有赖于患者的密切配合和支持。患者的就医动机和行为对疾病转归有着重要影响，如若患者有冒险行为、不健康的生活方式或采取不合作的态度，护理风险将会上升。例如，心肌梗死的患者住院期间在行动与饮食方面都有严格的要求，如果患者及其家属不能遵从医护人员的嘱咐，则有可能再次发生心肌梗死。

（3）患者对治疗护理结果期望值过高：无论医学技术如何发达，医务人员对于疾病的诊断及治疗能力总是有限的。但部分患者及家属却对治疗抱着很高的期望值，无论多么严重的疾病，总希望患者能完全恢复正常。例如，在矫形外科领域，美容整形手术后，因为患者期望值过高经常引发医疗纠纷。护士在给婴幼儿穿刺时，家长也总是希望能一针见血，但由于患儿血管细、肥胖、哭闹等，很多时候难以一次穿刺成功，因而可能会招致部分家长的不理解、谴责，甚至辱骂。

3. 医疗器械、药品、血液等因素　医疗检查设备、治疗设备、辅助运行设备的使用也是护理风险增大的原因。例如呼吸机、除颤仪、麻醉机、吸痰器等设备一旦出现故障，可能延误抢救时机，甚至导致患者死亡；医院的消毒灭菌器械出现故障，可导致医用器械、卫生材料不合格，造成大规模医院感染；医院的计算机系统未建立可靠的后备系统，也可能导致医疗运作信息的失败，发生信息丢失、错误等事故。药品的毒副作用在临床上也是难以避免的客观风险，再好的药物，用药的时机不当、剂量不当或方法不当，都可能会对患者造成伤害。临床使用的血液及血液制品及其保存运输环节也可能出现风险。

4. 管理因素

（1）人的管理：人力资源管理不善可能直接或间接给患者或护士造成伤害。如果护士缺乏必要的培训、人员配备不足、管理监督不严，那么对患者或护士造成伤害则具有必然性。改进人力资源管理方法及流程可以减少或有效预防不良事件的发生。

（2）制度管理

1）护理技术操作常规不健全或不完善：医院各项护理技术操作常规是医院对护士护理行为的科学规范，它不仅可以保证护理技术质量，而且还起到规避护理风险的作用。如果一个医院的护理技术操作常规不健全或不完善，就会导致护士的行为出现盲目性和随意性，出现护理风险的机会也会增加。

2）护理管理制度不健全或有缺陷：护理管理制度是保证护理服务运作质量、防范护理风险的基础。护理管理制度包括各种相关的卫生法律、法规，以及医院的各种规章制度，任何一种制度不健全或有缺陷都会带来护理风险。如果没有护士从业的准入制度，在治疗、手术配合、基础护理等护理行为中，必然造成护理风险；同样，没有医疗护理用物的审批、准入制度，也有造成护理风险的可能。

（3）设备管理：风险管理工具不足。智慧医院信息平台的功能主要包括两个方面，即医院管理和医院服务。其中，医院管理又分为药品管理、医疗器械管理、医务人员管理、学术研究管理等多个方面，医院服务则侧重于让以各类患者为代表的社会大众能够享受到便捷化的医疗信息服务，而风险识别工具尚未广泛应用融入信息智慧医院建设中。

5. 医疗技术的局限性因素 现代医学虽然有了很大的发展，但由于人体的特异性和复杂性难以完全预测，人们对许多疾病的发生机制认识不全、不彻底，因此现代医学科学诊疗技术仍存在一些不可预知或不能完全避免的风险。例如，肿瘤患者使用化疗药物时，虽然杀死了癌细胞，但同时也杀死了大量人体所必需的正常细胞。这就使得本来就很虚弱的身体遭受了新的伤害，从而增加了患者死亡的风险。

（三）护理风险的分类

护理风险可分为直接风险和间接风险。

直接风险常常来自护士直接对患者的操作过程，例如给错药、住院期间发生压疮、冷热疗时发生的冻伤及烫伤等。常见的直接护理风险事件包括：操作过程中的意外事件、并发症、错误执行医嘱、护理记录缺陷、职业安全事件、护患纠纷等。

间接风险常源于后勤支持系统，例如输液器的质量不合格、医疗设备故障、护理用品供应不充足等，还包括安全保卫、医疗设施安全、防火、防爆、防盗、防自然灾害、重大意外事故等。间接风险也可能来自行政管理系统，例如，聘用护士离职、制度不健全等。常见的间接护理风险事件包括：护理管理不善引发的事件、仪器或设备故障等。

1. 意外事件 护理意外事件常常是由无法抗拒的因素所导致的难以预料和防范的不良后果，例如药物注射引起的过敏性休克，有些药物虽然按操作规程进行了过敏试验，但仍有个别过敏试验结果为阴性者发生过敏反应。另外非护士与医院责任的患者跌倒、烫伤、导管脱落、化学药物外渗、自杀等现象也属意外事件。

2. 并发症 并发症是指在诊疗护理过程中，患者发生了现代医学能够预见但却不能避免和防范的不良后果，例如急性呼吸窘迫综合征患者呼吸机相关性肺炎等。由于并发症能够预见，所以医护人员需要事先向患者及其家属说明，让其有一定的心理准备。当并发症发生时，患者和家属通常会主动配合医护人员采取适当的措施，尽最大努力减轻患者所遭受的不良后果。

3. 错误执行医嘱 指在护理工作中，护士因责任心不强、不严格执行规章制度或知识与技术水平差等原因而错误执行医嘱。临床上比较常见的有因执行医嘱不当发生给药错误（包括忘记发药、药物发错患者、用药时间错误、药物剂量或给药途径错误等），因护士查对不当引发的执行医嘱错误，因护理操作不当给患者造成的伤害等。

4. 护理记录缺陷 护理记录是保证护理质量和患者安全的主要依据，也是发生护理纠纷时重要的法律文件。研究数据显示，护理记录中存在许多缺陷，包括关键内容记录不全或无记载、记录不规范、涂改、与医生记录不符等。这些缺陷有可能导致患者安全风险和护患纠纷。

5. 职业安全事件 由于医院工作环境的特殊性，护士在执行医疗护理活动过程中也存在很多可能危及护士身体安全的因素。这些危险因素包括物理性因素、化学性因素和生物性因素。例如针刺伤、化疗药物伤害、血源性感染等。

6. 护患纠纷 指护理人员在护理服务过程中，护患双方出现的争执。临床上，护士是与患者接触最多的医务工作者。如果护士工作态度差、责任心不强、技术操作水平差，很容易导致患者及其家属的不满意，进而引发投诉，甚至引发护患纠纷。

7. 护理管理不善引发的事件 由于护理管理不善，例如，临床护士数量配备不足、规章制度不健全、物品配备不充足、抢救物品未处于备用状态、与护理相关的费用有误等，有可能导致护理不安全事件。

8. 仪器、设备故障 医院的仪器设备在使用过程中，有可能突然发生故障，从而影响治疗、检查，甚至失去对患者的抢救机会。

（四）护理风险的特点

1. 多样性和广泛性 护理服务过程涉及药物治疗、护理技术操作等，由于每个患者的病情和身体特性不一样，对治疗、护理的反应可能有不同。因此，护理风险具有多样性，且广泛存在于患者入院至出院护理的全过程。这也决定了护理风险管理工作应该贯穿于患者住院的全过程。

2. 难以预测性 护理风险的难以预测性是指护理风险的发生带有极大偶然性、突然性和个体差异性。难以预测不等于不能预测，有的风险是可以预测的，有的风险即使难以预测，但是通过努力，也可以预测到发生的可能概率。所以，护理管理者应尽可能预测风险发生的概率和结果，做到有备无患。

3. 难以防范性 有些风险经过努力防范之后，仍然不能避免风险事件的发生及其对患者的伤害。例如患者跌倒的预防，尽管护理管理者及护士采取多方面的防范措施，患者依然存在跌倒的风险。因此在预测到风险有可能发生时，护士应对患者及家属做好告知。同时，在实施护理行为之前尽可能做好准备，采取积极的防范措施，并制订应对风险发生时的应急预案，以便风险真正发生时能及时妥善处理。

4. 难以归因性 难以归因性是指医院的医疗、护理服务是由多专业、多部门、多名医护人员协作完成的，同时治疗结果与某项医疗护理服务技术措施之间的因果关系往往是很难明确的，这就使得风险发生以后很难将其原因归咎于某一方面或某个环节。

5. 原因的累积性 护理风险事件的发生往往是由多方面原因或多种缺陷造成的，是多种风险事件累积的结果。例如，一位患者在办理入院手续时就可能对护士的服务态度不满意，后来在治疗护理过程中对护士的服务态度也不满意，如果最后治疗结果低于患者的期望值，所有这些不满累加在一起就可能促使患方提起争议。而如果患者对护士的服务比较满意，即使最后的治疗结果低于期望值，患方提起争议的可能性也会大大降低。

6. 后果的严重性 由于药物本身的毒副作用、有创的介入性检查治疗等原因，导致一些护理风险一旦发生，其结果可能是加重病情、对患者造成新的伤害，甚至对患者生命造成威胁。

知识链接 | **急危重患者转运过程中的护理风险分析**

院外接诊患者的护理风险：① 院外接诊护士缺乏经验，运送方法不当，如休克患者运送时头部置于推车的前方；脑外伤患者在运送中没有给予头高足低位，加重脑水肿和脑出血；昏迷呕吐患者没有给予头偏向一侧位，易引起呕吐物误吸而导致窒息；

② 护士在接诊途中责任心不强，观察病情不仔细，在转运患者过程中，未及时观察抢救进展情况及患者病情变化，以致患者穿刺部位液体外渗，严重者致肢体肿胀、局部坏死，甚至患者呼吸心跳停止时未及时发现，使患者失去抢救机会；③ 急救设备不完善，固定不牢，在转运途中，路况不佳或路面过于颠簸，输液瓶（袋）、松脱的仪器设备不小心砸伤患者，引起医患纠纷。

院内转运患者的护理风险：① 对烦躁不安的患者，护理人员未用约束带固定，未及时采取防护措施，造成患者坠落伤；② 转运前未充分评估病情，抢救设备和药品准备不足，转运途中监护措施落实不到位，未能及时发现病情变化，延误抢救时机；③ 医护人员专业基础知识薄弱，急救技能及应变能力差，患者转运途中突发病情变化时不能及时采取有效的急救措施，导致不良后果而引起纠纷；④ 由于夜间值班人员少，陪送患者做检查或转科交给实习护士完成，途中遇突发事件，实习护士临床经验不足，不能采取有效的急救措施，引起法律纠纷；⑤ 医护人员未履行告知义务，未充分说明患者在转运途中有可能出现的病情变化和风险，一旦发生病情恶化，即使医护人员实施了全力抢救措施，也会因家属不理解而引起医患矛盾。

三、护理风险管理

（一）护理风险管理的相关概念

1. 护理风险管理　护理风险管理（nursing risk management）是指对现在和潜在的护理风险进行识别、评估、处理、评价，有组织、有系统地消除或减少护理风险事件的发生及风险对医院或患者的危害和经济损失，以最低成本实现最大安全保障的管理活动。

2. 护理风险管理体系　护理风险管理体系是指构成护理风险管理的全部要素的有机整体，各要素在这个统一体中相互联系、相互作用，共同发挥对护理风险的管理作用。

（二）护理风险管理程序

护理风险管理是一个不断循环的过程。由于科室护士不断更替，新技术、新药物、新设备和新程序不断出现，疾病谱和社会文化特征在不断演变，法律环境也在不断发展，因而诱发了新的护理风险。护理风险管理包括护理风险识别、护理风险评估、护理风险处理和护理风险管理效果评价，四个阶段构成了一个风险管理的周期循环过程（图10-1）。护理风险管理的程序需要不断完善和优化。在临床风险管理中，护理管理者应引导护士充分了解患者的病情和个人情况，指导护士制订出科学合理的护理计划，并及时跟踪干预效果，确保患者的安全和舒适。

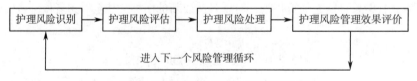

▲ 图10-1　护理风险管理的周期循环过程

1. 护理风险识别　护理风险识别是对潜在的和客观存在的各种护理风险进行系统的连续识别和归类，并分析产生护理风险事故原因的过程。护理风险识别是护理风险管理基本程序的第一步，也是护理风险管理的基础，只有准确地识别出患者的护理风险，才能采取有效的措施进行干预。通过护理风险识别，护士可以了解患者可能存在的护理风险，为后续的护理干预提供依据，保证患者的安全和舒适。由于护理服务过程中患者的流动、设备的运转、疾病的护理都是一个动态的过程，因此，风险的识别实际上也是一个动态监测过程。

（1）主要关键点：① 建立非惩罚性的不良事件报告制度；② 审查医疗记录和护理记录；③ 观察临床医疗和护理活动；④ 分析患者的投诉信息；⑤ 审查诉讼与赔偿记录；⑥ 分析访谈记录（面向患者或医护人员）和调查问卷；⑦ 审查常规的临床绩效数据。

（2）主要方法：识别护理风险的方法有多种，这些方法通常结合在一起实施。

1）及时搜集相关信息：鼓励护士及时呈报风险事件，掌握已经发生和可能发生的风险事件信息。不同科室的患者病情、护理工作量及复杂程度不同，因此风险发生的频率也不尽相同，而频率的高低在一定程度上反映了护士面临风险的大小。风险呈报的目的在于及时收集信息，以利于进一步掌握全院风险事件的动态，发出风险预警，制订防范风险的措施，使风险事件不再发生。

2）分析掌握风险规律：护理工作过程中有一些环节和时段风险比较高，且具有一定的规律性。如治疗抢救、交接班、患者调换床位等，属于高危环节；工作繁忙、交接班前后、中午、夜班、节假日等时候，属于高危时段。分析和明确各类风险事件的易发环节和人员，能使护理管理者抓住管理重点，针对薄弱环节加强质量控制，防范风险事件的发生。

3）预测防范护理风险：通过模拟一种危重患者的诊疗护理情境，可以预测护理风险。例如，医院开展一种新的外科手术项目，可以模拟接受新手术患者的诊疗护理情境，确认实施路径中的主要措施和步骤，然后设想每一措施和步骤可能发生的不良事件，从而更好地加以防范。

（3）要点：① 是否充分了解患者的病情和个人情况，包括病史、诊断结果、治疗方案等，以及患者的心理、社会和文化背景等因素；② 是否对患者进行全面、系统的评估，包括生命体征、病情进展、疼痛程度、营养状况、皮肤完整性、药物治疗等方面；③ 是否关注患者的异常情况和变化，如疼痛加重、出现新的症状等，及时识别可能存在的护理风险；④ 是否关注患者的家属或护理环境对患者的影响，如家属的情绪波动、环境的噪声等因素。

2. 护理风险评估 风险评估是测定风险发生的概率及其损失程度，是在风险识别的基础上进行定量分析和描述，通过对这些资料和数据的处理，发现可能存在的风险因素，确认风险的性质、损失程度和发生概率，为选择处理方法和确定风险管理措施提供依据。护理风险评估是指对已经识别出的风险进行详细的评估和分析，确定风险的程度和可能带来的后果。

（1）护理风险描述：风险评估一般运用概率论和数理统计方法来完成，其中期望值和标准差是描述某个特定风险损失概率分布特征的重要指标。一般来说，频率高、幅度小的损失标准差小，频率低、幅度大的损失标准差大。

（2）护理风险定量分析：常采用风险量化分析来评价，如：风险的危险性=风险严重程度×风险频率。临床风险损失的概率和严重程度共同决定了这种临床风险的等级，也提示护理管理者选择合适的护理风险管理策略和行动计划。

（3）护理风险评估时的要点：① 责任护士是否综合考虑患者的个人情况、病情、治疗方案等因素，确定患者的护理风险；② 确定护理风险的严重程度和可能性，评估风险带来的后果和影响；③ 制订出具体的干预计划，包括预防措施、应急处理和持续监测等方面；④ 在评估过程中，责任护士需要与患者和家属进行充分的沟通和交流，了解他们的需求和意见，制订出符合实际情况的护理计划。

3. 护理风险预防 护理风险预防是在风险识别和风险评估基础上，在风险事件出现前采取的防范措施。护理风险预防应落实的工作包括：

（1）建立护理风险管理制度：实施护理风险控制的前提是制订完善的、有执行力的政策、制度和程序，包括护理风险管理的组织建设，护理风险的报告、分析评价和控制制度，教育制度，临床护理常规和操作规程，护理紧急风险预案等。

（2）加强护士风险教育：护理管理中应将风险教育纳入新毕业护士的岗前培训计划中，对在职护士进行持续的风险警示教育和风险意识培养，使护士对容易造成护理风险的工作环节提高警惕；要依据护理规范、操作程序进行培训，让护士掌握规避护理风险的方法。护理风险培训应该持续、定期进行，但每次的重点可以根据各医院护理风险控制的具体情况而有所不同。每次的护理风险教育项目开展之后还必须对教育的效果进行考核和监控，并有相应的奖惩措施来保障。

（3）加强护士对国家医疗护理法律法规的培训：护理部应有计划地组织医疗护理相关法律法规、医疗纠纷与医疗事故的预防等方面的报告或讲座，让护士以法律法规来规范自己的行为。而护理管理者更应该熟悉国家医疗护理法律法规的变化，一方面便于在护理管理各环节进行监控；另一方面可以在思想上先行，从管理层次上督促护士加强法律法规的学习。

（4）加强患者安全督导：对患者安全目标落实情况进行定期、不定期的督导，特别要关注危重患者的风险管理；将督导过程中发现的高发或高危护理风险环节和事件进行通报，并对护理不良事件进行分析、讨论，查找原因。通过对护士专业知识和技能进行定期考核，对护理行为进行现场督查，对护士服务态度满意度进行测评等活动，及时发现风险、防范风险。

（5）充分发挥不良事件报告系统的作用：为了确保护理不良事件呈报准确、及时、全面，护理管理部门应采取相应的措施，如不将风险事件作为奖惩的依据，在呈报中不涉及具体的姓名，不要求当事人进行书面检查，仅呈报事件发生的客观过程，将风险事件如实呈报作为对护士长考核的一项内容等，以督促风险呈报制度的落实。

（6）加强护理记录管理：护理管理部门应经常进行护理文件书写格式、内容等方面的培训，对典型的护理记录书写案例进行讨论。定期进行护理文书督查，对共性和重要个性问题进行汇总和分析，使护理记录达到客观、真实、准确、及时、完整的要求，并体现护士对患者进行观察及为患者提供治疗、护理的措施。以避免因护理记录缺陷而导致的护理风险的发生。

4. 护理风险控制 风险管理要着眼于控制，护理风险控制重点是预防和阻止患者安全事故及其他侵权行为的发生，避免医院风险损失或降低风险损失的程度，包括护理风险规避、护理风险预防、降低护理风险损失、护理风险转移等策略。

（1）护理风险规避：护理风险规避是一种能够完全避免患者护理风险发生、彻底消除护理风险损失可能性的风险控制策略。例如，医院通过建立有效的护理绩效考核分配方案、护士在职培训方案、护士晋升考核方案等激励机制，做好护士人力储备，降低因护士流失而导致的风险。

（2）护理风险预防：护理风险无处不在，我们不仅要承认临床风险难以避免的客观现实，还要积极采取增进患者安全、预防护理风险的系统化方案，在医院的护理服务过程中既要尽力减少个人的临床失误，又要及时监测、控制、阻止或拦截临床护理风险。

（3）降低护理风险损失：如果说护理风险规避和护理风险预防是在护理风险事件发生前而采取的护理风险控制策略，那么努力降低护理风险损失就是在护理风险事件发生后所采取的护理风险控制策略。努力降低护理风险损失的目的是使护理风险损失最小化，以降低护理风险的不良后果。

（4）护理风险转移：即利用某种方法或途径将医院可能面临的风险转由其他团体或个体来承担，医疗保险就是风险转移的方法之一。美国、澳大利亚、日本、新西兰等国家都普遍开展了医疗风险保险业务，由医疗机构或医师协会向保险公司购买医疗风险保险。一旦发生风险，经法庭判决经济赔偿后，由保险公司负责赔偿。1999年，我国已有数家保险公司开设了医疗责任保险业务，部分医院已经为医院及其医务人员购买了风险保险。

5. 护理风险处理　护理风险处理是护理风险管理的核心内容，是指根据护理风险评估的结果，采取相应的措施进行干预，预防风险的发生或降低风险的程度。处理要点包括：① 根据患者的实际情况和需求，制订出具体的干预措施和护理计划；② 采取多种措施综合干预，包括预防措施、应急处理和持续监测等方面；③ 加强与患者和家属的沟通和交流，及时反馈处理效果和调整干预措施；④ 在处理过程中，需要注意医疗卫生安全，遵守相关的操作规程和制度。

全面、精确以及符合临床实际的风险识别与评估成果，可以协助护理管理者全面、清楚地认识医院所面临的各种风险，并依据风险的特性和严重程度采取相应的护理风险管理措施。反之，风险识别与评估中的错误、遗漏等会造成护理管理者对风险的认识失真，导致相应的风险管理行为和体系出现偏差、遗漏，或者缺乏应有的针对性、有效性。医院护理管理者应在制订或参考已有风险管理制度的基础上，对全院的护理风险进行全面监测，可以通过医院系统工作流程图，参照已有的护理风险分类资料，确定高风险发生环节，利用调查手段分析风险发生的原因，收集风险评估信息，作为改进或制订风险管理制度的依据。

6. 护理风险管理效果评价　护理风险管理效果评价是对风险管理方法、措施和手段的效益性和适用性进行分析、检查、评估和修正的活动，其目的是为下一个周期提供更好的决策。

（1）评价方法：常用的护理风险管理效果评价方法，主要有以下两个。

1）效益比值：该方法主要看护理风险管理能否以最小的成本取得最大的安全保障。效益比值等于因采取某项风险处理方案而减少的风险损失与因采取某项风险处理方案所支付的各种费用的比值。若效益比值<1，则该项风险处理方案不可取；若效益比值>1，则该项风险处理方案可取。效益比值越大，说明管理越有效。

2）信息统计及反馈：风险管理效果信息统计一般是采取前后对照的方法，对各个临床科室在采取风险管理措施前后，潜在护理风险的减少情况、不良事件的发生情况、患者的满意度等进行评价。通常采用调查问卷法、安全指标监测、不定期组织护士理论考试等方法来完成。采集的数据全部录入计算机进行分析和总结，使护理风险管理效率更高。例如评价患者满意度、护理记录合格率是否提高，护士的法律意识和防范风险意识是否增强等，以便为今后的风险管理提供参考依据。

（2）评价要点：① 是否制订出科学合理的评价指标和方法，包括定量和定性指标等方面；② 评价干预措施是否有效和可行，了解措施的实际效果和存在的问题；③ 与患者和家属的沟通是否有效，是否有根据他们的反馈意见和需求，进行相应的改进和调整；④ 是否有不断完善和优化护理风险管理效果评价工作，提高评价的科学性和有效性。

（3）护理风险管理效果评价的意义

1）提高护理质量和安全性：护理风险管理效果评价可以帮助护理人员及时发现和识别患者可能存在的风险因素，制订相应的护理计划和措施，减少或消除患者在护理过程中可能遇到的不良事件，从而提高护理质量和安全性。比如，通过对有跌倒风险的患者进行全面的风险评估和处理，可以减少患者跌倒的风险，提高患者的安全性。

2）降低医疗事故发生率：护理风险管理效果评价可以帮助护理人员及时发现和处理患者的风险因素，降低医疗事故的发生率，减少医疗纠纷。例如，通过对患者进行全面的风险评估和处理，可以减少患者在治疗过程中的感染风险，降低医疗事故的发生率。

3）保障患者权益：护理风险管理效果评价可以保障患者的权益，提高患者的满意度。例如，通过对患者进行全面的风险评估和处理，可以减少护理不良事件的发生，提高患者的安全性和满意度。

四、医疗质量安全事件的管理
（一）医疗质量安全事件的定义和等级划分

1. 定义　医疗质量安全事件是指医疗机构及其医务人员在医疗活动中，由于诊疗过错、医药产品缺陷等原因，造成患者死亡、残疾、器官组织损伤导致功能障碍等明显人身损害的事件。具体来说，包括以下四个方面：

（1）事件报告和登记：医疗质量安全事件发生后，需要及时进行报告和登记。这有助于及时掌握事件情况，制订应对措施，避免类似事件再次发生。

（2）事件分析和评估：对于发生的医疗质量安全事件，需要进行详细的分析和评估，了解事件的具体原因和影响，为下一步的改进措施提供依据。

（3）事件处理和改进：在了解事件的具体情况后，需要及时采取措施进行处理和改进。包括对事件责任人的处理、对相关流程和制度的改进等。

（4）事件总结和归档：对于已经处理完毕的医疗质量安全事件，需要进行总结和归档，以备后续参考和借鉴。

2. 等级划分　根据对患者人身造成的损害程度及损害人数，医疗质量安全事件分为以下三级：

一般医疗质量安全事件：造成2人以下轻度残疾、器官组织损伤导致一般功能障碍或其他人身损害后果。

重大医疗质量安全事件：① 造成2人以下死亡或中度以上残疾、器官组织损伤导致严重功能障碍；② 造成3人以上中度以下残疾、器官组织损伤或其他人身损害后果。

特大医疗质量安全事件：造成3人以上死亡或重度残疾。

> **知识链接** | **护理不良事件分级**
>
> 中国香港特别行政区医院管理局将护理不良事件分为七级：0级是指事件在执行前被制止；Ⅰ级是指事件发生并已执行，但未造成伤害；Ⅱ级是指轻微伤害，生命体征无改变，需进行临床观察及轻微处理；Ⅲ级是指中度伤害，部分生命体征有改变，需进一步临床观察及简单处理；Ⅳ级是指重度伤害，生命体征明显改变，需提升护理级别及紧急处理；Ⅴ级是指永久性功能丧失；Ⅵ级是致患者死亡。
>
> 英国国家患者安全局（National Patient Safety Agency, NPSA）将护理不良事件分为五级：Ⅰ级是指没有对患者造成伤害；Ⅱ级是指轻度伤害，即任何需要额外的观察或监护治疗患者安全性事件，以及导致轻度损害；Ⅲ级是指中度伤害，即任何导致适度增加治疗的患者安全性事件，以及结果显著但没有永久性损害；Ⅳ级是指严重伤害，即任何出现持久性伤害的患者安全事件；Ⅴ级是死亡，即任何直接导致患者死亡的安全性事件。

（二）医疗质量安全事件报告处理制度

2022年11月，《中国医院协会患者安全目标》最新版正式发布，共包括10个目标54项细则，成为医院管理、评审评价的核心内容，对推动我国患者安全工作发挥了重要作用。2011年，卫生部建立全国统一的医疗质量安全事件信息报告系统（以下简称信息系统），信息系统为各级卫生行政部门分别设立相应权限的数据库。医疗机构应当设立或指定部门负责医疗质量安全事件信息报告工作，为医疗质量安全事件信息报告工作提供必要的物质条件支持，并配备专职或兼职工作人员。尚不具备网络直报条件的医疗机构应当通过电话、传真等形式，向有关卫生行政部门报告医疗质量安全事件。

1. 医疗质量安全事件的上报

（1）医疗机构应当向核发其《医疗机构执业许可证》的卫生行政部门（以下简称有关卫生行政部门）网络直报医疗质量安全事件或者疑似医疗质量安全事件。

报告时限如下：① 一般医疗质量安全事件：医疗机构应当自事件发现之日起15日内，上报有关信息；② 重大医疗质量安全事件：医疗机构应当自事件发现之时起12小时内，上报有关信息；③ 特大医疗质量安全事件：医疗机构应当自事件发现之时起2小时内，上报有关信息。

医疗质量安全事件实行逢疑必报的原则，医疗机构通过以下途径获知可能为医疗质量安全事件时，应当报告：① 日常管理中发现医疗质量安全事件的；② 患者以医疗损害为由直接向法院起诉的；③ 患者申请医疗事故技术鉴定或者其他法定鉴定的；④ 患者以医疗损害为由申请医疗纠纷人民调解委员会调解或其他第三方调解的；⑤ 患者投诉医疗损害或其他提示存在医疗质量安全事件的情况。

（2）医疗机构报告医疗质量安全事件或疑似的医疗质量安全事件后，有关卫生行政部门应当及时进行核对，核对时限要求如下：① 一般医疗质量安全事件：有关卫生行政部门应当在5个工作日内进行核对；② 重大医疗质量安全事件：有关卫生行政部门应当在12小时内进行核对；③ 特大医疗质量安全事件：有关卫生行政部门应当在2小时内进行核对。

（3）卫生行政部门核对后，应当及时进行网络在线直报，并根据事件处置和发展情况，及时补充、修正相关内容。

（4）各省级卫生行政部门在每季度第一周将上一季度本辖区内各级卫生行政部门数据库中的信息进行汇总，并上报至国家卫生健康委员会数据库。

2. 医疗质量安全事件的处理

（1）发生医疗质量安全事件或者疑似医疗质量安全事件的医疗机构应当积极采取措施，避免、减少医疗质量安全事件可能引起的不良后果，同时做好事件调查处理工作，认真查找事件的性质、原因，制订并落实有针对性的改进措施。

（2）有关卫生行政部门应当对医疗机构的医疗质量安全事件或者疑似医疗质量安全事件调查处理工作进行指导，必要时可组织专家开展事件的调查处理，并按照规定及时向上级卫生行政部门报告调查处理结果。

（3）对于涉及医疗事故争议的医疗质量安全事件，应当按照《医疗事故处理条例》的相关规定处理。

医疗质量安全事件报告及管理是发现医疗、护理过程中存在的安全隐患，防范医疗事故，提高医疗、护理质量，保障患者安全，促进医学发展和保护患者利益的重要措施。为达到国家卫生健康委员会提出的患者安全目标，落实建立与完善主动报告医疗质量安全事件与隐患缺陷的要求，规范医疗质量安全事件的主动报告，增强风险防范意识，及时发现医疗质量安全事件和安全隐患，将获取的医疗安全信息进行分析、反馈并从医院管理体系、运行机制与规章制度上进行有针对性的持续改进。

知识链接 | **《中国医院协会患者安全目标》（2022版）**

目标一：正确识别患者身份

目标二：确保用药与用血安全

目标三：强化围手术期安全管理

目标四：预防和减少医院相关性感染

目标五：加强有效沟通

目标六：防范与减少意外伤害

目标七：提升导管安全

目标八：加强医务人员职业安全与健康管理

目标九：加强孕产妇及新生儿安全

目标十：加强医学装备及医院信息安全管理

医疗、护理安全（不良）事件报告制度

一、目的

规范医疗、护理安全（不良）事件的主动报告，增强风险防范意识，及时发现医疗、护理不良事件和安全隐患，将获取的医疗安全信息进行分析，反馈并从医院管理体系、运行机制与规章制度上进行有针对性的持续改进。

二、适用范围

适用于医院发生的医疗、护理安全（不良）事件与隐患缺陷的主动报告；但药品不良反应/事件、医疗器械不良事件、输血不良反应、院内感染个案报告需按特定的报告表格和程序上报，不属本医疗安全（不良）事件报告内容之列。

三、医疗、护理安全（不良）事件报告的内容

根据医疗、护理安全（不良）事件所属类别不同，某院划分为18类，内容涵盖医疗、护理、医技等部门。

（1）患者辨识事件：诊疗过程中的患者或身体部位错误。

（2）治疗、检查或手术后异物留置体内。

（3）手术事件：麻醉手术过程中的不良事件。

（4）呼吸机事件：呼吸机使用相关不良事件。

（5）药物事件：医嘱、处方、调剂、给药、药物不良反应等相关的不良事件。

（6）特殊药品管理事件：Ⅰ、Ⅱ类精神药品、麻醉药品、剧毒药品丢失，患者在院内自行服用或注射管制药品。

（7）跌倒、坠床事件：因意外跌至地面或其他平面。

（8）院内感染相关事件：可疑特殊感染事件。

（9）医疗沟通事件：因医疗信息沟通过程或沟通信息失真导致的不良事件，包括检验，检查结果判读错误或沟通不良。

（10）医疗处置事件：诊断、治疗、技术操作等引起的不良事件。

（11）检查、治疗或手术后神经受损。

（12）输血事件：医嘱开立、备血、传送及输血相关不良事件。

（13）医疗设备事件：设备故障导致的不良事件。

（14）伤害事件：言语冲突、身体攻击、自伤、自杀、院内走失等事件。

（15）患者不满：患者或家属对工作人员不满。

（16）针扎事件：包括针刺、锐器刺伤等。

（17）医疗器械事件：内固定断裂、松动。

（18）其他事件：非上列之异常事件。

四、职责

（一）医务人员和相关科室

1. 识别与报告各类医疗、护理安全（不良）事件，并提出初步的质量改进建议。

2. 相关科室负责落实医疗、护理安全（不良）事件的持续质量改进措施的实施。

（二）医务部、护理部

1. 指派专人负责收集《医疗、护理安全（不良）事件报告表》，并对事件进行分类统计和分析，于每月10日前将上月所有医疗、护理安全（不良）事件汇总、统计和分析。

2. 对全院上报的医疗、护理安全（不良）事件，进行了解和沟通，作出初步分析，并在10个工作日内反馈给相关科室，提出改进建议。

3. 每个季度将发生频率较高（每月或数月发生一次）的医疗、护理安全（不良）事件汇总，组织相关部门或科室讨论并提出改进建议，必要时上报医疗质量与安全管理委员会讨论。

4. 负责对全院医务人员进行医疗、护理安全（不良）事件报告知识培训。

5. 根据事件的性质、是否主动报告、报告的先后顺序以及事件是否得到持续质量改进等方面，给予报告的个人或科室一定的奖惩建议。

五、奖惩

1. 以下所有奖惩意见，经医疗、护理质量与安全管理委员会讨论，形成建议，并以院长书记会决议为准。

2. 对于主动报告医疗、护理安全（不良）事件的个人，根据报告的先后顺序、事件是否能促进质量获得重大改进，给予相应的奖励。

3. 每个季度以科室为单位评定并颁发医疗、护理安全（不良）事件报告质量贡献奖。评定标准：

（1）主动报告医疗、护理安全（不良）事件达到3例以上，并且上报的医疗、护理安全（不良）事件对流程再造有显著帮助，实现流程再造达到3项以上的科室。

（2）发生严重医疗、护理安全（不良）事件未主动报告的科室取消评优资格。

4. 当事人或科室在医疗、护理安全（不良）事件发生后未及时上报导致事件进一步发展的；医务部、护理部等职能科室从其他途径获知的，虽未对患者造成人身损害，但给患者造成一定痛苦、延长了治疗时间或增加了不必要的经济负担的，予当事人或科室相应的处理。

5. 已构成医疗事故和差错的医疗、护理安全（不良）事件，按《医疗事故和差错处罚规定》执行。

6. 对于已经进行医疗、护理安全（不良）事件报告的医疗缺陷，医疗质量与安全管理委员会将根据情况酌情减免处罚。

第二节　护理危机管理

随着我国社会转型的不断深入，社会环境变得日益纷繁复杂，各种矛盾不断凸显，导致危机事件频繁发生，政府以及各类社会组织的危机管理能力面临着严峻挑战。由于行业功能的特殊性，医院在运营的过程中既要应对公共卫生领域的危机，还要面对医疗市场、人才竞争等引发的其他危机。如何有效化解这些危机，维护医院的正常运转，是医院管理者必须考虑的重要问题。

一、危机与危机管理

危机管理直接关系到医院的医疗护理质量、信誉与效益。危机管理是一种超前管理，所管理的对象大多是虚拟的。对护理管理者来说，有效地预防和处理护理危机，是保证医疗护理质量、为医院赢得信誉和效益的前提。

（一）危机与危机管理的概念

1. 危机　危机（crisis）是指严重危害到组织或个人成败生死的紧要关头和紧急事件。在具体的领域，危机有其特定和明确的含义，如在社会领域，经济危机、旱情、水灾、疫情等都属于危机的范畴。

医院危机是由于某种突发事件的出现和爆发而打破医院原有的平衡状态，超出了医院常态的管理范围，要求医院采取特殊措施加以应对的紧急状态。

护理危机是医院危机的一部分，是指发生在护理业务范围内，能够对医疗护理质量或医院声誉及正常运营造成潜在破坏的护理突发事件。

2. 危机管理　20世纪60年代，美国学者提出了"危机管理"概念。该概念首先应用于外交和国际政治领域，后逐渐引入其他领域。危机管理（crisis management）就是为应对各种危机情景所进行的规划决策、动态调整、化解处理、员工训练等活动过程。危机管理是专门的管理科学，它是为了应对突发的危机事件，抗拒突发的灾难事变，尽量使损害降至最低点而事先建立的危机预警、防范、化解的全过程。

医院危机管理（hospital crisis management）是指医院管理者为应对各种危机情景所进行的规划决策、动态调整、化解处理、职工训练等活动的过程，其目的在于消除或降低危机对医院所带来的威胁。一旦发生危机，能有条不紊地化解危机，重新恢复信誉和市场的一整套机制。

护理危机管理（nursing crisis management）属于医院危机管理的重要内容，是指针对护理危机而制订并实施的有计划、有组织的预防、调控方法和措施，以及在护理危机爆发后以迅速有效的方法控制解决危机事件，尽量避免或减少危机产生的危害，并尽可能从危机中获利的一系列活动。

（二）危机的特性与发展阶段

1. 危机的特性　一般来说，危机具有六大特性：① 威胁性，危机可能造成重大的直接或间接损失，有可能影响到国家、社会大众、组织、个人目标或利益；② 持续性，危机虽然是瞬间发生，但其影响经常会持续一段时间；③ 复杂性，危机事件并非单一因素即可说明，也非短时间可以厘清；④ 不确定性，危机是否会爆发，以及在何时、何地、以何种方式爆发，爆发后破坏程度及影响后果都具有不确定性；⑤ 应急性，危机事件突然发生时，往往急需快速作出决策，并且以现有的人员、物质资源和时间来迅速作出回应；⑥ 双面效果性，危机是危险与威胁，如任其恶化或不能及时化解，势必遭受严重损失，甚至面临失败。但危机也隐含着转机或契机，如能应对得当，反而能学到经验。

2. 危机的发展阶段 危机的发展一般要经历四个阶段：

第一阶段：危机潜伏期。所有危机在爆发前都有一些预警信号，只是这些信号的强弱程度、典型程度、时间长短不同，人们对这些信号的敏感性不同。这一阶段是危机处理最容易的时期，如果人们能成功地捕捉到危机信号，认真分析，并采取有效的防控措施，多数危机是可以在这一阶段被化解的，由此能成功地避免许多危机爆发，或者在危机不可避免地爆发时能够及时有效地应对，从而减少损失。

第二阶段：危机突发期。这一阶段事件会急速发展，突如其来的严峻态势对人们的心理造成严重的冲击。突发期有四个典型的特征：① 在强度上事态逐渐升级，由不为人所知达到引起公众广泛注意；② 烦扰之事不断干扰正常的活动；③ 事态引起越来越多媒体的注意；④ 事态影响了组织的正面形象和团队声誉。此阶段应及时作出反应，"危机处理小组"应立即作出反应，采取各项积极挽救措施，争取在最短的时间里遏制危机发展的势头。

第三阶段：危机蔓延期。此时危机对组织或个人造成的破坏已经十分明显，并进一步蔓延，甚至会引起一系列连锁反应。这一阶段时间一般比较长，但是如果危机管理得力，将会大大缩短这一阶段。此阶段主要是采取恰当的应对措施，理智地纠正危机突发期造成的损害，运用各种资源防止事态的进一步恶化，使已经无法避免的危机造成的危害降到最低限度。

第四阶段：危机解决期。危机爆发后会导致许多"后遗症"，如人员、财产损失，形象、信誉消失，业绩大幅下滑，以及对人们心理造成的重大创伤等。在此阶段，危机管理者应帮助人们从对危机的恐惧中解脱出来，采取积极有效的措施，尽量减少或消除危机的负面影响，使组织早日恢复元气。同时，要认真总结教训，查找原因，解决问题，并对负有重大责任的相关部门和个人给予必要而适当的处分，以避免类似危机再次发生。

知识链接 | **罗伯特·希斯的4R危机管理理论**

美国危机管理专家罗伯特·希斯（Robert Heath）提出了4R危机管理理论。他将危机管理划分为缩减（reduction）、预备（readiness）、反应（response）和恢复（recovery）四个阶段。

（1）缩减：是指减少风险发生的可能性和危害性。缩减管理属于前馈控制，为4R理论的核心内容，贯穿于整个风险管理过程。

（2）预备：即在风险发生前对处理各种风险所做的准备，其目的是加强组织对风险的应对能力。提升预备力的策略包括预警、培训和演习。

（3）反应：这是指组织面对风险情景时的反应，即在风险来临时应该采取何种办法或策略加以应对。组织的高反应力体现在对风险作出正确的判断和及时的应对两个方面。

（4）恢复：是指风险问题被控制后，管理者对组织的恢复工作所做的安排及相关经验的归纳总结。恢复过程包括人员的恢复和系统的恢复。

（三）危机管理的步骤

1. 危机预防 危机预防是危机管理的第一步。"千里之堤溃于蚁穴"，日常管理应注意细节的漏洞，防患于未然。

预防危机的重要方法是建立危机预防与管理机制，包括建立健全机构，制订计划和应急方案（预案）等。危机预防与管理机构（包括决策机构、咨询参谋机构和执行机构）是危机管理的中枢，其职责范围包括：① 负责危机预防、预警、准备应急预案、购置危机管理的相关设备、组织危机处理演习等；② 利用危机指标体系，结合各方面的实际情况和国内外管理危机的经验教训，制订相应的危机管理战略计划和应急方案；③ 根据可能发生的各种危机制订应变计划、应急方案，计划和方案必须具有可操作性；④ 针对可能发生的危机组织模拟演习，锻炼危机管理人员的应变能力。

2. 危机确认 明确引起危机的真正原因。首先，危机的全面爆发一般具有特定的导火索，致使危机事态的发展达到一定的"点火温度"。其次，危机事件进入紧急状态，直至最终全面爆发，必然经过一个危机的升级过程。要迅速收集信息，判断危机的主要影响利益方，确立隔离危机阶段工作优先顺序。坚持以人为本，把对人的影响放在第一位，人员的生命安全为最核心目标。简单评估事件严重性、紧迫性和未来发展趋势。

3. 危机控制 危机管理的中期，也就是危机发生过程中，是预防或者避免危机进一步扩大的时机，如果能够有效地预知危机事件的整体状况，采取积极的措施弥补，就能够把危机事件带来的损失降低到最小。而要做到这些，就需要应对预测控制。所谓应对预测控制是指在事件发生的第一时间，在相应的应对预案已经启动的情况下，加入对已发生事件的动态监测和发展控制环节。

4. 危机处理 危机一旦发生，危机管理机制应及时启动，发挥处理危机的中枢作用。危机处理速度是关键，必须由危机处理核心小组统一指挥，协调一致。该小组应由最高决策者挂帅，或与最高决策层建立畅通的联系渠道，具有处理危机的最大权限，包括：① 设立前线指挥部，掌控危机现场，全面了解危机现况，判断危机的危害程度，提出处理方案；② 启动应急机制，派遣危机处理人员，动用危机处理设备和物资；③ 确保信息畅通及处理命令得到完全执行；④ 统一由发言人向外界和媒体及时通报相关信息，避免外界的恣意猜测和媒体的歪曲报道，争取民众的理解与支持；⑤ 召集相关人员对危机发生的原因和处理过程进行分析讨论，总结经验教训，并及时向最高层汇报，向有关部门和人员通报。

5. 从危机中获利 吸取危机处理的经验教训，完善危机预防与管理机制，亡羊补牢，努力转移和降低危机造成的损失，利用危机事件加强正面宣传，力争变坏事为好事，消除危机发生的根源，避免类似危机再度发生。

火灾应急预案演练方案

×××医院××手术室麻醉科

应对火灾的应急预案演练脚本

一、演练目的

提高医护人员对突发事件的应急处理能力和"应对火灾的应急预案"的熟练应用，掌握灭火器材的正确使用方法，逃生路径及方法等，保证手术患者及手术人员的安全。

二、成立科室灭火应急疏散指挥小组

组长：×××

副组长：×××

成员：×××、×××、×××

组长职责：发生火灾时，全面指挥和协调科室人员，切实做好初期灭火和疏散撤离工作，努力降低火灾损失，避免人员伤亡。

副组长职责：在组长的统一指挥下，协助组长做好具体工作，组长不在时，履行组长职责。

成员职责：按照各自工作职责，发生火灾时报警、关闭氧气、关闭电源，科学组织利用灭火器、消火栓进行初期灭火，按照疏散路线，组织、引导、转移患者。

三、应急预案培训

（一）培训时间：××××年××月××日××时××分

（二）培训地点：手术室麻醉科

（三）主讲人：×××

（四）指挥人：×××

（五）参加人员：手术室麻醉科除值班人员外的全体人员

四、演练时间

××××年××月××日××时××分

五、演练地点

手术室限制区。

六、演练背景

各房间手术进行中，手术室××间发现不明原因的火情，立即启动《应对火灾的应急预案》。

七、制订演练方案

（一）角色分配

1. 报警组

组长：×××

组员：×××、×××

职责：发生火灾时负责报警、关闭氧气、关闭电源，查明被困人员的数量、位置、受烟火威胁程度以及人群已被疏散情况；查明着火的位置，火势燃烧的范围、蔓延的主要方向，配合支援其他小组工作等。

2. 灭火组

组长：×××、×××

组员：×××、×××、×××

职责：发生火灾时负责利用灭火器、室内消火栓在1分钟内形成第一灭火力量，进行先期灭火。

3. 手术组

组长：×××

组员：×××、×××、×××、×××、×××，×××等

职责：负责组织患者疏散、转移危重患者。

4. 抢运设备组

组长：×××

组员：×××、×××

职责：在火情允许的情况下，组织人员积极转移贵重设备等。

（二）演练程序

1. 总指挥×××，宣布演练开始。

2. ××××年××月××日各房间手术进行中，手术室××间发现不明原因的火情。

3. 报警组立即拨打电话××向医院消防中心控制中心报警，立即切断电源、气源，根据火情逐级上报，同时呼叫各手术间人员立即准备撤离疏散。

4. 灭火组用灭火器材紧急扑救，尽快撤出易燃易爆物品。

5. 手术医生、麻醉医生、手术室护士根据手术进程采取相应的措施。

（1）洗手护士根据疏散患者处理程序，做好手术患者伤口的保护和患者情况的评估。巡回护士确认报警、限制、灭火等救援工作落实的同时，准备转运设备，组织好手术患者的转运，直接用手术床或平车转移患者离开现场；如火势较大，可用床单将患者抬离现场。做好病历资料的保管和转移。

（2）手术医生评估患者情况及手术状态，尽快结束手术或简单处置（包扎/覆盖），并进行患者的转运，负责疏散过程中的病情、伤口、引流管的处理，并决定患者的转移方式和转移地点。

（3）麻醉医生停用吸入性麻醉气体，立即脱开麻醉机，使用简易呼吸器或呼吸皮囊；在挤压过程中严密观察患者意识状态及病情变化，并负责患者麻醉手术记录的转移与保管。

（4）辅助人员、进修人员及学生：共同协助做好手术患者的疏散。

（5）夜间：麻醉值班负责人、手术室夜班值班负责人立即报告消控中心和总值班，指挥火灾预案的启动，安排人员立即切断电源、关闭氧气总阀门，指挥工作人员有秩序将手术患者从消防通道疏散，并协助重患者疏散；检查确认有无遗留人员。

6. 抢运设备组在火势可以控制、生命安全不受威胁的情况下，积极抢运手术室仪器设备和资料。

7. 所有人员立即用湿毛巾、湿口罩或湿纱垫等遮住口鼻防止窒息，协助患者按手术室消防通道示意图的指示箭头方向从安全通道撤离（禁止乘坐电梯）。

八、预演练

将所有参加演练人员集中，指挥者分配好角色后，每位人员通过口述形式熟悉演练过程，利于演练的有序进行。

九、正式演练

参加演练者进入各自角色，进行实战演练。

十、演练后记录与分析

手术室××月份术中发生火灾应急预案演练记录与分析

日期：		时间：		地点：		主讲人：	
护士姓名	签名	护士姓名	签名	护士姓名	签名	护士姓名	签名
项目							
存在问题							
原因分析							
改进措施							
效果跟踪							
影像资料（演练）							

十一、总结评价与持续改进

手术室应对突发火灾的演练总结评价和持续改进

　　××××年××月××日，手术室进行"突发火灾的应急预案"实地演练，手术室除值班护士外所有的医护人员均参加了此次演练，目的在于提高医护人员对突发事件的应急处理能力和"应对火灾的应急预案"的熟练应用，掌握灭火器材的正确使用方法、逃生途径及方法，保证手术患者及手术人员的安全。

　　1. 评价

　　（1）人员迅速准确到位，职责明确。

　　（2）物资准备充分、有效。

　　（3）协调组织有序，达到预期目标。

　　（4）报警组、灭火组、手术组、抢运设备组各组分工基本合理，能完成任务，但由于参与人数较多，场面稍显混乱。

　　（5）由于不常用灭火器材，理论知识虽掌握，但实际操作不够熟练。

　　2. 持续改进

　　针对以上问题，提出如下改进措施：

　　（1）继续加强应急预案的培训，使报警组、灭火组、手术组、抢运设备组各组组员均能熟知各组的分工，做到应对火灾时明确分工、分秒必争、听从指挥、有条不紊。

　　（2）加强培训，确保所有人员均能熟练掌握灭火器材的使用方法。

手术室麻醉科

××××年××月××日

二、常见的护理危机

1. 护理服务危机 在日常护理工作中,由于护理技术本身存在的风险,护士业务能力差、缺乏临床经验和责任心、不注重护患沟通,人员数量不足或护医、护护缺乏合作与协调等原因,难以保证和满足临床护理的要求和患者的需求,容易引发护理危机。

2. 护患关系危机 护患关系受很多因素影响,其中沟通不到位是影响护患关系的重要原因。护患关系危机的原因主要包括患者及家属对护士的不信任、治疗依从性低,以及护患纠纷、患者投诉不断增加等。这些原因有些来自护士方面,有些来自患者方面。其中部分护士服务态度差,部分患者的过度维权或维权方法不当、对医疗期望值过高、对医疗护理质量和医疗费用认识有偏差,是诱发护患关系危机的重要原因。

3. 护理缺陷危机 尽管所有医院都在强化护理质量管理,但由于多种因素的影响,护理缺陷仍然难以避免。部分严重的护理缺陷有可能对患者造成严重伤害,甚至发生护理事故,从而引发护理危机。

4. 管理不善危机 管理不善表现在人力、财力、物力等方面。例如,对人员管理不善,有可能因为护士流失而引发人才危机;对消毒物品管理不善,有可能导致院内感染,从而引发医院感染危机;对医院信息网络管理不善,有可能导致网络系统瘫痪,严重影响医疗护理进程和质量,患者不能及时查询、交费、结账,从而引发网络危机等。

5. 突发自然灾害危机 突发性自然灾害会使大量伤员、患者骤然汇聚到医院,护士应接不暇,医院的正常工作秩序也会受到严重影响。此时如果缺乏外援,或者内部沟通渠道不畅、协调合作不力,均可能诱发护理危机和院内危机。

6. 公共卫生事件危机 公共卫生事件危机包括重大传染疫情、重大动植物疫情、食品安全与职业危害事件等。根据《中华人民共和国传染病防治法》规定,重大疫情是指由强烈致病性微生物(如细菌、病毒)引起的非常严重的疾病情况,具有传播速度快、致病性高、发病率高及病死率高等特性。公共卫生事件对医疗卫生工作产生巨大的冲击。危机应对不当表现为未及时应急启动封闭式院内或者科内管理,未全面摸排医护人员(包括卫生保洁、行政后勤等)、患者等不同人员的行程轨迹,未紧急启动隔离区或者收治患者"缓冲区",未安排人员积极推进疫苗接种工作等,从而引发严重的院内感染事件。

三、护理危机管理的原则与方法

(一)护理危机管理的原则

1. 预防为主原则 避免危机发生是危机管理的最高境界。有效预防是降低危机发生概率和危机破坏性的重要手段。但危机很多时候是难以避免的,尤其在医院复杂的环境中。危机总是与机会并存,制订危机管理计划(应急预案)有着重要的实际意义,预先考虑如何应对危机,能够从容吸取各方面的建议。护理管理者应建立护理信息收集系统和护理危机管理系统,拟订护理危机事件处理程序与应对计划,加强危机意识教育和危机防范知识培训,建立护理危机管理预案和预警系统,努力避免护理危机。特别是针对公共卫生危机事件,需要护理管理者在医院统筹管理下，提前做好防疫物资储备、疫情防控预案、防控应急演练等。

2. 及时主动原则 危机事件通常具有突发性、紧迫性的特性。对护理危机有主动作为意识，从被动防范应对到主动排查避险，重视细节、防微杜渐，积极采取预防措施，就能最大限度地避免护理危机的发生。危机一旦爆发，第一时间处理最为关键。护理管理者应尽快作出反应，根据危机管理预案采取适当措施，在最短的时间内投入到危机的处理中，及时控制事态的发展，设法将危机带来的危害降到最低限度，将负面影响限制在最小范围。

3. 实事求是原则 在处理护理危机过程中，任何遮掩或哄骗都可能造成严重后果，或带来更大的危机。因此，护理管理者必须本着实事求是原则尽快查明真相，确定危机造成的不良后果的性质、程度，正确把握危机的基调，主动向患者和上级讲明事实真相，争取患者的理解、配合与信任，以及院方的支持和帮助。

4. 患者至上原则 以人为本、以患者为中心是护理工作的宗旨，危机发生时更应该如此。一般来说，患者是护理危机爆发时的主要受害者。因而，护理管理者在处理危机事件时应该把患者利益放在首位，以实际行动表明解决危机的诚意，尽量为受到影响和伤害的患者弥补损失，取得其理解和支持。

5. 积极沟通原则 在处理危机时，护理管理者应积极、主动地同患者及其家属、媒体，以及相关组织进行沟通，采取公开、坦诚的方式提供相关情况和事实材料，掌握舆论的主导权。尽量减少危机带来的"后遗症"，降低危机给医院带来的负面影响，努力尽快恢复医院声誉。

对管理者而言，危机的发生往往是难以完全避免的，但危机既是挑战也是机遇。通过危机管理，一方面尽力避免危机的发生，另一方面变已经发生的危机为动力，变危机为机遇，这才是护理危机管理的真正意义所在。

（二）护理危机管理的方法

1. 建立健全护理危机管理机制 护理系统应建立完善的危机管理组织和管理制度，统一指挥、协调危机管理工作。危机管理机构应与风险管理机构密切配合，根据医院、科室的性质和所处的环境，深入分析临床护理中的风险及引发危机的各种潜在因素，并随时监察可能出现的危机，研究、制订防范措施。一旦危机发生，能迅速、及时、高效地采取应对措施，协调处理危机引发的各种问题。

护理危机管理机构主要由三部分组成，即信息系统、决策系统和运作系统。信息系统负责及时有效地获取风险和危机信息，适时、适度地发布警情和公示，为下一步的决策和处理提供真实可靠的依据；决策系统负责制订危机管理计划和处理预案，制订切实可行的危机管理措施，现场处置危机事件；运作系统负责敏捷、全面地贯彻危机管理措施，执行危机决策，及时反馈执行结果。

危机管理计划应根据医院内外环境的变化随时做出适当调整，即根据科室布局、设施设备状况、火险隐患、患者群体、疾病谱变化、社会环境等因素的变化随时有针对性地修正和充实危机管理计划。

2. 建立护理危机预警机制 英国危机管理专家迈克尔·里杰斯特（Michael Regester）说："预

防是解决危机的最好方法。"护理管理者要在危机管理中赢得主动权，就必须建立护理危机预警系统，与护理风险管理协同联动，对临床护理工作中的变数进行分析及在可能发生危机的警源上设置预警指标，及时捕捉研判预警信号，随时对护理服务的实际状态进行监测，对危害患者安全的问题进行事先预测和分析，并根据护理管理的特点，制订切实可行的预警方案，以达到防止和控制护理危机的目的。危机管理预警机制包括三个方面：

（1）危机监测：通过现代化信息手段建立数据平台，如护理不良事件、投诉纠纷、不良事件风险管理等数据库，作为风险管理的基础信息，鼓励各科室充分利用数据库进行护理风险管理。

（2）危机预测和预报：即对监测得到的信息进行鉴别、分类和分析，使其更条理、更突出地反映出危机的变化，对未来可能发生的危机类型及其危害程度作出评估，并在必要时发出危机警报。例如，定期进行护理不良事件分析，及时发现安全隐患，赢得危机处理的时间。

（3）危机预防和控制：即针对可能引发护理危机的因素和危机类型、性质制订各种有效预案，并采取应对措施，尽量避免危机发生或使危机造成的损失减少到最低。

3. 定期组织危机应急演练　根据可能发生的危机、模拟可能出现的状况进行针对性应急训练，是危机管理必不可少的环节。模拟训练可强化护士的危机意识，提高应对危机的能力。训练时应考虑到危机发生时的各种情况，从可能出现的最坏状况出发，研究出相对完善的解决方案。此外，还应注意收集护理危机处理成功或失败的案例，从中吸取成功的经验或失败的教训。

知识拓展　｜　**医院如何应对收治新冠肺炎重症与危重症患者的危机与风险**

中央电视台《新闻调查》2020年3月14日报道，收治新冠肺炎重症和危重症患者的ICU里，医务人员冒着极大的风险与病毒进行着艰苦的拉锯战，用生命的担当守住患者生命最后一道防线。危重症患者常伴有炎症风暴现象，出现呼吸困难、血氧饱和度低，伴有心脏、肾脏功能的损害，在救治过程中需要气管插管、机械通气、血液净化、体外膜氧合（extracorporeal membrane oxygenation，ECMO）等治疗。

医院应如何应对此事件中的危机与风险？

各级医院应快速启动医院危机管理系统，根据可能出现的问题，迅速制订一系列的治疗、防护应对方案，并马上对医院的所有工作人员进行反复的危机应急演练，以确保患者的安康。

尽管治疗和护理新冠肺炎患者的过程中，随时都有被感染的可能，但有一群人，以照顾好患者为己任，用生命担当使命，勇敢地站在抗疫斗争的最前线，他们就是被人民群众誉为白衣天使的医务工作者。爱岗敬业，是每个中国人的必修课！而拥有危机意识和危机管理能力，是践行爱岗敬业精神的基石之一。

四、护理危机的处置方法

1. 深入现场，协调指挥　护理危机发生之后，在紧急报告医院危机应急管理机构的同时，危机管理人员应迅速到达危机现场，统一指挥，组织力量，协调处理，及时启动相应的应急响应。

要采取一系列积极的补救行动，将危机事件对患者及医院的伤害减少到最低程度。及时、如实向上级和有关部门报告危机事件真相。

2. 分析情况，确定对策　在控制危机范围和危害程度的前提下，危机管理人员应安排专业人员保护现场和原始资料，调查事故原因和人员伤亡、财产损失等情况。掌握了危机事故的第一手资料后，管理人员要认真研究和确定应采取的对策、措施。确定对策时应以患者利益为中心，重点救助、安抚患者和其他受到伤害的人员，降低各方损失，缩小负面影响。

3. 联络媒体，引导舆论　护理危机事件发生后，各种传闻、猜测都可能会发生，媒体也会纷纷介入并报道。护理危机管理机构应配合医院危机应急管理机构或医院办公室，主动联络相关媒体，并由"发言人"统一对外界与媒体发布信息。其他工作人员由于对事件的缘由和进展不一定全面了解，所以一般不要接受采访，不要随意向外界传播不全面、不真实的信息，更不能无端猜测。对于首先报道事件的媒体，"发言人"要尽可能以最快的速度填补缺失的信息，引导媒体正确报道事实真相，尽量发挥媒体在危机处理中的积极作用，掌握舆论主导权。

4. 总结调查，吸取教训　危机事件处理告一阶段后，危机管理机构应该对危机处理情况作全面调查评估，包括对患方的赔偿、安慰、关怀，调查危机发生的原因、相关责任部门和责任人，评估危机造成的有形损失、无形损失和处理效果等，并将危机评估结果及时向上级汇报。通过总结检查，吸取经验教训，修正危机管理计划，完善危机管理措施，强化薄弱环节，教育全体护士强化危机意识，防范危机风险。

导入情境分析

在该案例中，医护人员有不足之处。夜班时，患儿病情需要继续使用经鼻持续气道正压通气，在不能松鼻塞的情况下，可能会造成鼻中隔损伤。此时，应与患儿家属充分沟通告知其风险，并采取积极的保护性措施，将损伤降到最低；若发生鼻中隔损伤时，妥善处理，促进康复。采取以上措施，可避免此次投诉。

学习小结

常见的护理风险包括：意外事件、并发症、错误执行治疗、护理记录缺陷、职业安全事件、护患纠纷、护理管理不善引发的事件、仪器/设备故障。

- 护理风险产生的原因包括：护理工作方面的因素、患者本身的因素、医疗器械/药品/血液等因素、管理因素、医疗技术的局限性因素、护患沟通因素。
- 护理风险管理的程序包括：护理风险识别、护理风险评估、护理风险的处理、护理风险管理效果评价。

- 患者安全目标（2022版）：正确识别患者身份、确保用药与用血安全、强化围手术期安全管理、预防和减少医院相关性感染、加强有效沟通、防范与减少意外伤害、提升导管安全、加强医务人员职业安全与健康管理、加强孕产妇及新生儿安全、加强医学装备及医院信息安全管理。
- 危机的特性：威胁性、持续性、复杂性、不确定性、应急性、双面效果性。
- 护理危机管理的方法：建立健全护理危机管理机制，建立护理危机预警机制，进行危机应急演练。

（陈丽萍）

复习参考题

一、单项选择题

1.【A1】按风险损害的对象分类，风险不包括（　　）
- A. 信用风险
- B. 收益风险
- C. 财产风险
- D. 人身风险
- E. 责任风险

2.【A1】下列选项不属于护理风险的特点的是（　　）
- A. 多样性和广泛性
- B. 后果的严重性
- C. 原因的积累性
- D. 可以归因性
- E. 难以预测性

3.【A2】杨某，女，50岁，诊断"尿毒症，慢性肾衰竭"。接受血液透析治疗时，透析膜破裂漏血，护士立即停机关闭负压泵。停机后，未经消毒处理的透析液经破裂的透析膜进入血液一侧。之后，护士重新开机，已经混有透析液的血液迅速进入全身循环。几分钟后，患者发生严重反应，经全力抢救无效而死亡。导致患者死亡这一风险事件产生的护理工作方面的因素是（　　）

- A. 护士主观因素
- B. 护士人群因素
- C. 护患沟通因素
- D. 工作时段因素
- E. 临床经验因素

4.【A2】患者，男，64岁，因"发热、咳嗽、咳痰三日"入院，输液过程中出现"呼吸困难，咳粉红色泡沫样痰"，值班护士未及时报告医生，仅予坐位、拍背，约5分钟后，患者面色青紫、大汗淋漓，予吸氧。20分钟后，心跳呼吸骤停，经抢救无效死亡。导致患者死亡最可能的护理危机是（　　）
- A. 护理服务危机
- B. 护理关系危机
- C. 护理缺陷危机
- D. 管理不善危机
- E. 自然灾害危机

5.【A2】某血液净化中心新发一例丙肝抗体阳性患者，疑似院内感染，院方随即对同期161名血液透析患者进行筛查，其中69人感染丙肝病毒。经专家组认定，该事件主要原因是由于医护人员手部卫生消毒、透析时所使用的相关设备消毒以及透析区域消毒措施执行不规范造成的。同时，该血透室人力资源配置不足；丙肝患者血透隔离区与正常透析区存在通道共用的问题。导致此院内感染最可能的护理危机是（　　）

A. 护理服务危机
B. 护理关系危机
C. 护理缺陷危机
D. 管理不善危机
E. 自然灾害危机

二、简答题

1. 简述护理风险的概念和分类。

2. 如何做好护理风险管理？

3. 如何运用护理危机管理的原则和方法进行危机管理？

三、案例分析题

患者，男，25岁，因急性胰腺炎入院。中午，患者输液完毕，一低年资护士在查看、确认医嘱已执行完毕后，准备拔针。被一高年资护士看见，该护士知道此患者处于禁食阶段，输液量不可能这么少。经和医生沟通，补开了新的液体，避免了该患者可能因补液量不足影响治疗效果。

请思考：结合所学的护理风险管理知识，分析该案例中低年资护士发生护理风险事件的原因。

（选择题、案例分析题的答案解析见数字内容）

第十一章   护理经济管理

学习目标

知识目标	1. 掌握 护理经济学研究的内容与方法；护理经济学评价方法；护理成本控制和护理成本核算的方法。 2. 熟悉 护理经济学的产生和发展过程。 3. 了解 护理经济学的概念；预算的概念和分类。
能力目标	能利用护理经济学研究的方法对护理管理工作开展经济学评价。
素质目标	具有应用经济学的理论原理和分析方法解决护理管理问题的能力。

导入情境与思考

分级护理是我国临床护理工作中重要的措施和基础。长期以来，医院都统一采用特级、一级、二级、三级的等级护理分类，并采用较为低廉的收费标准。但由于护理涉及的内容宽泛，差异性大，支付同等级护理费用的患者因医疗诊断和护理服务需求不同，需要护士提供的护理服务内容和劳动强度也不同。随着医疗改革的不断深入，很多医院对等级护理提出了更为细化的分类标准，并结合护理工作量相应调整了等级护理的收费标准，以便更全面、更真实地体现护士工作的价值。

请思考：

1. 目前医院等级护理的收费价格和等级护理的成本是否一致？
2. 等级护理调价的依据是什么？

护理经济管理力求应用经济学的理论原理和分析方法解决护理管理问题，是护理经济学在护理管理工作中的具体应用。随着市场经济体制的逐步完善和医疗卫生体制改革的不断深化，护理服务市场面临更多的机遇和挑战。如何把握护理服务市场变化，达到护理资源开发和配置利用的最优化，不断提高护理服务经济效益，用尽可能少的劳动消耗与物质耗费提供更多适合社会需要的护理服务，已经逐渐成为护理管理者亟待解决的重要问题。这就需要护理管理者必须熟悉经济学方面的知识，具备应用护理经济学的理论原理和分析方法解决护理管理问题的能力。

第一节 护理经济与护理经济学

一、护理经济概述

（一）护理经济的概念

护理经济（nursing economy）是以满足价值增值和价值补偿为目的，对各种护理资源进行合理配置的研究活动。其主要内容包括护理需求、供给、市场、成本、价格、效益及护理保险等。护理服务作为一个产业，具有社会和经济两大属性，一方面，护理工作具有公益性，必须符合社会准则，救死扶伤，以社会效益为主；但另一方面，护理服务的经济属性又决定了它要采用企业化的管理方式，从护理服务中获得经济收入，以便更好地发挥社会效益。所以，护理服务必须考虑如何做到资源投入最小化与产出最大化及资源使用效率最大化的问题，尽可能保持可持续发展，适应经济发展的需要。

（二）护理经济研究的基本问题

护理经济研究建立在护理经济问题和护理经济活动的基础上，同其他经济活动一样，护理经济研究的基本问题也包括生产什么（what）、如何生产（how）、为谁生产（who）等问题。护理服务作为一种经济活动，也需要消耗技术、知识、信息、时间、各种耗材等无形和有形资源，以及各级护理人力资源，如何有效分配这些资源非常重要。尤其在市场经济条件下，资源配置由市场起主导作用，任何一个经济主体都必须通过市场的交换来实现其资源的优化配置。护理作为一个经济门类，也存在资源的稀缺性（如全球护士短缺）与人类健康需求的无限性（高质量、高效率、优服务、低价格）之间的矛盾。

二、护理经济学概述

（一）护理经济学的概念

护理经济学（nursing economics）是运用卫生经济学理论与方法，阐明和解决护理服务中出现的诸多经济问题，揭示其经济活动和经济关系的规律，以达到护理资源的有效开发、配置与利用的最优化，提供高质、高效护理服务为目的的一门科学。它既属于护理学的范畴，也是卫生经济发展过程中形成的分支学科之一。护理经济学还是一门综合性学科，其研究必须借助各相关学科的研究成果，综合考察护理活动在卫生经济领域中的各种表现，以加深对护理经济活动规律性的认识。作为一门针对护理专业领域的特殊经济活动进行研究的学科，护理经济学揭示了护理经济运行的内在规律及外在形式，也属于专业经济学的范畴。

（二）护理经济学的产生和发展

1. 护理经济学的产生 护理经济学是伴随卫生经济学的发展和分支学科的形成而逐渐兴起的。1979年，美国著名的卫生经济学家保罗·J. 费尔德斯坦（Paul J. Feldstein）出版《卫生保健经济学》（*Health Care Economics*）一书，书中运用经济学原理分析了医疗保健及医疗服务市场，同时也对长期护理市场、注册护士市场等护理经济问题进行了较为系统的分析，为护理经济学作为卫生经济学的一个应用分支奠定了基础。20世纪90年代初，护理经济学研究已经成为热点。如何使护理服务结构更合理，如何使护理资源的利用更高效，如何确保护理人力资源的管理更规范等问题成为护理管理者关注的焦点，有关经济知识在护理学科中应用的意义和重要性越发凸显出来，护理经济学研究促进了护理经济学的快速发展。1983年，美国正式发行了《护理经济学杂志》（*Nursing Economics*），主要涉及护理市场开发、供需平衡、成本核算、护理服务的经济学评价、护理服务相关政策等内容。《护理经济学杂志》的发行，表明护理经济学研究已登上学术论坛，标志着护理经济学正式形成。

2. 护理经济学的发展　20世纪80年代以来，国外的护理经济学广泛开展了多元化的护理需求、多层次的护理市场开发、系统化的护理成本核算、制度化的护理保险形式、综合化的护理价值评价、合理化的护理效益分析、企业化的护理经营模式等研究，取得了丰硕成果。美国开展长期护理服务市场的开发及护理成本干预分类系统（nursing intervention classify，NIC）的研究，包括护理业务（如养老院）开发、护理成本核算、护理价值评价；德国注重护理保险实施、疾病经济学评价；瑞士注重家庭护理与医护养老费用分析；英国重视人力资源配置的经济效益；日本注重研究护理技术的经济学价值，并颁布了《介护保险法》。同时，国外在高等护理教育中也逐步开设护理经济学相关课程，但主要集中在硕士和博士研究生课程阶段。例如，美国部分护理院校已经在研究生院开设了护理经济学的必修课程；在日本，部分院校也在护理研究生课程中开设了卫生经济学和护理经济学相关科目的课程。

我国护理经济学研究起步较晚，但在护理需求不断外延、服务对象日益多元化、护理效益日趋经济化的影响下，也逐渐呈现出新的气象。2001年，中国人民解放军北京军医学院在护理专业开设了护理经济学选修课程；同年起，国内多数医学院校、医院、护理学会、健康教育协会等增加了护理经济相关的培训；2002年，刘则杨主编的专著《护理经济学概论》正式出版；2004年，上海复旦大学护理学院在研究生班中开设了护理经济学课程；同时，各类护理人员（护理管理者、护理教育者、护理研究者等）广泛开展了对成本管理、绩效考核、护理保险、护理服务需求等方面的研究和探索，并初见成效。

（三）护理经济学研究的内容与方法

1. 护理经济学研究的内容

（1）护理资源的开发：护理资源是指在护理服务的提供过程中使用的各种经济资源，包括人力、物力、财力、信息以及技术资源等。随着我国社会主义市场经济的成熟与发展，医疗改革进程的不断推进，面对人口老龄化及日益复杂的人群健康挑战等社会性、国际性问题，我国护理工作的内涵正在发生巨大变化。一方面，传统的护理技术不断向更深、更广和更加人性化的方向发展；另一方面，医疗保健体系向综合学科一体化与系统化的方向发展，护士在护理实践中担任的角色日益多样化，并有更多的主动性和独立性。护理人力资源的开发和利用，护理服务技术的创新，护理服务市场的拓展，护理服务信息的收集、整理、开发和应用都是护理资源开发的重要课题。

（2）护理资源的筹集和合理分配：任何社会可供利用的护理资源总是有限的，如何对其进行筹集并合理利用是护理经济管理的重要内容。护理工作有许多不同的目标，例如，有限的护理资源在不同目标之间如何分配？为实现护理工作目标，选择怎样的方法和措施？什么护理资源分配制度最为合理？护理资源分配如何做到既有效率又体现公平？这些都是护理经济管理重点解决的问题。

（3）护理资源的最优使用：鉴于护理资源的有限性和护理服务需求的无限性之间的矛盾，研究如何提高护理资源的使用效率，使有限的护理资源投入获得最大的护理服务产出是护理经济管理的重要任务之一。只有正确评估护理服务价值与价格的关系，制订完善的护理成本核算办法，协调护理服务需求与供给行为的关系，优化资源配置，才能达到最优使用护理资源的目的。护理成本的控制、护理效益的分析、护理价格的制订、护理服务机构的经营、护理市场的规范等都是护理经济管理的重要研究内容。

（4）护理服务的经济学评价：护理服务的经济学评价是指从经济学的角度出发，运用一定的经济分析与评价方法，对护理服务中卫生资源的投入与服务的效果、效益和效用进行评价。由于在护理服务中存在信息不对称、需求不确定等诸多问题和矛盾，单凭护理服务的数量和质量来评价护理工作是不全面的，必须要考虑到护理服务的最终目标不是完成服务本身，而是提高服务对象的健康水平和生活质量，进而推动生产力的发展。如何从不同的产出角度反映资源的配置与使用效率，并对不同的护理方案进行科学的比较和分析，兼顾经济效益和社会效益，给予护理服务效益正确的评价与衡量，是护理经济管理的重要课题。

（5）护理保障制度：护理保障制度是社会健康保障制度的重要内容之一。护理保险是护理保障制度的主要形式，目的是使公民获得必要的护理服务。随着社会老龄化的发展，慢性病患病率的不断提高，美国、日本、法国等国家均开展了不同形式的护理保险业务。德国、英国等国家还专门制定了护理保险法。在亚洲，日本将护理保险作为公共服务产品引入国家社会保障体系。目前，我国护理保险制度正处于稳步推进阶段。2016年，我国人力资源和社会保障部印发了《关于开展长期护理保险制度试点的指导意见》，提出开展长期护理保险制度试点工作的原则性要求，并明确了15个试点城市，标志着国家层面推进全民护理保险制度建设与发展的启动。2020年9月，经国务院同意，国家医保局会同财政部印发了《关于扩大长期护理保险制度试点的指导意见》，长期护理保险试点城市增至49个。同年11月，深圳市人大常委会发布《深圳经济特区养老服务条例》，明确了长期护理保险于2021年3月1日实施。推动建立健全满足群众多元需求的多层次长期护理保障制度是我国重要国策。

（6）护理经济的理论体系：加强护理行业的经济管理，就必须研究护理经济关系的本质和规律，并构建适合中国特色的护理经济理论体系，包括护理服务价值、护理市场需求与供给的关系、护理保险研究、护理成本、价格与效益、护理评价与预测等内容，以适应卫生体制改革的需要，增强护理服务的综合竞争力，达到合理配置护理资源的目的。

护理经济学融合了经济学和护理学的理论成果，涉及健康领域的方方面面。因此，在研究与护理服务相关的各种经济问题时，须站在整个社会和经济发展的高度，把促进人民健康和提高生活质量的社会效益作为研究的第一准则。

2. 护理经济学研究的方法 护理经济学作为一门新兴的融合学科，主要结合社会科学研究的特点，运用经济学，特别是卫生经济学的研究方法和手段来探究护理领域中的经济现象和规律。经济学的分析方法有两类，即实证经济学分析和规范经济学分析。实证经济学分析研究"是什么"的问题或实际经济问题"是如何解决"的问题，即对事实或现象的描述；规范经济学分析则研究"应该是什么"的问题或实际经济问题"应该如何解决"的问题。同时，经济学又可以分为微观经济学和宏观经济学两大领域。微观经济学主要研究微观经济主体的经济行为、某种或某类商品或服务的经济规律及其影响因素；宏观经济学则研究世界和国家总体的经济状况、社会经济总量的经济规律及其影响。例如，医疗收费制度相关的研究，如果研究随着收费标准提高或降低，医护人员会采取何种工作模式来应对，是否会引起患者就医行为的改变，需要使用微观经济学的分析方法；如果研究医疗收费制度对医疗护理市场的影响、分析普遍和综合的市场结果等问题就需要使用宏观经济学的分析方法。

第二节 护理管理中的经济学问题

一、预算管理

随着医疗卫生体制和财政财务管理体制改革的日益深化，卫生服务机构的运营环境变化很大，经济活动也更复杂，只有进一步健全财务、会计和审计监督制度，深化内部控制和外部监督，准确核算、精准决策，卫生服务机构才能实现精细化管理，为患者提供高质量的服务。这就要求护理管理者必须积极参与到预算管理过程中，使组织能够更好地计划自己的活动和控制成本，并在财务范围内提供更好的服务。

（一）预算的概述

1. 预算的概念 预算（budget）是经过法定程序批准的政府、机关、团体和事业单位在一定期间（年、季、月）内的财政收支计划，同时也是企事业单位未来一定期间经营决策和目标规划的数量说明和具体化。预算代表了管理者的目标和期望，全面而系统地体现着经营决策的经济效果。具体到医院，预算就是对计划年度内医院财务收支规模、结构和资金渠道所做的预计，是计划年度内医院各项事业发展计划和工作任务在财务收支上的具体反映，是医院财务活动的基本依据，也使医院财政资源能准确分配，确保各部门能够进行日常运作并实现战略目标。预算是动态的计划资源、消耗分配，影响着护理管理者每日、每周或每月的决定。

2. 预算的分类 预算根据内容、覆盖时间长短等不同划分为多种类型，在卫生服务机构内，尤其需要护理管理者参与的预算主要有以下几类：

（1）业务预算（operating budget）：业务预算是指与卫生服务机构日常经营活动直接相关的经营业务的各种预算。它是一个业务单位的收入和支出，这个业务单位可以是一个病区、一个科室或是一个组织机构。业务预算的支出主要指维持业务单元每日运行的人员薪水、治疗和护理患者需要的物品或单元的基础设施设备、管理费等间接消耗和费用。业务预算的收入主要指医疗机构接受的来自医疗保险公司返还的、政府补贴的、各种途径捐赠的资金或者患者现金支付的医疗服务费用。

（2）人力预算（labor budget）：人力预算是业务预算的一个分支，其目的是各个科室提供详细的工资、加班、福利、员工进修和培训分配资金清单文件。影响人力预算的因素包括工资支付比例、加班费、福利（如带薪假期、员工的医疗保险、养老保险等）、员工进修和培训、员工周转等。对于医疗机构来说，人力成本实际上占了业务预算支出的很大部分。人力预算也可以作为护理管理者的生产率度量（productivity metric），即特定时间内耗费的资源所产生的工作量（比如每位患者每日的护理时数）。生产率度量是护士长衡量护士工作时数和护理患者人数的比较工具。如果低产出（患者个数少，护理人均时数多），就意味着支出高工资而为患者服务所得到的收益低，如果高产出（患者个数多，护理人均时数少），意味着少量的护士护理了较多的患者，支出相对较少的工资而为患者服务所得到的收益高，但是相对较少的护士很难为患者提供优质和安全的护理。为了达到护士与患者的比例平衡，在制订预算时，平衡产出和经济有效性时必须提出合理的人力配置，确保质量和安全。

人力预算的主要困难是准确地预计将来所需要的护士人力，因为预算是基于现有的服务数量（如患者总数），当患者总数比预估的增加或降低，护士实际人力就会出现偏差。目前，很多医院采用弹性排班法，即根据病房单位时间工作量的不同，灵活调整人员安排，增加工作高峰时段人力，减少工作低峰时段人力，此方法可有效平衡护士与患者的比例，提高人员利用率，避免人力浪费，方便人力预算。另一个与预算或者人力耗费相关的关键点是病情严重程度与护士比例的平衡。

（3）资本预算（capital budget）：资本预算又称为建设性预算或投资预算，它是医疗服务机构为了寻求更好的发展，获取最大的报酬而做出的资本支出计划。它由业务预算分离而来，通常需要分多年支付（分年摊算成本）。固定资产是资本预算的主要部分，医疗服务机构购买的大型医疗设备、计算机系统或医院扩建等需要的花费都属于资本预算的范畴，这些固定资产按照业务预算的使用年限来计算。由于资本预算通常是一项昂贵的购买支出，购买的物品可被卫生服务机构使用多年，所以资本预算项目又常被称为固定资产、长期投资、资本投资或资本收购。因为资本预算常被认为是投资，在预算过程中应该被更加谨慎地审查。

（4）现金预算（cash budget）：现金预算用来计划和组织每月现金的收入和支出。现金是卫生服务机构的活力，机构的生存依赖持有足够的现金使其满足支出的需要，因此必须做好现金预算。业务预算注重机构的收入和支出，如果机构亏损，将会反映在业务预算上，但是即使没有亏损，机构也可能面临现金危机。机构的现金花费是普遍的，比如工资通常按周或月定时支付，但现金收入如果因为患者账单或其他原因在某些部门拖延，即使机构盈利，现金也会逐渐用完，而且这种情况会随着患者的增多日益严重。例如，一个护理服务中介机构必须仔细考虑现金流动时间，即使每一项服务均盈利，一旦保险公司拖欠费用，机构仍必须按时支付租金、话费、员工薪资等，其将会面临现金短缺的问题。所以，现金预算是机构生存的重要工具。

（5）绩效预算（performance budget）：绩效预算是一种绩效导向型，以成本为基础的预算管理模式。它有三个基本特征：一是强调先制订出完整、细致的工作计划后再编制预算；二是强调对支出预算进行系统评价；三是预算资源的配置与绩效评价直接挂钩。绩效预算将成本分析应用于预算控制，按计划决定预算，按预算决定成本，按成本表现效率，按效率实行考核。比如，护理单元要提高护理质量，预防压疮发生。就要先制订压疮预防的工作规划，计算压疮预防过程中需要消耗多少成本，然后决定花费多少提供直接护理和间接护理来达到压疮预防的效果，最后对效果进行评价并将其与科室成本预算进行结合。

3. 预算的方法　常用的预算方法主要有两种：增量预算法和零基预算法。

（1）增量预算法（increment budgeting）：增量预算法又称调整预算法，即在上一期预算的基础上，加上或减去因业务量变化或影响成本因素的未来变动情况引起的增减量而得出预算的一种方法，这是一种传统的预算方法。例如，护理预算将根据前期预算周期内的实际成本，少量、有计划地调整薪水和成本的供应。增量预算法较为简单，是最常用的预算方法。但是它也存在一些普遍性问题，最突出的就是缺乏针对性和引起浪费。由于资金通常先被分配给部门或单位，然后由这些部门或单位再分配给适当的活动或任务，对于具有多重目标的部门或单位，增量预算不会区分项目的重要性和难易程度。另外，增量预算法基本上都是从前一期的预算推演出来的，每一个预算期间开始时，都采用上一期的预算作为参考点，通常只有那些要求增加预算的申请才会得到审查，而很少考虑原有的各项拨款是否都应该继续。这就特别容易掩盖低效率和浪费，使一些活动分配到的资金远远超过它的实际需求。

（2）零基预算法（zero-base budgeting）：零基预算法是"以零为基础所编制的计划和预算"的简称。对一切业务活动都要从组织的整体利益出发，考虑其重要程度，进行成本效益分析，然后按重要性排序，分配预算资源。即对每一项支出，不是以过去的数据为基础，而是完全从"零"开始，以"费用-效益分析"为基础进行预算编制。该方法的优点是避免建立在先前的或错误的设想之上，建立每一个预算都从零开始，把重点放在当前或未来的领域，其所建立的预算应尽量减少已经被融入的过时的信息。另外，这种预算的编制过程趋向鼓励临床护士与财务人员紧密合作，并在合作过程中取长补短，激发创造性思维。而它的缺点就是相对于某种特定环境显得太复杂、非常的耗时，需要动用大量资源。例如，用零基预算法为一个医疗服务机构建立年度预算，需要财务部门、实施部门及相关部门共同合作几个月的时间，而且各部门还要彼此了解对方的专业术语和原则。

（二）护理预算的目的和程序

预算对于不同规模的医疗服务机构都非常重要，无论是医疗机构、社区还是养老院的管理人员，都需要进行预算，掌握预算技巧。

1. 护理预算的目的

（1）优化资源配置：预算可以帮助卫生服务机构加强成本控制，保证资源落实，进行资源的全面优化配置，可以将各单位、各部门和各位医护人员联合起来朝机构的战略方向一起努力，从而实现对信息流、资金流和人力资源流的优化整合。

（2）提供管理绩效评价的标准：预算是各部门、各职工要努力达到的标准，也是评定和考核业绩的依据。预算并不与临床工作相隔离，相反，预算常常直接反映临床护理工作量及工作方式。正如血压计和温度计是护士临床工作中的工具，预算也是一种工具。在护士为患者制订护理计划时，同样也应把预算作为计划贯穿于临床护理中，以决定为患者提供什么样的临床护理，只有这样才能使每位患者都受益。

（3）提供管理的功能：预算可以使护理部或护理管理者更好地计划自己的活动和控制成本，并在预算范围内提供尽可能好的服务。预算是护理管理者的一种工具，使管理者将资源更好地服务于患者，避免浪费。管理者必须了解预算项目及预算编制过程才能合理、可行、有效地使用预算。预算中制定的数量目标就是工作中应该执行的标准。在预算执行过程中，管理者要关注于预算过程而不是完成一份标准的表格。

（4）提供沟通的功能：预算使护理管理者必须先做计划，让他们提前注意到问题和机会，有足够的时间应对，预算可以使部门和科室之间更高效地合作，避免重复劳动并及时共享重要的信息，通过编制预算可以正确处理各部门之间的关系，协调他们的工作，避免发生冲突。

（5）作为决策的基础：卫生服务机构编制各种预算就是制订各种具体目标，编制全面预算就是制订全部计划的总目标。预算实质上是反映管理部门和职工的期望。因此，编制预算的过程也是制订和明确目标的过程。同时，通过预算平衡，可以把各个部门的工作有机地结合起来，统一于一个共同的奋斗目标中，从而有目的、有计划地安排好各项工作。

2. 护理预算的程序 预算的编制程序主要有两种类型：一种是由各级领导部门编制的要求下级部门执行的、自上而下的工作程序；另一种是由最基层的员工参与编制的预算，然后交上级审查，反复修改平衡后交主要领导审批的、自下而上的工作程序。

卫生服务机构编制预算的程序主要分以下步骤：

（1）机构领导人提出战略目标，这是各级管理部门编制预算的标准；

（2）在预算前一定时间（一般为一个月），由各基层部门主管人员根据战略目标和群众意见做出详细的部门预算；

（3）部门领导审订所属机构的预算，并在预算期前报预算委员会；

（4）预算委员会审查各部门的预算，经过反复协调和平衡后汇编全面预算，并报最高领导人审批；

（5）机构领导人把审批后的全面预算交给预算委员会并分别下达到所属各部门贯彻执行。

预算编制过程中一定要充分收集过往财务信息并结合预算设想信息，设定未来经营的合理期望值，项目期望收益要基于各单位提供的服务水平。

二、护理成本与效益管理

护理成本管理是护理服务机构在生产经营过程中运用成本核算、成本分析、成本决策和成本控制等方法进行护理经济管理活动的总称。成本管理能够及时、准确地向组织确认、度量、收集、分析和报告与成本相关的信息，为护理管理者成功地制订、实施和调整管理战略提供重要依据，在帮助医院或独立的护理服务机构发展和维持竞争地位方面起至关重要的作用。

（一）护理成本概述

1. 护理成本的概念

（1）成本的概念：成本（cost）是指为了达到特定目的而发生或未发生的价值牺牲，它可用货币单位加以衡量。从消费者的角度，成本是指为了获得某种商品或某项服务所支付或放弃的价格金额。从供给者的角度，成本是生产某种商品或提供某项服务时所要消耗资源（人力、物力、财力等）的货币表现，包括已消耗的或预定要消耗的。为保证再生产，成本的价值需要从销售收入中得到补偿。

（2）护理成本的概念：护理成本（nursing cost）是指提供护理服务过程中所消耗的护理资源，即为人们提供护理服务过程中物化劳动和活劳动的消耗货币价值。物化劳动是指物质资料的消耗；活劳动是指脑力和体力劳动的消耗。护理成本是护理服务商品价值的重要组成部分。

（3）标准护理成本的概念：标准护理成本（standard nursing cost）是指在现有社会平均劳动生产率和生产规模基础上执行医疗护理服务应当实现的成本。它常作为评价实际成本、衡量工作效率和控制成本开支的依据和标准。

（4）其他成本的重要概念：① 机会成本（opportunity cost）是指为得到某种东西而要放弃另一些东西的最大价值；② 边际成本（marginal cost）是指每增加一单位的产量所要增加的成本量，即总成本对应于总产量的变化率；③ 沉没成本（sunk cost）是指由于过去的决策已经发生的，而不能由现在或将来的任何决策改变的成本，即那些已经付出且不可收回的成本，例如时间、精力、金钱等。

2. 护理成本的分类　根据实际工作中的目的和用途的不同，护理成本可以有多种分类方法，不同的分类方法产生了一些成本概念。下面介绍几种常用的分类法：

（1）按照成本的可追踪性分类：护理成本可分为直接成本和间接成本，这是最基本的成本分类法。

1）直接成本（direct cost）：指在护理服务过程中耗费的可依据凭证直接计入护理费用的成本，如护士薪资、护理耗材等。

2）间接成本（indirect cost）：指在护理服务过程中无法直接计入某项护理服务中的核算对象，必须经过合理分摊进行分配的成本，如行政、后勤管理人员的工资等。

（2）按照成本行为分类：按照成本变化与产出变化之间的关系，护理成本可分为固定成本、变动成本、半固定成本和半变动成本（图11-1）。

1）固定成本（fixed cost）：指在一定时期和一定护理服务量范围内，不随服务量的增减而变化的成本，如设备的折旧费、管理者的固定工资等。

2）变动成本（variable cost）：指按照护理服务量的变化，以固定比例发生同向变化的成本，如护理耗材（注射器、棉签）费等。

3）半固定成本（semi-fixed cost）：又称为阶梯式成本或步骤式成本，指在一定的服务量变化范围内，成本保持固定不变，当服务量突破这一范围，成本就会跳跃上升，并在新的服务量变动范围内固定不变，直到出现另一个新的跳跃为止，如人力成本等。

4）半变动成本（semi-variable cost）：是一种同时包含固定成本和变动成本因素的混合成本。半变动成本通常有一个基数，不随服务量变化，相当于固定成本。但基数以上的部分，则随服务量的增加呈相应比例地增加，相当于变动成本，如医院的电费等。

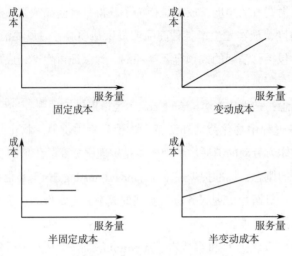

▲ 图11-1　按成本行为分类示意图

（3）按成本的可控性分类：收集成本信息的最主要目的是帮助管理者进行成本控制。按照成本的可控性分类，护理成本可分为可控成本和不可控成本。

1）可控成本（controllable cost）：指在某一时期内，在某个部门或个人职责范围内能够直接确定和控制的成本，如医院某科室护理耗材费等。

2）不可控成本（uncontrollable cost）：指在某一时期内，无法被某个部门或个人控制的成本，如固定资产折旧费、设备维修费等。

（二）护理成本核算

成本核算（cost accounting）是成本管理的基础和关键，护理成本核算是提高医疗护理机构经济管理水平的重要手段，通过护理成本核算，可以明确护理资源的实际消耗，充分展现蕴含在护理服务中被消耗的物化劳动和活劳动的货币价值，为制订合理的护理服务收费标准及消耗的护理服务获得合理补偿提供了重要依据；同时，也为评价护理服务效益，帮助护士选择低成本、高质量的最佳护理方案，用最少的资源消耗向社会提供最好的护理服务提供了可能。

1. 护理成本核算的概念　护理成本核算（nursing cost accounting）是指对护理服务机构经营过程中实际发生的成本进行准确记录、合理归集和分配，并按规定方法计算成本的过程，目的是获得成本管理对象真实的成本信息。

2. 护理成本核算的原则

（1）实际成本计价原则：也称历史成本原则，指护理服务成本应是实际发生的护理资源消耗，成本核算应是按照实际发生额计算的成本，不得用估计成本或计划成本代替。

（2）分期核算原则：指护理成本核算应与整个会计分期保持一致，分别核算各期成本，一般以月、季、年为会计分期进行成本核算。

（3）权责发生制原则：指凡是应由本期成本负担的支出，不论是否在本期支付，均应计入本期成本。凡是不应由本期成本负担的支出，即使是在本期支出，也不应计入本期成本。本期已支付的应由本期和以后各期负担的费用，应当按一定比例分配计入本期和以后各期。

（4）一致性原则：指护理成本核算时各种成本费用的计价方法、固定资产折旧方法、成本计算项目、成本核算程序、间接费用的分摊方法等，一经确定，各个会计期间要保持一致，不得随意更改。

（5）重要性原则：指在护理成本核算中应注意区分主次，对于有重大影响的内容和项目，应重点处理；对无重大影响的成本，可简化处理，以提高效率。

（6）科学性和合法性原则：指计入护理成本的支出必须数据翔实、真实可靠，并符合国家的法律和制度。例如，成本范围和标准规定，在核算护理成本时，退休和离职人员的工资、患者医疗欠款及减免部分，还有医疗事故赔偿等，不应列入成本。

3. 护理成本核算的内容　按照我国财政部和卫生部在2010年颁布的《医院会计制度》的规定，医疗服务成本主要分为14类，而对护理成本没有单独提出明确的划分。目前，我国专家学者较为认可的护理成本核算内容主要包括以下六个方面：

（1）护理人力成本：也称劳务费，主要指护士直接或间接为患者提供护理服务所获得的报酬，包括工资、奖金、各种津贴和福利费等，它是护理服务成本的重要组成部分。

（2）材料成本：主要指护理服务过程中消耗的各种医用、非医用的材料和低值易耗品的费用。材料成本用材料的购入价格计算。低值易耗品是指那些货币价值较低、使用周期较短（往往一次性）的物品。它们的成本用支出的费用计算。

（3）设备费用：主要指固定资产折旧、设备维修费、租赁费等。固定资产折旧包括房屋和护理设备两大类，其成本的核算关键是确定合理的折旧率。

（4）作业费用：主要指公务费和业务费，包括消毒供应费、动力费、水费、电费、洗涤费等。

（5）行政管理费用：各级行政管理部门分摊给护理服务部门的费用，常按护理诊疗成本的3%~5%计算。

（6）教学研究费用：护士开展教学研究、培训等过程的费用，常按护理诊疗成本的5%计算。

4. 护理成本核算的方法

（1）护理成本核算的基本程序

1）建立护理成本核算的组织机构：建立统一的领导机构，健全核算系统和相关制度。

2）健全成本核算的基础工作：清查物资，建立台账，制订规范，做好原始记录。

3）确定成本核算的对象：确定成本核算的期限及在期限内直接护理成本和间接护理成本费用的归属对象和范围。常用的成本核算单元有医院、行政后勤科室、临床科室、诊次、床日、服务项目和病种等。

4）成本费用的归集和分配：按照成本的项目明细对成本费用进行归集汇总。属于直接费用的，按成本核算对象对各个项目进行直接归集；属于间接费用的，先按费用要素进行分类，再按一定的分配系数将费用分别归集入各成本项目中。费用的分配是指在成本归集过程中，对间接费用按照受益原则，采用恰当的标准分配给各类成本计算对象的过程。

（2）护理成本核算的常用方法

1）项目成本法（project cost method）：是以护理项目为研究对象，归集和分配费用来核算成本的方法。例如，对口腔护理、静脉输液、导尿等护理操作项目进行成本核算。这是目前我国采用最多的护理成本核算方法。通过这种方法可以为制订和调整护理收费标准提供可靠依据，也可以为国家调整对医院或护理服务机构的补贴提供可靠依据。但是项目成本法不能反映每一种疾病的护理成本，不能反映不同严重程度的疾病的护理成本差别。

2）床日成本法（bed day cost method）：是将护理费用的核算包含在平均的床日成本中，护理成本与住院时间直接相关。床日成本核算法并未考虑护理等级与患者的特殊需要，通常包括非护理性工作。

3）患者分类法（patient classification method）：以患者分类系统为基础测算护理需求或工作量的成本核算方法。根据患者病情的严重程度判断护理需要，计算护理时数，确定护理成本和收费标准。我国医院采用的分级护理就是患者分类法的一种。也有研究者根据患者的需要和护理过程将护理成本内容细化为若干因素项，然后进行核算。

4）病种分类法（disease classification method）：是以病种为成本计算对象、归集和分配费用，计算出每一病种所需要的护理服务的成本的方法。病种成本能反映出每个病种治疗时间的长短与消耗的多少，对医院的管理水平、医疗服务水平和经济效益的高低都有真实的反映。但由于病种多且病情多变，这种方法计算复杂，常用临床路径等方式规范医疗护理行为，按合理的标准划分病种组。

5）计算机辅助法（computer-aided method）：结合患者分类系统及疾病诊断相关分类，应用计算机技术建立相应的护理需求标准，来决定某类患者的护理成本。

（3）护理成本核算的常用公式：

1）护理人力成本（A）

护理人力成本=平均每小时工作成本（月平均薪资÷月平均工时）×项目操作耗用工时

月平均薪资=全年薪资÷12个月【注：全年薪资包括工资、奖金、各种津贴等】

月平均工时=全年上班时数÷12个月

全年上班时数=8小时×（365日−双休日数量−节假日数量）

2）护理材料成本（B）

护理材料成本=所用护理材料含税单价×用量

3）护理设备费用（C）

护理设备折旧费=（月设备折旧金额÷月使用时间）×每次使用小时数

月设备折旧金额=设备取得成本÷（使用年限×12个月）

4）护理作业费用（D）

护理作业费用=直接成本÷（1−作业费用比率）×作业费用比率【注：作业费用比率按该成本中心（该科室）业务费（消毒费、营具费、动力费、空调费、设备维护费、水费、电费、被服洗涤费等）占总成本比率计算。】

5）行政管理费用（E）

行政管理费用=（A+B+C+D）×（3%~5%）

6）教学研究费用（F）

教学研究费用=（A+B+C+D）×5%

7）总成本

总成本=A+B+C+D+E+F

以上是护理成本核算的常用公式。目前，由于我国尚未建立健全的护理成本核算制度，许多数据需要估算。另外，根据成本核算的对象、范围、目的的不同，核算方法的选择与应用范围也可能不同，还需要管理者进一步实践、研究、完善和发展。

（三）护理成本分析

成本分析（cost analysis）是利用成本核算及其他有关资料，分析成本水平与构成的变动情况，研究影响成本升降的各种因素，寻找降低成本途径的一种成本管理活动。护理成本分析是护理成本管理的重要组成部分，其作用是正确评价护理服务机构（或部门）成本计划的执行结果，及时发现成本超支的原因，揭示成本变动的规律，为编制成本计划和制订经营决策提供重要依据。

1. 护理成本分析的任务　主要包括以下四个方面：

（1）对护理成本计划的执行结果进行正确核算，计算产生的差异。

（2）详细查明影响护理成本高低的各种因素，找出产生差异的原因。

（3）通过深入分析，对成本计划的执行情况进行客观评价。

（4）结合护理服务机构（或部门）经营条件的变化，提出切实可行的、能进一步降低成本的措施和方案。

2. 护理成本分析的常用方法

（1）比较分析法（comparative analysis method）：是通过对相互关联的成本指标在不同时期（或不同情况）数据的对比，揭示差异的一种方法。常包括实际指标与计划指标对比；本期实际指标与上期（或上年同期、历史最高水平）实际指标的对比；本机构（或部门）实际指标与同类机构（或部门）或同行业先进水平实际指标的对比。成本指标的对比，必须注意指标的可比性。

（2）趋势分析法（trend analysis method）：是根据机构（或部门）连续多期的成本报表，比较各指标前后各期的增减方向和幅度，分析成本的变化和发展趋势。趋势分析法可用统计图的形式，以绝对数或百分比进行比较，也可以通过编制比较报表进行。

（3）比率分析法（ratio analysis method）：是通过计算相关指标之间的比率来分析、评价护理成本和护理管理中存在问题的方法，主要包括相关比率法、结构比率法和动态比率法三种。

（4）标准成本分析法（standard cost analysis method）：是以预定的护理服务标准成本为基础，将实际成本与其相比较，揭示各种成本差异，找出原因，为护理成本控制和成本考核提供资料。

（5）本量利分析法（cost-volume-profit analysis method）：又称盈亏平衡分析法，是要在既定的成本水平和结构条件下，通过对服务量、服务价格、固定成本、变动成本等因素与利润之间关系的分析，找出护理工作量、护理成本和收益三者结合的最佳点，使护理服务机构（或部门）以较少的成本获得较好的收益。本量利分析法的关键是找到盈亏临界点。

护理服务机构（或部门）通过成本分析，既可以提供相关成本资料，作为制订护理收费标准及评估收费合理性的依据，也可以作为护理资源分配及投资分析等经营决策的依据，还可以作为护理管理者评估营运绩效及控制成本的依据。

（四）护理成本控制

同一般的产品生产相似，护理资源的组织、利用并最终形成对患者的服务也是一个计划、实施、评价、反馈的生产控制过程。成本控制是生产控制的重要组成部分，也是成本核算和成本分析的主要目的之一。成本控制绝不仅仅是单纯地减少支出、压缩成本，而是以成本效益观念作为支配思想，建立科学合理的成本分析与控制系统，从"投入"与"产出"的对比分析来看待"投入"（成本）的必要性和合理性，从而使护理管理者更清晰地掌握护理服务机构（或部门）的成本构架、盈利情况和决策方向，使护理服务机构（或部门）在一定的投入水平上真正实现产出最大化，效益最大化。

1. 护理成本控制的基本程序

（1）制订成本控制标准：成本控制标准是用来评价和判断工作完成效果与效率的尺度，以此作为检查、衡量和评价实际成本水平的成本目标。成本控制标准的制订，是运用一定的经济方法，如编制预算，预测未来成本水平及其变化趋势，在预测、分析多个成本方案的基础上，选择最佳的成本方案，形成一定会计期间的成本计划。

（2）执行成本控制标准：在实施成本控制的过程中，要根据成本计划确定的目标成本来审核费用开支和资源消耗，监督成本的形成和发生。同时，要加强对有关经济管理规章制度的贯彻落实，加强成本控制。

（3）及时修正成本差异：随时将发生的实际成本与目标成本进行比较，及时发现成本差异，通过对成本差异的程度、发生原因等进行分析，进一步提出修订成本标准的建议并积极采取相应措施对差异予以纠正，以保证目标成本的实现。

（4）评价成本控制绩效：在一定成本计划期间，根据成本计划预订的目标成本，以及执行过程中成本差异的修正情况，对成本控制的绩效进行综合考核，评价执行的效果，总结经验教训，为下一轮的成本控制提供可靠的信息资料。

2. 护理成本控制的常用方法 成本控制方法是指完成成本控制任务和达到成本控制目的的手段。成本控制方法多种多样，下面只介绍目前较受关注的两种，标准成本控制法和目标成本控制法。

（1）标准成本控制法（standard cost control method）：是指以预先制订的标准成本为基础，用实际成本与标准成本进行比较，核算和分析成本差异的一种产品成本计算方法，也是加强成本控制、评价经济业绩的一种成本控制制度。它的核心是按标准成本记录和反映产品成本的形成过程和结果，并借此实现对成本的控制。标准成本的制订是标准成本控制法的前提和关键。由于标准成本的制订耗时、耗力、成本较高，这种方法暂时还难以广泛应用。

（2）目标成本控制法（target cost control method）：是指根据分析，预测在一定时期内可望实现的预期成本，是制订的成本计划中的成本目标，可作为实际成本支出的控制标准。目标成本控制法是当今最流行的成本控制方法之一，其程序包括目标成本的确定、分解、控制、考核与评价等四个部分。

1）目标成本的确定：目标成本确定的方法很多，可以通过预计收入减去目标利润的方法计算得出，也可以根据将会计资料整理核算出来的历史成本作为目标成本，还可以是其他护理服务机构（或部门）的一些较先进、通过努力可以达到的成本标准，或者根据护理服务单位的综合情况确定的计划成本、预算成本、定额成本等。

2）目标成本的分解：目标成本经过可行性分析后要进行逐级分解，层层落实到每个部门，甚至每个人。目标成本的分解，一定要利于明确经济责任和加强成本控制，使各部门和个人都了解计划期内费用消耗的控制任务，使目标成本成为每个部门和个人的责任成本。同时，对于不在职责范围内的成本要加以区分，以免职责不清。

3）目标成本的控制：目标成本管理体系的核心在于控制，它包括事前控制、事中控制和事后控制。在对目标成本确定和分解的过程中，通过全面控制，确保对超标准、超定额、不合理或不合法的费用加强监管。对于不同性质的成本费用，要采用不同的控制方法。

4）目标成本的考核与评价：根据资料分析和目标成本执行的效果，对各层次的目标责任人，按照目标责任制的标准和要求进行自我评价和逐级考核，总结经验教训，为进一步加强和改善目标成本的管理提供保障。

相比于标准成本控制法，目标成本控制法具有一定的灵活性，更便于护理服务机构（或部门）采用。

（五）护理效益分析

护理效益是用货币表示的护理服务的有用效果，包括护理服务带来的社会效益和经济效益。

1. 护理服务的社会效益 护理服务的社会效益是指护士的护理服务行为对社会发展所起的积极作用或产生的有益效果。例如，最大限度地提高社会整体人群的健康水平和生命质量。护理服务救死扶伤、促进健康的人道主义本质决定其工作目标和行为归属首先是社会效益。护理服务效益的外在影响性决定了社会效益的重要性。患者的病情和接受护理服务的过程、结果等都会涉及家属及其他人员，甚至其他机构的人力、财力等因素的改变，这都会对社会造成直接或间接的影响。

2. 护理服务的经济效益　护理服务的经济效益是指在一定时期内护理服务过程中劳动消耗与服务成果的比值，即在护理服务过程中"投入"与"有效产出"的比例关系。它强调对护理活动中实际获得的成果和利益进行比较。经济效益是医疗护理机构得以在激烈的市场竞争中生存和发展的基础。为更好地追求经济效益，医疗护理机构常常运用现代化的管理理念和科学的管理方法，建立优质、高效、低耗、富有生机和活力的运行新机制，充分调动全体护士的积极性和创造性，合理配置和利用有限的护理资源，在全面提高护理水平、保证护理质量的基础上获取最大的经济效益。

3. 护理服务的社会效益和经济效益的关系　社会效益是经济效益的前提，经济效益是社会效益的基础，两者辩证统一、相互促进、相辅相成。医疗卫生事业的公益性和外在性决定了医疗护理机构不同于一般的企业，承担着区域医疗卫生服务的职责，属于国家基本医疗护理服务的主要载体。医疗护理机构应将社会效益放在首位，以追求社会效益最大化作为行为目标。同时，也不能忽视正当的经济效益，经济效益在一定程度上影响着社会效益的持续稳定。医疗护理机构的经济效益体现了该机构对有限护理资源的配置能力和服务水平。

三、护理服务的经济学评价

经济学研究的中心问题是解决资源稀缺性和需求无限性之间的矛盾。一般来说，一定量的护理资源用于某一护理方案时，就不能再用于其他的护理方案。究竟将有限的护理资源用于哪个备选方案能取得最好的效果、发挥最大的效益，是护理管理工作中面临的重要难题。这就需要用经济学的评价方法，从经济学的角度分析和比较各备选方案的优劣，使护理管理者作出正确的选择。

（一）护理经济学评价的概念

护理经济学评价是从经济学的角度出发，应用一定的技术经济分析与评价方法，将护理服务的投入和产出相联系进行比较评价，也就是对护理服务中卫生资源投入与服务的效果和效益进行评价，从不同的产出角度反映资源的配置与使用效率，并且在不同的护理方案间作出比较，探讨有限的护理服务资源如何发挥其最大作用，最终确定卫生资源投入方向及护理措施的选择，为护理人员制订护理服务标准，实施管理决策等提供依据。

（二）常用的护理经济学评价方法

护理管理中常用的经济学评价方法包括最小成本分析、成本效果分析、成本效益分析和成本效用分析四种。

1. 最小成本分析（cost-minimization analysis）　最小成本分析用于比较具有同样结果的两个或多个方案，成本最小者为最佳。在有些情况下，最佳方案与其他方案相比，对个人的效益可能是相同的，但对社会来说意味着医疗成本的节省，这些节省下来的成本可视为额外收益并转化为货币形式从而达到成本最小化，提高效率。进行护理成本分析，首先要明确每项护理服务的相关因素，综合计算护理活动方案的成本。

2. 成本效果分析（cost-effectiveness analysis）　成本效果分析是一种评价各种健康干预方案的成本与效果的方法，采用变化的成本与增长的效果之比的形式，为管理者提供决策依据。其主要评价标准是使用一定量的卫生资源（成本）后的个人健康产出，这些产出表现为健康的结果，如压疮发生率下降、生命年延长等。成本效果分析的基本思想是以最低的成本消耗获得最好的效果，即效果相同，成本最低的方案为最佳；或者成本相同，效果最好的方案为最佳。

3. 成本效益分析（cost-benefit analysis）

（1）成本效益分析概念：成本效益分析是通过比较备选方案的全部预期成本和全部预期效益，为管理者选择计划方案和作出决策提供参考依据的方法。不同于成本效果分析，成本效益分析要求将投入与产出用可以直接比较的统一的货币单位来估算。因此，在进行护理成本效益分析与评价时，找到合适的方法使用货币形式来反映健康效果是研究的关键。

（2）护理成本效益分析方法：常用的方法有比率法和差额法。

1）比率法是以除法形式表示经济效益的一种方法。比值越大，代表效益越好。其公式为：

$$经济效益 = 有用成果 \div 劳动消耗$$

2）差额法是以减法形式表示经济效益的一种方法。差值越大，代表效益越好。其公式为：

$$经济效益 = 有用成果 - 劳动消耗$$

4. 成本效用分析（cost-utility analysis）

（1）成本效用分析概念：效用是指人们通过医疗卫生服务和健康保健后对健康状况改善和提高的满意程度或主观价值判断。最常用的效用指标是质量调整生命年，即用生活质量效用值为权重调整的生命年数。它将获得的生命数量和生命质量结合在一起，反映同一健康效果价值的不同。成本效用分析是通过比较几个备选方案的投入成本和产生的效用来衡量各方案优劣的方法。它是成本效果分析的一种发展，而且是卫生经济学评价的金标准。其优点在于单一的成本指标（货币），单一的效用指标（质量调整生命年或伤残调整生命年），可广泛应用于所有健康干预。

（2）成本效用分析评价指标：成本效用分析的评价指标是成本效用比，它表示获得每个单位的质量调整生命年所消耗或增加的成本量。成本效用比值越高，表示效用越差。确定效用值的常用方法有标准博弈法、时间权衡法和等级尺度法。进行护理成本效用分析，首先要确立与护理有关的健康效用指标，包括身体功能、社会功能、角色功能、精神健康及健康感受等，这些指标可以通过一系列的生命质量测评量表进行测量。

第三节　护理经济管理的现状及发展趋势

一、护理经济管理的现状

《全国护理事业发展规划（2021—2025年）》中指出，要加快构建与当前经济社会发展水平相适应、有利于加强护士队伍建设、提高护理服务资源配置效率的管理体制机制，推进护理服务模式创新，实现护理高质量发展。这就要求护理管理者讲究成本效益，强化经营意识，运用护理经济学的理论和方法，合理配置护理资源，建立起高质量、低消耗的护理运行机制，达到护理投入最少、患者支付最少、经济效果最大、护理服务最佳的目的。

目前，国内护理管理者和护理人员已经越来越多地意识到提高护理服务价值的重要意义，并广泛开展了对护理人力资源、护理成本管理、护理服务的卫生经济学评价，护理保险等方面的探索和研究。对医疗机构以外的护理服务市场也进行了广泛的开拓，社区护理和居家养老护理等方面都得到了长足发展。但与发达国家相比，我国尚无独立的护理经济研究机构，并仍然普遍存在护理经济管理意识淡薄、护理经济管理人才匮乏、护理经济教育滞后、护理经济研究内容相对局限、使用价值与价值研究分离、护理社会效益与经济效益研究分离等问题。

二、护理经济管理的发展趋势

近年来，随着我国医疗体制改革的不断深化，医疗机构逐渐转型为质量效益型，其运营模式逐渐向精细化管理转变，更加注重医疗资源的利用效率。在这样的背景下，全方位加强护理经济管理成为未来重要的发展趋势。

（一）加快护理经济学理论和方法研究

加快护理经济学理论和方法研究，完善和发展有中国特色的护理经济学理论体系，为我国护理经济管理奠定更加扎实的理论基础，便于护理管理者更好地认识护理事业与市场经济发展的关系，合理利用现有护理资源，以护理经济理论为基础，以成本管理为突破口，全面推动护理管理体制改革与经营模式的创新。

（二）推动护理经济学培训和教育发展

目前，我国护理经济管理的专门人才较为缺乏，在很大程度上制约了护理经济管理的开展和研究。加强护理经济学课程建设，全面开展护理经济学培训和教育工作，更新护理人员的经济效益理念，提升护理经济管理者的经济学知识水平，提高护理决策的合理性和科学性，是推动护理经济管理发展的重要举措。

（三）构建护理成本管理系统

护理成本管理是医院经济管理的重要内容，通过有效的护理成本核算和管理，能有效改善护理运行模式，体现护理服务合理成本和技术劳务价值。构建准确科学的护理成本管理系统，必须健全医院成本的运作制度，明确护理项目的成本和支出，探索适合我国护理专业特点的最科学、最有效、操作性强的成本核算方法。护理成本核算时不仅要重视直接成本，还要关注间接成本，在对护理成本内容指标体系进行统一分类、定义的基础上，寻找符合我国护理间接成本特点的分摊方法，使得核算结果可信、可比，实现对护理成本构成的完整表达，为制订科学、合理的护理服务收费价格提供依据。

（四）广泛开展卫生经济学评价

卫生经济学评价对优化卫生资源配置至关重要，是卫生决策的重要依据。目前，国内护理领域的卫生经济学评价发展尚处于起步阶段，广大护理工作者对卫生经济学评价的认知程度较低，相关研究数量较少且方向比较单一，主要集中在慢病管理和不同医疗用品的选择上。未来，应加强与政府、大型研究机构或医疗机构的合作，基于互联网+服务、远程健康监控、专科护士服务等护理新理念、新形式的研究方向，借鉴国内外关于卫生经济学评价的最新指南，联合应用模型和临床研究等方法，通过构建多维度评价指标，积极开展规范的、高质量的卫生经济学评价研究，为医疗卫生决策者和医疗服务的供给方提供证据支持，促进医疗资源的合理利用。

（五）提升护理经济管理的信息化水平

随着信息化技术的高速发展，利用计算机技术提升护理经济管理水平已成为大势所趋。信息化大大提高了护理经济管理的工作质量和效率，它对于保存数据完整性，控制护理成本，自动进行成本核算，保证管理决策的精准性方面有重要优势，通过加强成本监督与管理，使护理成本核算科学化、规范化和标准化。

（六）推动护理经济研究机构的建设

尽快建立专门的护理经济研究机构，组建专业的护理经济研究团队，对于促进护理经济理论与实践的研究，合理有效地配置和利用护理资源，充分开发护理服务市场，提高护理服务效率、效果和效益具有重要的现实意义。

导入情境分析

对本章的导入情景进行分析，可以发现：

1. 目前的等级护理的收费标准是国家物价机构根据政策，沿用计划经济体制标准制订的。既不能体现等级护理的成本水平，也不是等级护理价值的真实反映。

2. 等级护理的定价基础和调价依据应该以成本核算为基础，科学地核算等级护理业务的损益，除考虑材料损耗之外，要充分考虑护理人工成本。

科学合理的成本标准可考虑以下因素：① 直接劳务费成本界定（标准小时工资确定、直接人工成本标准确定）；② 材料成本确定；③ 间接成本确定（间接劳务费成本、固定资产折旧、公务费、业务费、设备折旧）；④ 等级护理实际成本＝实际人力成本＋实际使用材料及折旧＋业务费＋行政管理费＋教育研究费；⑤ 标准成本＝标准人力成本＋标准使用材料及折旧＋业务费＋行政管理费＋教育研究费。

学习小结

护理经济学研究内容包括护理资源的开发、护理资源的筹集和合理分配、护理资源的最优使用、护理服务的经济学评价、护理保障制度和护理经济的理论体系。

- 经济学的分析方法包括实证经济学分析和规范经济学分析。
- 预算的类型包括业务预算、人力预算、资本预算、现金预算和绩效预算。
- 常用的预算方法包括增量预算法和零基预算法。

- 护理成本核算的原则包括实际成本计价原则、分期核算原则、权责发生制原则、一致性原则、重要性原则、科学性和合法性原则。
- 护理成本核算内容主要包括护理人力成本、材料成本、设备费用、作业费用、行政管理费用和教学研究费用。
- 护理服务的经济学评价方法包括最小成本分析、成本效果分析、成本效益分析和成本效用分析四种。

（陈 静）

复习参考题

一、选择题

1.【A1】标志着护理经济学正式形成的事件是（　）
- A. 美国著名经济学家保罗·J.费尔德斯坦对长期护理市场等护理问题进行了系统分析
- B. 美国《护理经济学杂志》的正式发行
- C. 美国护理经济基金会的成立
- D. 我国《护理经济学概论》的正式出版
- E. Cyrill F. Chang 等主编了《护理经济学》

2.【A1】护理经济学研究的内容主要包括（　）
- A. 护理资源的开发
- B. 护理资源的筹集和合理分配
- C. 护理资源的最优使用
- D. 护理服务的经济学评价
- E. 以上都是

3.【A1】计算质量调整生命年属于（　）
- A. 成本效果分析
- B. 成本效益分析
- C. 成本效用分析
- D. 成本最小分析
- E. 成本最大分析

4.【A2】小王是呼吸内科的护士长，在对科室的成本进行核算时，她需要考虑的成本包括（　）
- A. 护理人力成本
- B. 护理耗材成本
- C. 设备费用
- D. 作业费用
- E. 以上都要

5.【A2】某医院今年开始启动成本核算，张护士长在对科室进行成本核算时，主要以采用护理项目为研究对象，归集和分配费用的方法来核算成本，她使用的成本核算方法是（　）
- A. 项目成本法
- B. 床日成本法
- C. 患者分类法
- D. 病种分类法
- E. 计算机辅助法

二、简答题

1. 简述护理预算的常见类型。
2. 简述护理成本核算的原则。
3. 比较成本效果、成本效益、成本效用三种护理经济学评价方法之间的区别和联系。

三、案例分析题

培训预算的制订

某医院护理部去年派送了5名护士分别到北京、上海、广州、成都等地的医院各进修了半年，人均花费约1万元；派人参加学术会议40人次，人均700元；承办学术会议2次，花费专家聘请费约5000元，其他筹备费用约1000元；"三基"考核奖励花费45000元。今年护理部打算派送8名护士到外地医院各进修3个月，派人参加学术会议50人次，承办学术会议3次，继续进行"三基"考核并延续前一年的奖励政策。

请思考：

1. 该医院护理部今年的培训预算约为多少？

2. 应该如何制订培训预算？

（选择题、案例分析题的答案解析见数字内容）

第十二章　护理信息管理

导入情境与思考

某医院为新建的一所拥有1 500张床位的三级综合医院，在短时间内招聘了1 100名来自省内外的各层级护士，人员信息情况复杂，管理工作量大，管理效能亟待提高。为规范该院护理队伍建设，提高人力资源管理效能，完善护理人才档案管理，护理部与信息科共同合作，开发了护理人力资源管理系统。该系统具有招聘和人员管理、培训和绩效管理、排班和考勤管理等功能。同时该护理人力资源管理系统在应用过程中存在数据准确性、安全性和隐私保护、系统功能和稳定性差等问题。

但通过该系统建立健全全院护理人员的专业技术档案，使全体护理人员的专业发展历程和工作绩效记录完整，便于统计分析，提升了护士岗位管理的效能。

请思考：

1. 护理人力资源管理信息系统较传统纸质档案管理系统有哪些优势？

2. 护理管理者如何有效利用护理人力资源管理系统来加强对护理人员的管理？

　　在飞速发展的信息化时代，护理信息管理已具有势不可挡的趋势。科学的管理方法要通过现代化的管理手段来实施，护理信息能否得到及时、准确的传递是护理管理工作需要迫切解决的问题。目前以计算机为代表的信息技术在医院日常工作的各个方面得到广泛应用，极大地提高了医院的管理效率、促进了医疗护理质量的持续改进与提高。

第一节 护理信息与护理信息学

一、信息

信息（information）是一个有多层含义的概念，有广义和狭义之分。广义的信息是指客观世界中反映事物特征及变化的语言、文字、符号、声像、图形和数据等，以适合通信、储存来表示的知识和消息。狭义的信息是指经过加工、整理后，对接受者有某种使用价值的数据、消息、情报的总称。信息是事物的本质、特征、运动规律，以及事物之间相互联系、相互作用的反映。在日常信息管理工作中，文献、资料、情报、知识、数据以及消息、新闻等均以不同的形式反映事物的运动状态或特征。信息的基础是数据，数据的信息是素材，我们接受相同的数据和消息，但每一个人对数据的理解、加工及处理不同，从而得到不同的信息，获得信息的多少以及信息对我们工作是否有意义，都会影响我们的决策及行为。

（一）信息的特征

认识信息的特征有利于全面了解信息的内涵，准确把握信息的使用价值。信息的特征主要包括：

1. 客观性 客观性是信息的核心属性，任何不符合事实的信息不仅不能增加任何知识，而且有严重的危害。用失真的信息进行决策，就会造成决策失误，使组织遭受巨大损失。但现实中，有些事物在特殊情况下会产生对人们极具误导作用的信息。

2. 真实性 信息必须是对客观事物存在及其特征的正确反映。一切不符合事实的信息是失真的信息，不仅没有价值，而且会对管理决策产生危害。因此，在管理中，要充分重视信息的真实性，要认真检查、核实信息，避免虚假信息的产生。

3. 传递性 信息在运动中产生，在传递中发挥价值。信息的获取、利用及反馈，必须借助于信息的传递。

4. 依附性 信息的记录、储存、传递和价值实现必须依附于某种载体，并以载体的形式表现出来，如语言、文字、声音、图像、光波、磁带、光盘等。没有载体就没有信息，但信息的内容不会因记录的手段或载体形式的改变而改变。

5. 价值相对性 信息作为一种特殊的资源具有相应的价值，能够满足人们某些方面的需要。但信息使用价值的大小是相对的，它取决于接收信息者和使用信息者的需求、理解、认知、判断与使用能力。

6. 时效性 信息的时效是指从信息源发送信息，经过采集、加工、传递、利用所经历的时间间隔及其效率。信息的价值与时间有关，一般情况下，时间间隔越短，使用信息越及时，时效性越强，使用价值也就越高。反之，时效性越弱，使用价值也越低，如疫情信息、科技信息、股票信息等。但有些信息随时间的推移价值却会上升，如文物、名人字画等。

7. 共享性 信息与其他资源相比，具有在使用过程中不会消耗的属性，这种属性决定了它的可共享性。信息一旦为人们所掌握，便可通过各种途径传递给其他人，使大家共享这一信息。特别是信息技术和网络技术的快速发展，使各种信息的利用与共享越来越方便，人们可以利用各种通信工具检索查阅各类信息。例如，医疗广告、患者相关信息、网上购买医疗保健相关产品、网上药店、电子病历等。

8. 可处理性 信息数量庞大、内容复杂，要发挥信息的作用就需要对信息进行判断、筛选、转换等加工处理。由原始信息加工成便于使用的二次信息，如题目、文摘、照片、录音带等；二次信息经过分析、研究、综合，可加工成三次信息，如综述、图表、录音剪辑等。每次加工，都可改变原有信息的结构和表现形式，并赋予其新的价值。

（二）信息的类型

1. 按信息发生的领域划分

（1）社会信息：社会信息是指来自社会各方面的人与人之间交流的信息。按其活动领域可细分为经济信息、政治信息、科技信息、卫生信息、军事信息等。

（2）生物信息：生物信息是指生物界的信息，如人类的各种疾病信息、喜怒哀乐信息，植物的花色或分泌的花蜜是吸引传粉动物的信息等。

（3）自然信息：自然信息是指反映无生命世界本质和特征的信息，例如风雨雷电、春夏秋冬、山川河流等。

2. 按信息的表现形式划分

（1）口语信息：指以口头语言的方式表述与获得的信息。其特点是传递迅速、互动性强，但稍纵即逝，久传易出现差异，如谈话、会议、讲座、学术交流等信息。

（2）文献信息：指以文字、图形、符号、音频、视频等方式记录在各种载体中的知识和信息。这类信息经过加工、整理，较为系统、客观、可靠，便于保存和利用，但在信息加工方面，对整理者有较高要求，且需保证整个过程的客观性与真实性。这类信息是目前数量最大，利用率最高的信息资源。文献信息根据其载体可划分为五类：① 书写型，如病案、统计报表、会议记录等；② 印刷型，如图书、期刊、报纸、图谱、论文等；③ 缩微型，如缩微胶卷、卡片等；④ 声像型，如录音带、电影、幻灯片等；⑤ 机读型，如磁带、硬盘、光盘、软盘等。

二、护理信息

护理信息（nursing information）最早出现于20世纪70年代，最初的意思是计算机处理的护理数据及资料。随着计算机的广泛应用及护理技术的发展，护理信息的概念也扩展为在护理活动中产生的各种情报、消息、数据、指令、报告等，通常以声音、图像、文字、数据等形式表现和传递，是护理管理中最活跃的因素。护理信息是医院信息管理中一个重要组成部分，对护理事业的发展有着重要的影响。

（一）护理信息的特点

由于护理信息来源于医疗护理实践，因此，护理信息除具有信息的一般特点外，还有其专业本身的特点。

1. 生物医学属性 护理信息主要是与患者健康有关的信息，因此具有生物医学属性的特点。由于患者的健康与疾病状况处于动态变化过程中，所以护理信息又具有动态性和连续性。例如，血压不仅反映血管的弹性，还反映人体有效循环血量及组织血液灌注等信息。

2. **相关性** 护理信息就其使用来讲大多是若干单个含义的信息相互关联，互为参照来表现一种状态。例如，一个外科术后患者体温升高不能完全说明患者是术后感染，只有参考血培养及血常规等检查信息，才能全面、真实地反映患者是否为术后感染。这些信息往往相互交错、相互影响，从而形成特殊的相关性。

3. **不完备性** 不完备性是指使用中所需信息不完整、不全面，往往源于获取信息的手段和时间受限制。护理信息多来源于患者及家属，由于患者对相关疾病知识缺乏，不能准确地描述自身病情，医护人员不能等所有的病情资料齐全后再进行治疗、护理，所以就要求护士要具有准确观察及预见性思维，快速判断患者的病情，充分认识疾病的复杂性，及时给予患者恰当的治疗及护理。

4. **准确性** 虽然有些护理信息可以用客观的数据来表达，如患者出入院人数、患者生命体征的变化、平均住院日等，但有些信息则来自护士的主观判断，例如患者的神志、瞳孔和意识状况等，需要护士能准确观察并综合分析。这些信息的直读性很差，需要护理人员能够准确观察、敏锐判断和综合分析，否则，在危重患者护理、患者病情突发变化时，信息的判断及处理失误，会造成无法挽回的严重后果。

5. **复杂性** 护理信息量大、涉及面广、种类繁多，有来自临床的护理信息、护理管理的信息、医疗文件的信息，有数据信息、图像信息、声音信息、有形和无形的信息等。同时护理信息的收集和传递需要多部门人员配合，使信息的呈现变得更加复杂。对这些信息正确地判断和处理，会直接影响护理质量及管理效能的提升。

（二）护理信息的分类

医院护理信息种类繁多，主要分为护理业务信息、护理科技信息、护理教育信息和护理管理信息。

1. **护理业务信息** 护理业务信息主要来源于护理临床业务活动中的一些信息。这些信息与护理服务对象直接相关，如患者生命体征信息、入院信息、转科信息、出院信息、患者一般信息、医嘱信息和护理文件信息等。

2. **护理科技信息** 护理科技信息包括国内外护理新进展、新技术、科研成果、论文、著作、译文、学术活动情报、护理专业考察报告、护理专利、新仪器、新设备、各种疾病护理常规、卫生宣教资料等。同时还包括院内护理科研计划、成果、论文、著作、译文、学术活动、护士的技术档案资料、护理技术资料、开展新业务、新技术的情况等。

3. **护理教育信息** 护理教育信息主要包括教学计划、实习和见习安排、进修管理资料、继续教育计划和培训内容、日常业务学习资料、历次各级护士考试成绩及试卷等。

4. **护理管理信息** 护理管理信息是指在护理行政管理中产生的一些信息，这些信息往往与护士直接相关，如护士基本情况、护士配备情况、排班情况、出勤情况、考核奖惩情况、护理管理制度、护理质量检验结果等。

（三）护理信息的应用

护理信息是现代护理管理的重要资源，借助于护理信息的流通，重视护理信息在护理管理中的运用，可以克服护理信息大多分散在各科室、各专业、各级护理人员中，不易集中化的弊端，有利于激励护士的工作积极性、上进心，提高护士的职业认同感，营造医院护理文化氛围，提升护理文化品质。

知识拓展 | **护理信息管理软件**

以护理信息系统为主，能共享病房信息系统中的资源，与其他任何临床信息系统兼容，完成信息的输入输出功能。

护理信息管理软件包括护理临床系统和护理管理信息系统。前者应依据护理程序的步骤设计，从患者入院到出院完成系统性整体护理的计算机化；后者应实现局域网人力资源管理、科研管理、临床教学管理、远程网络教育、文献资料查询（为循证护理、护理临床路径的实现提供帮助）以及财务管理。具备外延功能，随时添加新的模块，如社区卫生保健服务、健康教育资料系统等。充分扩展护士角色和职能，体现护士工作的对象是人群，而不仅仅是患者的专业内涵。

三、护理信息学

护理在患者的治疗过程中是一个很重要的环节。护士不仅要为患者提供最直接的护理服务，还要关注患者的症状、主观感觉、心理与精神状态，收集并记录相关信息。早在19世纪中期，南丁格尔收集和分析的资料就为其他护士、医生、保健工作者和医院管理人员交流患者的状况提供了重要依据。正是护理信息的这些特殊作用，在医学信息学领域又诞生了具有独立研究对象、应对特定需求的护理信息学。

（一）护理信息学的定义

护理信息学（nursing informatics）是以信息论、控制论、计算机技术、人工智能技术和仿生学等学科为基础，研究护理信息、数据和知识的收集、储存、检索和有效利用的交叉性学科。作为一门新兴学科，护理信息学的诞生已经对提高护理管理水平和临床护理质量起到了重要作用，应用前景广阔。

护理信息学专家从不同的角度出发，曾给出过多种护理信息学的定义，Hannah Kathryn 对于护理信息学的经典定义为：护士履行其职责时所涉及的信息技术的应用。Graves 和 Corcoran 给出的定义为：辅助护理资料、信息和知识的管理和处理，支持护理业务和提供临床护理的计算机科学、信息科学和护理学的结合。1994年美国护理学会的定义为："护理信息学是一门综合学科，包括护理科学、计算机科学及信息科学，用于识别、收集加工和管理数据与信息，支持护理实践、管理、教育、研究及护理知识的扩展。"

（二）护理信息学的发展与应用

1992年美国护士协会正式将护理信息学作为护理的一个专科实践领域。至21世纪初，在发达国家的护理学院，护理信息学已经形成了一门独立学科，有一支专业的教学与研究师资队伍，涉及本科生与研究生教育，成为护理本科教育与护士继续教育不可或缺的内容。护理信息学的应用对象是护士，学科的基础是护理学、计算机科学和信息技术，应用的内容包括临床护理的护理信息技术、数字化健康护理仪器设备、信息化护理培训教育、与护理相关的政策制定、患者教育、自我教育、研究和行政管理上的信息化应用。

1. 护理信息技术的应用　可以节省人力、物力资源，提高工作效率，有效地预防护理缺陷的发生，保证护理安全，提高护理质量，使临床护理工作朝着更加科学化、规范化、标准化的方向发展。例如，电子体温单使用：数据录入后形成电子体温单，符合护理文书书写规范，方便护士操作，节省时间；监测记录单使用：记录体温、心率、脉率、呼吸、血压、SpO_2、瞳孔等；危重护理记录使用：支持结构模板式录入，亦可自行编辑，出入量通过医嘱执行信息提取，自动进行班次汇总，书写时间严格控制，出入量汇总信息及体征信息可自动传送到电子体温单上。

2. 信息化护理培训　教育护士通过网络进行实时培训、远程教育和有关文献资料查询，完成继续教育。

知识拓展 ┃　　　　护理信息的应用

目前多家医院的护士长排班不再是传统的手工操作，护士也不再转抄医嘱，医技科室的申请与报告不需要护士去送和取，护士也不需要为患者的药费来回跑。那护士需要怎么做呢？护士只需要操作计算机就可以了，一切由护理信息管理系统搞定。输入各科室护士名单，计算机主动完成排班；医生通过局域网将长期医嘱和临时医嘱传达给护士；患者的实验室检查和影像学检查申请和报告结果全部直接通过网络传输；当新患者入院后，护士使用计算机输入患者的护理评估资料，系统自动生成护理诊断，护理计划，护理目标以及护理措施和评价标准，护士可根据情况进行修改和调整，计算机还能生成和打印各种表格，真正实现把时间还给护士，把护士还给患者，提高系统性整体护理质量；护理部通过该网络发出各种信息和通知，并随时了解各护理部门工作及管理情况，提高其宏观管理水平及决策能力。可以加强医院的护理管理，推进护理事业的信息化发展。

四、医院护理信息系统

（一）信息系统

1. 信息系统的概念　信息系统是一个人造系统，它由人、计算机硬件和软件及数据资源组成，目的是及时、正确地收集、加工、存储、查询、传递和提供决策所需的信息，实现组织中各项活动的管理、调节和控制。

2. 信息系统的分类　按照信息系统的功能、目的和特点不同，信息系统一般分为以下几类：

（1）业务信息系统：即用来记录和处理各类业务信息系统，如病案系统、销售系统、产品质量系统等。

（2）管理信息系统：即以人为主导，利用计算机硬件、软件、网络通信设备以及其他设备进行数据的收集、传输、加工、储存、更新和维护，以提高组织效益和效率为目的，支持组织高层决策、中层控制和基层作业的集成化的人机系统。如医院信息系统（hospital information system，HIS）、人力资源管理系统等。

（3）决策支持系统：即通过数据、模型和知识，以计算机为工具，应用决策科学以及有关学科的理论及方法，以人机交互的方式辅助决策者解决各种问题的信息系统。它可以为决策者提供分析问题、建立模型、模拟决策过程和方案的环境调动各种资源和分析工具，帮助决策者提高决策水平和质量。

（二）医院信息系统

1. 医院信息系统的概念 医院信息系统是利用先进的电脑技术和网络通信手段来实现信息的收集、加工、储存、传递、应用及反馈，并在自动化、标准化、网络化的基础上科学有效地支持医院全方位的运作与管理系统。医院信息系统可以对医院信息进行分散收集、统一管理、集中使用、全员共享，实现提高医疗质量和管理效率的目的。

医院信息系统是计算机技术、网络通信技术和现代管理科学在医院管理中的应用，是计算机技术对医院管理、临床医学、医院信息管理长期影响、渗透以及相互结合的产物。

2. 医院信息系统的发展

（1）国外医院信息系统的发展概况：20世纪60年代初，美国、日本、欧洲各国开始建立医院信息系统。到20世纪70年代已建成许多规模较大的医院信息系统，例如，瑞典首都斯德哥尔摩建立了市区所有医院的中央信息系统，可处理75 000个住院和门诊患者的医疗信息。

国外的护理信息系统在智能化程度和应用深度上都有很大的发展。例如，临床护理信息系统的人性化及智能化；移动工作站将护理的工作模式由护士站转向病房；无线射频系统的应用，加强了护理安全，提高了护理服务质量；使用手术管理系统、急诊管理系统、消毒器械跟踪管理系统、护士配置系统、药品与耗材的管理系统等，可以加强医院的护理管理效率，借助信息化建设推动护理事业发展。

（2）我国医院信息系统的发展状况：我国自20世纪80年代计算机在医疗行业中开始应用以来，医院信息管理系统的发展经历了三个阶段。

第一阶段为管理信息系统（management information system，MIS）阶段。这一阶段主要以单机和单任务管理为主，医院的信息化建设是以提高管理工作效率，辅助财务核算为主要目的。目前，我国绝大多数医院已经实现了这一管理任务，大大提高了行政管理效率。

第二阶段为临床医疗信息管理系统（clinical information management system，CIMS）阶段。该阶段通过局域网逐步实现了从部门到整个医院的信息收集、使用和管理。电子病历系统、检验信息系统、影像系统、麻醉监护系统等有效对接，大大提高了工作效率。目前，多数大中型医院的信息管理系统处于这一阶段。

第三阶段为区域医疗信息系统（area medical information system，AMIS）阶段。随着各类区域性医疗网络、远程医疗以及社区医疗的发展，信息化、数字化医院将超越实际的地域限制，通过各种医疗机构的网络互联互通以及信息交换，实现全社会范围的医疗信息化和数字化。目前在我国经济较发达的部分地区已经开始探索区域医疗的信息化建设。

（3）医院信息系统的发展趋势：医院信息系统的发展趋势是将各类医疗器械直接联机，并将附近各医院乃至地区和国家的医院信息系统联成网络。其中最关键的问题是不同系统中的病历登记、检测、诊断指标等都要标准化。医院信息系统的高级阶段将普遍采用医疗专家系统，建立医疗质量监督和控制系统，进一步提高医疗水平和保健水平。医院信息系统的发展趋势包括以下几个方面：

1）云计算和大数据：随着云计算技术的发展，医院信息系统正在向云端迁移。云计算可以提供更大的存储空间和计算能力，方便医院管理和处理大量的医疗数据。同时，大数据分析也可以帮助医院发现潜在的疾病模式和趋势，提高医疗决策的准确性和效率。

2）人工智能和机器学习：人工智能和机器学习技术可以帮助医院信息系统自动化处理和分析医疗数据，提供更准确的诊断和治疗建议。例如，人工智能可以通过分析大量的医疗图像数据，辅助医生进行疾病诊断。

3）移动化和无线化：随着智能手机和移动设备的普及，医院信息系统也越来越移动化和无线化。医生和患者可以通过手机或平板电脑随时随地访问和管理医疗数据，方便医疗服务。

4）电子病历和电子健康记录：电子病历和电子健康记录的使用已经成为医院信息系统的重要组成部分。电子病历可以提供更准确和完整的患者信息，方便医生进行诊断和治疗。电子健康记录可以帮助患者管理自己的健康状况，提高医疗服务的效率和质量。

5）信息安全和隐私保护：随着医疗数据的数字化和网络化，信息安全和隐私保护成为医院信息系统发展的重要问题。医院信息系统需要采取相应的安全措施，保护患者的个人隐私和医疗数据的安全。

3. 医院信息系统的分类　医院信息系统是面向大中型医院的通用系统，它涉及面广，覆盖医院主要管理职能和患者在医院就诊的各个环节。从系统应用的角度，可将医院信息系统分为以下3类。

（1）管理信息系统：管理信息系统主要功能是支持医院日常信息的处理。例如医疗概况、护理概况、人力资源状况、财务收支、物资供应、处方情况等。

（2）临床医学信息系统（clinical medical information system，CMIS）：临床医学信息系统主要功能是为医务人员提供临床数据通信支持，以使医务人员能够方便、及时、全面、准确地获得有关的患者数据，支持其临床决策工作。包括医生工作站、护士工作站、门诊工作站和临床检验、医学影像、重症监护等子系统。

（3）专家系统（expert system，ES）：专家系统也称专家咨询系统，是能像人类专家一样解决困难和复杂的实际问题的计算机系统。该系统主要处理患者信息，包括患者自然信息、住院信息、诊断信息、病程信息、手术信息、医嘱、检验和检查结果等，这些均属基本信息（图12-1）。

4. 医院信息系统的结构　医院信息系统结构分为3层：① 数据处理层，负责特定对象的信息收集及输入；② 信息加工层，主要负责信息的整理、汇总、分析，并决定信息流向，是信息系统的技术处理中心；③ 决策层，是根据所传递来的信息作出相应决策，反馈到原对象。

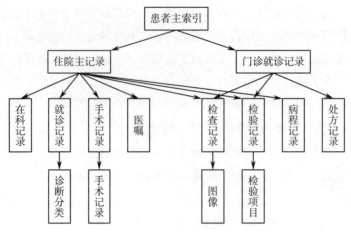

▲ 图12-1　患者信息结构

5. 医院信息系统的作用　拥有良好的信息管理系统已成为现代医院建设的一个必要条件，医院信息系统在医院管理中的作用，主要体现在以下几个方面。

（1）提高工作效率：在现代医院管理中，有效的管理离不开信息系统的支持，信息系统效能的充分发挥有助于管理模式和工作流程的变革。医院信息系统的应用，改变了医院原有的工作方式，极大地提高了医院各部门人员的工作效率和工作质量。在计算机网络管理模式下，医院各级各类工作人员处理事务的速度明显增快，而且信息的正确性、完整性、连续性、共享性和传递速度都有很大提高，各部门的联系和反馈更加方便、快捷，各环节工作效率普遍提高。

（2）提高经济效益：医院在计算机网络管理模式下，增加了医院各项管理工作的透明度，能够对医疗经费、物资进行有效管理，减少药品、物资的积压和浪费，减少库存及流动资金的占用，降低医疗成本，节约和充分利用卫生资源，提高医院的经济效益。

（3）提高科学管理水平：医院信息系统为医院管理的科学化、数量化提供了技术保证。医院计算机网络化、自动化管理的实行，使医院管理模式发生重大变革，各项工作由终末管理变为环节控制管理。同时，由于提供及时、准确的信息，使得超前管理成为可能，克服了管理中的盲目性和滞后性，促进了医疗、护理、药品、物资等工作的标准化管理，促进了由经验型管理向科学型管理的转化，将事后管理变成事前预防与过程控制相结合的管理模式，加强了各部门间的密切协作，提高了医院的科学管理水平和效率。

（4）提高医疗护理质量：医院信息系统的广泛应用，使医务人员对患者的诊疗工作更加准确、及时且有效。医务人员可以随时从系统中查询患者以往的和现在的健康档案；各种检查报告可以通过网络系统实时传输到医务人员手中；远程会诊使医生足不出户即可参与各种会诊讨论；遇到疑难病患时，可通过查询数据库及时得到有益的线索和帮助，从而提高医院医疗、护理工作质量。同时，有利于合理配置人力资源，缩短患者的平均住院日，加快病床的周转。

（5）提高信息利用效率：医院信息系统简化了医院内外信息的传递工作，加快了信息传递速度，节约了大量的记录、绘制报表等时间，大大降低了工作量，提高了信息传递的连续性、准确性与信息利用效率。

（6）提高医院的信誉度：医院信息系统使医疗服务项目收费公开化，透明度增加，患者可以全面、及时、便捷地查询医疗费用，维护了患者的合法权益，保证医院按标准收费，避免漏收、错收，同时也规范医院的收费行为，增强患者及医疗保险机构对医院的信任感，从而提高医院在社会及广大人民群众中的信誉度。

（7）促进教学与科研工作的开展：大型综合性医院，特别是医学院校的附属医院，使用医院信息系统可以为教学和科研工作提供便捷、完善的信息服务，有利于实施教学与科研管理，提高教学质量和科研能力。

（8）实现卫生资源共享：数据共享是国家信息化的一条根本原则和重要目标，只有实现共享才能得到更快的发展。医院信息系统的不断建设与完善，可以避免重复，有利于提高经济效益、信息综合分析水平、咨询和服务能力。

（三）护理信息系统

护理信息系统（nursing information system，NIS）属于医院信息管理系统的一个子系统，是一个由计算机及网络组成，可以迅速收集、储存、处理、检索、显示护理管理业务所需动态护理资料，并能进行人机对话的计算机系统。

1. 护理信息系统的发展历程

（1）国外护理信息系统发展历程：20世纪60年代，美国的一些大型医院开始将计算机应用于医院管理及护理管理，是医院信息系统的开创性探索。到了20世纪70年代，医院信息系统向两个方向发展，一是使用大型计算机进行集中式处理；二是使用小型机进行分散式处理。之后，微型计算机的出现使情况发生了很大变化，局域网络、用于数据处理的高速计算机和用于数据存储的大容量磁盘、光盘等相继出现，极大地促进了医院信息系统及护理信息的推广应用。20世纪90年代后，护理信息系统的开发与应用，向更深和更广的方向快速发展。

（2）国内护理信息系统发展历程：计算机在我国医院中的开发应用始于20世纪70年代，应用于医院信息管理是在20世纪80年代初期。护理信息系统与医院信息系统相伴而生，其发展过程从内容、方式和规模来看，与医院信息系统发展历程大体相同，具体可分为四个阶段：

第一阶段为单任务阶段（20世纪80年代），个别医院依据本单位的实际情况，自行或联合开发一些独立的、单个的应用程序。这一时期，尚属摸索试验阶段，用户量很小，应用范围也相对狭小，例如医学诊断程序、护理工作部分资料管理等。

第二阶段为部门信息管理阶段（20世纪90年代），这一阶段使用护理信息系统逐渐增多，很多护理工作开始常规应用计算机系统，并逐步形成多机、多部门独立系统的应用和多项目的综合信息管理程序，如医嘱系统等。

第三阶段为集成医院信息系统阶段（2000年以后），护理信息系统形成了全面规划、统一规范、统一标准、有序发展、循序渐进、逐步到位的格局，医院各个部门形成了局域网络化的护理信息系统。

第四阶段为大规模一体化的医院信息系统阶段，近几年不仅实现了包括医院信息系统、医学影像处理系统、人工智能和图书情报检索等功能的一体化，而且实现了本医院信息系统与本区域或协作医院信息系统的有效对接。

由于各方面原因，我国护理信息系统的发展呈现不平衡状态。目前部分医院护理信息系统的发展处于第三阶段，尚有部分医院处于第二阶段，个别医院已步入第四阶段。

2. 护理信息系统的管理过程　护理信息管理（nursing information management）是指为了有效地开发与利用信息资源，使用现代信息技术手段，对医疗及护理信息的利用进行计划、组织、领导、控制和管理的实践活动。护理信息管理过程为一个相对闭环系统（图12-2），由一系列相关有序的环节组成，包括信息需求分析、资料源分析、信息收集、信息加工、信息存储、信息搜索、信息开发、信息利用、信息传递、信息反馈等环节。现代护理信息管理的核心与实质是按照护理信息管理的特点，科学有效地处理有关护理各个领域中收集的信息，最大限度地开发护理信息资源，为护理活动的预测、决策、调控提供科学依据。

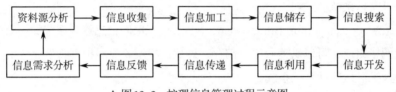

▲ 图12-2　护理信息管理过程示意图

3. 护理信息系统的特点　护理信息系统是在数据处理系统上发展起来的，是面向管理的一个集成系统。护理信息系统覆盖了整个护理管理、临床护理、护理科研和教育等环节，直接为各护理单元和相关部门服务。其特点主要表现在以下几个方面：

（1）高度集中性：护理信息系统是由人、计算机、临床、管理相关的各种信息等元素组成的统一集合体，它将各部门各类数据和信息集中起来，进行快速处理，统一使用。

（2）适应性：护理信息系统是一个开放性系统，经过一定的授权，可以对信息进行修改和调整，以适用于护理工作。

（3）信息量大而复杂：护理信息种类繁多，依据不同的标准可划分为护理系统内部信息、护理系统外部信息，前者包括护理工作信息、患者病情信息、护理技术信息等；后者包括医护合作治疗患者、医院各医技部门与护理工作的配合等信息。还可以分为数据信息、图像信息、声音信息、有形信息和无形信息等。这些信息往往相互交错、互相影响，形成一个复杂的信息网络。

（4）及时性：护理信息系统中的部分信息必须及时获取，准确判断，并作出迅速反应，例如患者血压、脉搏、意识的变化。在患者病情发生突然变化，危及生命时，信息的准确、及时与否，将对患者产生重大影响。

（5）动态性及连续性：护理信息是与人的健康和疾病紧密相关的信息，由于健康和疾病处于动态变化之中，所以护理信息具有较强的动态性和连续性。

4. 护理信息系统的分类

（1）护理业务管理信息系统

1）住院患者信息管理系统：住院患者管理是医院管理的重要组成部分。以往是护士需要花费大量的精力和时间办理收费、记账、填写各种卡片等间接护理工作，现在使用该系统，在患者办理住院手续后，就能进行相关信息登记，并通过电脑终端与护士站联网，有利于及时准备床单位，患者到病区后即可休息，通过信息系统可以打印患者的住院信息，根据医嘱自动更改级别护理、饮食等，替代传统的手写床头卡、一览表卡等，同时与药房、收费处、病案室、统计室等相关部门实现资源共享，这样既强化了患者的动态管理，又节约了护士的间接护理工作时间，大大提高了护士的工作效率。

2）住院患者医嘱管理系统：医嘱管理系统是医务人员对患者进行诊断、治疗、护理决策所需要的医疗信息管理系统，是医院应用较早、普及程度较高的临床信息系统。该系统是由医生在电脑终端上录入医嘱，在护士站电脑终端显示，经核实医嘱确认无误后，产生各种执行单、当日医嘱变更单和医嘱明细单，供护理人员及患者查询；确认所开药物后，病区药房生成领药汇总单及单个患者明细单，计算药费后联网入账。该医嘱系统由主治医师操作录入医嘱，由护士接收医嘱并执行，充分体现了医嘱的严肃性及法律效力，做到了医护分工明确，责任到人，确保了患者安全。

3）住院患者药物管理系统：该系统在病区的电脑终端上设有借药及退药功能，在患者转科、出院、死亡或医嘱更改时可及时退药，并可根据患者的用药情况设有退药控制程序，避免人为因素造成误退药或滥退药现象。

4）住院患者费用管理系统：该系统可以根据录入的医嘱、诊疗、手术情况，统计整个住院期间患者治疗的费用、详细的药物清单、医保报销及自费情况等，有利于患者了解治疗所产生的费用，充分考虑了患者的知情权。在患者住院的整个过程中可以随时统计患者在病区产生的费用信息，也可以统计科室某一时段的出入院情况、各项收入及占比，有利于调整费用的结构，达到科学管理的目的。

5）护理病历管理系统：护理病历管理系统的引进与临床应用，可使护士降低劳动强度，减少繁杂的书写过程，节省时间和精力，提高工作效率。随着其系统功能的不断升级，系统能够更全面、直观地展示护理病历的有关内容，为护士全面评估患者，准确提出护理诊断（问题）以及相关因素、护理目标及措施提供充足的备选答案，从而为护士全面、准确、方便、快捷地操作提供技术保障。

6）手术患者信息管理系统：该系统主要是针对手术患者能够及时、方便、准确地实施手术而开发的。在外科病区电脑终端输入手术患者的信息，如拟行手术方式、是否需要安排洗手护士、是否需要器械、手术时间、麻醉会诊邀请等。麻醉会诊后录入手术安排的时间、手术间号、麻醉、洗手、巡回人员名单、术前用药、特殊准备意见等，使病区与手术室之间紧密衔接，有效保障手术顺利进行。

7）供应室管理系统：该系统的主要功能是将物品的种类、数目、价格、发放情况、回收情况、使用情况等输入计算机，编制数据，整理程序，由计算机定期统计供应室的工作量、资源消耗与经济效益的盈亏情况。通过供应室物品追溯系统，可以对无菌物品进行全流程追溯，例如一个穿刺包从清洗、打包、消毒、上架、发放、应用到某位患者都可以进行追溯，进一步保障了患者的安全。

8）重症监护信息系统：重症监护室收治大型手术及严重创伤、急危重症的患者，由于病情严重且变化快，需要建立一个能对人体重要的生理功能、生化指标进行有选择性、连续动态性的监护系统。此系统具有储存、显示、分析和控制功能，医务人员可利用计算机的自动监测和呼叫，在监护系统监测到异常情况时发出警报，提醒医护人员及时处理和抢救。该系统的使用大幅度降低了护士的重复性观察，减少了手工操作及主观判断所造成的误差。

（2）护理行政管理信息系统：护理行政管理信息系统是对护理工作中涉及的各种信息进行科学地计划、组织、协调和控制，提高护理工作质量和工作效率，为患者提供良好护理服务的信息管理系统。护理部可通过患者信息系统和护士考勤系统了解各科室护士的工作情况及工作强度，对全院护理工作进行综合考虑和人力调配，查阅各科室护士出勤情况和工作量。可以执行文书处理、档案处理、网上查询、网上考试、发布指令等。护士行政管理信息系统包括：① 患者分类系统；② 护士调配及排班系统；③ 护士技术档案管理系统；④ 病房用物、器材管理系统；⑤ 质量管理系统；⑥ 不良事件报告系统。

（3）护理科研教育信息系统：在护理科研与教育方面，计算机起着越来越重要的作用。通过网络系统，护士可以了解统计院内、科内所有的护理信息，了解国内外护理信息与动态。护理研究中，护士能够充分利用网络进行检索、查询、收集相关资料，发布研究信息，进行相关问题的探讨。护理教育领域利用计算机系统开展多媒体教学、远程教学、继续教育、召开网上会议、运用信息进行学生管理、国内外学术交流等。

5. 护理信息系统对现代护理事业发展的意义　用信息技术优化护理流程，使护士贴近患者；用信息技术改变管理理念，保障患者安全；用信息技术助力护理管理精细化，促进护理质量的提高；用信息技术促进护理绩效管理，有利于护士职业发展。

第二节　护理信息的应用

一、护理信息的收集与加工

（一）护理信息的收集

护理信息收集是指依据护理信息用户的需要，寻找、选择与护理相关的信息并加以聚合和集中的过程。

1. 护理信息收集原则

（1）针对性、选择性：要有针对性、有重点、有选择地收集对护理工作有用的信息，大力开辟收集渠道，要尽可能从患者、家属、医生及相关人员处获取具有较强针对性的信息。

（2）主动性、及时性：由于护理信息具有时效性，护理信息收集就要及时反映患者及相关事件的最新状况，要积极、主动、及时发现和捕捉有关动态信息，否则，信息价值不仅会降低或丧失，而且还会造成工作上的损失。

（3）系统性、连续性：收集护理信息时要重点注意需求信息内容上的系统性、完整性与时间上的连续性，全面收集一切与管理目标有关的信息。

（4）真实性、可靠性：信息是决策的保证，护士收集的信息必须是客观的、真实的信息，要善于去粗取精、去伪存真，深入细致地了解各种信息资源的信息含量、实用价值及可靠程度。表述信息要力求清楚、明白、准确，对有关信息的发生时间、地点、人物、原因、过程、结果等要素应尽可能予以保留。通过间接渠道收集的信息要注意核实、确认。

（5）计划性、预见性：收集信息要根据本单位的任务、经费等情况制订比较周密详细的计划和规章制度，既要着眼于现实需求，又要有一定的超前性，尽可能多地收集对未来发展有指导作用的预测性信息。

（6）适用性、经济性：护理信息要有目的、有重点、有选择地收集。收集的信息要适用、适度，恰当地限定信息收集的具体范围、收集途径、收集方法和收集的数量，避免造成人力、物力、财力上的浪费。

2. 护理信息收集的方法

（1）统计报表法：统计报表法是利用统计学的方法，以报表的方式，在一定时期内通过一定程序系统收集有关护理资料的方法，如卫生基本情况年报表、护士现状调查表等。

（2）日常工作记录法：日常工作记录法是以日常工作的记录、登记为主的收集有关护理资料的方法，例如用来检查、评价日常护理工作数量、质量和效果的登记表、患者日报表等。

（3）实验研究法：实验研究法是有目的地进行实验研究，获得实验数据资料的方法，如临床护理研究等。

（4）专题调查法：专题调查法指事先选定一个调查研究题目进行调查设计，依据设计程序深入现场开展调查，从而获取有关护理信息的一种方法。

根据专题调查的范围可分为：① 普遍调查，即在一定范围内对全部调查对象进行调查，如住院患者调查；② 典型调查，即在一定范围内选择重点的、有代表性的典型对象进行调查，如门诊患者就诊环境的调查；③ 抽样调查，即在一定范围内从调查对象中抽取部分样本进行调查，如毕业后教育需求的调查。

（5）文献阅读法：文献阅读法是通过阅读文献获取信息的方法，如通过阅读医学图书、报纸、护理期刊、相关护理资料等文献获取信息。

（6）会议法：会议法是指护理组织及相关人员通过各种会议获取信息的方法，如护理学交流会、护理用具展览会等。

（二）护理信息加工

护理信息加工是指将收集来的大量护理原始信息进行筛选和判别、分类和排序、计算和研究、著录和标引、编目和组织，使之成为二次信息的活动，是对信息进行理性思考的过程。

1. 护理信息加工的原则

（1）标准原则：为方便国内外的护理信息交流，在对护理信息进行加工时，需要按标准化要求进行操作，遵循国内外相关标准，否则，信息的利用价值就会降低。

（2）系统原则：收集到的护理信息应集中在一起，按照一定特征进行排序，以求前后连贯，使之呈现出某一规律或特征，明确相关信息之间的内在联系。只有经过系统化的信息，才能使人发现其中隐藏的某些共性规律。

（3）准确原则：加工后的护理信息内容要精练、简明扼要，记载信息的用语要规范、标准、简明、准确，信息量要适度，重点突出，问题集中，方便用户吸收和利用。

（4）及时原则：由于任何信息均具有时效性，所以在对护理信息进行加工时要有时间观念，收集到的信息要立即加工，力争在最短时间内将信息加工完成，以便最大限度地发挥信息的交流作用。

（5）通俗原则：经过加工的护理信息要便于推广，其内容必须通俗易懂。只有大家都能看明白的信息，才能被人们充分而广泛地利用。

2. 护理信息加工的方法

（1）鉴别：指对信息内容的可靠性予以认定的工作过程。在护理信息收集过程中，受信息收集者的主观因素影响，可能造成信息取舍不当，或由于信息提供者的自身限制可能造成信源失实，使收集到的信息失真、过时、失效，从而引起决策失误，造成重大损失。因此，在护理信息加工过程中，首先要鉴别信息内容的可靠性和准确性。

主要方法：① 查证法，即利用各种工具书和报刊发表的鉴别性文章来查证信息；② 核对法，即用可靠的标准对所收集的信息进行核对；③ 比较法，即用从其他渠道获得的同类信息与本信息进行比较，以验证本信息的可靠程度；④ 信源法，即根据信源的可信度来推定信息的可靠性。

（2）筛选：指在鉴别的基础上对收集到的信息做出取舍，即剔除不适用的信息，或虽然适用但比较烦琐、臃肿的信息，保留先进的、科学的、有用的信息。

主要方法：① 感官判断法，即信息加工人员在浏览审阅原始信息过程中，依靠自己的学识，凭直觉判断信息的真伪和可信度；② 集体讨论法，即对某些个人无法下结论的信息采用集体会诊方法来确定其取舍；③ 专家裁决法，即对一时无法确定取舍的信息交由专家裁决。

（3）整序：指对筛选后保留下来的信息进行归类整理，即将信息按照某一特征分出等级和层次，使之成为系统有序、方便检索的集合体。

具体方法：① 分类整序，如《中国图书馆图书分类法》等；② 主题整序，是以能够代表信息单元主题的词语作为信息标识，再按词语的字顺为序进行整序；③ 计算机整序，运用计算机的排序功能，将存入计算机的信息进行整序；④ 其他整序，包括著者姓名整序、号码整序、时间整序、地区整序、部门整序等。

二、护理信息的储存和利用

（一）护理信息的储存

护理信息储存是指将经过加工处理的护理信息资源，按照一定的规定记录在相应的信息载体上，并将这些载体按照一定特征和内容性质组织成系统化的检索体系的过程。

1. 护理信息储存原则

（1）统一原则：护理信息资源的存储形式应在全国甚至世界范围内保持一致，因此，信息资源存储时需要遵守统一的行业标准、国家标准或国际标准。

（2）便利原则：护理信息资源的存储形式要以方便用户检索为前提，否则会影响用户使用该信息资源。所以，护理信息的存放、排列以及检索工具的编制，必须考虑使用时的便利性。

（3）安全原则：护理信息储存中信息安全是非常重要的，要注意采取先进的保存技术、保密措施，对文献信息要做到防潮、防虫、防火、防盗等。

（4）节约原则：护理信息储存要尽量减少占用的空间（包括现实空间和虚拟空间），节省储存费用，便于保管和检索。

（5）更新原则：储存的护理信息，有相当一部分需要不断更新，所以储存的方式、分类的体系等要便于更新。同时，管理者要及时获取新信息，以便更新已储存的信息。

2. 护理信息储存方法

（1）计算机储存法：即将获取的信息录入到计算机相应的软件中，以统计表、音频、视频、图像、图表等形式表现出来。这些信息既可以储存在计算机硬盘中，也可以转录到光盘等其他的存储设备中，或储存到网络服务器中。这是目前最常用的信息储存方法。

（2）笔记法：在收集信息时随时将需要的信息记在笔记本上，这种储存方法的优点是方便，缺点是不便于分类。

（3）剪报法：将报刊上有用的信息资料剪下来或复印下来，予以分类排列，贴在较厚的统一规格的纸片上，以备使用，缺点是储存的信息量有限。

（4）卡片法：是笔记法和剪报法的结合。它是将原来要记在笔记上的信息记在卡片上，便于分类排列。卡片分为题录卡、摘录卡、专题卡等。

后面三种方法是传统的储存方法，应与第一种方法结合使用。此外，护理信息储存的方法还有录音法、录像法、拍照法等。

（二）护理信息的利用

护理信息的利用是指有意识地运用储存的护理信息，解决护理管理和临床护理的具体问题，或进行护理科研和护理教学的过程。

1. 护理信息的服务方式

（1）提供护理信息服务：即有选择地为信息利用者提供信息服务的方式。护理信息提供服务的主要表现方式包括上网传播、广播、电视播放、图书阅览、病例查询、报纸杂志发行、信息发布等。

（2）提供护理信息咨询服务：护理信息咨询服务是在护理信息提供服务方式的基础上发展起来的一种服务方式。如网上解答、在线解答、病例查询服务、报刊论文索引服务、统计资料咨询服务、在研项目跟踪服务、用户教育服务等。

（3）提供信息网络服务：指建立在计算机、通信等现代信息技术基础上，以应用软件为手段，以信息库为利用对象的一种服务方式。如公开的网站宣传、有条件的图文信息网络服务、电子函件、光盘远程检索服务、远程电视会议服务等。

2. 护理信息的传递　护理信息传递是指以护理信息提供者为起点，通过传输媒介或者载体，将信息资源传递给护理信息接收者的过程。

（1）护理信息传递原则：① 目的明确的原则，护理信息传递是信息管理者有意识地针对特定用户的特定需要而进行的工作，强调传递的目的性和针对性；② 保密原则，护理信息传递时要对传递的过程、途径、方式、方法进行严格控制，同时要控制信息接收者的行为，避免由于信息传递而泄露患者和相关工作人员的隐私，或泄露科研机密；③ 时效性原则，传递不及时，重要的护理信息超过时效，会直接造成组织或部门的损失；④ 高质量原则，要求护理信息传递的质量要高，不能在传递过程中出现信息失真、畸变等现象；⑤ 内容全面原则，要求护理信息传递的内容要全面，避免由于部分信息缺失而导致接受者误判。

（2）护理信息传递的方法：依据不同的划分标准，护理信息传递可分为以下多种方法。

按传递流向不同，护理信息传递可划分为：① 单向传递，即信息发送者直接将信息传递给信息接收者，而信息接收者不将相关信息予以反馈，如护理工作日常报表；② 相向传递，即信息发送者和信息接收者之间相互传递信息，两者均为发送者和接受者，如护士与医生之间有关患者信息的传递。

按传递范围不同，护理信息传递可划分为：① 内部传递，即一个组织机构内部的上下级之间、平级之间、工作部门之间所进行的信息传递；② 外部传递，即不同组织机构之间、组织机构与社会之间所进行的更为广泛复杂的信息传递。

按传递形式不同，护理信息传递可划分为：① 语言传递，即通过对话、座谈、会议、讲座、录音、技术交流和推广人员口授等形式传递信息；② 文字传递，即通过报表、报纸、杂志、图书、黑板报、宣传橱窗等形式传递信息；③ 直观传递，即通过实物展览、现场观摩、商品展销等形式传递信息。

另外，按传递载体不同，护理信息传递还可以分为人工传递、交通工具传递、电信传递、网络传递、光传递等。

（3）护理信息的反馈：护理信息反馈是指信息接收者将护理信息结果反馈给信息发送者的过程。

护理信息反馈原则：① 准确原则，要求如实反馈护理信息接收和使用的客观实际情况，不能夸大或缩小事实；② 及时原则，要求迅速、及时、灵敏地反馈各种护理相关信息，讲求信息的时效性；③ 全面原则，要求反馈的护理信息要有深度和广度，尽可能系统完整。

护理信息反馈方法：① 典型反馈法，即将某些典型护理组织机构的情况、典型事例或病例、代表性人物的观点言行等典型内容反馈给信息发送者；② 综合反馈法，即将不同科室、医院，不同患者、护士及相关人员，或不同事件、病例等内容汇集在一起，通过分析归纳找出内在联系，形成一套较完善、系统的观点与材料，进行集中反馈；③ 跟踪反馈法，即在护理信息传递之后，对特定主题内容进行全面跟踪，有计划、分步骤地组织连续反馈，形成反馈系列。

三、护理信息的应用和发展趋势

现代管理是一个复杂的系统管理过程，只有树立系统观念并增强系统思考的能力，才能比较准确地认识和把握管理，有效地解决管理中的各种问题。如果没有系统的观念和系统思考的能力，管理不仅不会产生积极的效果，反而会导致重大的"灾难"。随着信息论和信息科学的发展，信息的观念跨越了通信系统，步入了许多领域。管理信息系统是计算机技术和通信技术综合发展的产物，用计算机系统进行数据处理和信息管理，可以提高管理效率，使许多管理活动更加迅速、准确，并且省时省力。同时由于计算机网络技术的广泛应用，医疗卫生领域的信息化建设取得了飞速发展，护理作为卫生系统不可或缺的部分，其信息化的发展也受到越来越多的重视，护理在线服务、"遥控"指挥变为了现实，为护理信息管理提供了广阔的发展空间。

护理信息系统是护理信息学理论在护理实践中的具体应用，是一个由护理人员和计算机组成的能对护理管理和临床业务技术进行信息收集、储存和处理的系统，是医院信息系统的一个子系统，从管理视角着手，利用管理信息系统形成高组织化、整体化的决策支持系统，对护理管理者减轻工作负担、掌握护理工作全貌、统筹安排护理资源等具有极大的帮助。

（一）护理信息在护理管理中的应用

根据护理管理需求的整体性、联系性、层次性、目的性、动态平衡性进行量化，结合现代护理管理理论与临床护理管理工作，嵌入现代质量管理工具，形成一个完整的护理管理信息化体系，覆盖护理管理各要素，彼此之间纵横交错，互为因果。护理信息在护理管理中的应用包括了护理制度建设、人力资源档案、护理质量管理、员工绩效管理、科研教育管理、管理风险管理、出院患者管理等项目，并且与医院信息管理有效地结合，实现了资源共享（图 12-3）。

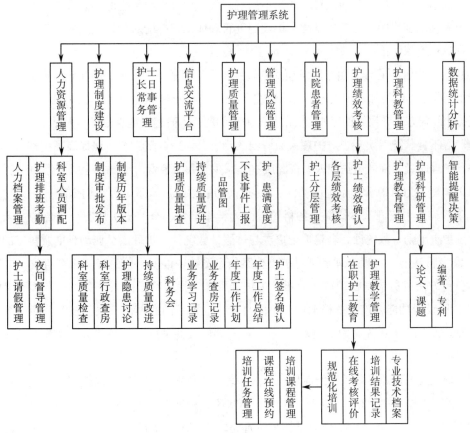

▲ 图 12-3　医院护理管理系统功能架构图

1. 护理制度建设　网络管理模式下的建章立制是医院信息化建设的一项基础工作。保证护理质量的前提是全体护理人员能够建章循制，有章可循，有据可依。严格执行各种规章制度流程，虽然医院有各种宏观的制度和流程，但由于各科室工作任务和内容不同，对制度的执行有一定的细节性要求和具体流程的规定，只有使临床护理人员能方便地查询各种护理标准要求，才能保持护理质量的同质化。

（1）护理制度的建立：按照国家、省（自治区、直辖市）、市卫生健康委员会制定的相关工作制度、护理规范以及医院、护理部、科室制订的制度，分门别类，按目标及需求，根据临床工作实际需要上传工作标准，并随时间顺序，实时记录各项护理制度流程的制订依据、变更历史，保证制度的延续性，并可追溯各个历史时间点对应的版本制度，由此建立一个较为完善的护理核心制度控制体系。

（2）护理制度的管理：护理制度实行生命周期管理，制度的使用时间通过不同色块管理。制度的修改听取一线临床护理人员意见，对修改后的制度进行公示培训，上传更新制度后保留既往版本供查阅，使临床护理人员提高根据制度做事的依从性，养成"写你所做的、做你所写的"的工作习惯，提高护理质量和保障患者安全。

（3）护理制度信息化的优势：实时记录各项护理制度的制订依据、变更历史，保证制度的延续性，可以追溯各个历史时间点对应的版本制度。无纸化办公与传统的办公方法相比，修改内容能及时更新到制度库中，有效建立健全护理制度管理体系，并能对护理人员在线学习护理制度和阅览过程进行追踪评价。

2. 护理人力资源管理　由于医学模式的转变、责任制整体护理模式的实施，患者对护理的需求和护士工作量不断增加，护理人力资源配置不足的情况更显严峻。该管理方法的应用有效地解决了传统护士编配方法导致的护理人力资源分配失衡问题，不同程度地克服了"人浮于事"和"超负荷工作"等不良状况，实现了对护理人力资源的动态、合理调配，有效地提高了护理人力资源利用效率和护理质量，降低了护理人力资源成本，减少了人才浪费，增加护士对工作的满意度。

（1）护理人力资源管理系统的功能：① 查询功能，通过该系统可查询全院护士人力资源情况、全院各科人力资源基本情况、各科护士个人档案信息、全院班次情况、全院护士未在位情况、全院护士出勤日数统计、全院护士班次与休假日数统计、护理人员调动日期及科室的变更情况等。② 分析功能，护理管理者可对护士档案信息系统中的所有信息进行综合查询，并利用多种数据分析方法进行信息自动整合分析，为护理管理者提供科学的人力资源动态调配策略作参考。③ 权限设置功能，该系统根据用户不同身份，设置不同的操作权限，权限分为"系统管理员""护理管理用户""普通护士用户"，不同科室和层级的护理人员在查看、修改、录入等操作上，权限不同（图12-4）。

（2）护理人力资源管理系统的应用：目前护理人力资源管理系统主要应用于护理人员档案管理、统计护理工作量和预算护士人数、护理人员排班、护理人员假期管理等方面。

1）护理人员档案管理：护理人员档案管理是护士职业发展的说明书，可以完整地记录护理人员从入职开始到职业生涯结束的动态变化。档案管理系统包含护理人员基本信息、工作经历、教育过程、护士执业证书、专业发展、继续教育、科研成果及业绩等内容，方便管理者对护士的资格审核，有助于护士的岗位管理、职业规划以及人才遴选。档案内容可一次输入，永久保存，

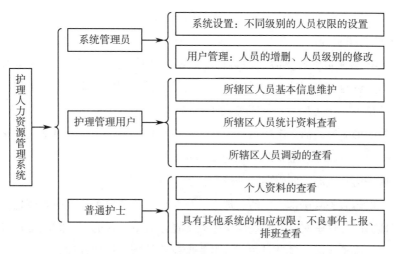

▲ 图12-4　护理人力资源管理系统不同用户权限设置

不但有效解决以往资料保存不全，查询困难的问题，而且减少因手工操作产生的误差。依据需求可查看各种信息系统的交互、生成和自动显示功能，系统强大的查询检索功能更有助于管理者全面掌握每一位护士的信息，了解护士队伍的层次结构，方便各级护理管理者实现调动和人力分派的决策，从而为人才管理的监控和计划提供了便捷、可靠的依据。

2）统计护理工作量和预算护士人数：根据临床实际护理工作量，结合患者所需护理时数计算出预设护士人数。系统设有与护理工作有关的医嘱关联标记，护士人力计算及人员调配由与医院医嘱系统连接的公式自动生成，护士人数＝（定编的床位数×床位使用率×人均护理时数/每位护士工作时间）×休息系数×机动系数，人均护理时数＝每位患者直接护理时数＋每位患者间接护理时数。其中休息系数＝365/（365−休息日数量），机动系数＝1＋机动值，由于护理工作随机性强，难以测量，一般机动值设为10%~20%。

应用信息化管理平台对患者实施分级护理，建立护理工作量的模型，根据不同专科评估患者的病情严重程度和生活自理能力，系统能自动统计出各科室每日的护理时数及床护比、护患比，使管理者确定每个科室的排班是否合理。同时这也是护理人力资源的预警系统，帮助管理者判断是否存在因人力资源不足而导致护理风险的情况。由于护理管理系统与医院医嘱系统的有效对接，使人力资源配置更加精确，使管理观念从主观判断转变为以数据为支持的精细管理化，使管理者能够对各科床护比进行实时监控。

3）护理人员排班：护理人员排班是护士长依据病区内患者数量及患者病情要求，遵循以患者为中心的原则，确保24小时连续的护理工作，对所管辖的护士、学生、进修护士进行夜班轮转与白班工作岗位人力资源安排。人力安排应根据护士层级及患者护理级别落实责任分区，保证护理工作的有效衔接，避免工作相互干扰重叠以确保护理质量。护士长作为排班负责人，具有本科室人员设置和排班操作权限，可根据患者人数、病房床位数、床位利用率、分级护理情况等进行排班。排班表中护理人员的姓名由护士档案综合信息系统自动提供，根据医院实际工作建立班次数据库，并可在班次及假期中备注具体班次的信息。系统设置另有快速换班、人员调出、保存模板、参数设备、排班汇总、查看班次、生成打印等功能。

4）护理人员假期管理：在护理人力资源的保障中，减少护理人员的相对流失是非常重要的一项管理内容。护理人员的各类假期、病假将会影响患者的护理时数。将假期管理纳入绩效考核，能够使护理人员对长期有效工作时间的关注度提高，主动减少非必要的工作时间缺失。在日常护理管理中，信息系统可以发挥主动管理的效能，减少不必要的请假造成的相对性人员不足，避免护理人力的隐形流失。信息系统对员工时间进行管理，将工作时间更加精确化，以便于提高长期统计的便捷性。以满足以上功能需求为基础开发的护理信息系统，可以极大地帮助管理者提高管理效率。通过信息流展示的假期管理流程：护理人员如需请假，凭医生开具的医疗诊断证明书，在系统中填报请假关联信息，如请假理由、病假诊断及开单医生资质等信息，经所在科室护士长及假期管理部门信息审核后，假期申请生效。在系统中录入的假期时间截止点，系统自动将请假人员信息推入排班界面。通过对护理人员假期流程管理，护理管理人员能有效掌握全院护理人员在岗动态和健康状态，为全院护理人员的动态调配提供客观数据支持；能够对医生开出的病假诊断证明的合理性进行审核，规避不实和不恰当的假期产生，减少护理人力资源的隐形流失。借助信息系统，护理管理人员能够精确、动态地对护士假期进行管理，实时关注护理人员的身心健康，提高护士满意度，达到了管理上的"双赢"。

（3）护理人力资源管理系统应用的优点：① 保证信息资料的完整性和连续性。全面、动态、规范管理护理人员专业技术档案，保证护理人员信息的连续、完整性，健全护理人员的档案管理。② 信息共享。使护理管理部门与每个护理单元、相关职能部门建立信息快速通道，使护理管理者迅速获取各科护理人力的基本情况，迅速调配人力资源，有利于提高护理质量。③ 方便临床并提高管理效能。通过网络，护理管理者充分利用信息资源的共享，应用管理监督机制，提升管理透明度，增强护士约束力，提高管理效率。④ 方便护理管理者及时准确掌握护理信息。护理管理者及时、准确地掌握护理人员信息，科学、合理、动态调整人员调配策略。⑤ 护理排班系统与假期管理系统可以使护理人力资源得到最大化使用，也让管理层更贴近护士。

知识拓展 | **护理时数**

护理时数包括直接护理时数及间接护理时数。

所谓直接护理时数，是指护士直接为患者提供护理所需要的时间，直接护理工作包括测量生命体征、入院评估、口腔护理、更换床单位、各种治疗等。间接护理时数是指间接为患者提供护理所需要的时间，不涉及具体患者及病情的护理项目，包括护理文书处理、处理医嘱、物资管理、清洁消毒、交接班等项目。计算公式为总间接护理时间除以患者总数，即为每位患者的平均间接护理时间。

测算护理时数时，受到多方面的影响，如不同病区、不同专业、护理操作的熟练程度均会影响直接及间接护理操作所需要的时间，主要原因可能是：直接护理操作时间与患者的病情严重程度及自理能力有关系；间接护理操作时间与患者的需求有关，如操作前解释、宣教耐心、记录翔实等。

3. 护理质量管理 指按照护理质量形成的过程及规律，对构成的护理质量各要素和环节进行计划、组织、协调和控制，以保证护理质量达到规定的标准，满足甚至超越护理服务对象需要的活动过程。护理质量控制的对象包括人力、财力、物力、时间、信息，这五个要素构成了护理质量的基础。护理质量管理作为医院医疗质量管理的重要组成部分，是衡量一个医院医疗服务水平的重要指标，是护理管理工作的核心，护理质量的优劣直接影响医院医疗质量和医疗安全。加强护理质量管理、提高护理服务质量及患者满意度是护理管理的中心任务，也是确保患者得到优质、安全、满意的护理服务的重要管理手段。

（1）护理质量控制内容：护理管理强调同质化，建立完善的护理质量标准信息库，做到标准同质化、过程同质化、判断同质化，以促进护理管理标准化、规范化、精细化。护理质量管理系统主要有护理质量管理子系统、护理不良事件子系统、护理近似错误管理子系统等。

1）护理质量管理子系统：护理质量管理子系统涵盖护理质量评价标准、夜查房、护理质量改进工具等内容。基于国家医院等级评审标准、美国医疗机构评审联合委员会国际部（The Joint Commission International，JCI）国际医院管理标准认证，在护理质量管理系统中植入医院护理管理的所有要求和工作流程中关键性步骤的质量要求，预设质量控制的抽样方法和指标权重，对敏感性指标涉及的质量监督记录问题的描述及问题发生的数量，通过信息系统实施目标管理，落实各环节护理服务质量标准，将质控指标体系和原始数据标准化，护理质量监控小组定期、不定期地检查结果准确及时地录入计算机，由计算机完成对这些信息的储存、分析及评价。全院护理人员可随时浏览护理质量的标准要求来指导护理工作，做到工作有据可依，以达到同质化、标准化的护理质控目的。应用PDCA、品管圈等质量管理工具，实现了最大限度的护理不良事件收集、分析、交流、安全信息共享，促进护理安全质量管理的持续改进，使护理管理精细化，并为上级管理者的决策提供数据支持。

2）护理不良事件子系统：该系统包括护理投诉、给药错误、压疮、跌倒、坠床、职业暴露、药物外渗、烫伤、非计划性拔管、失禁相关性皮炎等护理不良事件管理模块。通过该系统可实现对这些护理不良事件的非惩罚性上报，并按质量管理目标进行分类管理。分类统计时可以按事件发生的原因、过程、高危环节、途径、相关因素等进行，这对不良事件的预防有积极作用，能够帮助护士长发现该科室在制度、流程、管理等方面的缺陷，也有助于护理部在管理上的不断精进和完善。

3）护理近似错误管理子系统：该系统的主要目的和功能是及时发现潜在的问题和隐患，并及时采取纠正措施避免错误的发生。护理近似错误管理系统包括近似错误的类型、发现的途径、采取的纠正措施、系统改进行为等模块。

（2）护理质量控制方法：采用过程管理和终末管理相结合，横向管理与纵向管理相结合，逐级管理与自我管理相结合的方法进行质量控制。护理管理者以"帮助的思路"作为检查的起始点和终结点，全面提升护理质量。护理质量控制方法包括护理部层面的检查、科室自查、各专科护理质量检查等，改变以往传统护理质控检查存在的问题和持续改进困难，科室的追踪改进耗费大量人力和时间的弊端，达到病区、护理部质量管理标准信息库的资源共享。

（3）护理质量控制流程：护理质量管理信息系统中，对质控检查存在的问题进行色块管理并自动提醒，对未完成整改的问题不断提示预警，自动筛选出各分值标准项目，提醒相关护理人员总结分析，制订改进措施，实施改进，并将不合格项目组合成新的检查表格，推送给护理管理者再次跟踪质控，以此循环持续改进，最终达到质量持续改进目标。

（4）质控结果统计分析：通过系统体现规范化管理，质控检查存在问题自动提醒，通过整改、专家指导、质控会议等方式呈现，能科学有效地指导护理质量控制的实施，此过程不仅注重质控结果，更注重过程质控。同时质控的结果可以以图表的方式呈现，提供护理人员分布、患者满意度、质量检查扣分率、绩效考核排名、PDCA成效、安全事件统计等图表分析。

（5）护理质控事件输入权限：根据护理部、科护士长、护士长三级管理架构，护理质控设置护理部、科护士长、护士长、质控小组、护士等不同操作权限。登录后，可以查看自己权限内的护理质控任务和情况。

（6）护理质量控制系统的优势：利用信息化护理管理系统，实现数据管理的多元化与自动化，建立全面质量控制的信息库，并可以对护理质量敏感指标进行分析，为护理管理者提供决策依据。护理管理者实时、全面掌控护理质量，发现问题及时纠正问题，变终末质量管理为环节质量控制。应用标准信息化语言对各级查房数据进行督导，并制订有针对性的措施，使质量管理路径清晰可追溯。完善的护理管理体系能有效地规范护理人员的行为、规避风险，减少护理不良事件的发生，保障患者安全，提高患者的满意度。

4. 护士绩效考核系统　　是考评主体对照工作目标或绩效标准对护士进行考核的方法，即采用科学的考评方法，评定护士的工作任务完成情况，护士的工作职责履行程度和员工的发展情况，并且将评定结果反馈给护士的过程。

（1）护士绩效考核的方法：护士绩效考核系统分护士长绩效考核体系和分层使用下的护士绩效考核体系。以多维度结构理论为基础建立绩效考核指标体系，按任务绩效、关系绩效、适应性绩效等内容，分护理质量控制、业务管理、工作态度及责任心、合作能力、学习能力、应急能力等不同指标赋予权重系数，建立明确、量化的考核指标。护理管理者可以对护士进行分层级的评价，双向沟通，护士可在绩效管理的平台查询考核标准和结果，进行反思改进。

（2）护士绩效考核系统的优势：绩效评价改变以往以"人"为对象，建立以岗位为对象，制订的评价标准具有客观性及可测量性。通过信息化管理，建立科学、合理、有效的护理绩效评价系统，操作方便、考核结果公开透明，且客观真实、可信度高，并可追踪。考核相关的客观数据能从医院信息系统中提取，客观真实地体现护士的劳动价值。通过绩效辅导，帮助护理人员改进工作，提升护士的综合能力，提高护士工作积极性，促进护士职业发展，提高护士满意度。

5. 护士长日常工作事务系统　　护士长日常工作事务手册是护士长工作的备忘录，是用统一的格式记录护士长工作计划以及实施、落实情况的记录，是护士长管理工作中必不可少的工具。利用信息系统，改变传统纸质版护士长手册存在的信息量少、记录不及时、缺乏动态连续性等弊端，以"帮助的思路"构建护士长病区事务管理，建立统一模式的信息化管理平台，使病区管理更加实时化、标准化及规范化。根据病区护士长的工作性质，系统能够将计划、目标等工作以任务列表的方式呈现，并给出统一的质控标准及检查方法，指导护士长PDCA管理模式，以标准化的程序管理病区日常工作事务，并对存在的问题进行分析整改，增强了护士长工作的计划性，利于年轻护士长的学习及成长，使护理管理者能实时监控全院护理质量，最大限度地收集、分析、交流、共享管理信息，使管理信息的及时性、准确性、连贯性获得了保障，为决策提供理论依据，促进护理质量持续改进。

6. 护理科教管理　护理技术的发展和进步，离不开护理人员的不断学习、汲取更新知识、不断创新进取。护理学科的发展对护理人才培养提出了新的要求。护理人员的培训与继续教育管理为员工的学习提供了快捷的途径。护理人员对护理理论、技术进行学习和创新，是护理学科发展的重要推动力。护理科研教学管理的信息化建设能够促进临床科研教学工作的规范化、标准化、现代化，推动护理学科发展。

（1）在职护士教育管理：学分管理规范了护士培训和继续教育管理，为医院护士的晋职管理提供了客观依据，有效地促进护士职业素质的提升。通过信息化进行护士的继续教育管理使教育脱离传统思维，转变为远程、多维度、资源共享的模式。例如，通过网络平台，护理管理者可以从系统查询每个层级护士的培训菜单，及时发现护士培训的漏洞，判断该护士培训内容是否符合岗位需求。同时，护士也可在系统中查询到岗位胜任力的详细要求，自由地选择学习内容，进行在线学习，达到自我培训的目的，有利于其职业发展。

（2）护理教学管理系统：护理教学管理系统包括护理实习生的动态管理档案系统、在线考试系统及教学检查管理系统。在护理教学信息化管理过程中，实行院、科二级管理，动态管理和维护护理实习生的信息资料，完善教学档案，并对系统使用人群，如护理教学管理者、教育护士、带教老师、护理实习生等进行不同权限设置。带教老师及护理实习生进行"教"与"学"双向评价，确认教学活动的落实，反映教学效果，提供教学反思的基础，全面提升护理教学的质量和成效，促进教学不断完善及发展。

（3）护理科研管理：任何一门学科的发展与进步都离不开科研活动，随着医学模式的改变，护理理论需要进一步地完善，护理技术需要革新，护理人员是从事护理科研工作的主力军，在护理科研工作中有较大的发展潜力和空间。护理论文及科研项目是护理科研成果的主要表现形式，其数量及质量能间接反映护理人员科研意识、科研水平和医院护理科研开展情况。借助信息化，实现护理科研论文、科研项目及成果管理，建立、健全护理人员科研成果网络化管理，全面、系统地收集、整理、储存成果资料，如科研论文、科研课题、著作译著、专利等，正确有效地评估员工的科研能力及成果质量，从而保证护理科研管理的规范化、程序化、科学化，提高科研管理的效能，提升护理人员的自身价值及护理专业可持续发展。

7. 护理风险管理　护理风险是指医院对患者提供护理服务过程中存在的一切不安全因素，一旦忽视就会发生意外，进而引发医疗纠纷。风险管理是各单位衡量、分析自身存在的风险因素后进行全面的评估，且在评估结果基础上制订有效的应对措施，通过最低成本达到安全保障的管理方法。护理安全是护理工作的核心，建立一个实时、高效、有针对性的护理风险预警管理系统，对护理风险实行前瞻性和全程动态管理，及时、有效地规避护理风险，能有效提高护理质量。借助信息平台，构建多方位、多途径、多视角的护理风险管理是一项保障患者安全的重要策略，实施有效的管理方式，把护理不良事件的消极处理变为主动的积极预防，防范和减少护理纠纷，构建和谐的护患关系。

（1）评估预警系统：有效护理评估作为护理工作的第一步，对于制订详细而准确的护理计划及采取针对性的护理措施举足轻重的作用。利用信息化平台，将疼痛评估、压疮风险评估、跌倒/坠床风险评估、导管滑脱风险评估、走失风险评估、自理能力评估等评估内容置入信息系统，并将护理评估结果与信息化有效结合，构建一套完善的风险管理体系，可以有效提高护理评估正确率，规范护理流程，提升护理人员对患者风险识别及应对能力，降低护理不良事件的发生率，保障患者的安全。

（2）不良事件管理系统：利用信息网络平台，将护理不良事件与护理管理系统有效结合，实现网络填报，简化流程，自动统计，改变以往纸质版呈报及统计麻烦的缺点，同时系统能对护理不良事件发生的高危患者、高危时段、高危环节等相关因素进行详尽分析，结合无惩罚的原则及质量改进的方法，增加护理人员自愿上报率，避免类似事件再次发生，促进护理质量持续改进，确保患者安全。

（3）护理风险预警和实时监控：护理信息化助力风险预警管理，提高护理人员的风险意识和应对能力。利用信息网络平台，建立护理安全管理平台，例如，结合移动式护理站，能够降低护理人员给药错误的发生率；在临床检验危急值管理方面，通过移动网络信息化平台及时、自动推送检验危急值的报告，医务人员可以通过手机或平板电脑等移动设备，随时随地查看危急值的报告以便实现实时监控，监督并提升医护人员对危急值处理的及时性，保障患者安全；在日常工作管理中，将临床护理工作项目与医院医嘱系统对接共享，护理管理者对护理工作全程监控，使护理风险预警容易感知获取，质控关键点提前，做到事前有效预防，并将护理质量监控指标量化分析，可有效规范护理人员的行为，提升护理质量，提高护理人员及患者的满意度。

8. 出院患者管理　出院患者管理系统通常包括患者信息管理、出院计划管理、出院指导与教育、出院评估与审核、出院后随访、数据统计与分析等模块。医护人员通过系统登录后，可以根据权限进行相应操作，如录入患者信息、制订出院计划、进行出院评估等。患者也可以通过系统进行操作，如查看出院计划、接受出院指导等。出院患者随访是医院服务功能的延伸，也是医院"以患者为中心"的人性化服务的体现，完善的随访服务有益于患者的身心康复，促进医患服务的改善。随着信息化建设的迅速发展，构建良好的出院患者随访系统，为出院患者搭建了与医院联系和互动的平台，提供了有效的康复指导及便捷的院外医疗服务，通过系统能自动提取患者相关信息进行回访统计和查询功能，回访信息在同一平台上实现医护沟通，医生会对患者进行线上跟进并提出干预意见，提高工作效率和随访的有效性，增进护理人文关怀，构建良好的医患关系。

（二）护理信息在临床护理中的应用

护理是医院工作不可或缺的部分，护理信息系统（nursing information system，NIS）成为医院信息系统（HIS）的构成要素之一，其发达程度直接影响着医院乃至社区卫生服务的管理与工作成效。护理信息系统主要包括具体患者管理、医嘱处理、药品管理、费用管理等功能，一般也称为护士工作站，主要完成护士工作的业务处理。通过临床护理信息系统能有效地掌握护理工作状况，充分发挥各级指挥的功能，使护理工作得以惯性运行，大大提高护士的工作效率、有效地减少差错、支持临床决策。

随着计算机信息技术的迅速发展，现代数字化医疗设备的应用研究正成为国内外医学领域中的一个重要课题。其中移动护士站技术在国内的一些医院也逐步开展实施，它将临床护理工作有效地延伸和扩展到患者床旁，具有移动性、便携性的特点，以及实时记录和修改功能。

1. 系统设计　临床护理信息系统是以医院信息系统为支撑平台，以个人数字助理（personal digital assistant，PDA）为硬件平台，以无线局域网为网络平台，将护理信息系统延伸至患者床边。该系统根据护理工作的流程和专科护理质量要求，嵌入标准化护理语言和经过实证研究的护理路径和标准护理行为，提供护理诊断库和根据护理诊断相关联的护理措施，具备各类护理评估工具，对评估结果具有实时汇总、分析、诊断的功能，帮助护士为患者提供个性化临床护理决策。由于各科室护理业务工作的特殊性，临床护理系统由通用的护士工作站和增加部分特殊功能的临床专科护士工作站组成，如急诊科护理信息系统、监护室护理信息系统等。

2. 记录方式

（1）护理电子病历系统：护理电子病历是电子病历的重要组成成分，也是评价电子病历系统水平的指标之一。护理电子病历系统提供患者生命体征记录和各类护理文档记录功能，包括体温单、护理评估记录、护理计划、病情护理记录单、健康宣教、出院记录单等（图12-5）。护理电子病历属于护理文书，具有举证作用，因而严格管理使用权限尤其重要。除采用用户名和密码登录外，护士只能修改自己的记录；护士长和护理组长可以修改所管辖护士的记录；护理电子病历软件对电子病历的书写时限、书写质量进行事前提醒、事中监督、事后评价，为护理病历质量提供了方便、快捷、安全、有效的管理途径。

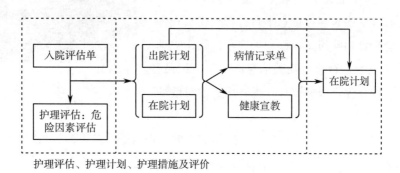

▲ 图12-5　护理电子病历系统框架

在护理电子病历系统中，通过标准化语言按照逻辑推理程序编制知识库，以护理程序为主导框架，建立完善的护理电子病历系统。在临床护理信息系统中植入结构化护理记录、护理诊断库、不同护理问题的相关护理措施、健康教育的关键内容、专科疾病和症状、诊疗措施的护理路径书写模板，极大地方便了护士，既节约护理书写时间，也为护士提供了知识库，使护士通过信息系统知识库实现部分自我培训的功能。

护理人员应用具有管理功能的护理电子病历系统对患者进行评估、病情记录，建立个性化的护理计划并制订护理措施时，按护理项目的步骤选择填写需要的内容，形成细致、准确的记录，操作简单、方便。例如，当护士要对"出血"症状进行记录时，系统会以菜单的形式提示需要填写出血的部位、出血量等，既节省了护士记录护理文书的时间，同时还避免了低年资护士由于缺乏经验而造成的疏漏和错误，保证了患者资料的完整与标准，确保了患者安全。

（2）个人数字助理：PDA作为一种较为理想的患者床边信息采集设备，它将临床护理工作有效地延伸和扩展到了患者床旁，具有移动性、便携性的特点，以及实时记录和修改功能。该系统借助病房无线网络覆盖，进行患者身份、药品及检验标本条形码识别，采用护理操作掌上电脑主动提醒功能，主要用于护理人员在执行给药、标本采集等操作时核对患者身份信息，跟踪医嘱的实际执行过程，真正做到了五个正确（5 right，5R）："正确的患者、正确的药物、正确的剂量、正确的时间、正确的方法与途径"。同时PDA兼具查询患者信息功能以及通过任务分配和管理、病历和医嘱查看、药物管理、实时通信和协作、数据采集和记录等方式帮助护士调剂工作量，使服务的即时性提高、信息的衰减性降低，真正做到"把时间还给护士，把护士还给患者"，确保患者安全，使患者放心的同时，也减轻了护士的心理压力。

（3）移动护理车（mobile nursing cart，MNC）：通常被称为移动电脑（图12-6），主要由触摸屏、天线、文件盒组成，集成了住院医生工作站、移动护理系统、护士工作站、电子病历、护理管理系统。通过应用该推车，医护人员可以通过WLAN连接信息平台进行操作与查询工作，及时处理患者相关信息。移动护理车使临床护理人员在患者床边就能进行患者相关信息的采集、记录、查询、处理和传输，优化服务流程，提高服务的时效性及工作效率。

▲ 图12-6　移动护理车

护理电子病历和移动护士工作站可以提高护士的工作效率，护士通过PDA、移动护理车在患者床边完成病情评估、制订个体化护理计划、实时护理记录、健康教育等护理活动，通过条码扫描保障患者身份识别的安全性。消除信息孤岛，护理信息系统与医院信息系统、实验室（检验科）信息系统（laboratory information system，LIS）、影像归档和通信系统（picture archiving and communication systems，PACS）全面接口，责任护士可以方便地浏览患者相关的医疗信息，通过与医生工作站的互访，使医护一体化的服务模式得以实现。

（4）智能手机移动终端应用系统：随着科技的进步，以移动互联网为载体，开发的智能手机移动终端应用系统，相比PDA、移动护理车成本更低，不仅携带方便，而且支持多种输入模式，包括手动触摸、语音录入、条码扫描，最为重要的是可以在无网络的情况下正常使用，实现医护人员在自己的手机上就可以查询患者的病历资料、发送教育信息、预约诊疗和院后随访等功能，最大限度地简化了患者的就医流程，为实现高效、便捷、优质、低费用的医疗、护理服务创造环境。

（5）护理临床路径信息管理系统：临床路径是指针对一个病种，制订医院内医务人员必须遵循的诊疗模式，使患者从入院到出院依照该模式接受检查、手术、治疗、护理等医疗服务（图12-7）。护理临床路径是患者在住院期间，根据某种诊断、疾病或手术而制订的一种治疗护理模式，是针对特定的患者群体，以时间为横轴，以入院指导、接诊诊断、检查、用药、治疗、护理、饮食指导、活动教育、出院计划等理想的护理手段（临床路径必须是医护及辅助人员共同来完成）为纵轴，制订一个日程安排表，对何时该做哪项检查、治疗及护理，病情达到何种程度，何时可以出院等目标进行详细的描述说明与记录路径。应用临床路径开展电子医嘱的设置、变异分析、流程优化、质量评价以及绩效考核等，缩短住院时间、减少并发症等，促进医疗质量提升，提高医疗品质。

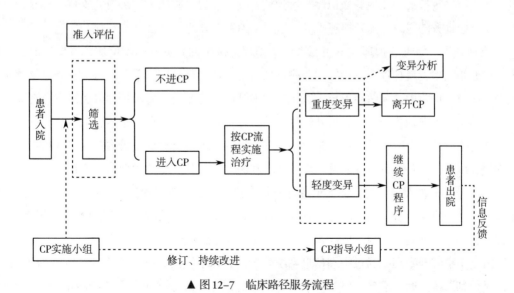

▲ 图12-7 临床路径服务流程

护理临床路径是以系统理论为基础，具体实施方法如下：① 多学科医务人员进行治疗护理计划的制订；② 将指南和证据运用其中；③ 细化治疗及护理的步骤，包括制订护理计划、路径方案等；④ 建立标准的时间进度表；⑤ 建立某一临床具体问题的标准化治疗、护理流程。

护理临床路径把诊疗护理常规合理化、流程化，使病程的进展按流程进行有效控制，其最终结果是依据最佳的治疗护理方案，降低医患双方的成本，提高诊疗护理效果。临床护理路径的实施，减少了护士进行护理文书书写的时间，提高了工作效率，促使护理活动标准化、程序化，使得护士由被动护理转换为主动护理。

护理临床路径与移动护理信息系统相结合，实现入径患者的床边护理评估、医嘱执行、费用查询、护理宣教等操作，极大地提高了护理工作效率。

3. 健康教育　护理健康教育是医院健康教育大系统中的一个分支，是护理人员针对患者或健康人群所开展的具有护理特色的健康教育活动，是实施整体护理中的具体护理内容之一。健康教育在护理研究及实践中扮演着重要的角色。按专科特色设立结构化的健康教育的提纲，从疾病、入院、出院、药物、饮食、设备、康复、心理、宗教安全等层面全方位构建健康教育知识库，建立顾问式人机对话交流平台。健康宣教采取以护理人员为主导，患者及家属积极参与的方式，评估被教育对象对教育能力需求，如语言、阅读、书写、理解能力，以及学习的意愿及喜欢的教育方法等，宣教时，选择合适的教学方法，并进行效果评价，评价结果按色块进行管理，提醒护理人员宣教频次，将健康宣教内容不断渗透，另外健康教育内容可以编辑及打印。

为患者制订个性化的健康教育计划，如：对患者进行健康评估、制订个性化的健康教育内容、通过信息系统提供多媒体健康教育资源。集合连续性、渗透性的健康教育方式，如：通过信息系统记录患者的健康教育情况，进行定期的随访和跟踪，及时了解患者的学习和行为变化，以及存在的问题和困惑。通过以上方法能有效解决患者的健康问题，提升患者对康复知识的知晓率，提高患者对疾病的主动认识及遵医行为，自觉采取健康的行为方式，提高患者满意度及生活质量。建立统一规范的健康教育知识库，达到信息共享，提供临床护理决策的支持，提高护士专科护理及健康宣教的能力，提升护理质量，达到了护患双方的"双赢"。

4. 数据利用　完善的护理电子病历系统使护理记录中的数据利用度增加，方便提取护理服务质量的原始数据，使护理质量指标的监测落到实处。通过信息网络平台，将护理质量敏感指标中跌倒、压疮等危险因素评估结果导入医护患智能呼叫信息系统，警示护理人员患者存在高危风险，及时落实各项护理预防措施，另外通过监控护理信息系统中护理质量相关的各种数据，监测护理评估的准确性、及时性及护理措施的落实率，提升护理人员对该条目内容的掌握程度，有效降低跌倒、压疮等护理不良事件的发生率。建立在医院信息基础上的护理信息系统，通过对医院的各个部门、各个护理过程的全部信息数据进行直接采集、处理，通过信息系统提供优化组合、智能判断、辅助决策，随时质量跟踪，发现质量问题，实施质量控制和质量评价，将传统的终末质量控制转换为过程质量控制，是持续质量改进的有效方法。

决策基于事实与数据，通过护理信息系统与护理管理系统的无缝对接，建立 PDCA 的良性循环，通过信息系统及时、准确采集，科学、定向分析各类数据，针对质量存在的问题制订改进措施，持续改进，最终促使护理质量不断提升。真实的护理质量评价方式和绩效考核使临床护士重视每一位患者的服务细节，全面提升护理的整体质量。

导入情境分析

1. 护理人力资源管理信息系统较传统纸质档案管理系统有哪些优势？

通过人事档案信息化管理，告别手工收集、整理、归档等，既降低发生错误的可能性，也方便实现浏览、借阅、查阅、统计等功能，为人力资源开发、利用管理提供实时有效依据，有效提高人事档案管理工作效率及扩展性，促进人力资源管理迈上新的台阶。

2. 请说明护理管理者如何有效利用护理人力资源管理系统来加强对护理人员的管理？

（1）通过对护理人员的个体行为进行统一规范，促进实现组织目标。

（2）有效利用护理人员的工作技能，提升医院护理专业的服务质量。

（3）运用科学方法解决护理人员的人事问题，为医院提供训练有素的护理人员。

学习小结

信息是一个有多层含义的概念，有广义和狭义之分。信息是事物的本质、特征、运动规律，以及事物之间相互联系、相互作用的反映。

- 信息的特征包括：客观性、真实性、传递性、依附性、价值相对性、时效性、共享性、可处理性。
- 信息的类型：可按信息发生的领域和信息的表现形式进行划分。
- 护理信息的概念：在护理活动中产生的各种情报、消息、数据、指令、报告等，通常以声音、图像、文字、数据等形式表现和传递，是护理管理中最活跃的因素。
- 护理信息的特点：生物医学属性、相关性、不完备性、准确性、复杂性。
- 护理信息的分类：护理业务信息、护理科技信息、护理教育信息、护理管理信息。
- 护理信息学定义：护理信息学是以信息论、控制论、计算机技术、人工智能技术和仿生学等学科为基础，研究护理信息、数据和知识的收集、储存、检索和有效利用的交叉性学科。
- 护理信息系统的分类：护理业务管理信息系统、护理行政管理信息系统、护理科研教育信息系统。
- 护理信息收集的定义：护理信息收集是指依据护理信息用户的需要，寻找、选择与护理相关的信息并加以聚合和集中的过程。
- 护理信息收集的原则：针对性、选择性；主动性、及时性；系统性、连续性；真实性、可靠性；计划性、预见性；适用性、经济性。

- 护理信息储存的定义：护理信息储存是指将经过加工处理的护理信息资源，按照一定的规定记录在相应的信息载体上，并将这些载体按照一定特征和内容性质组织成系统化的检索体系的过程。
- 护理信息储存的原则：统一、便利、安全、节约、更新原则。

（张媛媛）

复习参考题

一、选择题

1.【A1】二次信息不包括（　）
　A. 题目
　B. 文摘
　C. 录音剪辑
　D. 录音带
　E. 照片

2.【A1】生物信息不包括（　）
　A. 疾病信息
　B. 喜怒哀乐信息
　C. 植物的花色
　D. 植物分泌的香精
　E. 山川河流

3.【A1】护理信息传递时要遵循的原则是（　）
　A. 目的明确原则
　B. 保密原则
　C. 时效性原则
　D. 高质量原则
　E. 真实性原则

4.【A1】以下不是护理信息系统的特点的是（　）
　A. 高度集中性
　B. 相关性
　C. 适应性
　D. 信息量大而复杂
　E. 及时性

5.【A1】以下选项不是信息收集的原则的是（　）
　A. 针对性、选择性
　B. 适用性、经济性
　C. 主动性、及时性
　D. 系统性、连续性
　E. 计划性、不可预见性

二、简答题

1. 护理信息的特点及种类有哪些？
2. 护理管理系统的项目包含哪些主要内容？
3. 当今社会护理信息化在护理管理中的应用主要体现在哪些方面？

三、案例分析题

护理信息管理的电子化实施

某医院是一家大型综合医院，拥有多个科室和护理部门，每日需要处理大量的护理信息和数据。目前，护理信息管理主要依赖于纸质文档和手工记录，存在信息传递不及时、数据易丢失和难以统计分析等问题。为了提高护理质量、提升工作效率和减少纸质文档的使用，该医院决定将护理信息管理电子化。然而，在实施电子化护理信息管理的过程中，遇到了以下问题。

请思考：

1. 如何确保护理信息的安全和隐私保护？
2. 如何评估电子化护理信息管理的效果和改进方向？

第十三章　　　护理管理与医疗卫生法律法规

学习目标

知识目标	1. 掌握　护理法规与制度基本知识。 2. 熟悉　护士的权利和义务。 3. 了解　我国卫生法体系。
能力目标	能运用相关法律法规与制度指导日常临床护理实践工作。
素质目标	具有主动运用法治理论全面指导护理工作的管理意识。

导入情境与思考

张某，62岁，因慢性阻塞性肺疾病并发急性右心衰入住呼吸内科，住院1周后，家属放弃治疗，拟自动出院，责任护士随手将未启封、贴有另一位患者李某输液标签的生理盐水给张某输注，并口头告知家属，此液体还未启封没有加入任何相关药物。家属当时未提出疑问。一周后患者去世，家属却手持输液空瓶向医院提出索赔，理由是当日的责任护士将李某的液体输给了张某，间接导致张某死亡。

请思考：

本案例中责任护士的处理方法是否正确，并分析原因。

　　随着社会经济的发展及法制的健全，人们的法律观念日益增强，对护理质量的要求越来越高，这些都对护理管理者提出了更为严峻的挑战。因此，护理管理者必须高度重视增强护士的法律意识，使护士做到知法、守法，有效避免护理纠纷的发生。

第一节　医疗卫生法律法规概述

一、卫生法

　　卫生法（sanitation law）是指由国家制定或认可，并由国家强制实施，旨在保护人类健康，调整人们在与卫生有关的活动中形成的各种社会关系的法律规范。其规范形式包括专门的法律、法规、规章、宪法和其他法律规范中与之相关的条款。卫生法的特点：

1. 从卫生法的内容上看　卫生法是一种行政法律规范和民事法律规范相结合的法律。卫生法以调整卫生社会关系为主要内容，卫生社会关系既存在于卫生机构、卫生人员与患者之间，还存在于其他产生卫生社会关系的主体之间。

2. 从卫生法的发展过程来看　卫生法既是法律的一个分支，又与医学密切相关，是法学与医学相结合的产物。卫生法既具有技术性、专业性，又具有普遍性。

3. 从卫生法的规范性质上来看　卫生法作为调整卫生社会关系的专门法律，具有鲜明的国家干预性，从而保证卫生行政部门有效的行使职权，以维护社会安全与卫生秩序。卫生法中有许多"可以"条款，可以选择适用，也可以放弃适用。

4. 从卫生法所确认的规则来看　卫生法是具有一定国际性的国内法。各国卫生法在保留其个性的同时，都比较注意借鉴与吸收各国通行的卫生规则，这使得与经济发展密切相关的卫生法具有明显的国际性。

随着我国法治建设的深入推进，卫生法治建设进一步加强，已初步形成了以公共卫生与医政管理为主的单个法律法规构成的相对完整的卫生法体系。医政法是卫生法体系中很重要的一部分。医政法（medical law）是指国家制定的用以规范国家医政活动和社会医事活动，调整因医政活动而产生的各种社会关系的法律法规的总称。医政法具有4个特点：① 以保护公民的生命健康权为根本宗旨；② 跨越卫生法和行政法两大法律体系；③ 社会管理功能显著；④ 技术规范多。

二、护理法

护理法起源于20世纪初。1919年英国公布了《英国护理法》，随后荷兰、芬兰、意大利、波兰等国也相继公布了护理法。1947年国际护士委员会发表了一系列有关护理立法的专著。1953年，世界卫生组织（WHO）发表了第一份有关护士立法的研究报告。1968年，国际护士委员会特别设立了一个专家委员会，制定了护理立法史上划时代的文件《系统制定护理法规的参考指导大纲》，为各国护士立法涉及的内容提供了权威性的指导。至1984年，WHO调查报告显示欧洲18国、西太平洋地区12国、中东20国、东亚10国及非洲16国均已制定了护理法。

在我国，1936年国民政府卫生署发布了《护士暂行规则》。在1982年卫生部发布的《医院工作制度》和《医院工作人员职责》中，规定了护理工作制度和护士的职责。1993年3月26日，卫生部颁布了《中华人民共和国护士管理办法》，确立了护士执业资格考试制度和护士执业许可制度。2002年，分别颁布了《医疗事故处理条例》《医疗事故技术鉴定暂行办法》《医疗事故分级标准（试行）》《医疗机构病历管理规定》和《病历书写基本规范》。2008年1月23日国务院颁布了《护士条例》，于2008年5月12日正式施行，我国目前尚未颁布护理法。

第二节　与护理工作相关的法律法规及法律问题

护士在护理活动过程中，既需要严格遵守《护士条例》，保证医疗护理质量和患者安全，维护患者生命健康，同时也要明确权利义务，维护自身合法权益。

一、与护理工作相关的法律法规

与护理工作相关的法律法规有《中华人民共和国基本医疗卫生与健康促进法》《护士条例》《中华人民共和国传染病防治法》《中华人民共和国药品管理法》《中华人民共和国献血法》《医疗事故处理条例》《护士执业资格考试办法》《护士执业注册管理办法》《医疗卫生机构医疗废物管理办法》等。重点介绍几种与护理工作密切相关的法律法规。

（一）《中华人民共和国基本医疗卫生与健康促进法》

《中华人民共和国基本医疗卫生与健康促进法》是为了发展医疗卫生与健康事业，保障公民享有基本医疗卫生服务，提高公民健康水平，推进健康中国建设而制定，共10章110条，自2020年6月1日起施行。

1. 基本医疗卫生服务　基本医疗卫生服务，是指维护人体健康所必需、与经济社会发展水平相适应、公民可公平获得的，采用适宜药物、适宜技术、适宜设备提供的疾病预防、诊断、治疗、护理和康复等服务。

2. 医疗卫生机构　国家建立健全由基层医疗卫生机构、医院、专业公共卫生机构等组成的城乡全覆盖、功能互补、连续协同的医疗卫生服务体系。国家加强县级医院、乡镇卫生院、村卫生室、社区卫生服务中心（站）和专业公共卫生机构等的建设，建立健全农村医疗卫生服务网络和城市社区卫生服务网络。

3. 医疗卫生人员　医疗卫生人员是指执业医师、执业助理医师、注册护士、药师（士）、检验技师（士）、影像技师（士）和乡村医生等卫生专业人员。医疗卫生人员应当弘扬敬佑生命、救死扶伤、甘于奉献、大爱无疆的崇高职业精神，遵守行业规范，恪守医德，努力提高专业水平和服务质量。国家对医师、护士等医疗卫生人员依法实行执业注册制度。医疗卫生人员应当依法取得相应的职业资格。医疗卫生人员应当遵循医学科学规律，遵守有关临床诊疗技术规范和各项操作规范以及医学伦理规范，使用适宜技术和药物，合理诊疗，因病施治，不得对患者实施过度医疗。医疗卫生人员不得利用职务之便索要、非法收受财物或者牟取其他不正当利益。对从事传染病防治、放射医学和精神卫生工作以及其他在特殊岗位工作的医疗卫生人员，应当按照国家规定给予适当的津贴。

4. 健康促进　医疗卫生、教育、体育、宣传等机构、基层群众性自治组织和社会组织应当开展健康知识的宣传和普及。医疗卫生人员在提供医疗卫生服务时，应当对患者开展健康教育。

5. 资金保障　各级人民政府应当切实履行发展医疗卫生与健康事业的职责，建立与经济社会发展、财政状况和健康指标相适应的医疗卫生与健康事业投入机制，将医疗卫生与健康促进费纳入本级政府预算，按照规定主要用于保障基本医疗服务、公共卫生服务、基本医疗保障和政府举办的医疗卫生机构建设和运行发展。基本医疗服务费用主要由基本医疗保险基金和个人支付。公民有依法参加基本医疗保险的权利和义务。用人单位和职工按照国家规定缴纳职工基本医疗保险费。城乡居民按照规定缴纳城乡居民基本医疗保险费。国家建立以基本医疗保险为主体，商业健康保险、医疗救助、职工互助医疗和医疗慈善服务等为补充的、多层次的医疗保障体系。国家鼓励发展商业健康保险，满足人民群众多样化健康保障需求。国家完善医疗救助制度，保障符合条件的困难群众获得基本医疗服务。

6. 法律责任　违反本法规定，医疗卫生人员有下列行为之一的，由县级以上人民政府卫生健康主管部门依照有关执业医师、护士管理和医疗纠纷预防处理等法律、行政法规的规定给予行政处罚：

（1）利用职务之便索要、非法收受财物或者牟取其他不正当利益。

（2）泄露公民个人健康信息。

（3）在开展医学研究或提供医疗卫生服务过程中未按照规定履行告知义务或者违反医学伦理规范。

（二）《护士条例》

《护士条例》于2008年5月12日起正式施行。本条例从护士的执业注册、护士的权利与义务、医疗卫生机构的职责和法律责任等方面进行详细的规定。从立法层面维护护士的合法权益，明确护士的权利、义务及执业规则，保障医疗安全和人民群众的健康。

1. 护士执业注册应具备基本的条件　为保证从事护理专业的护士真正具有保障患者健康和医疗安全的水准，必须要求只有接受专业训练并经专业注册考试，取得护士执业证书的人员才能从事护理工作。申请护士执业注册应当具备完全民事行为能力、获取相应的学历证书、通过护士执业资格考试、符合规定的健康标准四个基本条件。

2. 护士的延续及变更注册

（1）延续注册：护士执业注册有效期为5年。护士执业注册有效期届满需要继续执业的，应当在护士执业注册有效期届满前30日向执业地省、自治区、直辖市人民政府卫生主管部门申请延续注册，延续执业注册有效期为5年。对不具备本条例规定条件的，不予延续，并书面说明理由。

（2）变更注册：护士在其执业注册有效期内变更执业地点的，应当办理变更注册。变更注册应当提交《护士变更注册申请审核表》以及申请人的《护士执业证书》。收到报告的卫生主管部门应当自收到报告之日起7个工作日内为其办理变更手续。

3. 护士的权利

（1）保障护士的工资、福利待遇：护士执业，有按照国家有关规定获取工资报酬、享受福利待遇、参加社会保险的权利。任何单位或者个人不得克扣护士工资，降低或者取消护士福利待遇。

（2）卫生防护与医疗保健服务：护士执业，有获得与其所从事的护理工作相适应的卫生防护、医疗保健服务的权利。医疗机构应当为护士提供卫生防护用品，并采取有效的卫生防护措施和医疗保健措施。从事直接接触有毒有害物质、有感染传染病危险工作的护士，有依照有关法律、行政法规的规定接受职业健康监护的权利；患职业病者，有依照法律、行政法规的规定获得赔偿的权利。

（3）职称晋升和参加学术活动的权利：护士有按照国家有关规定获得与本人业务能力和学术

水平相应的专业技术职务、职称的权利；有参加专业培训、从事学术研究和交流、参加行业协会和专业学术团体的权利。

（4）接受教育和参加培训的权利：医疗卫生机构应当制定、实施本机构护士在职培训计划，并保证护士接受培训。

（5）执业知情权、建议权：护士作为医疗机构的主体，作为医疗行为的主要参与者，在执业上应当享有与医师同样的权利。护士有获得疾病诊疗、护理相关信息的权利和其他与履行护理职责相关的权利，可以对医疗卫生机构和卫生主管部门的工作提出意见和建议。

（6）护士的其他职业权利：在岗护士培训、医疗机构配备护理人员的比例、政府对护理人员表彰等方面，也体现了对护理人员权利的保障。国务院有关部门对在护理工作中做出杰出贡献的护士，应当授予全国卫生系统先进工作者荣誉称号或者颁发白求恩奖章，受到表彰、奖励的护士享受省部级劳动模范、先进工作者待遇；对长期从事护理工作的护士应当颁发荣誉证书。

4. 护士的义务

（1）依法执业义务：护士执业，应当遵守法律、法规、规章和诊疗技术规范的规定。如从事护理工作的人必须具有护士执业资格，严格按照规范进行护理操作；认真执行医嘱，注重与医生沟通交流；为患者提供良好的环境，确保其安全和舒适；主动征求患者及家属的意见，及时改进工作中的不足；积极开展健康教育，指导人们建立正确的卫生观念并培养健康行为，加强民众对健康的重视，促进地区或国家健康保障机制的建立和完善等。

（2）紧急处置义务：护士在执业活动中，发现患者病情危急，应当立即通知医师；在紧急情况下为抢救垂危患者生命，应当先行实施必要的紧急救护。

（3）医嘱审核义务：护士是医嘱的执行者也是医嘱的审核者，发现医嘱违反法律、法规、规章或者诊疗技术规范规定的，应及时向开具医嘱的医师提出；必要时，应当向该医师所在科室的负责人或者医疗卫生机构负责医疗服务管理的人员报告。医嘱不符合规定的情况包括：医嘱书写不清楚，医嘱书写有明显错误（包括医学术语错误和剂量、用法错误），医嘱内容违反诊疗常规、药物使用的规则，医嘱内容与日常医嘱内容有较大的差别，其他医嘱错误或者有疑问等。

（4）保护患者隐私的义务：患者的隐私权是一项基本的人格权，我国法律明确规定予以保护，侵犯他人隐私权的行为应当承担相应的法律责任。护士应当尊重、关心、爱护患者，保护患者的隐私。

（5）服从国家调遣的义务：护士有义务参与公共卫生和疾病预防控制工作。发生自然灾害、公共卫生事件等严重威胁公众生命健康的突发事件，护士应当服从县级以上人民政府卫生主管部门或者所在医疗卫生机构的安排，参加医疗救护。

5. 护士执业中的医疗卫生机构职责

（1）按照国务院卫生主管部门要求配备护理人员：护士的配备是否合理，直接关系到护理质量、患者安全以及医疗质量。根据条例要求，医疗卫生机构配备护士的数量不得低于国务院卫生主管部门规定的护士配备标准。

（2）保障护士合法权益：在我国，护士是在一定的医疗卫生机构中执业，护士义务的履行需要医疗卫生机构直接进行监督，护士权利的实现有赖于医疗卫生机构提供保障。

（3）加强护士管理：① 医疗卫生机构应当按照国务院卫生主管部门的规定，设置专门机构或者配备专（兼）职人员负责护理管理工作。② 未取得护士执业证书的护士、未依照规定办理执业地点变更手续以及未按规定延续执业注册有效期的护士不得在本机构从事诊疗技术规范规定的护理活动。③ 在教学、综合医院进行护理临床实习的人员应当在护士指导下开展有关工作。④ 应当建立护士岗位责任制并进行监督检查。护士因不履行职责或违反职业道德受到投诉的，其所在医疗卫生机构应当进行调查。经查证属实的，医疗卫生机构应当对护士做出处理，并将调查处理情况告知投诉人。

6. 法律责任 护士在执业活动中有下列情形之一的，由县级以上地方人民政府卫生主管部门依据职责分工责令改正，给予警告；情节严重的，暂停其6个月以上1年以下执业活动，直至由原发证部门吊销其护士执业证书：

（1）发现患者病情危急未立即通知医师的。

（2）发现医嘱违反法律、法规、规章或者诊疗技术规范的规定，未向开具医嘱的医师提出的，必要时未向该医师所在科室负责人或者医疗卫生机构负责医疗服务管理的人员报告的。

（3）泄露患者隐私的。

（4）发生自然灾害、公共卫生事件等严重威胁公众生命健康的突发事件，不服从安排参加医疗救护的。

护士在执业活动中造成医疗事故的，依照医疗事故处理的有关规定承担法律责任。护士被吊销执业证书的，自执业证书被吊销之日起2年内不得申请执业注册。

（三）《医疗事故处理条例》

《医疗事故处理条例》为中华人民共和国国务院第351号令颁布，自2002年9月1日起施行。该条例就医疗事故的范围、鉴定、赔偿和处理作了详细的规定。

1. 医疗事故的构成要素 医疗事故（medical negligence）是指医疗机构及其医务人员在医疗活动中，违反医疗卫生管理法律、行政法规、部门规章和诊疗护理规范、常规，过失造成患者人身损害的事故。

2. 医疗事故的分级 根据对患者人身造成的损害程度，医疗事故分为四级。

（1）一级医疗事故：造成患者死亡、重度残疾的。可分为甲等和乙等两个等级：甲等是指造成患者死亡；乙等是指造成患者重要器官缺失或功能完全丧失，其他器官功能不能代偿，存在特殊医疗依赖，生活完全不能自理，如植极重度智能障碍等。

（2）二级医疗事故：造成患者中度残疾、器官组织损伤导致严重功能障碍的。

（3）三级医疗事故：造成患者轻度残疾、器官组织损伤导致一般功能障碍的。

（4）四级医疗事故：造成患者明显人身损害的其他后果的。

3. 医疗事故的预防和处置 医疗机构有责任做好医疗事故的预防和处置。发生医疗事故的，医疗机构应当按照规定向所在地卫生行政部门报告。发生下列重大医疗过失行为的，医疗机构应当在12小时内向所在地卫生行政部门报告：① 导致患者死亡或者可能为二级以上的医疗事故；

② 导致3人以上人身损害后果；③ 国务院卫生行政部门和省、自治区、直辖市人民政府卫生行政部门规定的其他情形。

4. 医疗事故的技术鉴定 医疗事故技术鉴定分为首次鉴定和再次鉴定。设区的市级地方医学会和省、自治区、直辖市直接管辖的县（市）地方医学会负责组织首次医疗事故技术鉴定工作。省、自治区、直辖市地方医学会负责组织再次鉴定工作。必要时，中华医学会可以组织疑难、复杂并在全国有重大影响的医疗事故争议的技术鉴定工作。

5. 罚则 对造成医疗事故的医疗机构与医务人员的处罚。包括医务人员由于严重不负责任，造成就诊人员死亡或者严重损害就诊人员身体健康的，处3年以下有期徒刑或者拘役。医疗机构违反本条例的规定，有下列情形之一的，由卫生行政部门责令改正；情节严重的，对负有责任的主管人员和其他直接责任人员依法给予行政处分或者纪律处分：① 未如实告知患者病情、医疗措施和医疗风险的；② 没有正当理由，拒绝为患者提供复印或者复制病历资料服务的；③ 未按照国务院卫生行政部门规定的要求书写和妥善保管病历资料的；④ 未在规定时间内补记抢救工作病历内容的；⑤ 未按照本条例的规定封存、保管和启封病历资料和实物的；⑥ 未设置医疗服务质量监控部门或者配备专（兼）职人员的；⑦ 未制定有关医疗事故防范和处理预案的；⑧ 未在规定时间内向卫生行政部门报告重大医疗过失行为的；⑨ 未按照本条例的规定向卫生行政部门报告医疗事故的；⑩ 未按照规定进行尸检和保存、处理尸体的。

（四）《中华人民共和国传染病防治法》

为了预防、控制和消除传染病的发生与流行，保障人体健康和公共卫生，制定本法。2020年1月20日，经报国务院批准后国家卫生健康委发布公告，将新冠肺炎纳入《中华人民共和国传染病防治法》规定的乙类传染病，并采取甲类传染病的预防、控制措施。2020年10月2日，国家卫生健康委发布《中华人民共和国传染病防治法》（修订草案征求意见稿）。

1. 医疗机构疫情控制的职责范围

（1）发现甲类传染病时，应当及时采取下列措施：① 对患者、病原携带者予以隔离治疗或医学观察，隔离期限根据疫情防控要求确定；② 对疑似患者，确诊前在指定场所单独隔离治疗；③ 对医疗机构内的患者、疑似患者、病原携带者的密切接触者，在政府指定的场所进行医学观察，并采取其他必要的预防措施。患者、疑似患者、病原携带者、密切接触者应当主动接受和配合医学检查、检疫、医学观察或隔离治疗等措施。拒绝医学观察、隔离治疗或者隔离期未满擅自脱离隔离治疗的，可以由公安机关协助医疗机构强制执行。

（2）发现乙类或者丙类传染病患者，应当根据病情采取必要的治疗和控制传播措施。

（3）医疗机构对本单位内被传染病病原体污染的场所、物品以及医疗废物，必须依照法律、法规的规定实施消毒和无害化处置。

2. 疫情报告、通报和公布

（1）疾病预防控制机构、医疗机构和采供血机构及其执行职务的人员发现本法规定的传染病疫情、具备传染病流行特征的不明原因聚集性疾病或者发现其他传染病暴发、流行时，应当遵循疫情报告属地管理原则，按照国务院或者国务院卫生健康主管部门规定的内容、程序进行报告。

中国人民解放军、中国人民武装警察部队的医疗机构向社会公众提供医疗服务，发现前款规定的传染病疫情时，应当按照国务院卫生健康主管部门的规定报告。

（2）任何单位和个人发现传染病患者或者疑似传染病患者时，应当及时向附近的疾病预防控制机构或者医疗机构报告。

（3）承担传染病疫情报告职责的人民政府有关部门、疾病预防控制机构、医疗机构、采供血机构及其工作人员，不得瞒报、迟报传染病疫情。

（4）国家建立传染病疫情信息公布制度。国家疾病预防控制机构定期公布全国法定传染病疫情信息。县级以上疾病预防控制机构定期公布本行政区域的法定传染病疫情信息。传染病暴发、流行时，县级以上地方人民政府卫生健康主管部门应当及时、准确向社会公布本行政区域内传染病名称、流行传播范围、传染病确诊、疑似、死亡病例数等疫情信息。传染病出现跨省、自治区、直辖市暴发、流行时，由国务院卫生健康主管部门负责公布。传染病疫情信息公布规范由国务院卫生健康主管部门制定。

（五）《护士执业资格考试办法》

为规范全国护士执业资格考试工作，加强护理专业队伍建设，根据《护士条例》规定，制定本办法，自2010年7月1日起施行。

国家护士执业资格考试是评价申请护士执业资格者是否具备执业所必需的护理专业知识与工作能力的考试。考试成绩合格者，可申请护士执业注册。具有护理、助产专业中专和大专学历的人员，参加护士执业资格考试并成绩合格，可取得护理初级（士）专业技术资格证书。具有护理、助产专业本科以上学历的人员，参加护士执业资格考试并成绩合格，可以取得护理初级（士）专业技术资格证书。

知识拓展 | **护理专业技术人员职称评价基本标准**

初级职称护士（师）：按照《护士条例》参加护士执业资格考试，取得护士执业资格，可视同取得护士职称；具备大学本科及以上学历或学士及以上学位，从事护士执业活动满一年，可直接聘任护师职称。具备大专学历，从事护士执业活动满3年；或具备中专学历，从事护士执业活动满5年，可参加护师资格考试。

中级职称主管护师：具备博士学位并注册从事护理执业活动；或具备硕士学位经注册后从事护理执业活动满2年；或具备大学本科学历或学士学位，经注册并取得护师职称后，从事护理执业活动满4年；或具备大专学历，经注册并取得护师职称后，从事护理执业活动满6年；或具备中专学历，经注册并取得护师职称后，从事护理执业活动满7年。

副高级职称副主任护师：① 申报条件为学历、资历及临床工作量要求。具备大学本科及以上学历或学士及以上学位，受聘担任主管护师职务满5年；或具备大专学历，受聘担任主管护师职务满7年。担任主管护师期间，平均每年参加临床护理、护理管理、护理教学工作时间总计不少于40周，病历首页责任护士和质控护士记录累计不少于480条（急诊、重症、手术室、血透、导管室等科室从相应记录单提取护士记录）。② 评审条件为专业能力要求。熟练掌握本专业基础理论和专业知识，熟悉本专业国内外现状及发展趋势，不断吸取新理论、新知识、新技术并推广应用，熟悉本专业相关的法律、法规、标准与技术规范。能够正确按照护理程序开展临床护理工作，熟练掌握本专科病人的护理要点、治疗原则，能熟练地配合医生抢救本专业危重病人。具有指导本专业下级护理人员的能力。

正高级职称主任护师：① 申报条件为学历、资历及临床工作量要求。具备大学本科及以上学历或学士及以上学位，受聘担任副主任护师职务满5年。担任副主任护师期间，平均每年参加临床护理、护理管理、护理教学工作时间总计不少于35周，病历首页责任护士和质控护士记录累计不少于240条（急诊、重症、手术室、血透、导管室等科室从相应记录单提取护士记录）。② 评审条件为专业能力要求。在具备所规定的副主任护师水平的基础上，精通护理学某一专科的基本理论知识与技能，并有所专长。深入了解本专业国内外现状及发展趋势，不断吸取新理论、新知识、新技术并用于临床实践。具有丰富的本专业工作经验，能独立解决复杂或重大技术问题，具有指导本专业下级护理人员的能力。

护士执业资格考试实行国家统一考试制度。统一考试大纲，统一命题，统一合格标准。护士执业资格考试原则上每年举行一次，具体考试日期在举行考试3个月前向社会公布。护士执业资格考试包括专业实务和实践能力两个科目。一次考试通过两个科目为考试成绩合格。加强对考生实践能力的考核，原则上采用"人机对话"考试方式进行。

在中等职业学校、高等学校完成国务院教育主管部门和国务院卫生主管部门规定的普通全日制3年以上的护理、助产专业课程学习，包括在教学、综合医院完成8个月以上护理临床实习，并取得相应学历证书的，可以申请参加护士执业资格考试。

申请参加护士执业资格考试的人员，应当在公告规定的期限内报名，并提交以下材料：护士执业资格考试报名申请表、本人身份证明、近6个月二寸免冠正面半身照片3张、本人毕业证书、报考所需的其他材料。申请人为在校应届毕业生的，应当持有所在学校出具的应届毕业生毕业证明，到学校所在地的考点报名。学校可以为本校应届毕业生办理集体报名手续。申请人为非应届毕业生的，可以选择到人事档案所在地报名。

（六）《护士执业注册管理办法》

为了规范护士执业注册管理，根据《护士条例》，制定本办法，自2008年5月12日起施行。根据2021年1月8日《国家卫生健康委关于修改和废止〈母婴保健专项技术服务许可及人员资格管理办法〉等3件部门规章的决定》（国家卫生健康委员会令第7号）修订。

护士经执业注册取得《护士执业证书》后，方可按照注册的执业地点从事护理工作。未经执业注册取得《护士执业证书》者，不得从事诊疗技术规范规定的护理活动。

申请护士执业注册，应当具备下列条件：

（1）具有完全民事行为能力。

（2）在中等职业学校、高等学校完成教育部和国家卫生健康委规定的普通全日制3年以上的护理、助产专业课程学习，包括在教学、综合医院完成8个月以上护理临床实习，并取得相应学历证书。

（3）通过国家卫生健康委组织的护士执业资格考试。

（4）符合健康标准：无精神病史；无色盲、色弱、双耳听力障碍；无影响履行护理职责的疾病、残疾或者功能障碍。

护士执业注册申请，应当自通过护士执业资格考试之日起3年内提出；逾期提出申请的，除本办法规定的材料外，还应当提交在省、自治区、直辖市卫生健康主管部门规定的教学、综合医院接受3个月临床护理培训并考核合格的证明。卫生健康主管部门应当自受理申请之日起20个工作日内，对申请人提交的材料进行审核、注册，发给国家卫生健康委统一印制的《护士执业证书》；对不符合规定条件的，不予注册，并书面说明理由。《护士执业证书》上应当注明护士的姓名、性别、出生日期等个人信息及证书编号、注册日期和执业地点。

护士执业注册有效期为5年。护士执业注册有效期届满需要继续执业的，应当在有效期届满前30日，向批准设立执业医疗机构或者为该医疗机构备案的卫生健康主管部门申请延续注册。注册部门自受理延续注册申请之日起20日内进行审核。审核合格的，予以延续注册；审核不合格的，不予延续注册，并书面说明理由。

有下列情形之一的，拟在医疗卫生机构执业时，应当重新申请注册：

（1）注册有效期届满未延续注册的。

（2）受吊销《护士执业证书》处罚，自吊销之日起满2年的。

重新申请注册的，按照本办法规定提交材料；中断护理执业活动超过3年的，还应当提交在省、自治区、直辖市人民政府卫生健康主管部门规定的教学、综合医院接受3个月临床护理培训并考核合格的证明。

护士在其执业注册有效期内变更执业地点等注册项目，应当办理变更注册。护士跨省、自治区、直辖市变更执业地点的，收到报告的注册部门还应当向其原执业地注册部门通报。县级以上地方卫生健康主管部门应当通过护士执业注册信息系统，为护士变更注册提供便利。

护士执业注册后有下列情形之一的，原注册部门办理注销执业注册：

（1）注册有效期届满未延续注册。

（2）受吊销《护士执业证书》处罚。

（3）护士死亡或者丧失民事行为能力。

二、护理工作中潜在的法律问题

护理工作中潜在的法律问题包括依法执业和执业安全等多方面的问题。

1. 侵权行为　侵权行为是指行为人故意或者过失侵害他人权利的不法行为或故意违背公共秩序、道德准则而加害于他人的不当行为。在诊疗、护理工作中，因医务人员诊疗护理的过错，致使患者死亡、残废、组织器官损伤，导致功能障碍或者其他人身损害的，为医疗过错侵权行为，应当承担民事责任。患者在诊疗过程中享有平等医疗、拒绝治疗、要求保密、参与评估、监督维护自己医疗权利实现等权利，护士应维护患者所享有的权利。例如，患者的隐私是个人不愿被外人所知的个人情况，如果随意谈论并扩散，则应视为侵犯了患者的隐私权。

2. 过失与渎职罪　个人由于疏忽或者懈怠而未尽合理义务的称为过失。渎职罪是指护士严重不负责任，以致患者遭受重大损失的行为。如护士因疏忽大意而错给一位未做过青霉素皮试的患者注射了青霉素，若该患者幸好对青霉素不过敏，那么该护士只是失职；假若该患者恰恰对青霉素过敏，引起过敏性休克致死，则需追究该护士法律责任，她可能被判渎职罪。

3. 临床护理记录的法律效力　临床护理记录不仅是检查衡量护理质量的重要资料，也是医生观察诊疗效果、调整治疗方案的重要依据。在法律上，临床护理记录具有法律效力，是法律认可的证据。严禁涂改、伪造、隐匿、销毁或者抢夺病历资料。

4. 执行医嘱的法律责任　医嘱是医生诊断后提出处置的依据，也是护理人员对患者实施诊断和治疗措施的依据，具有法律效力。一般情况下，护理人员对医生开具的医嘱应一丝不苟地执行，随意更改或无故不执行医嘱应认为是违法行为。如发现医嘱有明显的错误，护理人员有权拒绝执行，并向医生质疑和申辩。此外，若明知该医嘱可能给患者造成损害，仍照旧执行，或因疏忽、业务水平不足未看出错误医嘱酿成严重后果，将与医生共同承担法律责任。

5. 药品管理中的法律问题　护士用药应严格执行医嘱，并遵守药品管理制度。如麻醉药品临床上只用于晚期癌症或术后镇痛等，护理管理者应严格贯彻执行这类药品的管理制度，并经常向有条件接触这类药品的护理人员进行法治教育。

6. 语言表达不妥当与医疗纠纷　在与患者进行语言交流时，护士要善于控制自己的情感，使用规范性语言。在沟通过程中态度要真诚，要善于倾听。在回答患者的问题时，应以实事求是的态度，避免信口开河，埋下纠纷隐患。

7. 护生的职责与法律责任　教学是医院的一项职能，通过临床实习培养锻炼学生的实践能力是教学的必然过程。护生只能在执业护士的严密监督和指导下，为病人实施护理。如果在执业护士的指导下，护生因操作不当给病人造成损害，责任由指导老师承担，护生不负法律责任。但如果学生未经带教护士批准，擅自独立操作造成了患者的损害，则应承担相应的法律责任。因此，护生进入临床实习前，应该明确自己法定的职责范围。

第三节　护理规章制度

护理规章制度是护理工作长期实践的经验总结，是客观工作规律的反映，不仅是护理人员进行护理活动的准则，还是保护患者利益的重要措施，对护理工作和护理人员具有约束力，是实现管理制度化、操作常规化、工作规范化的基础。

一、护理规章制度的概念与分类
（一）护理规章制度的概念
护理规章制度是对护理人员在为患者和社会人群服务过程中应当履行的工作职责，享有的工作权限，以及工作程序、工作方法等做出的文字规定。

（二）护理规章制度的分类

常见的护理规章制度有一般管理制度、部门管理制度、护理技术操作规程、护理业务管理制度、卫生行业标准等。

1. 一般管理制度　是指护理行政管理部门与各科室护理人员需要共同贯彻执行的有关制度。主要包括：护士岗位管理制度，人力资源管理制度，护理核心制度如护理质量管理制度、病房管理制度、抢救工作制度、分级护理制度、护理交接班制度、查对制度、给药制度、护理查房制度等。

2. 科室管理制度　是指具体部门的护理人员共同遵守和执行的有关工作制度。主要包括：病房工作制度、门诊工作制度、急诊科（室）工作制度、手术室工作制度、分娩室工作制度、婴儿室工作制度、供应室工作制度、数字减影血管造影（digital subtraction angiography，DSA）室工作制度、内镜中心工作制度等。

3. 护理技术操作规程　是对护理技术工作的程序、方法和质量等方面作出的规定，是护理技术管理的基本制度。包括基础护理技术操作规程，如铺床、无菌技术、口服给药、吸氧等操作技术规范，以及专科护理技术操作规程，如心电监护仪的使用、除颤术、呼吸机的使用等。

4. 护理业务管理制度　是指护理业务管理的基本制度，分为一般护理常规和专科护理常规两类。一般护理常规如高热患者的护理常规、疼痛护理常规等；专科护理常规是根据专科疾病特点而制订的特定的护理常规，如骨折患者护理常规、血液透析患者护理常规等。

5. 中华人民共和国卫生行业标准　分为强制性卫生行业标准和推荐性卫生行业标准。《护理分级标准（WS/T 431—2023）》《静脉治疗护理技术操作标准（WS/T 433—2023）》《医务人员手卫生规范（WS/T 313—2019）》等属于推荐性卫生行业标准。《医院消毒供应中心第1部分：管理规范（WS 310.1—2016）》等属于强制性卫生行业标准。

（三）护理规章制度的意义

1. 规范护理人员的行为，保证护理工作正常运行　护理工作具有细致、复杂、涉及面广等特点，如果没有一个统一的行为规范作为共同的行为准则，护理工作就不能安全有序地进行，护理目标就难以实现。建立科学、系统的护理规章制度，可以使护理人员行为有章可循，保证护理工作正常进行。

2. 协调护理工作，防止护理差错事故发生　护理工作复杂烦琐，又具有严格的连续性和继承性。护理人员在为患者实施护理的过程中，既需要分工又需要协作。护理规章制度的建立，不但可以使分工更加明确，合作更加密切，使群体力量得到充分发挥，提高护理工作效率；而且可以使各项工作、各个时间段、各个人员之间的衔接更加紧密，保证护理工作无缝隙地延续，防止差错事故的发生，保证护理质量和护理安全。

3. 维护患者权益，提升患者满意度　护理工作的目标是为患者提供优质护理服务，满足患者的需求。规章制度的建立是保证护理目标实现的有力措施，如优质护理服务工作制度、分级护理制度等从各个方面界定了护理服务项目内容，使护理服务内容更为规范和充实，对维护患者权益、提升患者满意度起到了一定的作用。

二、护理规章制度的建立与实施

（一）建立护理规章制度的基本原则

1. 把握基本目的 制订规章制度时，必须以患者的利益和安全为重，将保护患者利益和安全作为基本出发点，不能因考虑便于工作或便于管理而有所偏离。

2. 体现科学性 规章制度是开展工作的依据和规范，必须具有良好的科学性，充分体现工作的基本规律，符合工作的质量要求，包括执行者应具备的基本条件和岗位职责。

3. 保证可行性 规章制度应重点突出，文字简明扼要，便于护理人员理解、记忆和执行。规章制度内容不宜繁杂、条目不宜过多，应有较好的可行性。工作中必须掌握的重点内容应突出，按工作顺序排列，便于护理人员掌握执行。

4. 注意更新完善 规章制度应在实践的基础上不断修订、更新，与时俱进，真正贴合临床护理工作，确保分工明确、责任明确，使制度服务于临床、应用于临床，确保护理工作安全、有序、高效开展。

5. 程序规范 规章制度的制订应按规范程序进行：首先应明确目标和质量标准，起草初稿；其次在广泛征求各级护理人员意见的基础上修订初稿，使之具有较好的群众基础；最后先试行，再经有关部门审核批准执行。

（二）护理规章制度的贯彻实施要点

1. 加强组织领导 制订的规章制度得到贯彻执行，才能发挥作用，因此各级领导应该予以重视、以身作则。护理指挥系统应该发挥组织领导作用，督促各病区认真贯彻落实。

2. 重视培训工作 贯彻实施规章制度要重视培训工作，使全体护理人员明确执行规章制度的重要性和必要性，充分理解规章制度的科学基础和法律意义，掌握各项规章制度的内容、要求，提高执行的自觉性。

3. 注重部门协作 医院是一个整体，规章制度的贯彻实施需要有关各部门的协作和全体人员的共同努力，包括患者及其家属的理解与配合。

4. 建立监督、指导、反馈机制 护理管理部门应该对临床一线加强监督和指导，特别是对工作的薄弱环节要重点管理。要建立反馈机制，对有章不循或破坏规章制度的情况，要给予纠正；对执行规章制度中存在的问题，要及时研究解决，保证工作正常进行。

导入情境分析

案例应结合护士的工作职责来进行分析。根据护士的工作职责，护士的做法不正确，未严格落实查对制度，更不应将贴有另一患者信息的液体输注给该患者。输液结束后，也并未严格落实医疗垃圾回收等制度。

学习小结

我国卫生法的概念与特点、卫生法体系的构成、护理法的相关内容。

● 《中华人民共和国基本医疗卫生与健康促进法》《护士条例》《中华人民共和国传染病防治法》《医疗事故处理条例》《护士执业资格考试办法》《护士执业注册管理办法》中与护理工作相关的法律法规。

● 护理工作中潜在的法律问题有侵权行为、过失与渎职罪、临床护理记录的法律效力、执行医嘱的法律责任、药品管理中的法律问题、语言表达不妥当与医疗纠纷、护生的职责与法律责任。

● 护理规章制度的概念、意义与分类，建立护理规章制度的基本原则与护理规章制度贯彻实施要点。

（王　娟）

复习参考题

一、选择题

1.【A1】护士执业注册的有效期为（　）

　　A. 3年

　　B. 5年

　　C. 8年

　　D. 10年

　　E. 1年

2.【A1】护士申请延续注册的时间为（　）

　　A. 有效期届满前半年

　　B. 有效期届满前30日

　　C. 有效期届满后30日

　　D. 有效期届满后半年

　　E. 有效期届满前3月

3.【A2】护士在紧急情况下，为抢救患者的生命实施必要的紧急救护，应该做到以下几点，但不包括（　）

　　A. 必须依照诊疗技术规范

　　B. 必须有医师在场指导

　　C. 根据患者实际情况和自身能力水平进行力所能及的救护

　　D. 避免对患者造成伤害

　　E. 如有医生在场，遵医嘱实施必要的救护

4.【A2】某护士，40岁，多次申请外出学习，医院均以种种理由拒绝，依据《护士条例》正确的判断是（　）

　　A. 医院未侵犯该护士的合法权益

　　B. 医院侵犯了该护士的自由权

　　C. 医院侵犯了该护士的健康权

　　D. 医院侵犯了该护士的进修权

　　E. 医院侵犯了该护士的生命权

5.【A2】某护士在工作中，没有执行查对制度，把三床李某的盐水输给二床王某，接班时另一护士发现了赶紧取下，后来王某没有任何不适，属于（　）

　　A. 医疗事故

　　B. 护理事故

　　C. 护理差错

　　D. 意外事件

　　E. 护理缺陷

二、简答题

1. 发现甲类传染病的处理措施有哪些？
2. 医疗事故分为哪几级？
3. 护士在工作中潜在的法律问题有哪些？
4. 请简述护士的权利和义务。

三、案例分析题

护理执业中的法律问题

患者，女，72岁，因咳嗽、胸闷、气短及发热1个月入院，初步诊断为慢性支气管炎并发感染，肺心病及可疑慢性阻塞性肺疾病。入院后由护士小李为其静脉输液，小李完成穿刺后，忘记解止血带。患者多次提出"手臂疼及滴速太慢"，小李认为疼痛是由于药液刺激静脉所致。液体输完后，取下输液针头，发现局部轻度肿胀，以为是少量液体外渗所致，未予处理。静脉穿刺9个半小时后，因患者局部疼痛，家属为其做热敷时才发现止血带还扎着，于是立即解下来并报告，小李查看后嘱继续热敷，但并未报告医生。又过了6个小时，右前臂高度肿胀，水泡增多而且手背发紫，小李才向护士长报告。医院组织会诊决定转上级医院，因未联系到救护车，暂未对症处理。两日后，患者右前臂远端2/3已呈紫色，为等待家属意见，转院后第三日才行右上臂中下1/3截肢术。术后伤口愈合良好，但因患者年老体弱加上中毒感染引起心、肾功能衰竭，于术后一周死亡。经医疗事故鉴定委员会鉴定，结论为一级医疗责任事故。处理：① 护士小李给予行政降职处分；② 院长给予行政警告处分；③ 将本次事故通报本地区各县医院；④ 免去患者全部住院费，并一次性补偿家属5 000元。

请思考：

1. 何为护理技术操作规程？
2. 护理管理中如何认识和执行护理技术操作规程、护理常规和护理制度？

（选择题、案例分析题的答案解析见数字内容）

参考文献

［1］张振香. 护理管理学[M]. 3版. 北京：人民卫生出版社，2018.

［2］吴欣娟，王艳梅. 护理管理学[M]. 5版. 北京：人民卫生出版社，2022.

［3］李伟，穆贤. 护理管理学（案例版）[M]. 北京：科学出版社，2020.

［4］李惠玲，黄金. 护理管理学[M]. 苏州：苏州大学出版社，2021.

［5］任小红. 护理管理学[M]. 长沙：中南大学出版社，2012.

［6］魏万宏，丁海玲，谭海梅. 护理管理学[M]. 北京：中国科学技术出版社，2016.

［7］刘沫，牟绍玉. 护理管理学[M]. 2版. 南京：凤凰科学技术出版社，2019.

［8］何曙芝，许亚萍. 护理管理学[M]. 3版. 南京：江苏科学技术出版社，2018.

［9］姜小鹰，李继平. 护理管理理论与实践[M]. 2版. 北京：人民卫生出版社，2017.

［10］姜小鹰，吴欣娟. 护理管理案例精粹[M]. 北京：人民卫生出版社，2015.

［11］方振邦，包元杰. 管理学原理[M]. 北京：中国人民大学出版社，2020.

［12］邢以群. 管理学[M]. 5版. 杭州：浙江大学出版社，2019.

［13］周三多. 管理学[M]. 5版. 北京：高等教育出版社，2019.

［14］张志学，井润田，沈伟. 组织管理学[M]. 北京：北京大学出版社，2023.

［15］刘丽娜. 临床护理管理与操作[M]. 长春：吉林科学技术出版社，2019.

［16］叶志弘，冯金娥. 临床护士在职培训指导[M]. 北京：人民卫生出版社，2014.

［17］汤其群，孙向晨. 医学人文导论[M]. 上海：复旦大学出版社，2020.

［18］么莉. 护理质量指标监测基本数据集实施指南（2022版）[M]. 北京：科学技术文献出版社，2022.

［19］刘则杨. 护理经济学概论[M]. 北京：中国科学技术出版社，2002.

［20］陈文. 卫生经济学[M]. 4版. 北京：人民卫生出版社，2017.

［21］彼得·德鲁克. 卓有成效管理者的实践（纪念版）[M]. 宋强，译. 北京：机械工业出版社，2020.

［22］斯蒂芬·罗宾斯，蒂莫西·贾奇. 组织行为学[M]. 18版. 孙健敏，朱曦济，李原，译. 北京：中国人民大学出版社，2021.

［23］斯蒂芬·罗宾斯，玛丽·库尔特. 管理学[M]. 15版. 刘刚，等，译. 北京：中国人民大学出版社，2022.

［24］马诺艾拉·威尔伯特，法蒂·塔特里. 时间管理[M]. 李畅，译. 合肥：安徽人民出版社，2012.

［25］中国医院协会. 患者安全目标[S]. 北京：中国医院协会，2022.

［26］卫生部医疗服务监管司. 医疗质量安全事件报告暂行规定（2011版）[EB/OL].（2011-01-14）[2023-05-17]. http://www.nhc.gov.cn/wjw/gfxwj/201304/143166409ccf4232a71f97f203d25e05.shtml.

［27］中华人民共和国国务院．医疗机构管理条例［EB/OL］．（203-03-21）［2023-05-17］. http://www.nhc.gov.cn/fzs/s3576/202303/368c667ee1244ac4844a8a7871-85b8c6.shtml

［28］刘影，姜俊丞，杨萧含，等．我国中老年人慢性病状况及影响因素区域差异分析［J］．现代预防医学，2023，50（06）：967-974.

［29］田君叶，吴欣娟，路潜，等．专科护士同质化培训管理方案的构建与应用研究［J］．中华护理杂志，2023，58（04）：452-458.

［30］宋蕾，姜文彬，赵林，等．柯氏评估模型在ICU新入职护士培训中的应用［J］．中华护理教育，2019，16（10）：763-767.

［31］杨阳，陈思，赵艳秋，等．360度评估结合Mini-CEX对军队医院野战护理骨干规范化培训核心能力提升的效果［J］．中华医院感染学杂志，2023，33（08）：1272-1276.

［32］汪晖，刘于，曾铁英，等．各国护理人力资源配置政策比较研究的范围综述［J］．中华护理杂志，2022，57（21）：2674-2682.

［33］陈巧，王伟仙，吴丽芬，等．柯氏模型在发热门诊支援护士培训效果评价中的应用［J］．护理学杂志，2022，37（20）：72-75.

［34］曹晓光，周冉，黄羽等．Mini-CEX联合Check-list量表在ICU住院医师临床能力教学培养中的应用价值［J］．中国急救医学，2021，41（12）：1061-1064.

［35］何辉．情境领导理论在人力资源基层管理中的应用［J］．企业科技与发展，2022（06）：154-156.

［36］刘佳丽，唐静，付雪，等．护理管理者领导力与患者安全关系的系统评价［J］．解放军护理杂志，2021，38（04）：61-65.

［37］牟一鑫，陶月仙．共享领导理论在护理管理领域的研究现状［J］．循证护理，2023，9（06）：1023-1027.

［38］王荃，冯丹妮，黄素芳．伦理型领导在护理管理领域中的应用研究进展［J］．护理研究，2023，37（03）：483-487.

［39］徐晨子，熊莉娟，李鑫．服务型领导理论在护理管理领域的研究现状［J］．中国护理管理，2021，21（03）：433-437.

［40］么莉，马旭东，安磊，等．近十年我国护理质量管理与控制工作的发展历程与展望［J］．中国护理管理，2022，22（12）：1761-1766.

［41］黄晔．新医科背景下护理管理学教学方法创新与实践［J］．产业与科技论坛，2023，22（02）：178-179.

［42］任然，任辉．护理管理学课程中的渐进式"课程思政"设计与应用［J］．中华护理教育，2021，18（11）：978-982.

［43］ZERWEKH J，GARNEAU A Z. Nursing today：transition and trends[M]. St. Louis，Missouri：Elsevier Inc，2018.

索 引